CW01512046

Benito Pérez Galdós

Vida, obra y compromiso

Benito Pérez Galdós

Vida, obra y compromiso

Francisco Cánovas Sánchez

Alianza editorial

Diseño de cubierta: Estrada Design
Imagen de cubierta: Retrato de Benito Pérez Galdós, *de*
Joaquín Sorolla. © *Index Fototeca / ACI*

© *Francisco Cánovas Sánchez, 2019*
© *Alianza Editorial, S. A., Madrid, 2019*
Calle Juan Ignacio Luca de Tena, 15; 28027 Madrid
www.alianzaeditorial.es
ISBN: 978-84-9181-663-8
Depósito legal: M. 27.184-2019
Printed in Spain

SI QUIERE RECIBIR INFORMACIÓN PERIÓDICA SOBRE LAS NOVEDADES DE
ALIANZA EDITORIAL, ENVÍE UN CORREO ELECTRÓNICO A LA DIRECCIÓN:
alianzaeditorial@anaya.es

Índice

Benito Pérez Galdós hacia 1860.

Benito Pérez Galdós hacia 1905.

Introducción

Benito Pérez Galdós es uno de los grandes escritores de la España contemporánea. María Zambrano y Salvador de Madariaga lo consideraron el mejor novelista español, después de Miguel de Cervantes. A diferencia de Gustave Flauvert, Galdós no fue un espectador neutral de la sociedad de su tiempo, sino que se involucró en ella y se comprometió con la libertad, la democracia y la justicia.

A Galdós le sucede como a Cervantes, que se conoce mucho mejor su obra que su trayectoria biográfica. El escritor siempre fue reservado, permaneció en un plano discreto y no consideró oportuno dar detalles de su vida personal, pero lo cierto es que la mayoría de los investigadores ha priorizado el estudio de su creación literaria, sin atender de forma conveniente los aspectos de su biografía que se proyectan en ella. *Clarín,* Palacio Valdés, Pardo Bazán y Marañón, que conocían muy bien al escritor, ofrecieron detalles interesantes; sin embargo, como afirmó Carmen Bravo-Villasante, la biografía de Galdós todavía está incompleta, lo cual limita la comprensión cabal de su creación artística.

El presente libro aborda la trayectoria biográfica de Galdós a través de tres ejes complementarios: la inserción de su vida en las coordenadas históricas y culturales de su tiempo; la relevancia de su obra literaria, dramatúrgica y periodística, y su compromiso cívico y democrático. Para conocer bien a un escritor o un artista, como decía José María Jover, hay que insertarlo en las coordenadas históricas de su época, en los hitos esenciales que sucedieron, en la dinámica social, institucional y cultural y las mentalidades predominantes. En el caso de Galdós, el periodo histórico en el que transcurrió su vida marcó de forma decisiva su personalidad, su comportamiento cívico y su creación literaria. Durante su juventud observó en primera línea el derrumbe del régimen isabelino. Acogió la revolución de 1868 con la esperanza de superar el atraso y avanzar hacia la modernización y la democracia. La Restauración representó un giro conservador que derogó las conquistas sociales alcanzadas. La crisis de fin de siglo extendió una profunda sensación de fracaso y planteó la necesidad de promover la regeneración de España. Galdós vivió con intensidad todo este proceso, aprendió de sus experiencias vitales y las proyectó en sus novelas y en sus obras de teatro.

Como afirmó *Clarín,* Galdós fue el escritor más importante y fecundo de su tiempo. Sus novelas, sus obras dramáticas y sus artículos periodísticos constituyen un imponente conjunto, en cantidad y calidad, que reflejó la realidad española con una gran riqueza de voces, colores y matices. Los *Episodios Nacionales, Fortunata y Jacinta, Misericordia, Electra* y *El abuelo* mostraron a los lectores las claves para interpretar la realidad del momento, asumirla y, en su caso, transformarla.

La vida y la obra de Galdós tienen plena coherencia. Ambas muestran un compromiso inequívoco con la modernización de España, con la superación de las amarras del pasado y con la construcción de una sociedad más tolerante, democrática y justa. Hoy más que nunca, cuando se cumplen 100 años del fallecimiento del gran escritor canario, todas esas razones hacen de Pérez Galdós nuestro contemporáneo.

Quiero agradecer las sugerencias y aportaciones que han realizado Soledad Pardo, Francisco Javier Carro, José Rayos, Marta Robles, Juan Díaz y Antonio M. Mansilla. Asimismo, la colaboración de Rogelio Blanco, Cristóbal Colón y los profesionales de la Casa-Museo Pérez Galdós de Las Palmas, la Biblioteca Nacional de España y la Biblioteca de la Fundación Juan March.

Durante las últimas décadas los investigadores españoles y los hispanistas norteamericanos, británicos y franceses han realizado importantes contribuciones, pero queda mucho por hacer. El trabajo del historiador se caracteriza por la mejora continua. Espero que este libro contribuya al conocimiento de Benito Pérez Galdós y estimule la realización de nuevos estudios.

Francisco Cánovas Sánchez

I

Los primeros destellos

Benito Pérez Galdós nació el 10 de mayo de 1843, en Las Palmas de Gran Canaria, en el seno de una familia de clase media, de raíces castellanas, vascas y canarias. Era el menor de los diez hijos que tuvieron Sebastián Pérez y María de los Dolores de Galdós. Sebastián Pérez era militar. Cuando nació Benito ostentaba el grado de teniente coronel y estaba al mando de la fortaleza de San Francisco. Su madre llevaba las riendas de la vida familiar. Tenía un carácter severo, autoritario y frío; solía transmitir a sus hijos poco afecto, pero cuando enfermaban sentía pánico y se transformaba en una madre exageradamente protectora. La familia tenía una situación económica desahogada, gracias al salario que Sebastián Pérez percibía del Ejército y las rentas que generaban la explotación de las fincas del monte Lentiscal y de Valdesequillo y la actividad pesquera de su goleta. *Benitín*, como le llamaban cuando era niño, creció en un ambiente familiar tradicional, rodeado de mujeres. Al tener los padres una edad avanzada, sus seis hermanas mayores estuvieron pendientes de él, especialmente María del Carmen, «la sabiduría», como llegó a calificarla. La infancia de *Benitín* transcurrió sin grandes sobresaltos.

La casa de la familia estaba situada en la calle Cano [▶ Fig. 1], en el barrio de Triana, cerca de la costa atlántica, que acogía las actividades de los comerciantes, los artesanos y los marineros. Era una vivienda de estilo tradicional canario, construida a finales del siglo XVIII. A ella se accedía a través de un estrecho zaguán, que conduce al patio interior principal, dotado de un pozo de piedra de Ayagaures. A continuación se encuentra el segundo patio, donde estaban la cocina, el horno y la despensa. Una palmera centenaria se alza en el centro. La casa tiene dos plantas. En la primera se encontraban las habitaciones, comunicadas entre sí, que daban a los patios interiores para aprovechar la luz natural. Los suelos eran de madera de pino para reducir la humedad. Desde el mirador de la azotea podía verse el océano. El entorno familiar y ciudadano, como ha señalado Yolanda Arencibia, influyó en el desarrollo de Benito: «Una familia sencilla, de sólidas convicciones religiosas y morales; una sociedad conservadora y ordenada; una ciudad provinciana y recoleta; un territorio problemático, insular y alejado; unos años de inquietudes y de desafíos; una época sedimentada en principios ilustrados que conforman bases y que trazan caminos de actuación»[1].

Cuando nació Galdós, Las Palmas de Gran Canaria era una ciudad atlántica, que, según Pascual Madoz, tenía 17.382 habitantes. Era una de las principales ciudades de las Islas Canarias, nudo de comunicaciones entre Europa, África y América. Gran Canaria tiene una orografía volcánica abrupta, caracterizada por las montañas, los barrancos y los torrentes, así como por sus valles fecundos. Su clima templado es muy benigno durante la mayor parte del año, al estar refrescado por las brisas del océano Atlántico.

La colonización española de los siglos XV y XVI determinó la evolución histórica de Las Palmas. Los flujos económicos, sociales y culturales entre Europa, América y África impulsaron el crecimiento,

FIGURA 1. Dos imágenes del patio interior de la casa familiar de la calle Cano, en el barrio de Triana de Las Palmas de Gran Canaria, donde creció Galdós.

configurándose una sociedad caracterizada por la diversidad. El núcleo fundacional de Las Palmas fue Vegueta. Allí se construyeron durante los siglos xv, xvi y xvii los principales edificios civiles, administrativos y religiosos, como el Ayuntamiento, la Catedral de Santa Ana, el Palacio Episcopal, la Casa Regental, el Hospital de San Martín, la Casa de Colón, la iglesia de Santo Domingo y la Casa Westerling. El desarrollo económico y las leyes desamortizadoras impulsaron el crecimiento urbano por las colinas de poniente, creándose los barrios de Triana, San Francisco y San Bernardo. La desaparición de antiguos conventos ofreció espacios para la construcción de modernos edificios, avenidas, plazas y servicios, como el paseo de la Alameda, el Colegio de San Agustín o el Teatro Cairasco, de estilo neoclásico, que el joven Galdós reproduciría en uno de sus dibujos. En 1841 se inauguró el alumbrado público, facilitando el desarrollo de la vida ciudadana. En 1850 comenzó a destruirse la vieja muralla y se amplió la ciudad por los Arenales, Santa Catalina y La Isleta. En 1854 se proyectó la carretera que uniría el centro de la ciudad con el Puerto de la Luz, pero esta importante obra tardaría mucho tiempo en materializarse.

El sistema económico de Las Palmas se desenvolvía en torno a tres ejes: la producción agro-exportadora, la pesca y los servicios. El cultivo de la cochinilla fue importante durante el siglo xix. La industria estaba poco desarrollada, quedando limitada a las producciones de las salinas, las lozas, los vidrios, los lienzos, los jabones, los aprestos de lana y las artes de navegación y pesca. Una de las principales actividades económicas era la pesca, realizada en las fecundas costas canarias y africanas. En el arsenal de San Telmo se construyeron barcos de cabotaje y de pesca. La Cofradía de Mareantes de San Telmo contaba con una flota de bergantines de cierta importancia. En el siglo xix se construyó el muelle de San Telmo, junto al parque del mismo nombre. Las mareas que castigaban la zona obstaculizaban el desarrollo de sus funciones, por lo que en 1883 comenzó a construirse el Puerto de la Luz, aplicando un moderno modelo portuario de tipo inglés. En este puerto harían escala los navíos ingleses que realizaban la ruta de las colonias británicas que jalonaban la costa occidental africana, desde Gambia y Sierra Leona hasta Sudáfrica. En 1869 llegaron a Canarias ochenta y seis buques, de los cuales setenta y dos eran británicos, doce franceses y dos de otros países. Estos navíos se abastecían de carbón, compraban frutas y hacían llegar turistas atraídos por el buen clima canario.

La política proteccionista y fiscal de los Gobiernos del Partido Moderado, desarrollada por Alejandro Mon y Ramón Santillán, provocó un hondo malestar entre los dirigentes isleños, que comenzaron a quejarse del «dominio español» que frenaba sus posibilidades de crecimiento. La controversia fue zanjada en 1852 con el real decreto que declaró francos los puertos isleños, salvo el de El Hierro, y estableció un cupo de 1.215.811 reales, que debía abonarse a la Hacienda estatal por la supresión de las aduanas y el estanco del tabaco. Este acuerdo fue celebrado en las principales ciudades isleñas con solemnes *Te Deum* y alegres festejos. A partir de entonces comenzó una época de modernización productiva, creación de empleo y bonanza que favoreció el crecimiento de la población de Las Palmas, alcanzando tasas anuales del 5 por ciento. En suma, en la época galdosiana Las Palmas era una metrópoli atlántica abierta, encrucijada de rutas marítimas, que promovía los intercambios demográficos, económicos y culturales[2].

A mediados del siglo, la actividad cultural de Las Palmas adquirió un notable impulso. En 1844 se fundó el Gabinete Literario de Fomento y de Recreo, gracias a la iniciativa de un grupo progresista, llamado «Los niños de La Laguna», integrado por Cristóbal del Castillo, Domingo Navarro, Juan E. Doreste y Antonio López Botas, que luchó por el reconocimiento político y administrativo de la isla. El Gabinete Literario desempeñó una excelente labor de promoción cultural, artística y científica, que se plasmó en la creación del Colegio de San Agustín, la Orquesta Filarmónica y la Sociedad de Seguros Mutuos, embrión de la futura Caja de Ahorros y Monte de Piedad. Otras realizaciones destacadas fueron la organización de la primera Exposición de la Industria de Gran Canaria, las Bienales Regionales de Bellas Artes y el patrocinio de los Juegos Florales, el primero de los cuales contaría con la presencia de Miguel de Unamuno. «Los hombres del Gabinete Literario —afirma Alfonso Armas—, sin duda alguna, representan lo mejor, lo más selecto y constituyeron el núcleo de la ciudad de Las Palmas del futuro»[3]. Las noticias de la isla fueron divulgadas por *El Porvenir de Canarias,* fundado por López Botas, en 1852, y *El Ómnibus,* por Emiliano Martínez de Escobar, en 1855, así como por *El Crisol, La Reforma* y la *Revista Semanal. El Ómnibus,* en el que colaboraría el joven Galdós, desarrolló una estimable labor de instrucción de los lectores, de sensibilización regionalista sobre las necesidades de la isla y de conocimiento de las nuevas tendencias europeas. Entre sus colaboradores sobresalieron Martín Neda, Plácido Sansón y Amaranto Martínez.

Carmen, hermana mayor de Benito, le dedicó una atención especial durante su infancia, dándole el afecto y la confianza que su madre no le concedía. Carmen lo atendió entonces y lo haría después, cuando vivió con él en Madrid durante su juventud y el resto de su vida, con su hermana Concha y su cuñada Magdalena. Benito adquirió los primeros rudimentos formativos en el colegio de Luisa Bolt, de origen inglés, situado en la calle de los Mostenses, cerca de su casa. Allí aprendió las primeras nociones de la lengua inglesa. Posteriormente, prosiguió su formación en la escuela de Belén y Bernarda Mesa, en la calle de la Carnicería, algo más alejada, a la que se llegaba cruzando el Guiniguada hacia el Potrero. En sus *Memorias de un desmemoriado,* Galdós concedió una escasa relevancia a aquellos años: «Omito lo referente a mi infancia, que carece de interés o se diferencia poco de otras de chiquillos o de bachilleres aplicaditos»[4]. Algo parecido le comentó a su amigo Leopoldo Alas, *Clarín:* «Nada se me ocurre decirle de mis primeros años», añadiendo que «en el Instituto estudié con bastante aprovechamiento». Le confirmó, eso sí, su temprano interés por los libros: «aficiones literarias las tuve desde el principio, pero sin saber por dónde había que ir»[5]. *Clarín* insinuó que Galdós había sido un niño caracterizado por la «observación callada» y la «fantasía solitaria», rasgos que pueden apreciarse en algunos personajes de sus novelas, como los juegos del grumete Araceli, los arranques de Celipín o la fantasía de la hija de Bringas. Por otra parte, Armando Palacio Valdés dejó un testimonio bastante más expresivo:

> Sus primeros años fueron como los de todos: a la escuela, a la iglesia, a jugar con sus compañeros. Me engaño, él no jugaba, veía jugar, no por falta de deseo, sino porque no sabía; era tan flacucho, tan débil, que si tomaba parte en cualquier juego, ya no había otra víctima. Gozaba en permanecer sentado contemplando la destreza de sus amigos, y admirándolos, porque en su alma jamás penetró la envidia… No llamaba la atención absolutamente por nada, un chico apagado, enfermizo, que se cortaba delante de la gente, incapaz de recitar una fábula con buena entonación; ni siquiera había descalabrado a nadie de una pedrada…[6].

Desde una temprana edad, los problemas de salud condicionaron su desarrollo físico y psicológico. Al parecer, el asma bronquial le producía problemas de respiración, ansiedad y desconfianza. Su madre no le dejaba jugar en la calle, ni en el patio del colegio, por miedo a que sufriera algún percance. Esta circunstancia obligó a Benito a pasar mucho tiempo recluido en casa, que ocupaba leyendo y observando por la ventana, plasmando en dibujos, cada vez más precisos, lo que llamaba su atención.

Según algunos estudiosos, Galdós proyectó rasgos autobiográficos de su infancia y juventud en la caracterización de algunos personajes de sus novelas. Así, en *Miau,* Luisito Cadalso es un niño tímido, formal y retraído:

> Era bastante mezquino de talla, corto de alientos, descolorido, como de ocho años, quizás de diez, tan tímido que esquivaba la amistad de los compañeros... Siempre fue el menos arrojado en las travesuras, el más soso y torpe en los juegos y el más formalito en clase, aunque uno de los menos aventajados, quizás porque su propio encogimiento le impidiera decir bien lo que sabía o disimular lo que ignoraba[7].

En la novela *El doctor Centeno,* Alejandro Miquis es un joven que va a estudiar a Madrid con el propósito de ser autor dramático. Durante su infancia Miquis era un niño retraído, débil y enfermizo: «La fiebre era en él fisiológica... Era un enfermo sin dolor, quizás loco, quizás poeta. En otro tiempo se habría dicho que tenía el demonio en el cuerpo. Hoy sería una víctima de la neurosis»[8]. Pese a esta circunstancia, el niño se distinguía por su precocidad en la lectura, la narrativa y el verso.

La relación entre Benito y su madre condicionó probablemente el desarrollo psicológico de su infancia. Dolores nunca comprendió la sensibilidad de su hijo, estableciendo una relación fría que incidió en la evolución afectiva de Benito. Así trazó, años después, el retrato de doña Perfecta:

> Negros y rasgados los ojos, fina y delicada la nariz, ancha y despejada la frente, todo observador la consideraba como acabado tipo de la humana figura: pero había en aquellas facciones cierta expresión de dureza y soberbia que era causa de antipatía. Así como otras personas, aun siendo feas, llaman, doña Perfecta despedía. Su mirar, aun acompañado de bondadosas palabras, ponía entre ella y las personas extrañas la infranqueable distancia de un respeto receloso; mas para las de casa, es decir, para sus deudos, parciales y allegados, tenía una singular atracción. Era maestra en dominar, y nadie la igualó en el arte de hablar el lenguaje que mejor cuadraba a cada oreja. Su hechura biliosa, y el comercio excesivo con personas y cosas devotas[9].

En *La sombra,* primera novela de Galdós, el protagonista es un doctor atormentado, obsesivo y psicótico, cuya imaginación alocada no le dejaba vivir en paz. Unos le consideran un «loco rematado», pero, en cambio, el narrador aprecia «rasgos de genio». Esta temática la recuperaría en *El audaz. Historia de un radical de antaño.* Martín Muriel, el protagonista, tuvo una infancia agitada y triste a causa de las desventuras familiares. Por eso desde que era niño se vio obligado a «hacer esfuerzos de hombre y de héroe para sobrellevar la vida». ¿Estaba mostrando Galdós en estas novelas algunas vivencias de su infancia?

Entre los años 1857 y 1862 transcurrió el siguiente escalón formativo de Benito en el Colegio de San Agustín, instituto de enseñanza secundaria. Era un centro formativo privado, que desarrollaba una pedagogía liberal y católica acuñada por López Botas, fundador del colegio y primer director, y por Graciliano Afonso, antiguo diputado liberal. Los dieciocho profesores que configuraban el claustro del centro fueron reclutados entre los mejores profesionales grancanarios. El colegio tenía una organización jerárquica y aplicaba procedimientos disciplinarios severos. Durante cinco cursos, de acuerdo con el plan de estudios prescrito por la Ley Moyano, Benito estudió las asignaturas de latín, griego, lengua española, francés, filosofía, geografía, historia, matemáticas, historia natural, física, química, poética, retórica, filosofía, psicología y doctrina cristiana. Benito fue un estudiante «aplicadito», como él mismo se calificó, pero, a veces, se dejaba llevar por su imaginación desbordante y perdía el hilo de las explicaciones de los profesores. Según Arencibia:

> El centro destacaría por el alto nivel de sus enseñanzas, y llegaría a contar con unos dos mil quinientos alumnos: varias generaciones de grancanarios nacidos a partir de 1840 que, desde el Colegio, pudieron acceder a muy distintas profesiones y que, en su conjunto, consiguieron fundamentar la modernización general y mejorar el nivel cultural, artístico, económico y político de la isla, en una etapa social de marcada importancia para su tiempo y para su futuro[10].

Ya entonces, Benito comenzó a mostrar un manifiesto interés por la lectura, el dibujo y las manualidades. Los profesores Teófilo y Emiliano Martínez de Escobar advirtieron «sus juveniles destellos» y trataron de fomentarlos. Entre los primeros libros que leyó, le llamaron la atención el *Quijote* de Cervantes, *Los tres mosqueteros* de Alejandro Dumas, *Oliver Twist* de Charles Dickens y el drama *Cid Rodrigo de Vivar* de Manuel Fernández. Celestino del Malvar, personaje del *episodio La Corte de Carlos IV,* reflejó la importancia que el escritor concedía a la lectura de los clásicos: «hijo, es preciso que aprendas los clásicos latinos, sin lo cual no hallarás abierta ninguna de las puertas de la fortuna…»[11]. Las obras de piano que interpretaba en su casa su hermana Manuela fueron despertando su afición a la música. A su vez, la pluma y el lápiz de carbón le permitían reflejar su visión humorística del entorno. En los talleres de Silvestre Bello y de Elizabeth Murray recibió clases de dibujo y de acuarela, que se plasmaron en varios apuntes al carboncillo y pequeños cuadros al óleo del litoral canario y del Valle de la Orotava.

En aquellos años se fue perfilando su personalidad. Cuando llegó al instituto era un chico tímido, prudente, irónico y poco dado a las estridencias, rasgos que, según José Pérez Vidal, tenían raíces en el talante tradicional canario[12]. Generalmente, tendía a contemplar la realidad más que a protagonizarla. Celoso de su privacidad, en una entrevista que concedió mucho después, afirmó que de niño su carácter ya «era como ahora, poco más o menos… Pacífico, serio… reservado». Entre sus compañeros de instituto se encontraban Fernando León y Castillo, Nicolás Estévanez, Fernando Inglot y Pepe Alzola, líder de las aventuras estudiantiles. La amistad sería uno de los valores más queridos por Galdós, que cultivó con profesores, escritores y políticos de todas las ideas y orientaciones, a los que siempre expresaría su lealtad.

El buen tiempo que hacía en Las Palmas favorecía la vida en la calle [▶ Fig. 2]. Así, acompañado por sus compañeros de colegio, descubrió las principales avenidas y plazas de la ciudad, los edificios importantes, los parques, los miradores del océano, el espectáculo de la arribada de los trasatlánticos que realizaban el tornaviaje a América, los paseos en los que se encontraban con las chicas, así como todo lo que podía atraer a adolescentes que estaban descubriendo a toda prisa cuanto ofrecía la vida isleña. Otras veces, Galdós prefería dar paseos en solitario observando los paisajes, las circunstancias y los personajes que llamaban su atención, como el zapatero con el que

FIGURA 2. Calle Mayor en el barrio de Triana hacia 1890. Galdós creció cerca del océano Atlántico, entre comerciantes, marineros y artesanos.

solía conversar a la vuelta del instituto, que pudo ser el germen de la novela *El amigo Manso.* Asimismo, disfrutó del ambiente marinero de las cofradías de pescadores. La cofradía de San Telmo le regalaría una reproducción de una embarcación del siglo XVII, que años después tendría en *San Quintín,* su residencia de Santander.

Entre tanto, su vocación literaria y artística comenzó a dar los primeros frutos. *El Sol,* ejercicio escolar de retórica poética, constituye una crítica a los tópicos, la pedantería y la falta de originalidad de los poetas románticos, a quienes pide que dejen en paz las maravillas celestes y presten más atención a cuanto sucede cerca de ellos. El autor desdobla su personalidad en dos personajes, El Poeta y Yo. El Poeta se expresa utilizando un lenguaje culto y fantasioso, mientras que Yo lo hace mediante el habla popular. Se trata, en suma, de un relato original e irónico, que apunta un estilo que el joven escritor irá perfilando. *Quien mal hace, bien no espere* es una tragedia, de estilo romántico, en verso, de un solo acto, protagonizada por Froilán Pérez, de 68 años, y por Inés, una joven de 18 años, que muere de forma violenta. El joven poeta denuncia los abusos señoriales de la época medieval. El 25 de julio de 1861 la obra fue representada en el salón familiar de los Wangüemert. *Un viaje redondo* cuenta el viaje que realizó el bachiller Carrasco al infierno, donde los malos recibían su castigo, y su posterior regreso a la superficie. La influencia de Cervantes se manifiesta en el lenguaje, los personajes y el tratamiento irónico. Carrasco se encuentra en el infierno un libro de pergamino en el que había una larga lista de «escribanos, de procuradores, de pervertidores de la juventud». Allí, estaban castigados muchos novelistas que «se dan a propalar teorías ridículas, absurdos teñidos de color de rosa, muy agradables a primera vista, pero que producen el mismo efecto que una dosis de veneno revestida de una ligera capa de azúcar». Hyam Chonon Berkowitz afirmó que «el autor de *Un viaje redondo* anuncia ya la figura del gran Benito Pérez Galdós»[13]. La última obra que escribió en Las Palmas, antes de partir hacia Madrid, fue *La Emilianada,* poema épico-burlesco, escrito en octavas reales, en el que se aprecia la influencia de Espronceda. El tema central de la obra es la lucha por la libertad, «sagrada y protectora», la rebelión del pueblo al grito de «¡Muera el Tirano!».

Aquel mismo año de 1861, el profesor Emiliano Martínez de Escobar, director de la revista *El Ómnibus,* le invitó a colaborar en ella. El 26 de febrero debutó con la publicación del artículo «Tertulia de El Ómnibus: interlocutores yo y mi criado Bartolo». Se trata de un diálogo irónico y crítico sobre diversos aspectos de la vida ciudadana, en el que lamenta que no haya personas «con vocación y talento» que se ocupen de los asuntos públicos. Le siguieron otras colaboraciones en prosa y en verso que analizaron el desarrollo urbano, la estéril «proyectomanía», las arbitrariedades de la policía municipal, el peligro de los transportes de viajeros, la actuación de los abogados deshonestos, los daños que ocasionaban los cazadores, la abundancia de mendigos y las rifas fraudulentas. «El Pollo» es una poesía satírica en la que se hace una caricatura de un compañero del colegio, «estirado», «altisonante» y «mentiroso». Escrita para ser publicada en *La Antorcha,* periódico manuscrito de los alumnos del colegio, fue recogida también por *El Ómnibus* y *El Comercio* de Cádiz. Estas primeras creaciones literarias fueron bien acogidas por los profesores y los compañeros del instituto. Gracias a ellas comenzó a ser *alguien*[14]. A este propósito, comenta Arencibia:

> En estas primicias de literatura deja ya registradas las que serían las notas características de su escritura: en el fondo, gran capacidad de observación y de intuición, imaginación ágil en un exterior retraído y aparentemente distante, ingeniosidad pronta y oportuna y destacado sentido del humor; en la forma, asombrosa facilidad para expresar de manera atractiva y convincente lo observado (situaciones, caracteres, perfiles de personas que devienen personajes…), desenfado estilístico y léxico abundante, preciso y propio[15].

Benito mostró, asimismo, una gran capacidad para la práctica del dibujo, la caricatura y las manualidades. Le gustaba dibujar aspectos relacionados con la vida marinera, hacer caricaturas de personas conocidas y realizar maquetas de pueblos, con edificios, plazas y calles, utilizando cuartillas, tablillas de madera, tapas de cajas de tabaco, cuero y arcilla. En la etapa de bachillerato, según su compañero Fernando Inglot, solía hacer dibujos y caricaturas de profesores y de colegas en los márgenes de los libros de texto. Se conservan de esta etapa unos cincuenta dibujos al carboncillo de temas marineros, paisajes, diseños arquitectónicos y caricaturas, caracterizados por su realismo y su ironía.

En 1862 el joven Benito concurrió a la Exposición Provincial de Agricultura, Industria y Artes, presentando tres obras: el dibujo *La Magdalena*, el dibujo *La conquista de Gran Canaria* y el óleo *La alquería*. El dibujo de temática histórica reproducía la entrega de las princesas canarias Guayarmina y Masequera al capitán Pedro Vega, tras la rendición de la isla en 1483. Es una composición rica y detallista, que reconocía el magisterio de Agustín Millares, profesor del Colegio de San Agustín, que publicó en 1860 *Historia de la Gran Canaria*. Los dos dibujos fueron distinguidos con la concesión de la mención honorífica. «Dejaron demostrados, sin embargo, estos apuntes pictóricos tempranos —afirma Arencibia— características sustanciales del Pérez Galdós de siempre: un agudo sentido de la observación, una memoria visual fuera de lo común y una habilidad excepcional para plasmarla»[16].

Por otra parte, Benito terció con el lápiz de caricaturista en la polémica que se originó en Las Palmas sobre el lugar más apropiado para construir el Teatro Nuevo [▶ FIG. 22, pág. 246]. A su juicio, había que construirlo en el interior de la ciudad y no junto al mar, en la orilla del barranco, como terminó prevaleciendo. Sus argumentos contra las posibles consecuencias de la «opción marina» se plasmaron en el cuaderno del *Teatro de la Pescadería,* conjunto de caricaturas satíricas y humorísticas, que «el lápiz juguetón pero obediente —como comentó Pérez Vidal—, las va trazando unas tras otras, festivas pero intencionadas»[17]. Así, el dios Neptuno, con corona y tridente, ocupa una platea; el «coliseo náutico» aparece fondeado en el mar y anclado entre barcos; el muro del teatro sucumbe ante las sacudidas del mar y un barco irrumpe en el escenario; un delfín ocupa la concha del apuntador; y Norma, la sacerdotisa de la ópera de

Bellini, y los cantantes tratan de sobrevivir en las agitadas olas del mar. La crítica prosiguió al dorso de los dibujos con unos sencillos versos en romance y con una composición en la que Cairasco de Figueroa, dramaturgo canario, se pregunta quién fue el patriota estúpido que imaginó el absurdo «teatro acuático»[18].

El 4 de septiembre de 1862 Benito aprobó los exámenes de convalidación de los estudios en el Instituto oficial de La Laguna, obteniendo el título de Bachiller en Artes. Comenzaba una nueva etapa, en la que tenía que decidir el rumbo a seguir. Sus padres le manifestaron su deseo de que cursara en la Universidad Central de Madrid los estudios de Derecho, pero él no lo tenía claro. «Después —le confesó a *Clarín*— estuve algún tiempo como atolondrado, sin saber qué dirección tomar, bastante desanimado y triste»[19].

El 9 de septiembre, con diecinueve años, Benito inició su viaje hacia Madrid. Dadas las características de los sistemas de transporte de la época, resultó un viaje largo y fatigoso. Partió de Tenerife en el buque *Almogávar* y al cabo de tres días arribó en la ciudad de Cádiz. Después prosiguió en tren hasta Sevilla y Córdoba, donde terminaba el tendido ferroviario andaluz. Atravesó en diligencia las tierras manchegas, que le sorprendieron por su «inmensidad horizontal». En Alcázar de San Juan tomó de nuevo el tren, que le condujo, por fin, hasta Madrid, Villa y Corte, capital de España. Comenzaba, así, una nueva etapa en la vida de Galdós, pero, como destacó Pérez Vidal, su *canariedad,* las vivencias de los años de aprendizaje que transcurrieron entre 1843 y 1862, conformaron su personalidad y se proyectaron en su obra periodística y literaria[20].

II

Descubriendo Madrid

En 1862 Benito Pérez Galdós llegó a Madrid con el propósito de estudiar Derecho en la Universidad Central. Tenía entonces diecinueve años. Madrid era la capital de España, que acogía a la monarquía, las instituciones políticas nacionales y las principales familias nobiliarias y burguesas. Era una ciudad de tamaño mediano, poblada por 300.000 habitantes. Las políticas de los Gobiernos liberales promovieron su desarrollo demográfico, urbanístico y económico, alcanzando a finales del siglo las 500.000 almas. La experiencia madrileña fue decisiva para el joven Galdós, ya que vivió y se nutrió del «espíritu de los sesenta», como lo calificó José María Jover, «pleno de inspiraciones humanitarias, liberales, democráticas y de fraternidad universal», que alentó la revolución de 1868[1].

El crecimiento urbano de Madrid fue canalizado por el *Plan de Ensanche* del arquitecto Carlos María de Castro, aprobado en 1860. Básicamente, el Plan Castro impulsó el desarrollo de la capital desde el barrio de los Austrias hasta el eje Génova / Sagasta / Alberto Aguilera, perfiló el eje Recoletos / Castellana, favoreció la construcción del barrio de Salamanca, la reforma del barrio de Argüelles y la atención de algunas necesidades de los arrabales del sur, desde Lavapiés hasta Atocha. El Plan Castro trató de ordenar la expansión del trazado urbanístico, dotándolo de amplias avenidas, plazas atractivas y espacios verdes, con edificios públicos de buena factura que embellecieran la ciudad, pero sus objetivos se alcanzaron de forma limitada al carecer del respaldo de los inversores privados y sufrir las consecuencias de la inestabilidad política.

En Madrid, como Galdós retrató de forma precisa, convivían realmente varios *madriles*. Estaba el Madrid cortesano, alrededor del Palacio Real, el paseo de la Castellana y el barrio de Salamanca, con los lujosos palacetes y casas señoriales de la nobleza de sangre y la burguesía de negocios. Estaba el Madrid de las clases medias, localizado en el barrio de los Austrias y de Argüelles, con sus ingenieros, médicos, profesores y abogados, que residían en sólidas viviendas, cuya distribución reflejaba la diversidad social: el piso principal de la primera planta, espacioso, de techos elevados, buena iluminación, recibidor, salón con balcón corrido, comedor, varias habitaciones, despacho, sala de música con piano y varios dormitorios, era ocupado por los señores, mientras que los pisos superiores, de menor calidad, acogían a familias de menos recursos. El mobiliario, el estucado, los zócalos, el papel pintado y las alfombras mostraban el nivel económico de los residentes. La instalación de tuberías de plomo en las viviendas mejoró los servicios, pero, hacia 1867, la ducha constituía una novedad sorprendente, como se cuenta en *Tormento:*

> Pasaron luego al cuarto del baño, otra maravilla de la casa, con su hermosa pila de mármol y su aparato de ducha circular y de regadera. Rosalía dio un chillido solo de pensar que debajo de aquel rayo se ponía una persona sin ropa, y que al instante salía el agua. Cuando Caballero dio a la llave y corrieron con ímpetu los menudos hilos de agua, todas

las mujeres, incluso Doña Cándida, y también Bringas, gritaron en coro.

—Quita, quita —dijo Rosalía—; esto da horror.

—Es una cosa atroz, una cosa atroz —afirmó repetidas veces la de García Grande[2].

Y entre aquellos *madriles* se encontraba, también, el de los trabajadores, los inmigrantes y los pobres, los barrios del sur, entre Embajadores, la Puerta de Toledo y Arganzuela, con sus modestas corralas, infraviviendas y chabolas, que acogían, como se cuenta en *Misericordia* y *El doctor Centeno,* a «la pobretería más lastimosa».

Sea como fuere, al poco tiempo, Galdós se acomodó a la vida madrileña, se identificó con la ciudad y sus gentes y se convirtió en su principal cronista, como *Clarín* dio cumplida cuenta:

> La patria de este artista es Madrid; lo es por adopción, por tendencia de su carácter estético, y hasta me parece… por agradecimiento. Es el primer novelista de verdad, entre los modernos, que ha sacado de la Corte de España un venero de observación y de materia romancesca, en el sentido propiamente realista […] A Madrid debe Galdós sus mejores cuadros y muchas de sus mejores escenas y aun muchos de sus mejores personajes[3].

Al llegar a Madrid, Galdós se alojó en una pensión situada en el número 3 de la calle de Las Fuentes, cercana a la Puerta del Sol. Allí residían Fernando León y Castillo y Nicolás Estévanez, antiguos compañeros del instituto. La vida bulliciosa del centro de la capital sorprendió al joven Galdós. A pocos metros se encontraba el Teatro Real, difusor de la ópera italiana; cerca, el Ateneo Científico y Literario, el foro cultural más importante, y, también, el Teatro Español, su interés cultural más definido [▶ Fig. 3].

FIGURA 3. Galdós recién llegado a Madrid (hacia 1863). El contacto con la cultura de la capital dio un impulso a la personalidad del joven Galdós.

Durante los primeros días, con la inestimable ayuda de sus amigos canarios, Galdós trató de conocer los puntos neurálgicos de la ciudad: la Plaza Mayor, la Plaza de Oriente, la calle de Toledo, la Cava Baja, Lavapiés, la calle de Alcalá, la de San Bernardo, donde se encontraba la Facultad de Derecho… La vida cotidiana madrileña le sorprendió sobremanera: «entré en la Universidad —afirmó en sus *Memorias de un desmemoriado*—, donde me distinguí por los frecuentes novillos que hacía [...]. Escapándome de las cátedras, ganduleaba por las calles, plazas y callejuelas, gozando en observar la vida bulliciosa de esta ingente y abigarrada capital»[4].

En estos paseos observó con interés los nuevos bloques de viviendas levantados en solares de antiguos conventos y casonas, la construcción del nuevo Viaducto y de la Plaza de Toros, el acceso libre al parque del Retiro, que dejó de pertenecer al Patrimonio Real, y el primer tranvía de mulas que comunicaba la Puerta del Sol con el novísimo barrio de Salamanca. «El joven canario —afirma Carmen Bravo-Villasante— estudia en la Universidad de la calle. Hace novillos con frecuencia y paseante en Cortes conoce de memoria la topografía madrileña. La vida urbana le atrae tanto como la biblioteca del Ateneo: dos formas de autodidactismo»[5].

Galdós era un lector insaciable: leía todo lo que caía en sus manos, aunque prefería la historia y la novela. Esta afición se fue afianzando gracias a su memoria privilegiada, que le permitía recordar escenas, personajes y detalles. Además, su memoria visual retenía cuanto veía: rostros, gestos, tics, comportamientos… Las obras de Miguel de Cervantes, Francisco de Quevedo, Ramón de la Cruz, Mariano José Larra, José de Espronceda y Mesonero Romanos fueron enriqueciendo su cultura literaria, pero, como señaló Francisco Ayala, «su aprendizaje de novelista se efectúa a través de una lectura cada vez más penetrante de Cervantes, cuyas huellas es fácil de detectar en las obras sucesivas de don Benito desde un nivel superficial al comienzo hasta, por último, los más profundos estratos de la técnica de composición»[6].

Las novelas de Galdós muestran los aspectos más significativos de la topografía y la vida social madrileñas. La *Puerta del Sol* era el corazón simbólico de la capital. Cercana a las pensiones en las que residió durante su etapa estudiantil, conoció la fenomenología ciudadana que bullía en las plazas y calles de su entorno. Por eso apareció en *La Fontana de Oro, Fortunata y Jacinta, La desheredada* y en otras novelas y artículos, acogiendo aventuras de personajes, manifestaciones estudiantiles, como la de la *Noche de San Daniel*, enfrentamientos armados, como el de los sargentos del cuartel de San Gil, o explosiones de alegría, como la que celebró la revolución *Gloriosa* de 1868. La Plaza Mayor era otro importante espacio de encuentro ciudadano, dotado de numerosos comercios, restaurantes y tabernas. En su entorno se desarrolla la trama de *Fortunata y Jacinta*. Del Arco de Cuchilleros, uno de los diez accesos a la plaza, partía el tramo que transcurría entre la Cava de San Miguel y la Cava Baja, donde se instalaron los talleres del gremio de los cuchilleros y espaderos, que servían sus productos a la Casa de la Carnicería, uno de los principales servicios ubicados en la Plaza Mayor. En la Cava de San Miguel se encontraron por primera vez Fortunata y Juanito.

Los protagonistas de las novelas de Galdós transitan por las calles madrileñas, permitiendo al escritor describir la fisonomía de la capital e insertar el espacio en el que se desenvuelven las historias. Así, los personajes de *Fortunata y Jacinta* caminan por la Plaza de Pontejos, donde estaba la residencia de la familia Santa Cruz, por las calles de Postas, de la Sal y de la Magdalena, las plazas de Santa Cruz, de la Provincia y del Progreso, las calles del duque de Alba, de Toledo y de

San Cristóbal, el paseo Imperial, la Puerta de los Moros, la avenida de Santa Engracia… «Galdós —afirman Ribbans, Montesinos y Gilman— logra mezclar admirablemente la geografía urbana con las vidas íntimas de sus personajes, de un modo realmente funcional. Su profunda comprensión de un lugar es parte esencial de su presentación realista de los individuos y de la sociedad»[7].

En el *Episodio Nacional Prim*, Santiago Ibero transita «por Buenavista, ya por la Inclusa y Latina. La calle de Toledo, así como el Rastro y Embajadores le entretenían singularmente, y no se cansaba de contemplar el ir y venir afanoso de la gente humilde». En *La desheredada*, Isidora Rufete recorre con su amigo Miquis la calle de Hernán Cortés, cercana a la vía de Hortaleza, se dirigen hacia la Puerta del Sol y, después, hacia el Museo del Prado. Pasean por el parque del Retiro, «una ingeniosa adaptación de la Naturaleza a la cultura», comenta el autor. Luego, se encaminan hacia los ventorrillos de los Campos Elíseos, donde ahora comienza la calle de Velázquez, atraviesan sembrados, vertederos y casuchas, hasta el novísimo barrio de Salamanca. Después bajan por la calle de la Ese hacia el *torrente* de la Castellana, donde vieron desfilar lujosos carruajes, entre los que se encontraba el del rey Amadeo I. En ese momento comenta Miquis:

Aquí, en días de fiesta, verás a todas las clases sociales. Vienen a observarse, a medirse y a ver las respectivas distancias que hay entre cada una, para asaltarse. El caso es subir al escalón inmediato. Verás muchas familias elegantes que no tienen qué comer. Verás gente dominguera que es la fina crema de la cursilería, reventando por parecer otra cosa. Verás también despreocupados que visten con seis modas de atraso. Verás hasta las patronas de huéspedes disfrazadas de personas, y las costureras queriendo pasar por señoritas. Todos se codean y se toleran todos, porque reina la igualdad. No hay ya envidia de nombres ilustres, sino de comodidades. Como cada cual tiene ganas rabiosas de alcanzar una posición superior, principia por aparentarla[8].

En otra ocasión, Galdós llevará a Isidora Rufete a los *barrios bajos,* como entonces se les llamaba: caminó desde la calle Hernán Cortés hacia el barrio de las Peñuelas, donde vivía una tía suya. Transitó por el paseo de Embajadores, para tomar después una calle que estaba parcialmente urbanizada y terminaba en un desmonte, albañal o vertedero, «en los bordes rotos y desportillados de la zona urbana». El narrador adopta el punto de vista de Isidora para describir el ambiente de las Peñuelas:

> Al ver, pues, las miserables tiendas, las fachadas mezquinas y desconchadas, los letreros innobles, los rótulos de torcidas letras, los faroles de aceite amenazando caerse; al ver también que multitud de niños casi desnudos jugaban en el fango, amasándolo para hacer bolas y otros divertimientos; al oír el estrépito de machacar sartenes, los berridos de pregones ininteligibles, el pisar fatigoso de bestias tirando de carros atascados, y el susurro de los transeúntes, que al dar cada paso lo marcaban con una grosería, creyó por un momento que estaba en la caricatura de una ciudad hecha de cartón podrido[9].

Era el otro Madrid, el del paro endémico, la pobreza y las tasas de mortalidad del 40 por ciento, el doble de la que había en los barrios ricos. El Madrid de las corralas, las chabolas y las tabernas de la ronda del Sur, en los que el doctor Centeno observó la descomposición moral, la maldad y la miseria.

El joven Galdós prestó atención al lenguaje empleado por los madrileños, el habla correcta y medida de los políticos y cortesanos, la expresión cursi de los señoritos, el habla castiza de los chulapos, la jerga masónica del Gran Oriente, la penetración de galicismos, las expresiones tabernarias... Afirma Bravo-Villasante al respecto:

> Galdós observa y lee; atento a la menor modificación del lenguaje también será él un consumado hablista y tratará de escribir como se habla y de reflejar la conversación corriente. La percepción de Galdós para las peculiaridades del idioma es extraordinaria. Es casi un don la capacidad imitativa del escritor[10].

Los personajes galdosianos ofrecen una fotografía de la sociedad mesocrática madrileña de mediados del siglo: comerciantes, funcionarios, rentistas, militares, artesanos, profesores, tenderos... Y junto a ellos, quienes no «tienen oficio ni beneficio», mendigos, indigentes, marginados... El comercio, como se describe en *Fortunata y Jacinta,* creció para atender las demandas generadas por la capitalidad y los pueblos que crecieron alrededor. Galdós prestó una atención especial al comercio minorista que favorecía el trato personal. En sus novelas cita centenares de comercios, algunos de los cuales todavía existen. La mayoría de ellos se encontraban en determinadas calles, manteniendo la antigua tradición gremial: los comercios de comestibles y bebidas, en las calles de los Boteros y la Sal; los de paños finos, en la calle de Postas; los de calzado, en el callejón del Infierno; los de quincalla y tejidos de uso ordinario, en la calle de Toledo; los de bisutería, en la calle de Zaragoza; los de seda y cáñamo, en la calle de Gerona, y los de loza y cristal, en la calle de las Botoneras. La compra diaria de alimentos se realizaba en mercados instalados en la Plaza Mayor, la Cebada y San Miguel. A partir de 1870 comenzaron a construirse mercados modernos cubiertos con estructuras metálicas en la Plaza de la Cebada, Mostenses y Olavide. La industria madrileña tenía entonces un escaso desarrollo, a diferencia de lo que sucedía en Cataluña y el

País Vasco. La gente adinerada prefirió invertir en la construcción de viviendas de alquiler de modesta rentabilidad y escaso riesgo, aprovechando las oportunidades que deparaba el *Plan de Ensanche*.

Cuando llegó a Madrid, Galdós era un joven observador, culto y discreto. Gregorio Marañón, que mantuvo una estrecha relación con él, afirmó que era una persona tímida, serena y apasionada: «No era un hombre sencillo, como suele decirse, sino de una gran vida interna. Los factores humanos se daban en él con una autenticidad maravillosamente interesante»[11]. Antonio Maura escribió que Galdós, «aunque bondadosamente afable, resultaba seco, glacial, reservadísimo»[12]. Otro de sus amigos, Navarro Ledesma, desveló que le gustaban mucho las chicas, pero su timidez dificultaba la relación con ellas: «Le gustan las mujeres… lo que nadie puede imaginarse; pero todo se lo calla y de estas cosas, ni Dios le saca una palabra»[13]. Galdós era un chico alto, delgado, moreno, de «ojillos ratoniles», como advirtió Cristóbal de Castro, cabellera abundante y un bigotillo que se iría haciendo grande y espeso, como atestiguan las fotografías de aquellos años. Hablaba, según Ramón Pérez Ayala, «con cierto arrastrillo andaluz canario». En fin, un mozo reservado, observador y culto, que no pasaría desapercibido entre las mujeres que le veían en *Los Capellanes,* sala de fiestas situada frente al convento de Las Descalzas Reales, en la que muchos jóvenes se evadían del trabajo a través del baile y el galanteo. Siempre sería sumamente discreto en todo lo relacionado con las mujeres. Galdós permaneció soltero durante toda su vida, según Marañón, por la influencia de su madre, y tardó bastante tiempo en consolidar relaciones sentimentales estables. La experiencia madrileña resultó muy positiva, ya que le permitió desprenderse del rigorismo familiar, superar los problemas de salud que arrastraba, mejorar las habilidades sociales y enriquecerse culturalmente: «aquí en Madrid fue donde me curé —afirmó— y donde me desarrollé muy deprisa»[14].

El 30 de septiembre de 1862 Galdós remitió al rector de la Universidad Central la solicitud de matriculación en los estudios de Derecho, avalado por sus amigos Benítez de Lugo y León y Castillo. Una vez comenzado el curso, fue adentrándose en la dinámica universitaria, alternando las clases de las facultades de Derecho y de Filosofía y Letras:

> Mis horas matutinas las pasaba en la Universidad, a la que íbamos los estudiantes de aquella época con capa en invierno y con chistera en todo tiempo. Asistía yo con intercadencia a las cátedras de la facultad de Derecho y con perseverancia a las de Filosofía y Letras, en las cuales brillaban por su gallarda elocuencia y profundo saber profesores como don Fernando de Castro, don Francisco de Paula Canalejas, el divino Castelar, el austero Bardón y el amenísimo y encantador Camús[15].

A través de ellos, fue enriqueciendo su cultura humanista y asumiendo las ideas krausistas que pretendían desarrollar una educación moderna que impulsara la modernización de España.

El tiempo libre lo dedicaba Galdós a sus intereses ciudadanos, culturales y artísticos, de los cuales dejó en sus novelas numerosos testimonios. El café era el lugar de encuentro y tertulia de profesores, escritores, periodistas y políticos. En sus obras aparecen los cafés más famosos y populares de aquellos años, como el *Fornos,* situado en la esquina de Alcalá y Peligros, que ofrecía comidas, helados y café de buena calidad. En *Fortunata y Jacinta* hay referencias a sus servicios. El café *La Iberia,* situado en la Carrera de San Jerónimo, era «el Parnasillo de los políticos», como se cuenta en *La desheredada.* El *Suizo,* en la esquina de Alcalá y Sevilla [▶ FIG. 10, pág. 111], muy frecuentado por Galdós, solía acoger a los banqueros y los médicos. *La Fontana de Oro,* café y fonda, cercano a la Puerta del Sol, como se dice en el *episodio* del mismo nombre, era «el club más concurrido, el más agitado y el más popular», donde se reunía «la juventud ardiente, bulliciosa, inquieta» del *Trienio Liberal* [▶ APÉNDICE: 5]. El *Café Zaragoza* y el *Siglo* también son referidos en *Fortunata y Jacinta.* A veces, el escritor procedía a describir el ambiente de los cafés, como hace en *Misericordia,* cuando cuenta cómo era la *Cruz del Rastro,* resaltando «su ambiente fétido, y parroquia mixta de pobretería y vendedores del Rastro, locuaces, indolentes, algunos agarrados a los periódicos, y otros oyendo la lectura, todos muy a gusto en aquel vagar bullicioso, entre salivazos, humo de mal tabaco y olores de aguardiente»[16]. En las novelas galdosianas también aparecen referencias al *Café Imperial, de la Aduana, Santo Tomás, del Siglo, del Gallo, Lepanto, Zaragoza, Madrid, de los Naranjos, del Sur* y *Diana,* «café cantante», al que solía ir Felipe Centeno.

Galdós iba con frecuencia al *Café Universal,* situado en la Puerta del Sol, al que concurrían los paisanos canarios liderados por Valeriano Fernández, Luis Francisco Benítez de Lugo, Plácido Sansón y Fernando León y Castillo. Estas reuniones le ayudaron a conocer la capital y a estar al tanto de las novedades políticas y culturales. «El tema obligado de todas las conversaciones —señaló León y Castillo— era el pronunciamiento próximo, pues los pronunciamientos estaban a la orden del día. "¡Se va a armar la gorda!", se oía decir por todas partes en todos momentos, llegando a ser esa frase para los madrileños algo así como un saludo obligatorio»[17]. Allí, Galdós escuchaba con atención, conocía las claves de la actualidad y hacía caricaturas irónicas de los contertulios, que pasaron a constituir el *Atlas Zoológico de las islas Canarias.* El pintor tinerfeño Nicolás Alfaro reconoció el talento de Galdós poniéndole el apodo de *pincelito.* «Son pasatiempos —comenta Arencibia— al compás de la burla y la guasa de las tertulias, que muestran sin embargo una excelente organización compositiva y la novedad de la caricatura que deviene retrato, aprovechando los recursos de la animalización y la cosificación que van a tener tan feliz presencia en sus caricaturas literarias»[18]. Además, las caricaturas revelan, como observó Pérez Vidal, «una mayor cultura del autor y expone novedades, preocupaciones y tendencias características del momento: los trenes, la búsqueda de un medio para dirigir los globos, la filosofía alemana, el librecambismo…»[19].

Galdós comentó anécdotas curiosas de restaurantes, tabernas y merenderos populares. Los restaurantes más famosos eran *Botín* y *Lhardy*. *Botín*, situado cerca del Arco de Cuchilleros, era una pastelería que se transformó en un restaurante de calidad. Aparece mencionado en *Fortunata y Jacinta, Torquemada y San Pedro y Misericordia*. Al *Lhardy* acudía la gente principal, como la reina Isabel II, quien después de una cena animada perdió su corsé. Galdós describe en *Lo prohibido* una de las comidas que ofrecía: «Yo, como no creo en esas teologías, comí en casa del amigo Lhardy buen pavo trufado, buenas salchichas y unos bistecs como ruedas de carro». Aparece mencionado también en *Prim, España sin rey, Amadeo I. Los ayacuchos y Torquemada en la Cruz*. Algunos personajes galdosianos frecuentan casas de comidas más modestas, tabernas y merenderos en los que se podían degustar unos guisos aceptables a un precio barato, como la *Taberna de Boto*, en la calle Ave María, de la que se da cuenta en *Misericordia*:

Ordinariamente, el aflictivo estado de su peculio le obligaba a limitarse a un real de guisado, que con pan y vino representaba un gasto total de cuarenta céntimos, o a igual ración de bacalao en salsa. Uno u otro condumio, con el pan alto, que aprovechaba hasta la última miga, comiéndoselo con el caldo y la racioncita de vino, le ofrecían una alimentación suficiente y sabrosa. En ciertos días solía cambiar el guiso por el estofado, y en ocasiones muy contadas, por la pepitoria[20].

La vida cultural y artística de la época isabelina ofrecía un variado mosaico, que ejerció una gran influencia en Galdós: las representaciones de los teatros, los conciertos, las exposiciones de los museos, las actividades de los centros culturales… Todo ello le llevaría a ralentizar los estudios y a decantarse por la literatura y las artes. La cultura *oficial* de los años sesenta era una cultura *ecléctica,* que amalgamaba elementos provenientes del neoclasicismo, el romanticismo y el realismo. Se trataba de una vía artística intermedia, que reflejaba, como han señalado José María Jover y Guadalupe Gómez-Ferrer, el estilo pragmático y utilitario de la burguesía, clase social emergente: «El eclecticismo será, pues, la actitud burguesa ante el mundo de la cultura, por más que esta misma burguesía contemple con admiración y con espíritu de empresa los resultados prácticos a que está conduciendo el desarrollo de los métodos positivistas»[21]. En el plano ideológico el eclecticismo se nutrió de las propuestas filosóficas de Roger Collard y Víctor Cousin, divulgadas en 1843 en el Ateneo de Madrid, a través de las *Lecciones de filosofía ecléctica* que impartió Tomás García de Luna y las *Lecciones de Derecho Político* dictadas por Alcalá Galiano, Joaquín F. Pacheco y Donoso Cortés. El *neoclasicismo,* estilo oficial desde finales del siglo XVIII, postulaba un canon racional, fundamentado en los valores estéticos de la cultura grecolatina. El *romanticismo* desconfiaba de la racionalidad y propugnaba la libre expresión de la imaginación, los sentimientos y las emociones. El *realismo* trataba, en cambio, de observar la vida y la naturaleza, para reflejarlas con fidelidad. Años después, se fue abriendo paso el *naturalismo,* escuela literaria agrupada alrededor de Émile Zola, que aplicaría la metodología positivista, con la pretensión de reproducir la realidad de forma veraz, mostrando, incluso, sus aspectos más sórdidos.

La Corte, la nobleza y la alta burguesía impulsaron la cultura oficial a través de la Real Academia de Bellas Artes de San Fernando, el Liceo Artístico de Madrid, la Lonja de Barcelona, la Real Academia de Bellas Artes de San Carlos de Valencia y otras instituciones. Los académicos procuraron realizar una depuración de las expresiones artísticas, aplicando los cánones estéticos reconocidos.

Así, la Comisión Central de Monumentos promovió la alta inspección de los museos y dictó los criterios artísticos de los concursos que convocaban las instituciones públicas con el fin de asegurar la ortodoxia. A consecuencia de ello, el estilo neoclásico, interpretado con cierta libertad, alcanzó una posición predominante, que no pudo evitar la diversidad de las creaciones. En Madrid, las realizaciones más representativas de aquellos años fueron el Congreso de los Diputados de Narciso Colomer, el Teatro Real de Antonio López y Custodio Moreno y la Biblioteca Nacional de Francisco Jareño. La escultura recreó, a través de José Piquer, Esteban de Ágreda y Ponciano Ponzano, los temas clásicos y los acontecimientos históricos, siguiendo los criterios nacionalistas que estaban en boga.

En la pintura destacaron Vicente López, dibujante minucioso y perfeccionista, que alisaba los colores hasta convertirlos en esmaltes; Federico de Madrazo, el retratista de las personalidades de la política y la cultura; Antonio María de Esquivel, autor de retratos oficiales para las dependencias de la Administración; Antonio Gisbert, creador de excelentes cuadros históricos, como *Fusilamiento de Torrijos y sus compañeros en las playas de Málaga,* y, finalmente, Eduardo Rosales, que luchó con coraje para superar su temprana enfermedad de tuberculosis y crear *Isabel la Católica dictando su testamento,* el mejor lienzo histórico de aquella época. La pintura de temática histórica, promovida por la Academia y las instituciones, pretendía fomentar la conciencia nacional a través de la narración de los grandes acontecimientos de la historia. Se trata de una pintura ecléctica, con una nítida impronta romántica, combinada con el tratamiento realista de los personajes. Las sucesivas ediciones de las Exposiciones Nacionales de Bellas Artes fueron unos acontecimientos artísticos importantes. Organizadas con un sistema de concurso público, al que podían concurrir los artistas vivos, constituyeron la mayor muestra oficial del arte español, en las modalidades de pintura, escultura y arquitectura.

El Museo del Prado era una de las instituciones artísticas más importantes de Europa. Su edificio fue diseñado en 1785 por el arquitecto Juan de Villanueva, como Gabinete de Ciencias Naturales, por orden de Carlos III. Las obras se paralizaron durante el reinado de Carlos IV y sufrieron grandes daños durante la Guerra de la Independencia. El empeño de María Isabel de Braganza, esposa de Fernando VII, resultó decisivo para culminar las obras y crear el Museo Nacional de Pintura y Escultura, abierto al público en 1819. El primer catálogo del Museo constaba de 311 pinturas, procedentes de las Colecciones Reales que habían conformado los sucesivos monarcas españoles entre los siglos XVI y XIX. En 1865, siendo director del Museo el pintor Federico de Madrazo, se organizó la exposición de las obras siguiendo el criterio de las escuelas representadas y la entidad pasó a denominarse Museo del Prado. Muchas de las pinturas de El Escorial fueron trasladadas al Museo, así como el denominado *Tesoro del Delfín*. Otro hecho importante fue la incorporación en 1872 de los fondos de pintura y escultura del Museo de la Trinidad, decretada por Amadeo I. Finalmente, el Museo pasó a ser propiedad del Estado español. Galdós visitó con frecuencia sus salas para analizar y disfrutar de las obras de Velázquez, Rubens, el Bosco, el Greco, Tiziano y Goya, así como de sus creaciones de escultura y artes decorativas.

En *La desheredada,* Isidora y Miquis manifiestan su admiración por todo lo que allí se exponía:

> Tres o cuatro veces nada más he estado en el Museo. ¡Qué cosas, hijo! Aquello sí es grande. Con el talento que hay colgado de aquellas paredes había para hacer un mundo nuevo si este se acabase… Aquella es belleza; chico, aquella es gracia. Yo decía: eso lo siento yo, esto es cosa mía, esto me pertenece…[22].

Las creaciones literarias de aquellos años mostraron su preocupación por la realidad social, la creación de estampas costumbristas y los valores familiares. *Fernán Caballero* (seudónimo de Cecilia Böhl de Faber), autora de *La gaviota* (1849), *Clemencia* (1852) y *La farisea* (1863), elevó el realismo costumbrista al plano de la novelística, narrando «lo que realmente sucede en nuestros pueblos de España, lo que piensan y hacen nuestros paisanos en las diferentes clases de nuestra sociedad». Bretón de los Herreros ofreció una parodia de la clase media en *Marcela o ¿cuál de las tres?* (1832), *La redacción de un periódico* (1836) y *Escuela de matrimonio* (1852). El romanticismo mantenía entonces plena vigencia. El poeta Gustavo Adolfo Bécquer, autor de *Rimas y leyendas,* fue, según Allison Peers, «el romántico más grande y puro del siglo xix»[23]. El autor más popular fue José Zorrilla: *Don Juan Tenorio* (1844) alcanzó un gran éxito y convirtió a su protagonista en uno de los mitos de la cultura española. Las clases populares leían folletines publicados por entregas en periódicos o fascículos, como *María o la hija de un jornalero,* de Wenceslao Ayguals de Izco, que alcanzó una difusión extraordinaria y fue traducido a varios idiomas.

La actividad teatral adquirió un gran dinamismo. En 1840 solo existían en Madrid dos teatros, el del Príncipe y el de la Cruz, y una década después se sumaron otros nueve: el Teatro-Circo, el Buenavista, el Variedades, el Simó, el Instituto, el Museo, el Novedades, el Real y la Zarzuela. A su vez, las capitales de provincia y las ciudades importantes construyeron los Teatros Principales, que alcanzaron el número de ciento sesenta, superior al que existía en la Inglaterra de aquel entonces. La programación teatral tenía una calidad aceptable, siendo aplaudidas por el público obras como *El médico a palos,* versión libre de Moratín de la obra de Molière, *Un hombre de Estado* de López de Ayala, *Locura de amor* de Tamayo, *Los amantes de Teruel* de Hartzenbusch, *Don Álvaro o la fuerza del sino* del duque de Rivas y, sobre todo, *Don Juan Tenorio* de Zorrilla, estrenada en 1849, la más representada en aquellos años.

El Real Decreto de los Teatros del Reino, publicado el 7 de febrero de 1849, fomentó las iniciativas de los empresarios y contribuyó a renovar el funcionamiento de los espacios escénicos. El Teatro del Príncipe se transformó en el Teatro Español, con el propósito de difundir las creaciones españolas. Para ello, se llevó a cabo una importante reforma del edificio, a cargo del arquitecto Aníbal Álvarez, se dictó un reglamento que regulaba el funcionamiento del teatro y se designó a Ventura de la Vega como su director. Una de sus primeras medidas fue la creación de una compañía estable, que puso en escena las principales obras clásicas y contemporáneas, interpretadas por las figuras del momento: Carlos Latorre, Julián Romea, Manuel Catalina, Rafael Calvo, Matilde Díez y Teodora Lamadrid. El nuevo Teatro Español fue inaugurado el 8 de abril con la obra *Casa de dos puertas mala es de guardar,* de Pedro Calderón de la Barca. El público que asistía a las representaciones teatrales procedía, sobre todo, de la burguesía de nego-

FIGURA 4. El Teatro Real se inauguró el 19 de noviembre de 1850, coincidiendo con la onomástica de Isabel II.

cios y los profesionales de clase media. La gente modesta no tenía más remedio que acceder al *paraíso* o *gallinero,* situado en la parte alta de la sala, que ofrecía una visión limitada de los espectáculos. Las mujeres tenían que ubicarse obligatoriamente en la *cazuela,* espacio aislado del anfiteatro, que ofrecía unos duros bancos de madera.

La inauguración del Teatro Real de Madrid en 1850 tuvo una gran repercusión pública [▶ FIG. 4]. Se levantó en el solar que ocupaba el antiguo Teatro de los Caños del Peral, denominación que aludía a los lavaderos públicos que allí existían. El nuevo teatro fue proyectado por el arquitecto Antonio López Aguado, discípulo de Villanueva, y fue finalizado por Custodio Moreno. Las obras comenzaron en 1818, pero se desarrollaron lentamente, porque sufrieron varias interrupciones causadas por problemas de cimentación provocados por las corrientes subterráneas de los antiguos caños y, sobre todo, por las dificultades de financiación del proyecto. Una de esas interrupciones comenzó en 1837 y duró trece años, durante los cuales la parte construida fue utilizada como almacén de pólvora, cuartel de la Guardia Civil, Congreso de los Diputados y salón de baile. Isabel II, muy aficionada a la música, emitió el 7 de mayo de 1850 una Real Orden que instaba al Gobierno a hacer todo lo necesario para que fuesen finalizadas las obras. El ministro Sartorius se dispuso a complacerla, para lo cual estableció un duro plan de trabajo, que permitió culminar su edificación al cabo de seis meses. El coste total de la construcción ascendió a 42 millones de reales.

El Teatro Real se levanta sobre una planta hexagonal irregular de 72.853 pies cuadrados. La fachada principal da a la Plaza de Oriente y fue concebida como un vestíbulo para el acceso de los carruajes a las dependencias del teatro. En su parte superior hay una amplia terraza, comunicada con el salón contiguo al palco real. La fachada opuesta da a la plaza que lleva el nombre de la reina. Está adornada con columnas de granito coronadas por cinco arcos. Por ella se accede a la parte posterior del escenario, utilizada para introducir las escenografías y los materiales de las obras operísticas. El salón principal del teatro era muy espectacular, de acuerdo con el gusto de la época. Estaba iluminado por una lucerna central de gas que producía unos bonitos reflejos sobre los palcos, las cortinas de damasco rojo y los diseños dorados. Los medallones de la decoración principal estaban dedicados a Moratín, Bellini, Velázquez, Calderón y Herrera y estaban combinados con pinturas originales de Lucas y de Philastre. Las diferentes plantas del teatro se abrían hacia los salones, pasillos y lugares de encuentro, frecuentados durante los entreactos. Por lo demás, en los sótanos existían pasadizos subterráneos secretos que conducían al Palacio Real, al Campo del Moro y a la Carrera de San Jerónimo.

La inauguración del Teatro Real tuvo lugar el 19 de noviembre, día en el que se celebraba el santo de Isabel II. El teatro ofreció aquella noche una imagen deslumbrante. La sala principal estaba abarrotada por altas personalidades de la política y la sociedad: María Cristina, el presidente Narváez, los ministros Bravo Murillo, Seijas y Arrazola, los duques de Alba, Medinaceli, Frías, Villahermosa y Campo Alange y el cuerpo diplomático, encabezado por el barón Bourgoing de Francia, lord Howden de Inglaterra y el príncipe Watwehazy de Austria. También asistieron personalidades de los negocios y la cultura, como Salamanca, Collantes, Sevillano, López de Ayala, Romea, Madrazo y Ventura de la Vega. Ir a la ópera era un símbolo de poderío económico y categoría social. Se representó *La favorita,* de Gaetano Donizetti, con libreto de Alphonse Royer y de Nieuwenhyusen, ópera de temática española, interpretada por la famosa contralto Marietta Alboni, el tenor Italo Gardoni, el barítono Paolo Barroilhet, la soprano Frezzolini y el prestigioso ballet de Sofía Fuocco. El Teatro Real tuvo desde sus orígenes una orientación musical italiana, que divulgó las principales obras de Rossini, Verdi, Bellini y Donizetti. Los cantantes más aplaudidos fueron los tenores Enrico Tamberlick, Roberto Stagno y Francesco Marconi, el bajo Antonio Selva y la tiple Giulia Grissi. Entre los cantantes españoles destacaron Julián Gayarre, Adelina Patti, Rosina Penco, Miguel Fleta, Hipólito Lázaro y Francisco Viñas.

Galdós asistió muchas veces a las representaciones del Real. La ópera era una de sus aficiones favoritas. Cuando trabajó en la redacción del periódico madrileño *La Nación* realizó numerosos artículos de crítica musical. En *Fortunata y Jacinta, El doctor Centeno, La desheredada* y *Misericordia* aparecen referencias al Teatro Real; he aquí un ejemplo tomado de *Misericordia:* «Cuando la conversación recaía en cosas de arte, Ponte, que deliraba por la música y por el Real, tarareaba trozos de *Norma* y de *María di Rohan*, que Obdulia escuchaba con éxtasis»[24].

El interés de Galdós por la música deparaba motivos de conversación y de diversión, como reveló Palacio Valdés:

> Por la mañana algunos amigos se reunían en la modesta casa donde estaba el pupilo, y le decían: «mira, cántanos el cubrefuegos de los Hugonotes con orquesta y todo»; y el estudiante, que tenía un oído privilegiado, comenzaba a entonar el pasaje con una habilidad increíble, ejecutando proezas con los labios y la lengua para imitar los sonidos agudos del violín o las notas gangosas del oboe, de tal manera que sus amigos aplaudían entusiasmados y reían y gozaban con la alegría de los diecinueve años[25].

La ópera y la zarzuela creada por músicos españoles se vieron obligadas a emigrar a otros escenarios, como el Teatro del Instituto, el Teatro Variedades y, sobre todo, el Teatro de la Zarzuela, inaugurado en 1856, que se convirtió en el segundo teatro de los madrileños, desempeñando una buena labor de difusión de la lírica española. Su programa de inauguración contenía la obertura de *El barbero de Sevilla* de Carnicer, la zarzuela *El sonámbulo* de Hurtado y Arrieta y *La sinfonía sobre motivos de zarzuela* de Barbieri, haciéndose al final una alegoría que representaba el triunfo del arte lírico español sobre las modas extranjeras.

El Ateneo Científico, Literario y Artístico constituyó para Galdós un importante descubrimiento. Fundado en 1820, como «sociedad patriótica y literaria para comunicar ideas, consagrarse al estudio de las ciencias exactas, morales y políticas y propagar las luces», desarrolló una labor cívica y cultural importante. Entre 1862 y 1870 estuvo presidido por Antonio Alcalá Galiano, José Posada Herrera y Laureano Figuerola. Al joven Galdós le llamaban la atención las conferencias que impartían primeras figuras de la universidad y la cultura, como Castelar, De Castro, Salmerón, Ríos Rosas, Cánovas del Castillo, Echegaray y Giner de los Ríos, sobre las nuevas tendencias políticas y culturales, los excelentes fondos de su biblioteca, una de las mejores de España, y las personas que deambulaban por sus dependencias.

En el *episodio Prim* destacó el afán de conocimiento y la tolerancia que imperaban en el Ateneo:

El Ateneo era entonces como un templo intelectual…, que tenía un ambiente de seriedad pensativa propicia al estudio… Iban allí personas de todas las edades, jóvenes y viejos, de diferentes ideas, dominando los liberales y demócratas y los moderados que habían afinado con viajatas al extranjero su cultura; iban también los neos, no los enfurruñados e intolerantes; las disputas eran siempre corteses, y la fraternidad suavizaba el vuelo agresivo de las opiniones opuestas… El salón o salones de lectura eran un gran espacio irregular… Largas mesas ofrecían a los socios toda la prensa de Madrid y mucha de provincias, lo mejor de la extranjera, revistas científicas ilustradas o no, de todos los países… En aquel espacio, no más grande que el de una mediana iglesia, cabía toda la selva de los conocimientos que entonces prevalecían en el mundo, y allí se condensaba la mayor parte de la acción cerebral de la gente hispánica… Era la gran logia de la inteligencia… Por su carácter de cantón neutral o de templo libre y tolerante, donde cabían todos los dogmas filosóficos, literarios y científicos, fue llamado el Ateneo la Holanda española[26].

Villacorta ha resaltado el deseo de los dirigentes del Ateneo de «marcar la orientación de la sociedad entera». Los personajes de *El amigo Manso, Fortunata y Jacinta* y *Lo prohibido* realizan diversas alusiones a las actividades del Ateneo.

En este entorno cultural y artístico, Galdós fue acrisolando su vocación literaria. Al principio se decantó por la creación teatral y el periodismo, dada su capacidad de comunicación con el público:

Mi vocación literaria se iniciaba con el prurito dramático, y si mis días se me iban en flanear por las calles, invertía parte de las noches en emborronar dramas y comedias... Todo muchacho despabilado, nacido en territorio español, es dramaturgo antes que otra cosa más práctica y verdadera. Yo enjaretaba dramas y comedias con vertiginosa rapidez, y lo mismo los hacía en verso que en prosa; terminaba una obra, la guardaba cuidadosamente, resguardándola de la curiosidad de mis amigos; la última que escribía era para mí la mejor, y las anteriores quedaban sepultadas en el cajón de mi mesa[27].

Francisco Ayala ratificó esta inclinación juvenil hacia el arte escénico:

Hacia mediados del siglo XIX el impulso creativo de un joven español aficionado al ejercicio de las letras debía llevarlo con toda naturalidad al terreno dramático. Desde el siglo XVII la comedia constituía la gran tradición nacional... El teatro era el centro de atracción para quien aspirase a seguir una carrera literaria. Galdós no olvidaría nunca su primera ilusión de dramaturgo, aunque su carrera literaria había de ser la de un novelista[28].

De manera que Galdós fue cursando los estudios de Derecho «de mala gana», como le confesó a *Clarín* con sinceridad[29]. Era una imposición familiar que tenía que secundar, pero sus intereses personales estaban lejos de las ciencias jurídicas. Para tranquilizar a sus padres, realizó algunos trabajos que le permitieron conseguir algún dinero y le dieron a conocer en el mundillo cultural. Galdós advirtió el potencial del periodismo. La modernización de las carreteras, el desarrollo de la red ferroviaria, la aplicación del telégrafo y la aparición de las agencias de noticias favorecieron la difusión de las noticias, transformando la prensa de opinión en prensa informativa, que multiplicó el número de lectores, sobre todo en las clases medias urbanas. Así, sus primeras colaboraciones en *El Ómnibus* y en *La Nación* le ofrecieron la posibilidad de aprender el oficio, de afinar su estilo narrativo y generar nuevas oportunidades profesionales. Además, Galdós fue advirtiendo el poder de la palabra para transmitir las ideas y crear actitudes transformadoras.

Durante las vacaciones del verano regresó a Las Palmas. Las escasas noticias sobre su estancia revelan la continuidad de la relación fría con sus padres y, quizá, un tiempo de reflexión sobre las alternativas que contemplaba en su camino profesional y literario. Cuando regresó a Madrid, se encontró con la vuelta del exilio de la reina madre María Cristina, acompañada por su marido Fernando Muñoz. Sus turbios negocios relacionados con la contratación de obras públicas provocaban un gran rechazo y deterioraban la cuestionada imagen de la Corona.

En 1863 Galdós se fue a vivir a una pensión situada en el número 9 de la calle del Olivo, que regentaba la alcarreña Melitona Muela. En su novela *El doctor Centeno* recreó la vida en esta pensión, a través de diversos personajes.

En esta etapa, Galdós leyó muchos libros que enriquecieron su cultura humanista y literaria. Sus amigos comentaron el elevado tiempo que dedicaba diariamente a la lectura de obras de Balzac, Hugo, Goethe, Heine, Schiller, Shakespeare, Montesquieu, Dickens, Saud y Manzoni. Y también, claro, de Cervantes, Lope de Vega, Quevedo y la picaresca. Las circunstancias políticas y culturales de aquellos años impulsaron su actividad periodística. Galdós envió crónicas al periódico canario *El Ómnibus* en las que dio cuenta, con una prosa clara y pedagógica, de la vida madrileña, contando curiosidades novedosas como los viajes en globo y las tertulias de los cafés más renombrados y comentando los estrenos musicales y teatrales.

Un paso decisivo, a este respecto, fue su incorporación en 1865 al equipo de redacción del periódico *La Nación,* que promovía el veterano dirigente progresista Pascual Madoz. Galdós escribió, entre 1865 y 1868, más de ciento treinta crónicas, publicadas en las secciones «Revista Musical», «Revista de la Semana» y «Revista de Madrid». Estos artículos, como veremos más adelante, contenían críticas de conciertos, noticias culturales y temas de actualidad. Nunca percibió en *La Nación* salario alguno, pero le ayudó a perfilar su vocación literaria y a darse a conocer en el mundillo periodístico. De ahí el agradecimiento que siempre manifestó hacia Ricardo Molina, el redactor que facilitó su entrada en el periódico.

El ocaso del régimen isabelino

Galdós asistió en primera línea al ocaso del régimen isabelino y a la proclamación de la revolución *Gloriosa* de 1868, que alentó la esperanza de avanzar hacia la democracia. El reinado de Isabel II transcurrió entre 1843 y 1868. Constituyó un periodo de cambios, que tenía, como comentó Larra, «un pie en el pasado y otro en el porvenir». Las resistencias del pasado obstaculizaban los procesos de cambio, generándose una conflictividad social y política que era aprovechada por los *espadones* para tratar de ser los salvadores de la patria. La fuerza política predominante de aquellos años fue el Partido Moderado, ala conservadora del liberalismo, que, bajo la dirección del general Narváez y Pedro José Pidal, logró aglutinar a la mayoría de la aristocracia, la alta burguesía y los generales. El Partido Progresista, liderado por Espartero y Olózaga, canalizó las aspiraciones de la clase media, pero fue excluido del poder y no le quedó otra vía que la acción revolucionaria.

La época isabelina fue muy inestable, con claroscuros que mostraban realidades contradictorias. El reinado de Isabel II estableció en España la monarquía constitucional. El régimen absolutista no volvería jamás. Los *moderados* construyeron un nuevo Estado centralizado y uniforme, inspirado en el sistema francés; realizaron una reforma de la Hacienda y del sistema tributario que estaría vigente durante todo el siglo; mejoraron los precarios niveles educativos de la población mediante la implantación del primer sistema nacional de educación secundaria y universitaria; regularizaron la administración de la justicia y codificaron el derecho penal. La creación de nuevos bancos dinamizó la actividad económica. Las comunicaciones mejoraron de forma considerable, construyéndose 6.000 kilómetros de tendido ferroviario. Los *ensanches* de las principales ciudades incorporaron modernos servicios de suministro de agua, alcantarillado, iluminación, abastecimiento y limpieza.

Este importante proceso de cambio estuvo condicionado por diversas circunstancias. La debilidad de la Corona, el excesivo número de gobiernos, presididos a veces por políticos de escasa capacidad, la influencia excesiva de los generales, la corrupción de personas relevantes del régimen, el atraso industrial y la inexistencia de un consenso básico entre los principales partidos generaron una gran conflictividad. La debilidad del Estado y la insuficiencia de los servicios públicos favorecieron el desarrollo del caciquismo y el clientelismo, que fragmentaron la vertebración territorial del país. Los dirigentes del Partido Moderado presionaron a Isabel II para conseguir sus objetivos, ajenos a los intereses generales, provocando la crisis del régimen[1].

Cuando Galdós llegó a Madrid en 1862 observó en primera línea este proceso histórico. A su juicio, la gestión del Partido Moderado había favorecido la conformación de una oligarquía autoritaria y confesional, alejada de las demandas de los españoles. Sus dirigentes parecían «inteligencias estériles y raquíticas», «cadáveres embalsamados», «momias animadas» y «graves como todo lo impotente, revestidos de esa cómica seriedad que caracteriza a los anticuarios»[2]. El pretorianismo constituía, a su juicio, un grave problema político.

Los principales acontecimientos de aquellos años fueron protagonizados por cinco generales: Espartero, Narváez, Serrano, O'Donnell y Prim. La debilidad de los partidos y la inexistencia de una verdadera representación parlamentaria favorecieron el golpismo militar que acentuó la inestabilidad del régimen. Galdós, en el *episodio Bodas reales,* analizó esta problemática. En la crisis de la Regencia del general Espartero de 1843 participaron los generales más importantes. Narváez, el *espadón de Loja,* desembarcó en Valencia y comenzó el ataque, apoyado por los generales Concha y Pezuela. O'Donnell lo secundó desde los Pirineos y Prim desde Cataluña. El liderazgo de Narváez se sustentaba, según Galdós, en su audacia, su obstinación y sus malas pulgas. La división de los políticos liberales agudizó la crisis. En la tormentosa sesión parlamentaria del 20 de mayo, «Olózaga, con ardiente y cruel palabra, marcó el divorcio entre el Regente y las más notables figuras de su partido», ante el regocijo de los moderados, que habían atizado la hoguera. Olózaga terminó cada frase de su intervención con «¡Dios salve a la Reina, Dios salve al País!», que, según Galdós, quería decir que «todos, Nación y Reina, partidos y pueblo, somos cosa perdida y que estamos dejados de la mano de Dios»[3].

El 22 de julio, tras la derrota de las fuerzas gubernamentales en Torrejón de Ardoz, el general Espartero marchó al exilio y el general Narváez se hizo con el poder absoluto. Según Galdós, Espartero había cometido errores políticos graves, pero los «nuevos curanderos» no traían ningún remedio eficaz para curar los males:

Atropellaron un poder para crear otro con los mismos y aún peores vicios… Repitieron los defectos de la administración esparteril, agravándolos escandalosamente. Si el Duque convirtió en razón de Estado la protección a los que le eran fieles, si a veces pospuso el bien general al de media docena de compinches y paniaguados, los libertadores de octubre y de julio nos traían el imperio sistemático de las camarillas, del caciquismo, del pandillaje, de las asoladoras tribus de amigos, con el desprecio de toda ley y la burla del interés patrio[4].

A partir de 1863 el trono de Isabel II comenzó a tambalearse. La experiencia de la Unión Liberal, impulsada por el general Leopoldo O'Donnell, sufrió un notable desgaste. Galdós criticó su ineficacia, su tendencia a realizar golpes de efecto y su alejamiento de las demandas democráticas. El detonante de la crisis fue el capricho de doña Manuela, mujer del general, empeñada en elevar al cargo de ministro de la Gobernación a su sobrino, el marqués de la Vega de Armijo. El 2 de marzo, O'Donnell abandonó el Gobierno, acosado por las críticas. El relevo no resultó sencillo. Moderados y unionistas eran incapaces de adoptar soluciones para resolver la crisis. Los progresistas le pidieron a la Reina que procediera a convocar unas elecciones limpias. En aquella circunstancia, Isabel II cometió el error de nombrar presidente del Gobierno al marqués de Miraflores, político conservador de confianza, que representaba el retorno a las viejas políticas palatinas.

Tras el cese de Miraflores, desfilaron en la presidencia del Gobierno Lorenzo Arrazola, Alejandro Mon, el general Narváez y el general O'Donnell, todos los cuales mostraron una manifiesta insolvencia para reconducir la crisis. El proceso de oligarquización del bloque conservador fue reduciendo su base política. El Palacio Real tampoco facilitaba las cosas. Allí pululaban *camarillas* que distorsionaban la vida pública: la reina María Cristina, el rey Francisco de Asís, Antonio María Claret, confesor de la reina, sor Patrocinio, la extravagante «monja de las llagas», y otros personajes que confundían los negocios personales con los intereses públicos. Eran «los obstáculos tradicionales», como los denominaban los progresistas. Comentó Valera a este propósito:

> La Corona estaba sin norte, el Gobierno sin brújula, el Congreso sin prestigio, los partidos sin bandera, las fracciones sin cohesión, las individualidades sin fe, el tesoro ahogado, el crédito en el suelo, los impuestos en las nubes, el país en la inquietud, la revolución en actitud amenazadora, la prensa perseguida o silenciada y el poder condenado uno y otro día por los Consejos de Guerra que absolvían a los periódicos a ellos sometidos[5].

El 23 de agosto de 1866 los dirigentes progresistas, unionistas y demócratas firmaron el *Pacto de Ostende* con el propósito de liquidar el régimen de Isabel II. Prim dirigió un manifiesto a la nación en el que afirmó que «la revolución es el único remedio a todos los males». O'Donnell falleció el 5 de noviembre de 1867 y Narváez el 23 de abril de 1868. Desaparecidos los *espadones* que sostenían el régimen, Isabel II se quedó sola. La situación era sumamente compleja: la prolongada sequía encareció el precio de los productos alimentarios y dificultó la situación de los campesinos, muchos de los cuales se vieron empujados a emigrar. La crisis financiera provocó la quiebra de importantes sociedades de crédito, desatándose una oleada de pánico. La bancarrota de muchas sociedades de seguros de quintas causó una gran preocupación en las familias de clase media. En los cuarteles se escuchaba el ruido de los sables. En aquella circunstancia, el nuevo presidente del Gobierno, Luis González Bravo, desarrolló una política de represión que aceleró el movimiento revolucionario.

Galdós fue testigo del proceso de deterioro del régimen isabelino. En sus *Memorias* recordó la viva impresión que le causaron los sucesos de la *Noche de San Daniel* de 1865. El ambiente universitario estaba muy caldeado por las injerencias de los dirigentes conservadores que obstaculizaban la libertad de expresión. Por otra parte, ante los problemas de financiación que padecía el Estado, el Gobierno de Narváez decidió reducir el déficit procediendo a la venta de bienes del Patrimonio Real, el 75 por ciento de cuyos ingresos pasarían a la Hacienda Pública y el 25 por ciento a Isabel II. Este proyecto fue criticado por los dirigentes progresistas y demócratas. Así, el 21 de febrero, Emilio Castelar, catedrático de Historia de la Universidad Central, publicó un artículo en *La Democracia* titulado «¿De quién es el Patrimonio Real?», en el que sostenía que el patrimonio real era de la nación y denunciaba que una parte del dinero procedente de las ventas fuese a parar a las manos privadas de la Reina. Cuatro días después amplió su argumento en otro artículo titulado «El Rasgo», *afirmando que el proyecto era ilegal y engañoso,* porque excluía propiedades muy valiosas de la Corte en Aranjuez, El Pardo, El Escorial, el valle de Alcudia y La Granja.

Cuando el general Narváez presentó el proyecto en el Congreso de los Diputados lo calificó como un *gesto* grande, extraordinario y sublime. La prensa conservadora ratificó esta valoración, calificando a Isabel II de «émula de Isabel la Católica». Castelar, por el contrario, afirmó que no existía tal *rasgo,* como lo llamó irónicamente, porque la Reina pretendía apropiarse de un patrimonio que no le pertenecía. A su juicio:

[había que denunciar] ese proyecto de Ley, que, desde el punto de vista político, es un engaño; desde el punto de vista legal, un gran desacato a la ley; desde el punto de vista popular, una amenaza a los intereses del pueblo, y desde todos los puntos de vista uno de esos amaños de que el partido moderado se vale para sostenerse en un Poder que la voluntad de la nación rechaza; que la conciencia de la nación maldice[6].

Los artículos de Castelar fueron censurados, pero alcanzaron una gran difusión a través de pasquines y octavillas. El Gobierno de Narváez respondió de forma contundente. El anciano ministro Antonio Alcalá Galiano remitió al rector de la Universidad Central, Juan Manuel Montalbán, una Real Orden exigiéndole la incoación inmediata de un expediente a Castelar, aduciendo que había faltado a su juramento «de profesar siempre la doctrina de Jesucristo, obedecer la Constitución de la Monarquía y ser fiel a la Reina Doña Isabel II». Ante la negativa del rector, el ministro lo cesó y desposeyó a Castelar de su cátedra. Montalbán fue sustituido por el neocatólico Diego M. Baamonde, marqués de Zafra. En previsión de incidentes, el ministro de Gobernación, Luis González Bravo, declaró el estado de guerra y dictó un decreto que contemplaba la suspensión de los derechos constitucionales, la deportación de los rebeldes y la censura de prensa[7].

Estas medidas provocaron la reacción de los universitarios. Los catedráticos Nicolás Salmerón y Miguel Morayta presentaron la dimisión y los estudiantes anunciaron la realización de una *serenata* de protesta, que fue tramitada ante el Gobierno Civil por Luis Benítez de Lugo, paisano y amigo de Galdós. «Se necesitaba poco en aquellos días —comentó Galdós— para que una pavesa se trocara en incendio, un juego de chicos en un motín pavoroso»[8]. El 10 de abril, el marqués de Zafra tomó posesión del rectorado. Por la tarde, estudiantes, obreros y militantes demócratas y progresistas acudieron a la Puerta del Sol para expresar su protesta. Cuando se aproximaban a la plaza, González Bravo ordenó a la Guardia Veterana, unidad de infantería y caballería de la Guardia Civil, atacar a los manifestantes. La zona estaba controlada por unos mil hombres armados. La Guardia Veterana realizó varias cargas, con disparos y bayoneta calada. Los manifestantes se dispersaron por las calles cercanas y trataron de levantar barricadas, pero no pudieron frenar el avance de la caballería. Durante las sucesivas refriegas murieron 14 personas y 193 fueron heridas, entre quienes se encontraban ancianos, mujeres y niños que no participaban en la manifestación [▶ Fig. 5].

El Gobierno prosiguió su política represiva y aplicó la censura de prensa. Varios periódicos respondieron publicando su primera página en blanco. El ministro Alcalá Galiano, tras una viva discusión con González Bravo, responsable de la represión, falleció a causa de una angina de pecho. Los periódicos progresistas *Las Novedades*, *La Iberia*, *La Democracia*, *El Pueblo*, *La Soberanía Nacional* y *La Nación* publicaron un editorial conjunto en el que llamaron a la calma. Las consecuencias políticas de la *Noche de San Daniel* acabaron con el Gobierno de Narváez. Salmerón, Castelar, Cánovas y Olózaga criticaron la violencia practicada por las fuerzas gubernamentales. Ríos Rosas afirmó en el Congreso de los Diputados que «esa sangre pesa sobre vuestras cabezas». El 21 de junio de 1865 el general O'Donnell, que había manifestado a la Reina su deseo de abandonar la política, fue designado otra vez presidente del Gobierno.

Galdós fue testigo de estos sucesos, como comentó en artículos, novelas y memorias: «presencié, confundido con la turba estudiantil, el escandaloso motín de la Noche de San Daniel —10 de abril de 1865—, y en la Puerta del Sol me alcanzaron algunos linternazos de la Guardia Veterana», afirmó en sus *Memorias*[9]. En la crónica que publicó en *La Nación* censuró la «descomunal batalla, que convirtió en campo de Agramante la Puerta del Sol, liza desigual entre el inofensivo pito y la bayoneta, sangrienta broma o simulacro serio, que ha levantado densa polvareda en las regiones oficiales»[10]. En el *Episodio Nacional* dedicado a *Prim*, insistió en la actuación desproporcionada de la Guardia Civil: «Centauros, que no jinetes, parecían los guardias; esgrimían el sable con rabiosa gallardía, hartos ya de los insultos

MADRID. — Aspect de la *Puerta del Sol* pendant les troubles suscités par les étudiants dans la soirée du 11 avril. (D'après le croquis de l'ingénieur Bordiar.)

FIGURA 5. Representación de la Puerta del Sol en la tarde del 10 de abril de 1865 durante la masacre de ciudadanos realizada por la Guardia Civil y el Ejército.

con que les había enardecido la multitud. No contentos con hacer retroceder a la gente metían los caballos en la acera y al desgraciado que se descuidaba le sacudían de plano tremendos estacazos»[11]. Durante los siguientes días, tal como señaló en otro artículo de *La Nación*, bajo el epígrafe «Madrid asustado», describió la desolación ciudadana:

¿Qué tendrá Madrid, que está tan cabizbajo y cariacontecido? Parece que una gran desgracia le amaga, o que una nube siniestra preñada de tempestades amenaza descargar sobre su cabeza todo un arsenal de rayos, centellas y demás proyectiles atmosféricos... [La gente cree] que

estamos sobre un volcán, que nos espera un cataclismo, que va a esta-
llar la mina, lentamente cargada de la paciencia pública[12].

Por aquel tiempo Galdós continuó enriqueciendo su cultura literaria. Adquirió obras de Balzac, George Sand y Schiller, leyó la
Historia del levantamiento, guerra y revolución de España, del conde
de Toreno, emborronó cuartillas y escribió muchos artículos. A finales de 1865 dio un nuevo paso en su carrera periodística incorporán-
dose a la *Revista del Movimiento Intelectual de Europa* y al periódico
La Nación.

La *Revista del Movimiento Intelectual* fue creada por el diario
Las Novedades para ofrecer los domingos a los lectores noticias sobre los descubrimientos científicos y las novedades culturales, algo
de lo que se ocuparía el joven periodista canario a través de cuarenta artículos, publicados entre 1865 y 1867. *La Nación,* periódico progresista, fundado por el exministro Pascual Madoz y dirigido por Julián Santín, fue realmente su escuela periodística, que
después proseguiría en *Las Cortes, El Debate,* la *Revista de España* y
La Prensa de Buenos Aires. Entre 1865 y 1868 Galdós publicó en *La
Nación* 131 artículos en los que hizo gala de una escritura cuidada
y eficaz, que apuntaba rasgos de su futuro quehacer literario. Los
artículos estaban agrupados en varias secciones: «Galería de españoles célebres», «Galería de figuras de cera», «Manicomio polí-
tico-social», «Revista Musical», «Revista de Madrid» y «Revista de la
Semana».

Según William Shoemaker, Galdós tenía el propósito «de entre-
tener, de divertir, de pintar lo espectacular y de ofrecer informaciones, no para dar noticias, sino para comentarlas amenamente, con
un humorismo de varia lección»[13]. Los artículos muestran una gran
capacidad de observación de la vida madrileña, de captura de expe-

riencias vitales y de caracterización de personajes. Son retratos de la sociedad, que a la vez reflejan las ideas y los valores del joven periodista: su amor por Madrid, su patriotismo, su sensibilidad cultural y la necesidad de regenerar la vida pública. En este sentido, afirma Bravo-Villasante:

> Su prosa es muy fácil y tiene ligereza, escribe a vuelapluma y posee gran amenidad en todo lo que cuenta con rápida andadura. Es como una conversación escrita, refiere sucesos cotidianos, fiestas, epidemias, cambios políticos, y hace la *Revista de la Semana* en menos que se piensa, todo ofrecido con un cendal de fino humor, que no es británico, como dirán algunos, sino típicamente canario[14].

En los artículos de *La Nación* Galdós manifestó una orientación política progresista. A su juicio, la Constitución de 1812 era «el código político más venerable y más sabio que ha producido la gran revolución moderna»[15]. El régimen conservador isabelino se había agotado, por lo que había que romper las ataduras y realizar el cambio. Sus críticas se dirigieron especialmente contra los neocatólicos de Cándido Nocedal, «hombres de aspecto triste y severo, de actitud sombría, de voz hueca, de mirada siniestra, de color amarillo». A lo largo de trece artículos el joven periodista censuró su campaña contraria al reconocimiento del reino de Italia, su defensa de los privilegios eclesiásticos y la explotación de los sentimientos religiosos con fines políticos. Galdós denunció, asimismo, «el lápiz inexorable del fiscal» que pretendía controlar la libertad de opinión. La Unión Liberal de O'Donnell tampoco se libró de sus críticas, que denunciaron su falta de eficacia, su apego a los intereses materiales y su clientelismo:

Sustitúyese toda la pléyade *presupuestívora* por otra no menos voraz, que milita en las banderas hoy triunfantes de la Unión; arréglanse las cosas de modo que en cada puesto oficial haya un sitio de acecho, y en cada empleado un esbirro de flaquezas electorales, un espía de votos escatimados y un escamoteador de votos[16].

El joven periodista no ocultó sus simpatías por los progresistas de Prim, ni su convicción sobre la necesidad del cambio democrático.

La influencia de Cervantes, Larra y Mesonero Romanos en los artículos es manifiesta. Con cierta frecuencia Galdós abordaba determinados asuntos serios de forma irónica, como cuando anunció que «Madrid será puerto dentro de poco tiempo», o sentenció que «los acontecimientos andan por el mundo tan mal repartidos como el dinero»[17]. En los artículos sobre la vida ciudadana censuró las malas prácticas, como «la glotonería universal navideña», las borracheras de las fiestas de San Isidro o las corridas de toros, «bárbaro y grotesco espectáculo».

En *La Nación* también publicó artículos de crítica literaria y artística, en los que arremetió contra los populares folletines, la pervivencia del romanticismo y la artificiosidad de determinados escritores y poetas, reivindicando la recuperación de la tradición realista española, atenta a lo que sucedía en la sociedad de su tiempo. Charles Dickens le parecía un escritor extraordinario, por su fuerza descriptiva, la caracterización de los personajes y la acertada combinación de asuntos elevados y triviales. A su juicio, su obra representaba «la mayor exactitud y verdad que cabe en las creaciones de arte». El 9 de marzo de 1868 comenzó a publicar en *La Nación* su traducción de *Las aventuras de Mr. Pickwick*. A Ramón de la Cruz lo consideró «el único poeta verdaderamente nacional del siglo XVIII», valorando su capacidad para describir la sociedad y para crear personajes. Cuando falleció Ventura de la Vega, escribió una necrológica en la que resaltó la excelente estructura de sus comedias y la «profunda lección moral» que contenían. Y, en fin, Mesonero Romanos sería otra referencia literaria importante, cuyo consejo recabaría cuando comenzó a dar sus primeros pasos literarios. Como buen aficionado al teatro, comentó las principales novedades de los escenarios. Como afirma Rosa Amor:

> Galdós en aquel entonces con una pluma periodística de orden costumbrista aprovecha la ocasión para describir cómo era el carácter de la vida madrileña en materia teatral y lo aburrido por su ortodoxia que resultaban los espectáculos en aquel momento y qué necesidades y gustos tenían aquellos madrileños[18].

En suma, la experiencia del joven Galdós en *La Nación* fue muy importante, ya que le permitió establecer relaciones profesionales, aprender el oficio periodístico y preparar el salto hacia la novela. «En muchos de estos artículos —afirma Bravo-Villasante— está el germen de sus futuras novelas, y el plan de la comedia humana española, así como el estudio más completo de la sociedad madrileña. En estas colaboraciones se ve ya al escritor Galdós, y su estilo es tan inconfundible que hasta cuando no firma se adivina que son galdosianas»[19]. Por lo demás, Pilar Palomo considera que la actividad periodística desarrolló su capacidad para aproximarse a la realidad social, algo que poco después comenzaría a plasmar en sus novelas, a través de una narrativa sobre lo observado y lo vivido, convirtiéndose en un rasgo singular de su estilo literario[20].

Entre tanto, se precipitó la crisis definitiva del régimen isabelino [▶ Fig. 6]. El Partido Progresista, liderado por el general Prim, convencido de la incapacidad del poder para atender las demandas democráticas, apostó por la vía revolucionaria. En el arma de Artillería

FIGURA 6. Isabel II de España (1830-1904), llamada «la de los tristes destinos» o «la reina castiza» (hacia 1860).

existía un gran malestar por la reforma llevada a cabo en 1864 por el Gobierno. Los progresistas explotaron este malestar e impulsaron en la madrugada del 22 de junio de 1866 el pronunciamiento de los sargentos del cuartel de San Gil de Madrid. Este centro militar ocupaba la Plaza de San Marcial, actual plaza de España. Era un edificio importante, proyectado por Sabatini, que fue desarrollado por el arquitecto Manuel Martín, discípulo de Ventura Rodríguez. Tras sublevarse, los sargentos se hicieron con el control del cuartel, apresaron a varios oficiales y ejecutaron al coronel Puig y al comandante Carabas. Los sargentos se pusieron al mando de 1.200 soldados y de 30 piezas de artillería. La rebelión se fue extendiendo por diferentes puntos de la capital, apoyada por varios destacamentos militares y por milicianos civiles armados. Unidades rebeldes, dotadas con piezas de artillería, tomaron posiciones en la calle de Fuencarral, junto a la glorieta de Bilbao, y en la Plaza de Santo Domingo. Otro destacamento, integrado por cien soldados y dos piezas de artillería, se dirigió hacia la Puerta del Sol con el propósito de apoderarse del Ministerio de la Gobernación, pero fueron frenados por las fuerzas gubernamentales.

Ante la gravedad de los acontecimientos, el general O'Donnell se puso al mando de las operaciones. El general Serrano galopó hasta el cuartel de artillería del Retiro y ordenó llevar las piezas de artillería disponibles a la Puerta del Sol. En la Plaza de Oriente, las fuerzas gubernamentales instalaron varios cañones apuntando hacia el cuartel de San Gil. Poco después comenzó un duro combate entre los artilleros sitiados y las fuerzas gubernamentales, que duró varias horas. Entre tanto, los milicianos progresistas levantaron barricadas en la Plaza de Santo Domingo y las calles de San Bernardo, Tudescos, la Luna, Corredera Baja de San Pablo, Fuencarral, Hortaleza, San Marcos y Barquillo. La rebelión se extendió por los populares barrios del sur, levantándose barricadas en las calles de Toledo, Segovia, Plaza de la Cebada, Antón Martín y Atocha. Una vez consolidadas las posiciones, los insurrectos avanzaron hacia el centro, haciendo fuego sobre el Ministerio de la Gobernación. La respuesta de los cañones situados entre Montera y la Puerta del Sol detuvo la ofensiva. El escenario definitivo del conflicto fue el cuartel de San Gil. Tras una encarnizada lucha, las tropas gubernamentales, dirigidas por el general Gutiérrez de la Concha, ocuparon las inmediaciones del cuartel, vencieron la resistencia y forzaron la rendición de los rebeldes. Recuperada la normalidad, el Gobierno de O'Donnell actuó con una extremada contundencia y ordenó el fusilamiento de setenta artilleros, produciéndose un balance final de 500 muertos y heridos y de 1.750 presos.

Galdós relató en sus *Memorias* la viva impresión que le produjeron todos estos sucesos:

Desde la casa de huéspedes, de la calle del Olivo, en la que yo moraba con otros amigos, pude apreciar los tremendos lances de aquella luctuosa jornada. Los cañonazos atronaban el aire; venían de las calles próximas gemidos de víctimas, imprecaciones rabiosas, vapores de sangre, acentos de odio… Madrid era un infierno. A la caída de la tarde, cuando pudimos salir de casa, vimos los despojos de la hecatombe y el rastro sangriento de la revolución vencida. Como espectáculo tristísimo, el más trágico y siniestro que he visto en mi vida, mencionaré el paso de los sargentos de Artillería llevados al patíbulo en coche de dos en dos por la calle de Alcalá arriba para fusilarlos en las tapias de la antigua Plaza de Toros. Transido de dolor, les vi pasar en compañía de otros amigos. No tuve valor para seguir la fúnebre traílla hasta el lugar del suplicio y corrí a mi casa tratando de buscar alivio a mi pena en mis amados libros y en los dramas imaginarios que nos embelesan más que los reales[21].

Años después, en el *episodio La de los tristes destinos* volvió a reflejar su sentimiento de pesar:

Era, en verdad, un espectáculo de los más lúgubres y congojosos que se podía imaginar… Hoy les toca morir a estos, mañana a los otros. Es la Historia de España, que va corriendo, corriendo… Sangre por el Orden, sangre por la Libertad. Las venas de nuestra nación se están vaciando siempre…[22].

Estos acontecimientos tuvieron una gran repercusión en la vida política y ciudadana. El general O'Donnell abandonó la presidencia del Gobierno y se marchó muy apesadumbrado a Biarritz, donde falleció poco después.

Por aquel tiempo Galdós se hizo socio del Ateneo, situado en el número 22 de la calle Montera, muy cerca de su pensión. Hasta entonces había participado en sus actividades, invitado por amigos ateneístas, pero ahora lo haría por derecho propio. El Ateneo era una institución cultural y científica importante. Al joven periodista canario le atraían sus conferencias, impartidas por reputados intelectuales y profesores, su biblioteca, dotada de excelentes fondos bibliográficos, y las relaciones personales que surgían entre personas que compartían las actividades de la entidad, como Leopoldo Alas, *Clarín,* Palacio Valdés, Manuel de la Revilla, Amós de Escalante, Eugenio Sellés, Julio Burell y Ventura Ruiz Aguilera. *Clarín* realizó un excelente retrato personal de Galdós:

Conocí a Galdós en el Ateneo nuestro, el bueno, el de Moreno y Revilla; en el Salón de Retratos vi ante mí un hombre alto, moreno, de fisonomía nada vulgar. Si por la tranquilidad, cabal y seria honradez que expresa su fisonomía poco dibujada puede creerse que se tiene enfrente a un benemérito comandante de la Guardia Civil, con su bigote ordenancista, en los ojos y en la frente se lee algo que no suele distinguir a la mayor parte de los individuos de las armas generales, ni de las especiales. La frente de Galdós habla de genio y de pasiones, por lo menos imaginadas, tal vez contenidas; los ojos, algo plegados a los párpados, son penetrantes y tienen una singular expresión de ternura apasionada y reposada, que se mezcla con un acento de malicia…, la cual mirando mejor se ve que es inocente, malicia de artista. No viste mal… ni bien. Viste, como deben hacerlo todas las personas formales, para ocultar el desnudo, que ya no es arte de la época. No habla mucho, y se ve luego que prefiere oír, pero guiando a su modo, por preguntas, la conversación. No es un sabio, pero sí un curioso de toda clase de conocimientos, capaz de penetrar en lo más hondo de muchos de ellos, si le importa y se lo propone[23].

Desde entonces, *Clarín* y Galdós se interesaron por sus respectivas creaciones literarias y lograron consolidar su amistad, expresada a través de su numerosa correspondencia. A este propósito, añadió *Clarín:*

Galdós llegó a mi admiración y a mis simpatías, como a las de casi todos sus lectores, ganándose por la excelencia intrínseca de sus obras este homenaje espontáneo. Tiene razón Pereda: el Benito Pérez Galdós no sonaba a gran artista, joven y original y revolucionario de la novela. Era yo estudiante de Filosofía y Letras en Madrid, cuando por vez primera me fijé en el nombre de Pérez Galdós leyendo en una librería la cubierta del *Audaz,* segundo libro del escritor, que entonces me figuraba como un constitucional que en sus ratos de ocio escribía obras de vaga y amena literatura. Enfrascado en la lectura de filósofos y poetas alemanes, me parecían entonces poca cosa muchos de mis contemporáneos españoles… a quienes no leía. Ya iban publicados varios *Episodios Nacionales* cuando caí en la cuenta de que debía leerlos… Y a los pocos meses era yo, sin más recomendaciones que estas lecturas, el primer admirador de aquel ingenio tan original, rico, prudente, variado y robusto que prometía lo que empezó a cumplir muy pronto: una restauración de la novela popular, levantada a pulso por un hombre solo[24].

Galdós apreciaba mucho a Clarín y cuando este se encontraba en Asturias sentía la necesidad de comunicarse con él: «Ganas, muchas ganas tengo de echar un párrafo con V. En esta soledad deliciosa en que vivo el trabajo es mi encanto y el escribir a los amigos como V. […] mi mayor distracción. No me olvide V.». Era un aprecio compartido, como expresará *Clarín*: «Desde ayer estoy en mi aldea y lo primero que escribo *"sub tegmine fagi"* es esta carta. Ojalá sea de buen agüero, como parece, el comenzar hablando con usted»[25]. Los dos escritores compartían ideas democráticas, estéticas y literarias, con los matices derivados de su personalidad y su diferencia de edad, lo cual contribuyó a consolidar su relación de amistad durante un cuarto de siglo [▶ APÉNDICE: 3].

Durante las vacaciones del verano de 1866 Galdós regresó a Las Palmas, quizá atendiendo la petición de sus padres, preocupados por la conflictividad política existente en Madrid. Según Pérez Vidal, estos meses serían decisivos para la evolución del joven escritor. Benito, que tenía entonces 24 años, mostró ante familiares y amigos que era una persona más madura, dotada de mayor entereza, que parecía haber aprovechado aquellos años de experiencia madrileña para crecer y definir su futuro. Durante aquella estancia en la isla, dio el empujón definitivo a la redacción de su primera novela, *La sombra*, escrita entre 1866 y 1867, un ensayo narrativo que manifiesta su interés por los misterios de la mente humana. Utilizando materiales procedentes de obras de Cervantes, Balzac, Hoffmann y Poe, Galdós construyó un relato filosófico y fantástico. El doctor Anselmo, protagonista de la novela, sufre un desdoblamiento de personalidad: la imagen en el espejo y la *sombra* que forman parte del mismo yo. Anselmo siente unos celos patológicos al creer que Paris, el mítico héroe, representado en un tapiz de su mansión, se encarna para seducir a su mujer. Así explica el desdoblamiento de personalidad que le atormenta: «Yo tengo otro dentro de mí, otro que me acompaña a todas partes y me está contando mil cosas que me tienen estremecido y en estado de perenne fiebre moral». Paris, ente inmortal, se transforma en Alejandro, ente real, provocando los delirios paranoicos del protagonista. Galdós desarrolla una trama con varias líneas narrativas: el desdoblamiento de la personalidad, la creación de la obsesión, de una sombra que destruye la vida de forma implacable, y la fuerza de la imaginación, la fantasía y el misterio.

Anselmo realiza en su laboratorio experimentos de química con el propósito de distraer su loca imaginación que no para de maquinar: «Para atar la loca —afirma—, para contenerla y obligarla a que no me martirice más». Algunos analistas consideran que *La sombra* muestra la descripción del proceso psicótico que sufría el protagonista. Según la gente, Anselmo era «un loco rematado», pero el narrador le atribuye «rasgos de genio». ¿Estaba mostrando Galdós en estas páginas las consecuencias psicológicas de la mala relación que tenía con su madre y el proceso de superación que experimentó en Madrid cuando dispuso de una vida autónoma? *La sombra* fue, en cualquier caso, un ensayo literario, porque, como manifestó de forma expresa: «en ella hice los primeros pinitos, como decirse suele, en el pícaro arte de novelar»[26].

A principios de junio de 1867 Galdós realizó un viaje a París, acompañando a José María Hurtado de Mendoza, marido de su hermana

Carmen, y a su sobrino José, con el propósito de visitar la Exposición Universal [▶ Fig. 24, pág. 256]. La capital francesa le causó una honda impresión por su rico patrimonio monumental, su dinamismo cultural y su ambiente cosmopolita. El prefecto Haussmann, cumpliendo directrices de Napoleón III, estaba realizando un importante proceso de modernización urbanística de la ciudad, que no pasaría inadvertido al joven escritor:

> Devorado por febril curiosidad, en París pasaba yo el día entero calle arriba, calle abajo, en compañía de un plano, estudiando las vías de aquella inmensa urbe, admirando la muchedumbre de sus monumentos, confundido entre el gentío cosmopolita que por todas partes bullía. A la semana de este ajetreo ya conocía París como si este fuera un Madrid diez veces mayor. Frecuentes paradas hacía en los puestos de libros, que allí son cajones exhibidos en los *quais,* a lo largo del Sena. El primer libro que compré fue un tomito de las obras de Balzac —un franco; Librairie Nouvelle—. Con la lectura de aquel librito, *Eugenia Grandet,* me desayuné al gran novelador francés, y en aquel viaje a París y en los sucesivos completé la colección de ochenta y tantos tomos, que aún conservo con religiosa veneración. De la *Exposición Universal* no hablemos; estaba instalada en un inmenso barracón elíptico —Campo de Marte o de Marzo— y rodeada de magníficos jardines, donde cada nación había levantado un edificio de su peculiar estilo. Si he de decir la verdad, la *Exposición* me mareaba, me aturdía, y siempre salía de allí con dolor de cabeza. Me agradaba más admirar las joyas artísticas del Louvre, del Luxemburgo o las riquezas arquitectónicas del Museo Cluny. Pero mi mayor goce era presenciar las grandes solemnidades públicas, como la revista militar que pasa el Emperador a las tropas en los Campos Elíseos… El resto de mi tiempo, en aquel verano, lo empleaba paseándome, observando la transformación de la gran

Lutecia, iniciada por el Segundo Imperio. Los bulevares Haussmann, Malesherbes, Magenta y otros de la orilla derecha, así como los de Saint Germain y Saint Michel en la otra orilla izquierda, estaban en construcción. No se veían más que derribos de barrios enteros y enormes hileras de andamios...[27].

Tras esta interesante experiencia, al regresar a Madrid retomó su actividad literaria, escribiendo artículos periodísticos para *La Nación,* entre los que destacarían los dedicados a la Exposición Universal de París, a Charles Dickens, que se convirtió en una referencia importante, a Calderón de la Barca, a Cervantes, a Ramón de la Cruz, a Ventura de la Vega y Mesonero Romanos, así como diversas críticas musicales y artísticas. Pero la gran novedad de aquellos meses fue el comienzo de su novela *La Fontana de Oro,* en la que volcó toda su capacidad y ambición para novelar la realidad española contemporánea: «me lancé a escribir *La Fontana de Oro,* novela histórica, que me resulta fácil y amena. Un impulso maquinal, que brotaba de lo más hondo de mi ser, me movió a este trabajo, que continué metódicamente...»[28].

Durante el verano de 1868 Galdós volvió de nuevo a Francia, acompañando esta vez a su hermano Domingo y su mujer, Magdalena. «Heme aquí viajando por etapas: Ferrocarril del Norte, frontera pirenaica, mediodía de Francia y Orleans, hasta dar al fondo en la *ciudad luminosa.* Esta me fue hospitalaria como en la etapa del 67»[29]. Galdós completó el conocimiento de la capital francesa, compró libros en los puestos del Sena, asistió a algunas representaciones teatrales y paseó por Choiseul, Jouffroy y otros lugares, como años después recrearía en el *episodio La de los tristes destinos.*

Concluida la estancia en París, Galdós y sus familiares partieron hacia el sur para pasar unos días en Bagnères de Bigorre, famoso balneario que durante mucho tiempo acogió a los exiliados políticos españoles. Su hermano Domingo, que estaba enfermo, tomó sus aguas, que, según se decía, curaban casi todos los males. Galdós aprovechó aquellos días para proseguir la elaboración de *La Fontana de Oro*. Finalmente, el viaje prosiguió por el *Midi*, hacia la Provenza, Aviñón, Montpellier y Perpiñán, cruzando la frontera por La Junquera, lo que representó el final de dos meses de viaje por las tierras francesas. Al pasar por Gerona se detuvo a visitar la ciudad y tomó notas sobre sus aspectos urbanísticos más llamativos, que años después le servirían para elaborar el *Episodio Nacional Gerona*.

Unos días después, cuando llegaron a Barcelona, estalló la revolución *Gloriosa*, produciéndose un clamor que exigía el cambio democrático: «al volver a España, hallándome en Barcelona, estalló la revolución. La acogí con entusiasmo», declaró a este propósito. La marcha de la reina Isabel II al exilio no le sorprendió, porque la gestión política que habían realizado los Borbones desde los tiempos de Carlos IV había sido muy deficiente. Tenía previsto continuar el viaje hacia Las Palmas, pero en aquella encrucijada histórica decidió partir hacia la capital, porque «ardía en curiosidad por ver en Madrid los sucesos trágicos de la Revolución»[30]. Galdós fue testigo de la transición del régimen isabelino al *Sexenio Democrático,* compartiendo la esperanza de que se dieran pasos efectivos en la modernización de España.

Figura 7. Grabado que ilustra al general Prim a bordo de la fragata *Zaragoza* recalando en aguas de Barcelona, donde llegó la noche del 3 de octubre de 1868 después de varias escalas en diversos puertos del Mediterráneo realizando gestiones destinadas al triunfo de la revolución.

IV

La revolución democrática de 1868
y el surgimiento de la novela moderna

El 18 de septiembre de 1868 la fragata *Zaragoza,* cumpliendo las órdenes del almirante Topete, disparó en la bahía de Cádiz los veintiún
cañonazos que anunciaban el comienzo de la revolución *Gloriosa.*
Topete leyó el manifiesto del pronunciamiento, redactado por el
dramaturgo Adelardo López de Ayala:

> Hollada la ley fundamental, convertida siempre antes en celada que en
> defensa del ciudadano, corrompido el sufragio por la amenaza y el so-
> borno, dependiente la seguridad individual, no del derecho propio,
> sino de la irresponsable voluntad de cualquiera de las autoridades;
> muerto el Municipio, pasto de la Administración y la Hacienda de la
> inmoralidad y del agio, tiranizada la enseñanza, muda la prensa, y solo
> interrumpido el universal silencio por las frecuentes noticias de las
> nuevas fortunas improvisadas… Queremos que una legalidad común,
> por todos creada, tenga implícito y constante el respeto de todos.
> Queremos que el encargado de observar y hacer observar la Constitu-
> ción no sea su enemigo irreconciliable. Queremos que las causas que
> influyan en las supremas resoluciones las podamos decir en voz alta

delante de nuestras madres, de nuestras esposas y de nuestras hijas. Queremos vivir la vida de la honra y de la libertad. Queremos que un gobierno provisional que represente las fuerzas vivas del país asegure el orden en tanto que el sufragio universal echa los cimientos de nuestra regeneración social y política… Acudid a las armas, no con el impulso del encono, siempre funesto, no con la furia de la ira siempre débil, sino con la solemne y poderosa serenidad con la que la justicia empuña su espada. ¡Viva España con honra![1]

El manifiesto estaba firmado por los generales Prim, Serrano, Dulce, Bedoya, Nouvilles, Primo de Rivera y Caballero de Rodas y por el almirante Topete.

Cádiz secundó la rebelión y tras ella lo hicieron Sevilla, Córdoba y Almería. La coalición integrada por los unionistas, los progresistas y los demócratas operaba con eficacia. Al cabo de unos días, el movimiento se extendió por toda España al grito de ¡Viva la libertad! y *¡Abajo los Borbones!,* que algunos cambiaban por ¡Abajo los bribones! [▶ Fɪɢ. 8]. La reina Isabel II se encontraba en San Sebastián disfrutando de las vacaciones. Los baños en el mar aliviaban los molestos problemas de piel que padecía. Por eso, se desplazó al norte con frecuencia, fomentando la *moda salada,* como denominó Modesto Lafuente a la novísima costumbre de pasar el verano junto al mar.

El Gobierno de González Bravo decía que tenía la situación controlada, pero todas las noticias ratificaban el avance de los rebeldes. El 19 de septiembre Isabel II designó un nuevo Gobierno, presidido por el general Gutiérrez de la Concha, marqués de La Habana. Este, nada más jurar el cargo, renovó la cúpula militar y se dispuso a dar la batalla. El Gobierno apostaba por la línea de fuerza, descartando la adopción de medidas conciliadoras, como la convocatoria de elecciones generales. Por otra parte, le pidió a la Reina que volviese a

LA PUERTA DEL SOL EN LA MAÑANA DEL MARTES 29 DE SETIEMBRE

FIGURA 8. La mañana del 29 de septiembre de 1868 una multitud se agolpó en la Puerta del Sol de Madrid para gritar «¡Abajo los Borbones!». Un día más tarde, la reina Isabel II tomó el tren en la estación del Norte de San Sebastián con destino a Francia.

Madrid, pero le aconsejó que no lo hiciera acompañada de su amante Carlos Marfori, ya que provocaba un gran rechazo. Isabel II consideró este consejo una falta de respeto y se planteó destituir a De la Concha. La confusión que existía en los círculos del poder era considerable. La Reina discutió la estrategia a seguir con el padre Claret, Marfori, el duque de Sesto y sus consejeros de mayor confianza. Los de orientación conservadora le dijeron que tenía que resistir, que el Ejército controlaría la situación y que, pronto, las aguas revueltas volverían a su cauce. Los de orientación progresista manifestaron, por el contrario, que el Gobierno había perdido el control y que había que prepararse para la derrota, debiendo considerarse la opción de abdicar en el príncipe Alfonso e, incluso, el exilio. El marqués de Salamanca, político y hombre de negocios cercano a la Familia Real, se desplazó a San Sebastián para entrevistarse con Isabel II. Le contó cuál era la situación política y militar y concluyó diciéndole que solo se podría detener la revolución si llamaba al general Espartero, líder histórico de la izquierda progresista, y cedía la Corona al príncipe Alfonso.

Entre tanto, el Gobierno trató de frenar la ofensiva revolucionaria enviando a Andalucía un contingente militar, al mando del marqués de Novaliches. El 28 de septiembre el ejército gubernamental se encontró con las tropas del general Serrano en Alcolea, a once kilómetros de Córdoba. Los dos ejércitos tomaron posiciones, conscientes de las consecuencias que se ventilaban. La batalla se desencadenó aquella misma noche por el control del *Puente de los Veinte Ojos,* levantado sobre el Guadalquivir. Tras producirse los primeros combates, el equilibrio se rompió al ser herido el general Novaliches, lo que provocó la retirada de sus tropas.

En la batalla se dieron comportamientos caballerescos propios de los tiempos románticos. Así, Serrano no quiso aprovecharse del desconcierto de las tropas gubernamentales al ser herido su general y facilitó su retirada, pero, después, los mandos de ambos ejércitos se reunieron y, tras la correspondiente negociación, acordaron unir sus fuerzas para marchar juntos hacia Madrid con el fin de culminar la revolución. Entre tanto, el general Prim, a bordo de la fragata *Zaragoza,* conseguía la incorporación de las principales capitales mediterráneas al movimiento democrático. La noticia de la victoria de Alcolea se propagó rápidamente. El pueblo de Madrid se echó a la calle y llenó la ciudad de barricadas. La monarquía había mostrado su incapacidad para canalizar las demandas de los españoles y tenía que dar paso a un régimen democrático. Con buen criterio, Manuel Gutiérrez de la Concha, capitán general de Madrid, cedió el poder a la Junta Revolucionaria, dirigida por el general Ros de Olano, evitando una sangría injustificable. La revolución *Gloriosa* había triunfado y las principales ciudades de España lo celebraron en la calle con entusiasmo. En Madrid, miles de ciudadanos abarrotaron la Puerta del Sol, dando vivas a la democracia. Las barricadas se convirtieron al poco tiempo en espacios de alegría, de baile y fiesta. Esta explosión popular expresaba el apoyo del pueblo al cambio democrático.

El 30 de septiembre, a las once de la mañana, la reina Isabel II tomó el tren en la estación del Norte de San Sebastián con destino a Francia. Le acompañaba una comitiva que estaba integrada por el rey Francisco de Asís, el príncipe Alfonso, las infantas Isabel, Pilar, Paz y Eulalia, la marquesa de Novaliches, el padre Claret, el duque de Sesto, el general Roncali, Carlos Marfori, Antonio Meneses y algunas personas de servicio. La ciudad que la había proclamado *Reina de las libertades* treinta y seis años antes la despedía ahora camino del exilio. Sus últimas palabras expresaron su desengaño y su incomprensión de lo que estaba sucediendo: «¡Adiós, España…! ¡Creía que tenía raíces más profundas!»[2].

El 3 de octubre el general Serrano entró en Madrid y dos días después lo hizo el general Prim, aclamado por el pueblo. Galdós dejó su testimonio personal de estos acontecimientos:

A los pocos días de presenciar en la Puerta del Sol la entrada del general Serrano vi la entrada del general Prim, el héroe popular de aquella revolución. El delirio de la multitud llegó al frenesí. Delante de Prim iba en un coche Tamberlick, cantando el himno de Garibaldi. Desde el balcón del Ministerio de Gobernación hablaron Prim y creo que Topete. El embravecido oleaje de la multitud creció de tal modo, que no pudimos entender lo que dijeron los caudillos de la revolución[3].

El 8 de octubre se constituyó el Gobierno provisional, bajo la presidencia de Serrano, integrado por los principales protagonistas del movimiento revolucionario: Prim, Sagasta, Álvarez Lorenzana, Romero Ortiz, Topete, Figuerola, Ruiz Zorrilla y López de Ayala. Su primer manifiesto expresó el compromiso con la defensa de los derechos y libertades democráticos. El general Prim, hombre fuerte de la situación, planteó las bases del nuevo proyecto político: soberanía nacional, derechos civiles, monarquía democrática, sufragio universal y mantenimiento del orden público, combatiendo el radicalismo de derecha y de izquierda. Una de sus primeras medidas fue la disolución de la Junta Revolucionaria y las milicias de los *Voluntarios de la Libertad*. Entre los días 15 y 18 de enero de 1869 se celebraron elecciones generales, organizadas por el ministro de Gobernación Práxedes Mateo Sagasta con bastante limpieza. Los resultados concedieron 236 diputados a la alianza gubernamental, 85 a los republicanos y 20 a los carlistas. El 11 de febrero comenzaron su actividad las Cortes Constituyentes. En un escaso periodo de tiempo, los diputados realizaron un intenso trabajo legislativo, culminado con la aprobación de la nueva constitución el 1 de junio, por 214 votos favorables y 55 en contra. La Constitución promovía la modernización y democratización de la vida pública, al establecer la monarquía democrática, la separación del Estado y la Iglesia, la libertad de expresión, reunión y asociación, el sufragio universal, la abolición de la pena de muerte y de la esclavitud, la libertad de enseñanza, la unificación de la moneda y el juicio por jurados.

El general Prim acometió entonces la renovación de la monarquía española. Tras la deficiente gestión de los reyes Carlos IV, Fernando VII e Isabel II, se planteó la designación de un nuevo monarca ajeno a la dinastía de los Borbones, que garantizase la democracia parlamentaria. Pero la elección del nuevo rey no resultó sencilla, por la tensión que existía entre Francia y Alemania y por las divergencias internas. Tras una fase de tanteo, en la que se barajaron las candidaturas de Antonio de Orleans, duque de Montpensier, Fernando de Coburgo y Leopoldo de Hohenzollern, se fue perfilando la de Amadeo de Saboya, hijo de Víctor Manuel I de Italia, quien finalmente fue elegido rey por las Cortes Españolas, el 16 de noviembre de 1870, por 191 votos a favor, 91 votos que apoyaron a otros candidatos y 19 abstenciones. Amadeo se embarcó en un navío rumbo a Cartagena, pero, antes de llegar a su destino, fue asesinado el general Prim, su principal valedor, por sicarios a las órdenes del duque de Montpensier. Este magnicidio torció el rumbo de la Historia de España. El bloque democrático se fragmentó, sin que surgiera un nuevo liderazgo capaz de sostener la compleja andadura de la nueva monarquía democrática.

Amadeo I fue un rey honesto que intentó realizar una buena gestión política. Su primer Gobierno, presidido por el general Serrano, era una coalición de progresistas, unionistas y demócratas. Pronto surgieron divergencias, que dieron paso a varios Gobiernos de corta duración, presididos por Ruiz Zorrilla, Sagasta, Malcampo y Serrano. Por otra parte, los conservadores, dirigidos por Antonio Cánovas del Castillo, realizaron una agresiva campaña contra Amadeo I, llamándolo *intruso, macarroni* y *masón*. Ante el calado que iba adquiriendo la crisis, Amadeo I ofreció la presidencia del Gobierno al general Espartero, pero este, que tenía una edad avanzada, declinó la oferta. La guerra originada en Cuba, la nueva rebelión carlista y las sublevaciones cantonalistas deterioraron la situación política. «Estamos en una casa de locos», afirmó el Rey, sumamente perplejo. Un incidente de los artilleros precipitó el final del reinado. Alentados por los republicanos, rechazaron la designación de Hidalgo de Cisneros como capitán general de Andalucía. Nicolás Rivero, presidente del Congreso, aprovechó la circunstancia para forzar una votación de confianza que dejara de manifiesto que Amadeo I carecía de respaldo. El general Concha le ofreció a Amadeo I dar un golpe de Estado para controlar la situación, pero el Rey rechazó la adopción de cualquier medida de fuerza y el 11 de febrero de 1873 formalizó su abdicación.

La Primera República apenas duró un año. La crisis de liderazgo en la izquierda y las divergencias de los partidos republicanos impidieron la consolidación del régimen, desbordado por las guerras cubana y carlista y las insurrecciones cantonalistas de Andalucía y Levante, cuyo principal bastión fue el *cantón* de Cartagena. La inestable trayectoria de los Gobiernos de Figueras, Salmerón, Pi y Margall y Castelar fue liquidada en enero de 1874 por el golpe militar del general Pavía, que dio paso a un Gobierno de transición presidido por el general Serrano.

Durante esta etapa democrática el carlismo intentó, por última vez, alcanzar el poder por la vía armada. Su nuevo jefe, Carlos VII, ofreció una alternativa basada en la monarquía tradicional, el apoyo a la Iglesia, la descentralización y el antiliberalismo, como anunció el 30 de junio de 1869, en su *Carta a los españoles*. El fracaso del reinado de Amadeo I y la proclamación de la República avivaron la guerra, considerada por los carlistas una *cruzada nacional*. En el frente norte, el general carlista Antonio Dorregaray logró el 5 de mayo de 1873 la victoria de Eraul, que le permitió controlar Navarra y Guipúzcoa y gran parte de Vizcaya y Álava, excepto las capitales de provincia. El 25 de agosto los carlistas conquistaron Estella y acometieron el cerco de Bilbao. Durante ciento vienticinco días la capital vasca resistió, siendo liberada por el general Manuel de la Concha. En Cataluña y el Maestrazgo el infante Alfonso Carlos dirigió pequeñas unidades y grupos guerrilleros con escaso éxito, aunque consiguió tomar y perder Cuenca varias veces. Esta fase de la guerra carlista coincidió con la revolución cantonal de los republicanos *intransigentes,* liderados por Roque Barcia y José María Orense. El 1 de julio, cuando presidía la República Francisco Pi y Margall, el representante más caracterizado del republicanismo federal, los *intransigentes* abandonaron las Cortes, crearon un Comité Central de *Salvación Pública* y desencadenaron una oleada de revueltas, que comenzó en Cartagena el 12 de julio de 1873 y fue secundada por Valencia, Málaga, Sevilla, Cádiz, Almansa, Granada y Salamanca.

El *cantón* de Cartagena fue el primero en sublevarse y el último en rendirse. Su principal dirigente fue *Antonete* Gálvez, un modesto huertano murciano, que propugnaba la república federal descentralizada. Emilio Castelar, presidente de la República, decidió terminar con las aventuras cantonalistas que estaban desestabilizando el régimen. Para ello, organizó dos divisiones, mandadas por los generales Pavía y Martínez Campos, con la misión de restablecer el orden en Andalucía y Levante. Las capitales andaluzas rebeldes cayeron a finales de julio, Valencia resistió durante trece días y Murcia se rindió en cuanto llegaron las tropas. A continuación, las fuerzas republicanas se dirigieron hacia Cartagena, fortaleza militar con artillería pesada y base de la Armada española, cuyos navíos se habían sumado a la insurrección. El 18 de julio Cartagena fue cercada por las fuerzas del general López Domínguez. La Armada republicana se enfrentó a los navíos rebeldes en la batalla de Portman, pero no consiguió doblegarlos. Con la llegada del invierno, los cartageneros comenzaron a dar muestras de cansancio, que fue creciendo por las dificultades de abastecimiento de alimentos y los bombardeos de la artillería gubernamental. Cuando se conoció el 3 de enero el golpe militar del general Pavía, las esperanzas cantonalistas se vinieron abajo. El 12 de enero, después de ciento setenta y ocho días de resistencia, Cartagena se rindió, pero la República estaba en serio peligro.

La experiencia democrática que transcurrió entre los años 1868 y 1873 dinamizó la vida pública. El krausismo, el hegelianismo y el positivismo alentaron la renovación ideológica y cultural. El joven Galdós compartió el optimismo de su generación sobre las perspectivas democráticas y aprovechó esta etapa para desarrollar su vocación literaria. El cambio político convirtió a los periódicos y las revistas en los grandes medios movilizadores. Galdós prosiguió la elaboración de la novela *La Fontana de Oro* y amplió su colaboración con diversos medios [▶ Fig. 9]. Así, entre el 11 de febrero y el 31 de diciembre de 1869 trabajó en el periódico *Las Cortes*. Galdós escuchó a brillantes oradores, como Castelar, Salmerón, Pi y Margall, Montero Ríos y Sagasta, debatir sobre la libertad de asociación, el respeto a la diversidad de creencias, la abolición de la esclavitud y el futuro de la monarquía. El joven periodista aprovechó la oportunidad para escribir artículos que fueron publicados en las secciones «Crónica parlamentaria» y «Revista de Madrid». En ellos, defendió el proyecto democrático del general Prim, plasmado en la Constitución de 1869, manifestó sus ideas favorables a la preeminencia del poder civil, la libertad de creencias, el respeto a la legalidad, la libertad de los intercambios comerciales y la denuncia de «la afrenta y la ignominia de los esclavos de América». Otro de los asuntos tratados fue la «cuestión social». El joven periodista era consciente de la desigualdad existente y las deficientes condiciones de vida de la mayoría de los españoles, que había que afrontar mediante el establecimiento de garantías jurídicas, el desarrollo de la educación y la valorización del esfuerzo

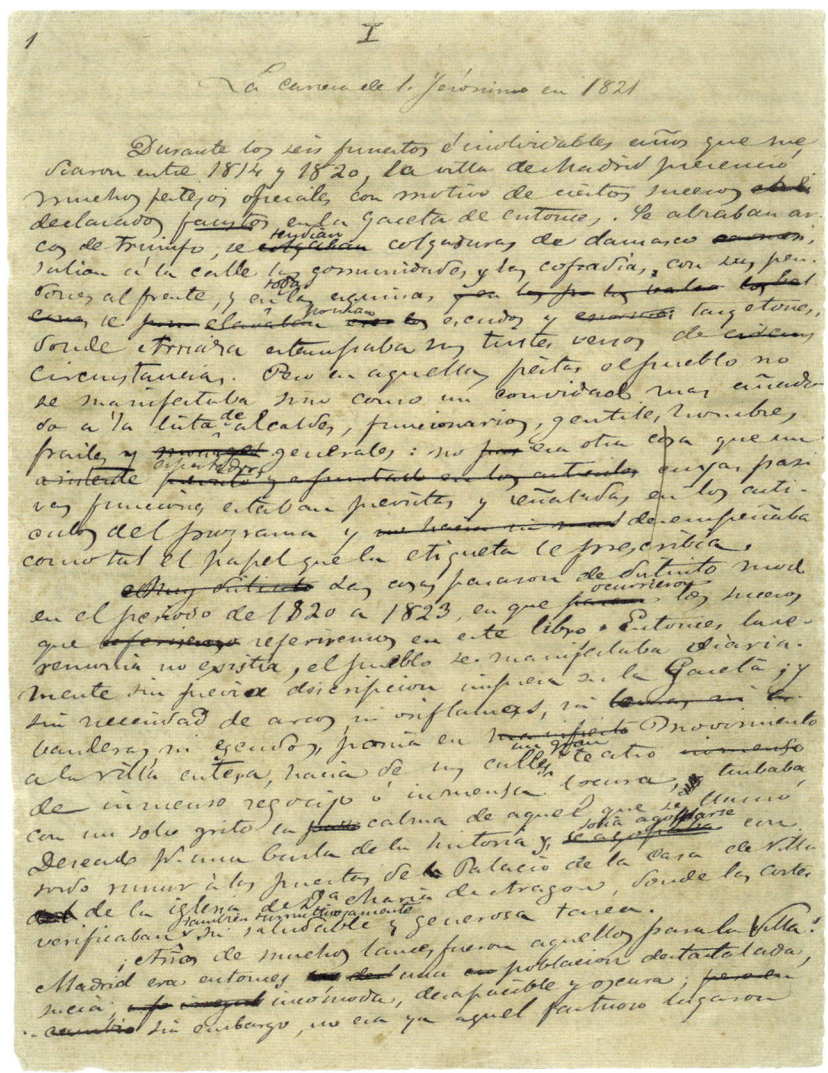

FIGURA 9. Manuscrito de *La Fontana de Oro* (inicio del capítulo 1), obra publicada en 1871 que dio a conocer a Galdós al gran público.

personal y el trabajo productivo. En el *episodio España sin rey* reconoció el alto nivel político de los parlamentarios de las Constituyentes, cuando uno de sus personajes afirmó que «en estas Cortes hay una suma de inteligencia que no encontraremos en ningún otro momento en la historia de España de este siglo»[4].

A principios de 1870 Galdós comenzó a colaborar en la *Revista de España,* fundada por José Luis Albareda, próximo al general Prim y a Sagasta. La *Revista,* de periodicidad quincenal, tenía una larga extensión, casi un centenar de páginas, dedicado a temas literarios, históricos, jurídicos, culturales y científicos, de orientación ilustrada y regeneracionista. Entre 1871 y 1876, Galdós publicó numerosos artículos, las «Observaciones sobre la novela contemporánea en España» [▶ APÉNDICE: 2], los ensayos sobre «Don Ramón de la Cruz y su época» y «Las generaciones artísticas de la ciudad de Toledo», así como las primeras entregas de *La sombra, El audaz* y *Doña Perfecta.* Allí publicó también el relato *El artículo de fondo,* una parodia del periodista sin criterio, cuyos escritos grandilocuentes y vacíos eran tomados como artículos de fe por los lectores incultos. En febrero de 1872, Albareda abandonó la dirección de la *Revista* para retomar la carrera política y nombró a Galdós su director. Desde entonces, la *Revista* adoptó una orientación más literaria. A través de catorce artículos Galdós hizo una defensa del régimen democrático surgido de la revolución de 1868. El Gobierno de concentración integrado por unionistas, progresistas y demócratas era la opción adecuada para consolidar el reinado de Amadeo I:

Poderosos enemigos han tratado de entorpecer el paso: unas oposiciones formidables como nunca se han visto, ponen dificultades a su gestión política y administrativa. Se ve a las minorías apurando cuantos recursos ofrece el reglamento para llevar al gobierno a la desesperación. Quieren algunos, por medio de provocaciones y abusos escandalosos del parlamentarismo, obligarle a que se salga de la línea de legalidad que se había trazado, y todos los esfuerzos han sido inútiles. Ha permanecido siempre en su puesto, y ha sido sensato y sereno cuando todos se han mostrado acelerados y violentos. Si no ha sido lo fecundo que de él se esperó, cúlpese a las circunstancias que le han obligado a ser más bien ministerio de resistencia y de transacción que ministerio organizador y activo[5].

Al apreciar los problemas existentes para consolidar la monarquía democrática, Galdós publicó cuatro artículos, firmados por el vizconde de Pontón, en los que glosó las bondades del régimen parlamentario británico, su estabilidad política y tolerancia religiosa. A su juicio, la división de los dirigentes demócratas, tras el asesinato de Prim, y el radicalismo de los carlistas, «el viejo absolutismo», y de los republicanos, «la demagogia defensora de la Comuna», estaban arruinando el proyecto político de 1868. Asimismo, criticó la inmoralidad del clero, que manipulaba la conciencia de sus fieles abusando de su función religiosa:

A nuestro juicio, si algunas personas encargadas de la dirección espiritual de los pueblos, no abusaran de su posición, poniéndolo al servicio de causas políticas más o menos afines con lo que equivocadamente llaman los intereses del catolicismo, las muchedumbres no serían con tanta facilidad arrastradas a una lucha fratricida de que han de salir tan malparados[6].

Tras el advenimiento de la Primera República, Albareda decidió dar un giro conservador a la línea de opinión de la *Revista* y designó como director a Fernando León y Castillo.

Entre tanto, el 16 de enero de 1871 comenzó la andadura del periódico *El Debate,* fundado por Albareda, quien encomendó a Galdós su dirección. *El Debate* se convirtió en el medio de comunicación defensor de la monarquía constitucional de Amadeo I y de la revolución de 1868. Galdós realizó un trabajo periodístico importante. Cuando le preguntaron años después sobre esta experiencia, contestó: «en *El Debate* escribí de todo…, en aquel periódico fui redactor bastante tiempo, sus columnas están llenas de cosas mías. Hice innumerables artículos de política, de literatura, de arte, de crítica»[7]. En su calidad de analista político, planteó la necesidad de consolidar el régimen democrático mediante la alianza de Castelar, Serrano, Sagasta y Ruiz Zorrilla, imprescindible para lograr «la salvación de la patria, el afianzamiento de nuestras libertades, la seguridad de nuestras instituciones y el deseo de entrar en una situación de normalidad»[8]. A su juicio, el peligro de desestabilización provenía de los radicales de derecha y de izquierda. El carlismo era un anacronismo que aspiraba, a través del «pretendiente aventurero» Carlos VII, a retornar al antiguo régimen absolutista. Su recurso a la lucha armada en Navarra, País Vasco y Cataluña, alentada por «agrestes clérigos», había provocado una guerra civil injustificable. Por lo demás, el régimen democrático estaba amenazado por los republicanos radicales que pretendían disolver el Ejército, fracturar el territorio español y provocar revueltas de sectores desfavorecidos con reivindicaciones populistas[9].

Galdós aprovechó esta experiencia para perfilar sus proyectos literarios y establecer relaciones con editores, periodistas y políticos. «Utilizó el trabajo periodístico en su fase de formación —comenta Cecilio Alonso— para adquirir experiencia y, tan pronto como pudo, se emancipó de los duros condicionamientos de las redacciones. Se concentró en su obra narrativa no solo con fe estética sino también con la esperanza de vivir de ella»[10]. Por otra parte, la perspectiva periodística aportó a su concepción realista la observación de los acontecimientos cotidianos, el retrato físico y psicológico de los personajes, el ambiente de la calle y los sonidos de las voces populares. En 1873 alcanzó un acuerdo para la edición de sus obras con Miguel Honorio de la Cámara, director y propietario de la imprenta que editaba *La Guirnalda,* periódico quincenal «dedicado al bello sexo». Aunque las condiciones económicas del acuerdo de edición no eran muy favorables, se mantuvo vigente durante bastantes años.

El desenlace del *Sexenio Democrático* y la Primera República causó en Galdós un gran sentimiento de pesar. En *La Fontana de Oro, El audaz* y los primeros *Episodios Nacionales* aparecen personajes radicales proclives a la retórica vacía y a los delirios políticos que obstaculizaban la actuación de los Gobiernos, emitiendo el mensaje de que el radicalismo y la violencia no favorecían el avance hacia la democracia. Desde entonces, Galdós adoptó una perspectiva crítica, que afectó a su quehacer literario, creando, según Juan Ávila:

el distanciamiento enunciativo suficiente como para pasar de la posición cosmovisionaria y artística de la narrativa romántica, en especial la costumbrista, a la posición de los esquemas naturalistas… Es un trayecto que va desde la euforia individualista de la Revolución hasta el escarmiento, el enfriamiento, el revisionismo, el positivismo, el distanciamiento científico y formal del inmediato naturalismo[11].

A su juicio, esta circunstancia histórica constituirá «el puente o bisagra entre el historicismo e ideologismo de sus primeras obras y el tono más humorístico y menos crispado de su narrativa contemporánea»[12].

Entre tanto, se produjeron unas incidencias familiares que tendrían unas importantes consecuencias: el fallecimiento de Domingo, su hermano mayor, a los 46 años, por el que sentía un gran aprecio. Tras el sepelio, su viuda, Magdalena Hurtado, descontenta con el ambiente familiar de Las Palmas, decidió trasladarse a vivir a Madrid. Se lo planteó a sus cuñadas Carmen y Concha, animándolas a que fueran con ella. Las dos le manifestaron su acuerdo y poco después viajaron a Madrid y se instalaron en el número 8 de la calle de Serrano, en el moderno barrio de Salamanca, que acogía a la gente adinerada que abandonaba las antiguas residencias del centro. En esta circunstancia, Galdós se fue a vivir con sus hermanas, su cuñada y sus sobrinos, y desde entonces contó con el ambiente y el apoyo familiar que le permitieron dedicarse sin trabas a su vocación literaria. Magdalena, su *madrina,* financió la publicación de *La Fontana de Oro,* novela que le dio a conocer entre el gran público.

La nueva situación democrática impulsada por la revolución de 1868 creó un ambiente de libertad que sacó a la luz pública los grandes temas de la realidad española: el atraso, el fanatismo, el clasismo, el poder del dinero, el clericalismo... Y junto a ellos, planteó las alternativas necesarias para el cambio: la educación, el desarrollo económico, las libertades ciudadanas, la ciencia, la innovación tecnológica... La eclosión de todos estos asuntos favoreció el surgimiento de la novela moderna. Para *Clarín,* la revolución de 1868 tuvo un gran impacto en «todas las esferas de la vida social, penetró en los espíritus y planteó por primera vez en España todos los arduos problemas que la libertad de conciencia había ido suscitando en los pueblos libres y cultos de Europa».

A consecuencia de este proceso, la novela se convirtió en «el vehículo que las letras escogen en nuestro tiempo para llevar el pensamiento general a la cultura común el germen fecundo de la vida contemporánea, y fue, lógicamente, este género el que más y mejor prosperó después que respiramos el aire de la libertad de pensamientos». Esta renovación literaria fue protagonizada, a su juicio, por Galdós, «el más atrevido, el más avanzado, por usar una palabra muy expresiva, de estos novelistas, y, también, el mejor con mucho»[13].

Las novelas de Galdós ofrecen un rico mosaico del universo humano, la sociedad y la vida cotidiana de la Restauración y, sobre todo, de la burguesía, la clase social que tenía que liderar la nueva sociedad. Por eso, se habla tanto en ellas de las ciudades donde residía la burguesía, de su topografía urbana, su ambiente ciudadano y sus personajes más característicos. En 1870 Galdós publicó en la *Revista de España* el artículo titulado «Observaciones sobre la Novela Contemporánea en España», que tuvo una gran resonancia. En este artículo manifestó su preocupación por las novelas convencionales, por la proliferación del «folletín foráneo lleno de traidores, de melodramas, jorobados y adulterinos», que tan solo buscan la distracción fugaz. Esto se debía, según su parecer, a que «los españoles somos poco observadores y carecemos, por tanto, de la principal virtud» requerida para escribir una buena novela. La gran prioridad, por tanto, era la observación de la realidad, el retrato de la clase media, motor de las transformaciones necesarias:

> La clase media, la más olvidada por nuestros novelistas, es el gran modelo, la fuente inagotable. Ella es hoy la base del orden social; ella asume por su iniciativa y su inteligencia la soberanía de las naciones, y en ella está el hombre del siglo XIX con sus virtudes y sus vicios, su noble e insaciable inspiración, su afán de reformas, su actividad pasmosa…

La gran aspiración del novelista debía ser el análisis de los caracteres y las circunstancias de la clase media, «esta perturbación

honda, esta lucha incesante de principios y hechos que constituye el maravilloso drama de la vida actual»[14]. El método de aproximación a la materia novelable tenía que ser el estudio de «la vida
misma», combinando la literatura y la historia. «No es otra cosa la
literatura —afirmó Giner de los Ríos a este propósito— que el primero y más firme camino para entender la historia realizada; men-
tor universal, nos reproduce lo pasado, nos explica lo presente y nos
ilustra y alecciona para las oscuras elaboraciones de lo porvenir»[15].

La vocación pedagógica de Galdós pretendía hacer reflexionar
a los lectores sobre los problemas contemporáneos y las alternativas
para superarlos. Con estos presupuestos, como ha señalado Yvan
Lissorgues:

> [sus sucesivas novelas] plasman en su totalidad todo un mundo; mun-
> do ficticio, por supuesto, por ser reconstrucción con palabras del
> mundo real, tomado como objeto de observación y como fundamen-
> tal modelo de la obra artística, y en la que intervienen para cada autor
> tanto las facultades de comprensión objetiva de la realidad humana,
> social, filosófica, religiosa…, como todas las dimensiones de una per-
> cepción personal que colorea subjetivamente (que «poetiza») la repre-
> sentación y la orienta según una finalidad que dimana de una concep-
> ción del mundo y de una ideología[16].

En suma, Galdós proponía una concepción literaria que priorizaba la creación de caracteres, la reproducción de la realidad y el tratamiento de las cuestiones esenciales de las clases medias, procuran-
do que el relato contado fuera verosímil y certificable. Todo ello
suponía una emancipación de la narrativa romántica que había prevalecido hasta entonces, de la mirada personal, la expresión de la
imaginación y la sobrevaloración de la estética[17] [▶ Apéndice: 2]. En

este contexto, Galdós publicó sus dos primeras novelas: *La Fontana de Oro* y *El audaz. Historia de un radical de antaño*.

La Fontana de Oro era un conocido café cercano a la Puerta del Sol, en donde solían reunirse los políticos liberales durante el *Trienio Liberal,* que transcurrió entre 1820 y 1823. En el prólogo de la novela el escritor explicó las razones que le habían llevado a recrear esta experiencia política: «Los hechos históricos o novelescos contados en este libro se refieren a uno de los periodos de turbación política y social más graves e interesantes de la gran época de reorganización que principió en 1812 y no parece próxima a terminar todavía». En el *Sexenio Democrático* volvieron a replantearse aquellos problemas, lo que le llevó a mostrar «la relación que pudiera encontrarse entre muchos sucesos aquí referidos y algo de lo que aquí pasa; relación nacida, sin duda, de la semejanza que la crisis actual tiene con el memorable periodo de 1820-1823. Esta es la principal de las razones que me han inducido a publicarlo»[18].

El golpe militar del comandante Riego en Cádiz impuso la proclamación de la Constitución de 1812 y la formación de un nuevo Gobierno, que el propio Rey llamó *Gobierno de los presidiarios,* porque estaba integrado por liberales como Argüelles, Pérez de Castro y José Canga, que pasaron directamente de la cárcel al Gobierno. Nada más comenzar su actividad se produjo una profunda división entre los *moderados* y los *exaltados.* Los *moderados* defendían la adopción de una línea política prudente, que ampliara la base social del liberalismo, integrando a las fuerzas socioeconómicas influyentes, mientras que los *exaltados* movilizaron las juntas revolucionarias para exigir un resuelto cambio democrático. Estas discrepancias eran debatidas de forma apasionada por los dirigentes liberales en las *sociedades patrióticas* que se reunían en el *Café Lorencini, La cruz de Malta* y *La Fontana de Oro.* Por otra parte, existía un enconado enfrentamiento entre liberales y absolutistas. El desempleo y la miseria castigaban a las clases populares, desatándose una oleada de conflictos que desestabilizó la situación política. El 7 de julio los batallones de la Guardia Real de El Pardo, dirigidos por aristócratas absolutistas, avanzaron hacia Madrid con el objetivo de *liberar* al monarca de la opresión liberal, pero este no se atrevió a consumar el golpe. Los guardias fueron derrotados en las calles de Madrid por el Ejército y la milicia nacional, leales a las autoridades liberales, pero la ficción del respeto a la legalidad constitucional por el Rey se esfumó completamente. A continuación, se formó un nuevo Gobierno presidido por el general Evaristo San Miguel, líder del movimiento juntista. San Miguel reunió las Cortes extraordinarias y reforzó la orientación progresista de la acción de gobierno, dando la impresión de que podía imponer una dictadura militar de izquierdas. *La Santa Alianza* celebró un congreso en Verona en el que Austria, Francia, Inglaterra, Rusia y Prusia consideraron que España era una anomalía en la estructura monolítica de Europa y que había que intervenir militarmente para evitar el contagio revolucionario. Así, cumpliendo las órdenes del rey de Francia, el 7 de abril de 1823 los *Cien Mil Hijos de San Luis,* bajo el mando del duque de Angulema, invadieron España con la misión de restablecer el absolutismo.

Galdós recreó en *La Fontana de Oro* este proceso histórico con pretendida fidelidad, como manifestó en el preámbulo de la obra. *La Fontana* era «el club más célebre de la monarquía», epicentro político liberal, cuya pequeñez, incomodidad y añeja escenografía no molestaban a quienes acogía. El humo de los quinqués sumía a los reunidos en una simbólica y maloliente neblina. Lázaro, el protagonista, llega a Madrid en diligencia y, sin apenas tiempo para sacudirse el polvo del viaje, va a *La Fontana de Oro,* sube a la tribuna y pronuncia un discurso *exaltado* que recibió el aplauso de los concurrentes.

Su contrapunto es Claudio Vozmediano, joven aristócrata liberal, que propone soluciones pragmáticas de menos riesgo. El narrador utiliza varias voces. El cronista histórico denuncia la corrupción y la incapacidad del monarca:

> Este hombre nos hirió demasiado, nos abofeteó demasiado para que podamos olvidarle. Fernando VII fue el monstruo más execrable que ha abortado el derecho divino. Como hombre reunía todo lo malo que cabe en nuestra naturaleza; como rey, resumió en sí cuanto de flaco y torpe puede caber en la potestad real[19].

Otras veces el narrador utiliza una voz conciliadora y amistosa. El relato histórico describe conspiraciones, turbias maniobras y oscuros designios. Los episodios amorosos del triángulo formado por Lázaro, Claudio y Clara tienen, sin embargo, un tono rosa que conduce a la boda de Clara y Lázaro. A lo largo del relato se va configurando la tesis central de la novela: la actuación política pacífica es más eficaz que la violenta para lograr cambios democráticos perdurables. Por eso Lázaro resucitará, se convertirá en un hombre nuevo que modera sus posiciones y tiende puentes entre los radicales de derecha y de izquierda, rechazando el inmovilismo absolutista, la violencia estéril y el libertinaje [▶ Apéndice: 5].

La *Fontana de Oro* fue publicada en 1871 por la imprenta de José Noguera y alcanzó un gran éxito. Recibió críticas elogiosas de Gaspar Núñez de Arce, Eugenio Ochoa y Francisco Giner de los Ríos, quien recomendaría a Galdós que abandonase sus inquietudes teatrales y concentrase en la novela sus esfuerzos. *Clarín* también elogió *La Fontana de Oro* y manifestó que el joven escritor se encontraba en una etapa de determinación de «su voluntad, tanteos ideales de su fortísimo temperamento de artista»[20]. Por lo demás,

según Pérez Vidal, la publicación de *la Fontana de Oro* refleja la
«conciencia de cambio» en las artes y las letras existente en aquel
tiempo, en el que el joven escritor observó la vida española desde
la primera fila, mientras revivía el interés por la historia que le inculcaron sus profesores canarios y recordaba las vivencias familiares
de los avatares bélicos, a través de su padre, su tío-abuelo y su tío
Domingo. Así, pues, el interés por la historia grande y la intrahis-
toria personal sería un factor que favoreció la génesis de su orientación literaria. El viaje a París en el verano de 1867 le permitió
agudizar su percepción de la realidad española desde la atalaya europea y pulsar la realidad literaria francesa, dando paso a «uno de
los momentos más decisivos de su vida», en el que apostará definitivamente por la novela[21].

El audaz. Historia de un radical de antaño se desarrolla durante el
año 1804, en el reinado de Carlos IV, poco antes del comienzo de la
Guerra de la Independencia. Cuando Galdós la escribió, se encontraba en un periodo de duelo, por la muerte de su padre y de su hermano Domingo. La novela plantea el conflicto entre el declinante
mundo absolutista y los ideales de la Revolución francesa. Martín
Martínez Muriel, el protagonista, tiene una vida «borrascosa, de muchas prodigiosas aventuras». Su infancia fue agitada y triste, a causa
de las desventuras familiares. Por eso desde que era niño se vio obligado a «hacer esfuerzos de hombre y de héroe para sobrellevar la
vida». A los diecisiete años murió su madre al dar a luz a su hermano Pablillo. La familia de la madre denunció al padre y terminó
con su dinero. En aquella circunstancia, el padre y el hijo decidieron buscarse la vida de forma independiente. Los libros y los amigos
inculcaron a Muriel las ideas revolucionarias de Voltaire y de Rousseau
y su admiración por la Revolución francesa. Al acabar los estudios

comenzó a trabajar de escribiente, percibiendo un salario escaso. Entonces, tuvo conocimiento de que su padre y su hermano habían sido encarcelados en Granada por las intrigas del conde de Cerezuelo. En un arrebato de cólera, marchó a Madrid para gestionar su salida de la cárcel, pero se topó con una administración corrupta e injusta. Martín intentó localizar a su hermano Pablillo, acogido por Cerezuelo. En este peregrinar, se encontrará con multitud de personajes: Susana Cerezuelo, hija del conde, con la que tendrá un acercamiento sentimental; Lorenzo Segarra, mano derecha del conde, verdadero causante de las adversidades de su padre; el tío Genillo, el único que veló por el bienestar de Pablillo; Leandro, amigo de Martín, que intentará mantener un idilio con la hija de doña Bernarda, y el viejo Zaza, que le narró los violentos hechos que sucedieron en la Revolución francesa. Cuando falleció su padre, Muriel enfermó y vio cercana la muerte. Su «imaginación arrebatada» causó estragos en su mente, le hizo perder las nociones del tiempo y el lugar y alentó su deseo de vengarse de aquella sociedad que detestaba, sin concesión alguna. Afirma el narrador:

Como se ve, Muriel no perdonaba a ninguna de las instituciones de que habló las faltas de sus individuos. Era inexorable, como lo era la revolución entonces. Dominado por su idea, no conocía la transacción… Ignoraba que lo que se intentaba aniquilar era inmensamente más poderoso que los razonamientos de dos o tres individuos; que aquello tenía la fuerza de los hechos, de un hecho colosal, consagrado por los siglos y aceptado por la nación entera. Además no comprendía que si la idea vence alguna vez a la fuerza, no es fácil que venza a los intereses. La transformación con que él soñaba era obra lenta y difícil. Solo intentarla costó después mucha sangre…[22].

Encarcelado junto al viejo Zaza, Muriel terminó su vida como su padre, privado de libertad y de reconocimiento.

En suma, a través de estas dos novelas, como ha señalado Bravo-Villasante, el joven escritor comenzó a perfilar su proyecto literario: «Cuando Galdós se pone a escribir *La Fontana de Oro* y *El audaz,* sus primeras novelas, está fijando, por primera vez, los fundamentos de su técnica novelesca posterior: los *Episodios Nacionales* y las novelas contemporáneas»[23]. *El audaz* fue publicada por entregas en la *Revista de España,* entre el 13 de junio y el 28 de noviembre de 1871.

Durante el verano de 1872 Galdós huyó del calor asfixiante que hacía en Madrid y se marchó a Santander. El clima templado, la actividad marítima y el dinamismo cultural de la capital de la *Montaña* agradaban al joven escritor canario. Al poco tiempo de llegar, conoció personalmente a José María de Pereda, surgiendo entre ellos una corriente de simpatía. Pereda era diez años mayor y tenía ideas diferentes a las suyas. Era diputado del Partido Carlista por el distrito de Cabuérniga, pero los dos compartían gustos literarios y admiraban las novelas que habían escrito. Así, surgió una amistad que conservaron durante toda su vida, dando un ejemplo poco habitual de tolerancia y respeto. Sobre esta amistad, manifestó Pereda:

Hablando, hablando resultó que nos sabíamos mutuamente de memoria, y desde aquel punto quedó arraigada entre nosotros una amistad más que íntima, fraternal, que por mi parte considero indestructible, cuando lejos de entibiarse con las enormes diferencias políticas y religiosas que nos *dividen,* más la encienden y estrechan a medida que pasan los años. Yo me explico este fenómeno por la admiración idolátrica que siento por el novelista y por la índole envidiable de su carácter dulcísimo; pero ¿cómo se explica en él la *fidelidad* que me guarda y el cariño con que me corresponde? En fin, que no acabaría si me pusiera a escribir sobre este tema. Todos los veranos nos vemos aquí (en Santander). En algunos de ellos me ha proporcionado el regaladísimo placer de pasar unos cuantos días conmigo en Polanco. Nuestra correspondencia epistolar ha sido frecuentísima durante algunos inviernos, y muy rara la carta en que hemos tratado en serio cosa alguna; y tanto de esas correspondencias como de nuestras conversaciones íntimas, he deducido siempre, que fuera de la política y de ciertas materias religiosas, en todas las cosas del mundo, chicas y grandes, estamos los dos perfectamente de acuerdo. ¿Será este el vínculo que más nos une y estrecha?[24].

Uno de aquellos días se encontró con Amós de Escalante, poeta, periodista y escritor de libros de viajes, al que había conocido en el Ateneo madrileño. Paseando por Santander, Galdós le comentó que estaba pensando escribir una novela sobre la batalla de Trafalgar, prosiguiendo la línea narrativa de *La Fontana de Oro*. «Pero ¿usted no sabe —afirmó Amós— que aquí tenemos el último superviviente del combate de Trafalgar?». Sorprendido por la noticia, Galdós le dijo que estaba interesado en conocerlo. Amós, complacido, le organizó una entrevista unos días después, quedando constancia de ella en las *Memorias*: «un viejecito muy simpático, de corta estatura, con levita y chistera anticuadas, se apellidaba Galán y había sido grumete en el gigantesco navío *Santísima Trinidad*»[25]. Galdós comenzó así a perfilar la metodología que aplicaría en la elaboración de los *Episodios Nacionales*: el análisis de la documentación histórica disponible, el estudio sobre el terreno de los espacios en los que se desenvolvían los acontecimientos y las entrevistas personales a quienes pudieran darle informaciones interesantes sobre los hechos relatados. Aquella entrevista con Pedro Galán le inspiraría el perfil del personaje Gabriel Araceli, grumete del *Santí-*

sima Trinidad, protagonista principal de la primera serie de los *Episodios nacionales,* que comenzó a redactar «sin dar descanso a la pluma».

En febrero de 1873 se publicó *Trafalgar* [▶ APÉNDICE: 11], que recibió una excelente acogida por los lectores y la crítica. La novela histórica vivía un buen momento, pero en el caso de España, la complejidad de la crisis que hizo naufragar el proyecto democrático de Prim y la Primera República empujaron a Galdós a escribir novelas que ayudasen a los lectores a comprender los acontecimientos esenciales de la Historia española del siglo XIX y le dieran las claves para afrontar los problemas del país. Y este ambicioso proyecto tenía que comenzar con la batalla de Trafalgar, símbolo del declive militar y político de España. En la obra, Gabriel Araceli, el protagonista, relata su trayectoria biográfica, inserta en las coordenadas históricas de su tiempo. Gabriel es un chico huérfano que participa en la batalla de Trafalgar, enrolado en el *Santísima Trinidad,* el buque más importante de la Armada española, al ser el criado de don Alonso, un antiguo oficial de la Marina. Este *Episodio Nacional* narra el desarrollo de la decisiva batalla, que tuvo lugar el 21 de octubre de 1805, cerca de la costa gaditana, en el curso de la cual la flota británica, dirigida por Horacio Nelson, venció a la flota franco-española, bajo el mando de Pierre Villeneuve. Gabriel Araceli representa al hombre hecho a sí mismo que progresa en la nueva sociedad. Pese a sus humildes orígenes, tras descubrir los valores de *patria* en *Trafalgar* y de *honor* en *La Corte de Carlos IV,* se redime de su condición de criado pícaro y se transforma en un héroe burgués, exponente del sacrificio, el trabajo bien hecho, la rectitud de conciencia y el compromiso, los cuales le permitirán progresar en la nueva sociedad.

La novela *Trafalgar* dio un impulso al trabajo literario de Galdós. Como le comentó a *Clarín,* la fue escribiendo «sin tener aún un plan completo de la obra; después fue saliendo lo demás. Las novelas se sucedían de una manera *inconsciente*»[26].

V

Retrato de la sociedad madrileña

Galdós realizó en sus artículos y sus novelas un excelente retrato de la sociedad española del siglo XIX y, sobre todo, de la sociedad madrileña. Como se ha señalado anteriormente, para él la novela tenía la obligación de observar e interpretar la realidad, para que fuera un instrumento que ayudase a los lectores a comprender las claves de lo que sucedía en aquellos tiempos convulsos. Este objetivo lo desarrolló sobre todo a partir de su novela *La desheredada,* cuando le dijo a Giner de los Ríos que había inaugurado en su forma de escribir «su segunda o tercera manera, como se dice de los pintores»[1] y se concentró en la representación de la burguesía.

Esta orientación la mantuvo a lo largo de toda su trayectoria literaria. Así, cuando ingresó en 1897 en la Real Academia Española, pronunció un discurso sobre *La sociedad presente como materia novelable.* Allí afirmó de nuevo que la novela tenía que ser el espejo en el que se mirasen los españoles para comprender los problemas y las alternativas de su tiempo. De acuerdo con estos presupuestos, los personajes, la vida familiar, los aconteceres cotidianos y los paisajes urbanos que recreó constituyen un gran friso de la realidad española contemporánea, un excelente retrato del clasismo y la jerarquización, de la intolerancia y la libertad, de la desigualdad y la corrupción y, también, de todos aquellos que luchaban para construir una España más moderna. A este propósito, *Clarín* manifestó que la mayoría de las obras de Galdós mostraron «el espíritu público» y el «realismo del pueblo»[2].

La pirámide social galdosiana estaba configurada por tres estratos: el superior, integrado por la nobleza, la alta burguesía y la jerarquía eclesiástica; el intermedio, constituido por las clases medias, y el inferior, formado por las clases populares. Veamos a continuación cuáles eran las características fundamentales de cada uno de estos estratos sociales.

El estrato superior estaba integrado por unas «quinientas familias», según Raymond Carr: «una amalgama de especuladores, industriales, propietarios agrarios, junto con los abogados prósperos y los generales ennoblecidos, que eran su voz política por excelencia»[3]. La nobleza había perdido sus antiguos privilegios señoriales, pero continuaba teniendo bastante poder económico, político y social. Muchos nobles poseían grandes propiedades agrícolas, que controlaban practicando diversas formas de caciquismo, e invirtieron en el negocio inmobiliario favorecido por el *ensanche* de las ciudades. La proximidad a Palacio de los Alba, Osuna o Medinaceli, su influencia en las decisiones reales, su designación como senadores y su influyente posición dentro del Partido Moderado les permitieron mantener cierto protagonismo en la nueva realidad política. Los nobles pactaron con la alta burguesía, acudieron a sus fiestas y se involucraron en sus negocios, produciéndose una confluencia de intereses. En la época del individualismo, la competencia y la cultura del dinero, los antiguos valores nobiliarios perdieron vigencia. Los nobles que vivían en ciudades de provincias conservaban su antigua posición, gracias a sus rentas agrarias y la pervivencia de los valores tradicionales, pero en las grandes ciudades las nuevas realidades burguesas se fueron imponiendo.

En las obras de Galdós, Coloma, *Clarín* y Palacio Valdés se muestran numerosos retratos del ocaso de la nobleza. En su estudio sobre Ramón de la Cruz, Galdós advirtió su decadencia: «la aristocracia se achica, se hace familiar, campea por los salones, se ocupa de aventuras galantes, baja más cada vez y, por último, llega al nivel de la plebe, con quien se junta para imitar su llaneza y desenfado»[4]. Anclada en la nostalgia del pasado, la mayoría de los nobles no desempeñaba funciones sociales productivas, como el marqués de Frenegal, «un tal don Santiago, marqués de no sabemos qué»[5], se comenta en *El audaz*. Más contundente se mostró Galdós en los *Episodios Nacionales,* donde afirma que la nobleza «brilla por su inutilidad; nadie sabe hacer nada, nadie está educado para nada. La vieja generación, encastillada en sus privilegios, entregada a sus devociones mecánicas, aterrada por sus propios prejuicios, ni sabe sentir, ni contribuye a la altura, prosperidad y bienestar del país. Ni sabe ser feliz ella misma…»[6]. A su juicio, la educación y los valores aristocráticos propiciaban la indolencia, la infelicidad y el fracaso. El conde de Albrit mantenía los antiguos valores nobiliarios, pero la realidad le obligó a preferir el amor a sus nietas. Rafael del Águila es el prototipo del aristócrata que rechaza el cambio: «soy el pasado», afirma desesperanzado. «La Monarquía es una fórmula vana, la Aristocracia una sombra… No sé quién dijo que la nobleza esquilmada busca el estiércol plebeyo para fecundarse y poder vivir un poquito más». En esta situación, Rafael se siente incapacitado para sobrevivir en los nuevos tiempos y opta por el suicidio: «Me voy, señor don Francisco, yo no puedo estar aquí»[7]. En suma, Galdós informó en sus novelas de las transformaciones sociales que se estaban operando y defendió la prevalencia de la *aristocracia de la honradez* sobre la *aristocracia de la sangre.*

La alta burguesía se integró en el bloque de poder conservador y asumió los valores y comportamientos establecidos. Aprovechó las oportunidades ofrecidas por la desamortización de tierras, el desarrollo de los ferrocarriles, la especulación inmobiliaria y los suministros al Estado para enriquecerse y adquirir un papel político y social predominante. La gran aspiración de la burguesía emergente era conseguir un título nobiliario, símbolo de su ascensión social. Galdós puso el foco de esta dinámica en la compleja enredadera constituida en Madrid por la antigua aristocracia y los nuevos ricos burgueses, representados por los Santa Cruz, Gaitica y Torquemada: «ya tenemos aquí —se dice en *Fortunata y Jacinta*— perfectamente enganchadas, a la aristocracia antigua y al comercio moderno», conformando un laberíntico enredo, un «colosal árbol de linajes matritenses»[8]. Galdós desveló, así, la configuración del nuevo bloque de poder a través de los negocios compartidos y la política matrimonial selectiva: «Los grandes y los ricos han convenido en ser amigos por mutuos intereses»[9]. Lo cual no impedía conocer el origen económico de algunos de ellos: «Como hoy es tan fácil decorarse con un título nobiliario, que siempre suena bien, vemos constantemente a marqueses y condes cuya riqueza es producto de los adoquinados de Madrid, del monopolio del petróleo o de las acémilas del ejército del norte»[10] [▶ Fig. 10]. Este proceso fue apoyado por la Corona, que utilizó la condición nobiliaria para amalgamar los intereses del estrato superior, concediendo títulos a generales, magistrados y profesionales de las clases medias[11]. La composición del estrato superior aparece reflejada en *Fortunata y Jacinta,* cuando Baldomero Santa Cruz reúne en su mesa para celebrar la Nochebuena de 1873 a veinticinco invitados, entre quienes se encuentran aristócratas de sangre, burgueses enriquecidos, abogados y políticos. Este revoltijo social no conseguía superar la desigualdad, porque, como se afirma

FIGURA 10. El Madrid de Galdós resumido en una estampa titulada «La esquina de la calle de los Peligros», aparecida en *La Ilustración Española y Americana* (15/12/1870). En el texto que acompaña al grabado se lee: «La esquina del Café Suizo siempre es la misma: un segundo mentidero de Madrid…, el punto de cita de vagos, el balcón de los mirones, y la antesala de los cesantes. Dentro del Suizo hallaréis un excelente moka, los más ricos pasteles, los hombres más presumidos y los maledicentes más temibles. En la esquina del Suizo la gran señora se encuentra con el haraposo mendigo, el hinchado caballero con la vendedora de periódicos, el lacayo con el duque, el cesante con el ministro, el chulo con la *cocotte*. Madrid se va, pero Madrid se queda. La decoración cambia, pero la comedia es la misma».

en *La desheredada,* «la confusión de clases es la moneda falsa de la igualdad»[12]. La trayectoria de Francisco Torquemada ilustra el proceso de enriquecimiento y reconocimiento que algunos alcanzaron. Inteligente y falto de escrúpulos, Torquemada comenzó su andadura realizando actividades de usura. Después se introdujo con éxito en los negocios financieros, consiguiendo multiplicar su patrimonio. Su matrimonio con la joven Del Águila, dama de la nobleza arruinada, le abrió las puertas de los ministerios, los palacios y los grandes negocios. Consiguió el título de marqués de San Luis y el cargo de senador. Respetado y admirado por unos, otros, en cambio, se burlaban de él sin recato alguno.

El estrato superior se completaba con los generales, las autoridades eclesiásticas, los magistrados, los altos funcionarios y los abogados que destacaron en la dinámica del régimen moderado. Galdós fue muy crítico con los poderosos del régimen isabelino que frenaban los cambios democráticos, a quienes tachará de «cadáveres embalsamados», que estaban «revestidos de esa cómica seriedad que caracteriza a los anticuarios»[13].

La Iglesia ejerció una gran influencia durante el siglo XIX en la vida comunitaria. El Concordato de 1851 estableció que la religión católica era la religión oficial del Estado, excluyendo la práctica de otras confesiones, garantizó su autonomía jurisdiccional, respaldó la estructura jerárquica de la entidad y asignó un presupuesto público para cubrir los gastos del personal religioso. Desde entonces, la Iglesia ejerció mucha influencia en la conciencia colectiva, monopolizando los principales hitos personales (nacimiento, matrimonio, muerte) y las fiestas comunitarias (estacionales, cívicas, recogida de las cosechas). Su acción parroquial transmitía unos principios morales que valoraban el trabajo, la austeridad y la caridad, pero promovían, también, la resignación ante las adversidades, el mantenimiento del orden y la aceptación del sistema. La jerarquía eclesiástica se integró en el bloque de poder conservador. Su proximidad a las personas adineradas le alejó de las clases medias y trabajadoras. Las fuerzas políticas conservadoras reforzaron la posición de la Iglesia. Bravo Murillo afirmaría en el Congreso de los Diputados que había que dar mucha religión al pueblo para frenar los avances revolucionarios. El papa Pío IX declaró la guerra a las nuevas ideas filosóficas y científicas. En 1864 publicó el *Syllabus Errorum,* catálogo de ochenta proposiciones que los católicos debían cumplir para no caer en los errores de los tiempos modernos, condenando expresamente la libertad de ideas, el liberalismo y el positivismo. La jerarquía de la Iglesia observó con desconfianza las nuevas tendencias culturales y científicas, se aferró defensivamente al pasado y transmitió una visión pesimista de los tiempos venideros.

Los artículos periodísticos y las novelas de Galdós y de otros escritores contemporáneos ofrecieron numerosas estampas de la intervención de la Iglesia en la educación y la vida comunitaria. Galdós tenía ideas humanistas y éticas que defendían los derechos humanos, la libertad de ideas y creencias y la tolerancia. El fanatismo de algunos sectores eclesiásticos causaba, a su juicio, una grave perturbación de la convivencia. El santo sin cabeza del cuadro de las Porreño, en *La Fontana de Oro,* simboliza la falta de criterio y la sinrazón, que tanto daño producían. Algunos personajes galdosianos, como Lantigua, Beramendi o Cucúrbitas, practicaban una religiosidad aparente, rutinaria e hipócrita: «Creía —dice a propósito de Cucúrbitas— que con hacer genuflexión cuando alzaban, arrodillarse sobre el pañuelo y garabatearse sobre el pecho y la frente la señal de la Cruz, bastaba»[14]. Galdós rechazaba la «invasión teocrática» del espacio público a través de procesiones, misiones, congresos eucarísticos y rosarios *de la aurora.* Las manifestaciones religiosas debían desarrollarse en el ámbito privado. Galdós criticó especialmente a los jesuitas, por su «tenaz ambición», su juramento de fidelidad al Papa y su práctica de apropiación de herencias de personas vulnerables, «amparados, con hipocresía o sin ella, por la oligarquía dominante, a quien no sabremos cómo nombrar, pues no podríamos decir si es española o papal, si es un sindicato jesuítico o una cofradía financiera»[15]. Por lo demás, denunció la utilización de la religión para «confundir los sentimientos y dominar a las personas». A este propósito, calificó a los neocatólicos como partido «amigo de las tinieblas…, que se aprovecha de las sombrías dudas del alma, del terror y del arrepentimiento, para urdir sus tramas arteras»[16].

En la parte central de la pirámide social se encontraban las clases medias: pequeños empresarios y comerciantes, militares, médicos, abogados, periodistas y funcionarios [▶ Fig. 11]. Su posición intermedia le hizo ser un colectivo diverso, mestizo, dotado de movilidad y fronteras imprecisas. Las clases medias dieron el tono a la sociedad de las décadas centrales del siglo XIX, por lo que constituyeron el foco de observación de Galdós, *Clarín,* Palacio Valdés, Pardo Bazán y otros escritores. Galdós afirmó a este propósito:

Ya todo es nuevo y la sociedad de Mesonero nos parece casi tan antigua como la de las antiguas fábulas. La clase media, la más olvidada por nuestros novelistas, es el gran modelo, la fuente inagotable. Ella es hoy la base del orden social; ella asume por su iniciativa y su inteligencia la soberanía de las naciones, y en ella está el hombre del siglo XIX con sus virtudes y sus vicios, su noble e insaciable inspiración, su afán de reformas, su actividad pasmosa… La gran aspiración de arte literario de nuestro tiempo es dar forma a todo esto[17].

FIGURA 11. Biblioteca de la nueva sede del Ateneo de Madrid, calle del Prado número 21. El Ateneo de Madrid fue lugar de encuentro de intelectuales, reformistas y académicos.

Las personas de las clases medias solían tener un patrimonio económico discreto, algún inmueble y pequeñas carteras de valores bursátiles, que les permitían llevar una vida aceptable. En *Fortunata y Jacinta* se afirma:

> Era por añadidura la época en que la clase media entraba de lleno en el ejercicio de sus funciones, apandando todos los empleos creados por el nuevo sistema político y administrativo, comprando a plazos todas las fincas que habían sido de la Iglesia, constituyéndose en propietaria del suelo y en usufructuaria del presupuesto, absorbiendo, en fin, los despojos del absolutismo y del clero, y fundando el imperio de la levita[18].

El ingeniero Pepe Rey, el profesor Máximo Manso, el funcionario Villaamil y el comerciante Sobrado representan a personajes de clases medias, ubicados en el espacio urbano, con unos estilos de vida, problemas y aspiraciones determinados.

El escaso desarrollo industrial y financiero empujó a muchas personas hacia la función pública. Galdós abordó la situación de la Administración y de los funcionarios en varias novelas. Los liberales reforzaron las estructuras del Estado aplicando el modelo francés. Ello representó un avance considerable, pero la inestabilidad política, el clientelismo y la corrupción deterioraron el funcionamiento de la Administración pública, ocasionando un manifiesto nivel de ineficiencia. Galdós dibujó varios perfiles de funcionarios. Juan Bragas es el prototipo del funcionario sin escrúpulos, chaquetero y oportunista, cuyo único propósito es medrar, haciendo siempre lo más apropiado para ello. Manuel Pez nadaba con habilidad en las corrientes de aguas corrompidas, lo que le permitió crear una nepótica dinastía administrativa. Su contrapunto es Ramón Villaamil, símbolo del *ce-*

sante, víctima de los arbitrarios cambios políticos. En *Miau,* y en algunos *Episodios Nacionales,* Galdós retrató un escenario de ingratitudes, enchufismos e hipocresías que impiden a los funcionarios honrados desempeñar su trabajo de forma digna, porque viven en un país de sinvergüenzas:

—¿Qué sueldo tiene usted?
—¿Yo? Diez mil y para eso llevo veinte y dos años en el ramo. He pasado por catorce intendencias, he sufrido siete cesantías, y todas las trifulcas que hemos tenido aquí desde el año 14 me han cogido de medio a medio. En una, me dejaron cojo los liberales, en otra me abrieron la cabeza los realistas, en esta me apalearon los exaltados, en aquella me despojaron los apostólicos de cuanto tenía… Otra vez el alza y baja de ropa; otra vez el vertiginoso triquitrín de las tijeras del sastre; otra vez la Gaceta contando los nuevos nombramientos con gritos semejantes al de las mujeres que pregonan los números de la lotería; otra vez la procesión triunfal de los que subían las empolvadas escaleras de los ministerios, y lúgubre desfile silencioso de los que bajan[19].

A partir de los años setenta, en las clases medias se operaron sensibles cambios de mentalidad y de comportamiento. Por una parte, advirtieron su debilidad numérica, propia de un país dotado de un escaso desarrollo industrial, que contrastaba con la fortaleza de la oligarquía gobernante, que liquidó el proyecto del *Sexenio Democrático* e impulsó el régimen de la Restauración. Por otra, observaron la movilización de los trabajadores y comenzaron a tener miedo a la revolución. Estas circunstancias les hicieron revisar sus planteamientos, evolucionando hacia posiciones conservadoras. Si Gabriel Araceli, Salvador Monsalud y Benigno Cordero eran personajes honrados, emprendedores y comprometidos, en cambio, Juan Santa Cruz, Pepe García y Francisco

Torquemada serán oportunistas, que menosprecian el trabajo productivo, como Melchor, hijo de Relimpio, «fanatizado por lo que oía decir de fortunas rápidas y colosales, quería la suya de una pieza, de un golpe»[20]. Otra de sus características será la doble moral, la apariencia honorable que encubría un comportamiento despreciable. Así, Rosalía de Bringas aparenta ser una señora respetable cuando realmente es una mujer envidiosa que cae en el adulterio para satisfacer su deseo de alcanzar un nivel de vida que no le correspondía. Esta doble moral castigaba especialmente a la mujer. Así, cuando Juanito Santa Cruz tiene un hijo ilegítimo nadie se escandaliza, mientras que Fortunata, la madre, es considerada una perdida.

En suma, los escritores realistas muestran el declive de las clases medias, su acomodación al orden establecido, su menosprecio del trabajo productivo y su pasión por el dinero:

> Ahora resulta que la tiranía subsiste, solo que los tiranos somos ahora *nosotros,* los que antes éramos *víctimas* y *mártires,* la clase media, la burguesía, que antaño luchó contra el clero y la aristocracia… Y resulta que los desheredados de entonces se truecan en privilegiados. Renace la lucha variando los nombres de los combatientes, pero subsistiendo en esencia la misma[21].

Por ello, Galdós escribirá sus novelas para que los lectores conozcan lo que está sucediendo y sean capaces de transformar la realidad. En *Fortunata y Jacinta* se advierte con claridad que el futuro provisorio vendrá del pueblo.

Por último, la base de la pirámide social galdosiana estaba constituida por las clases populares, la mayoría de los españoles de su tiempo: los artesanos, los tenderos, los obreros, los agricultores, los albañiles

FIGURA 12. Atrio de la iglesia de San Ginés, donde conviven las clases medias y las empobrecidas clases populares, retratadas en las novelas de Galdós con creciente naturalismo y profundidad psicológica.

y el servicio doméstico, retratados por Galdós en *El doctor Centeno, Fortunata y Jacinta, Misericordia* y *Nazarín*. El elevado número de trabajadores agrícolas, la hipertrofia del servicio doméstico y el reducido número de obreros expresaban la realidad preindustrial existente. Son ciudadanos excluidos de la participación política, amenazados por el paro, el analfabetismo y la pobreza, que, como se comenta en el *episodio Prim,* no recibían la debida atención de los poderes públicos: «Era el pueblo, que con su miseria, sus disputas, sus dichos picantes, hacía la historia que no se escribe, como no sea por los poetas, pintores y saineteros»[22] [▶ FIG. 12].

La novela naturalista mostró las carencias de los barrios populares, las infraviviendas, los charcos donde chapoteaban los niños, la ausencia de servicios básicos y la miseria. Afirma, a este propósito, Yvan Lissorgues:

> Este ensanchamiento del campo del arte, por ruptura de los convencionales moldes del canon clásico de los niveles estilísticos es una conquista estética y sociológica. Es la victoria definitiva de la libertad de la representación en el debate abierto en torno al objeto del arte, debate todavía vivo por los años sesenta y setenta... *La desheredada* abre la brecha, pues ya desde el primer capítulo la descripción del sórdido manicomio de Leganés y de las inhumanas condiciones de encierro de los enfermos hace volar los diques de asepsia artística. A partir de esta obra, el «cuarto estado», como lo llama Galdós, ocupará un lugar destacado en la novela... Las descripciones de estas «visitas al cuarto estado», además de sus cualidades literarias, son verdaderos documentos para conocer las condiciones de vida... de esa parte postergada de la sociedad de la época. Lo que debe subrayarse de nuevo es que, gracias a los novelistas, las clases populares, observadas en su realidad, acceden a la representación artística, con sus viviendas, sus trajes, sus miserias, sus olores, su lenguaje (tema importante), es decir, directamente sin pasar por la asepsia de los idealismos[23].

La participación de los colectivos populares más comprometidos en las acciones revolucionarias de 1854, 1868 y 1873 fue configurando su identidad política, que se irá canalizando, a partir de los años ochenta, a través de sindicatos y partidos de clase, con objetivos definidos de defensa de los derechos ciudadanos y mejora de sus condiciones de vida.

Galdós abordó en sus obras el tema de la redención del pícaro, símbolo del ideal del progreso. El pícaro Gabrielillo, a través de su descubrimiento de los conceptos de patria y de honor, se redime de su condición y se transforma en un héroe burgués, cuya valoración del trabajo, la rectitud moral y el imperativo del deber le hacen triunfar socialmente. Pero la España representada por Gabrielillo todavía no había llegado, porque estaba dividida por ideas, intereses y valores divergentes. Durante la Guerra de la Independencia el pueblo español se unió para defender la patria, pero después se escindió en su interpretación de lo que el compromiso patriótico significaba, entablándose una lucha enconada entre la España absolutista y la España del futuro.

Las novelas de Galdós conectan la literatura y la historia, mostrando una gran riqueza de matices que permiten conocer las claves de su tiempo. En sus obras aparece una galería de personajes que refleja cómo era la sociedad decimonónica. Gabriel Araceli, Salvador Monsalud y Benigno Cordero, protagonistas de las dos primeras series de los *Episodios Nacionales,* son hombres hechos a sí mismos, que progresan, que representan a la emergente clase media y que muestran el triunfo de la «aristocracia de la honradez». El conde de Albrit, el marqués de Frenegal y la marquesa de Tobalina se resisten a abandonar los valores nobiliarios, pero se dan cuenta de que su tiempo ha pasado. Carlos Navarro, alias *Garrote,* hermano de Monsalud, representa a los absolutistas intransigentes, incapaces de advertir las exigencias de la nueva sociedad. Las divergencias entre los hermanos muestran la fractura de las dos Españas. El ingeniero Pepe Rey simboliza la necesidad de impulsar el progreso económico, y el profesor Máximo Manso, el desarrollo de la educación. Y aparecen muchos curas, como Silvestre Romero, dedicado a la gestión de sus fincas, a la caza y la manipulación electoral; curas fanáticos, como Inocencio Tinieblas o Paoletti; curas avaros, como Silvestre Entrambasaguas, y curas entrañables, como Nazarín, mitad Quijote y mitad Jesucristo, que se echa a los caminos para predicar el verdadero Evangelio. Afirmó el propio Galdós:

En los tipos presentados en las dos series [de los *Episodios Nacionales*] y que pasan de quinientos, traté de buscar la configuración, los rasgos y aún los mohínes de la fisonomía nacional, mirando mucho los semblantes de hoy para aprender en ellos la verdad del pasado. Y la diferencia entre unos y otros, o no existe o es muy débil… No es difícil, pues, encontrar el español de ayer, a poco que se observe, en el que tenemos delante[24].

Y aparecen, también, muchos personajes femeninos, mujeres de perfiles muy diferentes, luchadoras, visionarias o resignadas que, a veces, confunden la pasión con la vida. Mujeres como Casandra, que lucha para defender sus derechos; como Fortunata, que hace valer su fertilidad, símbolo del futuro; como Perfecta, encarnación del autoritarismo y la intransigencia; como Tristana, atada de pies y manos por un destino que la conduce hacia la mediocridad; como María Egipciaca, beata formalista y disciplinada; como Nina, máxima expresión de la generosidad, o como Isidora, que desafía a todos para conseguir su ensueño. «Galdós —afirmó María Zambrano— es el primer escritor español que introduce a todo riesgo las mujeres en su mundo. Las mujeres, múltiples y diversas; las mujeres, reales y distintas, "ontológicamente" iguales al varón. Y esta es la novedad, esa es la deslumbradora conquista»[25].

Por lo demás, Germán Gullón ha resaltado el papel de la sexualidad y la pasión, que tanto valoraba el escritor:

Galdós, pues, el hombre, ofrece en su obra la imperecedera fuerza de la pasión como motor de la vida humana, lo que la eleva sobre las conductas grises, porque entraña vivir la vida intensamente, como hacen

Rosario Polentinos, Isidora Rufete, Fortunata, Tristana. Todas estas mujeres nos permiten, gracias a sus fuertes pasiones, ascender a una realidad donde los actos humanos conocen una altura fuera de lo común[26].

En suma, las novelas de Galdós están protagonizadas por personajes que reflejan las peripecias vitales, las circunstancias y los desgarros de su tiempo: «Galdós sabe —afirma Sainz de Robles a este propósito— que ha ido dejando hijos de él por todas las calles y las plazas, casas y casonas, templos, establecimientos docentes y hospitalarios, nuevos y escondrijos de su Madrid. Y que sus hijos viven todos y que vivirán siempre como él los echó al mundo, alegres o tristes, pobres o ricos, buenos o viciosos»[27].

El universo literario de Galdós ofrece un rico mosaico de matices y detalles que no aparecen en las historias académicas de su tiempo. Sus novelas muestran una excelente fotografía de aquella sociedad, compleja, jerarquizada y desigual, en la que se estaban operando importantes transformaciones. Aparecen reflejados el atraso, el clasismo, el fanatismo, el poder del dinero, la hipocresía, el clericalismo y la injusticia. Sus personajes muestran las mentalidades, los anhelos y las contradicciones de los diversos colectivos sociales. Y en sus escritos aparecen, además, los procesos de cambio, las realidades emergentes, el impulso del desarrollo económico y el valor de la educación y la cultura, que debían constituir los pilares de la sociedad nueva.

En toda la obra de Galdós existe una búsqueda permanente de la identidad española. En sus primeras novelas expresó su fe en la capacidad reformista de las clases medias. Durante el régimen de la Restauración advirtió con pesar que las clases medias se habían integrado en el sistema y que habían claudicado ante los poderosos. A principios del siglo xx, consideró que la verdadera patria estaba integrada por los trabajadores que luchaban para mejorar sus condiciones de vida y construir una sociedad más solidaria. Al final de los *Episodios Nacionales,* la Madre patria exhorta a los españoles a que superen la resignación y se levanten para luchar contra las injusticias[28].

VI

La época de la Restauración

La época de la Restauración transcurrió entre 1875 y 1923. Fue un periodo estable, en el que se superaron antiguos problemas como las guerras coloniales y carlistas y el pretorianismo militar, pero se frenó la modernización de España. El principal artífice del régimen fue Antonio Cánovas del Castillo, político liberal conservador, que promovió el retorno de los Borbones a través del rey Alfonso XII y estableció el marco normativo de la Constitución de 1876, vigente durante casi cinco décadas. En las nuevas Cortes, Alfonso XII defendió la prioridad de lograr la pacificación y la reconstrucción del país. El carlismo en armas estaba desgastado por la prolongación de la guerra. Cánovas del Castillo se dispuso a darle el golpe definitivo, aumentando los efectivos militares y concentrando las operaciones militares en los objetivos estratégicos.

La campaña de Cataluña, dirigida por los generales Martínez Campos y Jovellar, culminó el 26 de agosto de 1875 con la toma de la Seo de Urgell. A continuación, todas las fuerzas gubernamentales atacaron Álava, Guipúzcoa y Vizcaya, provocando el hundimiento de las tropas carlistas, que huyeron en desbandada hacia Francia. El 28 de febrero de 1876, don Carlos cruzó la frontera, asumiendo la derrota. La victoria militar se completó con un gesto de valor simbólico: Alfonso XII fue reconocido por el general Ramón Cabrera, caudillo de la primera guerra carlista. La otra prioridad militar era resolver la guerra de Cuba. Para vencer a los insurrectos, Martínez Campos, designado general en jefe, combinó la estrategia de acción militar y la acción negociadora, que ofreció la ampliación de las competencias de autogobierno y gestión administrativa. El resultado de esta política fue la *Paz de Zanjón,* suscrita el 12 de febrero de 1878, que puso fin a la guerra, concediendo el indulto a los rebeldes, la expatriación de quienes lo solicitaran, las reformas institucionales y administrativas y la libertad de los esclavos. El *espíritu de Zanjón* contribuyó a configurar la corriente autonomista cubana, encuadrada en el Partido Liberal de Sagasta, integrada por criollos que aceptaron la integración de Cuba en la monarquía constitucional española.

Mientras se afrontaba el problema militar, se acometió la elaboración de la nueva Constitución, cuyo debate transcurrió sin grandes complicaciones. Las propuestas políticas de Cánovas del Castillo fueron cuestionadas por Alejandro Pidal, con argumentos más derechistas, y por Sagasta y Castelar, con alternativas más democráticas. El artículo más debatido fue el número once, relativo a la *cuestión religiosa,* que finalmente fue aprobado por 221 votos a favor y 83 en contra. Su contenido decía que la religión católica era la religión del Estado, que la nación se ocuparía de financiar el culto y a los sacerdotes, que nadie sería molestado por sus ideas religiosas, ni por el ejercicio de su propio culto, aunque tan solo se permitirían las celebraciones y manifestaciones públicas de la Iglesia católica. Esta Constitución liberal conservadora atribuía la soberanía a las Cortes y al Rey y establecía un sufragio restringido, pero tenía la suficiente flexibilidad para que se fueran desarrollando avances democráticos como el sufragio universal masculino, los derechos laborales, la libertad de asociaciones, partidos y sindicatos, la libertad de cultos y el juicio por jurado. La nueva Constitución fue aprobada por las Cortes el 24 de mayo de 1876 por una mayoría de 276 votos favorables y 40 contrarios.

Cánovas del Castillo rechazó el monopolio conservador de la época de Isabel II y promovió la alternancia de los dos grandes partidos, el Conservador y el Liberal, los cuales protagonizaron la vida política española durante varias décadas. Fueron derogadas las conquistas del *Sexenio Democrático,* continuaron las prácticas fraudulentas en las elecciones y se consolidó el caciquismo, pero, tras el acceso al poder de los liberales progresistas de Práxedes Mateo Sagasta, España avanzó por la senda democrática.

Durante la Restauración tuvo lugar un considerable desarrollo demográfico, económico y urbano. La población pasó de 16 millones, en 1877, a 18 millones, en 1900, y a 23 millones, en 1930. Madrid, Barcelona, Valencia, Sevilla y Bilbao incrementaron su población, construyeron nuevos barrios, instalaron modernos servicios de gas, electricidad, alcantarillado, agua y transportes y acogieron a dos millones de emigrantes procedentes de las zonas agrícolas. En Cataluña, País Vasco y Asturias se produjo un importante proceso de crecimiento de la industria, la banca y la minería. Incluso la agricultura, que se explotaba con sistemas tradicionales, logró avances que promovieron la exportación de cítricos de Orihuela y Valencia y de vinos de Jerez. Durante los años de la primera Gran Guerra europea, España dejó de ser propiamente un país agrario. El desarrollo económico no mejoró las condiciones de vida de la mayoría, persistiendo la pobreza en amplios sectores de la población. Con el fin de conocer su situación, en 1883 Segismundo Moret, ministro de la Gobernación, constituyó la «Comisión para el estudio de las cuestiones sociales que afectan a la clase obrera». Pablo Iglesias y Jaime Vera presentaron a la comisión tres informes orales y escritos que fueron esenciales para el desarrollo teórico y político del socialismo español. Años después se crearía el Instituto de Reformas Sociales, que promovió la adopción de disposiciones necesarias como las Leyes de Accidentes de Trabajo y de Trabajo de Mujeres y Niños (1900), de Descanso Dominical (1904), de Inspección del Trabajo (1906), de Tribunales para dirimir los conflictos (1908), de Huelgas (1909) y de Prohibición de Trabajo nocturno de la mujer (1912).

En la crisis de fin de siglo el régimen de la Restauración comenzó a perder fuerza. La desaparición de Cánovas y de Sagasta, los líderes políticos que lo habían protagonizado, la movilización de la burguesía y los trabajadores en las grandes ciudades y la crítica de los intelectuales regeneracionistas fueron apuntando la necesidad del cambio democrático, aunque en las zonas rurales el viejo sistema caciquil mantendría su vigencia durante algún tiempo.

Entre 1875 y 1936 transcurrió la *edad de plata* de la cultura española, gracias a las extraordinarias creaciones de Galdós, *Clarín,* Unamuno, Sorolla, Machado, Ortega, Jiménez, Albéniz, Falla, Picasso y García Lorca, entre otros. La expansión de la Institución Libre de Enseñanza, el debate sobre la ciencia española y la difusión del positivismo y el darwinismo alentaron esta brillante etapa, cuya fase comprendida entre 1875 y 1902 se caracterizó por el esfuerzo científico, la renovación educativa y la novela naturalista. Los científicos realizaron un gran trabajo con el propósito de superar el atraso español y la desidia de los poderes públicos. Entre las figuras más relevantes destacaron Santiago Ramón y Cajal, médico especializado en histología y anatomía patológica, autor del *Manual de histología normal y técnica micrográfica,* distinguido en 1906 con el premio Nobel;

Eduardo Torroja, ingeniero de caminos, autor de estudios sobre geometría de la posición; José Rodríguez Carracido, químico; Odón de Buen, oceanógrafo; Ventura de los Reyes, matemático y botánico, e Ignacio Bolívar, entomólogo y naturalista.

El régimen de la Restauración frenó el desarrollo de la educación y la cultura. La guerra ideológica entre la tradición, el racionalismo y la ciencia estaba planteada en Europa desde hacía tiempo, pero el conservadurismo español, incapaz de advertir los retos de la modernidad, profundizó el conflicto. Las libertades del *Sexenio Democrático* fueron derogadas el 26 de febrero de 1875 por el marqués de Orovio, ministro de Fomento, con un decreto que pretendía castigar a los profesores que hicieran críticas a la monarquía y no siguieran los dogmas de la doctrina católica. A consecuencia de ello, se realizó una purga en la Universidad, siendo cesados prestigiosos catedráticos demócratas como Francisco Giner de los Ríos, Nicolás Salmerón, Emilio Castelar y Augusto González Linares. En esta circunstancia, estos profesores decidieron fundar en 1876 la Institución Libre de Enseñanza con el propósito de crear una universidad libre y centros de enseñanza secundaria dotados de una orientación pedagógica avanzada. La austeridad y ejemplaridad de Giner de los Ríos dieron un gran impulso al proyecto. Nacido en Ronda, en 1839, cursó los estudios de Derecho y se integró en el círculo krausista de Ángel Sanz del Río. En 1866 consiguió la cátedra de Derecho Internacional. Su gran cultura humanística y jurídica quedó reflejada en los *Estudios de literatura y arte* (1876), los *Estudios filosóficos y religiosos* (1876), los *Estudios sobre Educación y enseñanza* (1889), *Estudio y fragmentos sobre la teoría de la persona social* (1899) y la *Pedagogía universalista* (1910). Tras sus primeros pasos, los responsables de la Institución Libre de Enseñanza advirtieron que era imprescindible realizar una reforma general del sistema educativo. Para ello, comenzaron a promover en Madrid, Barcelona, Bilbao, Salamanca, Valladolid, Zaragoza, Sevilla, Oviedo y Valencia proyectos basados en la aplicación de los conceptos educativos de Heinrich Pestalozzi y Friedrich Froebel, que incorporaban las ciencias, la formación artística, la educación física, las manualidades, la coeducación de hombres y mujeres y la educación laica.

La Institución Libre de Enseñanza concedió una gran importancia a la formación de la mujer, dada su exclusión del sistema. Por ello, la primera entidad que creó en 1871 fue la Asociación de la Enseñanza de la Mujer. Entre sus prioridades estaba el desarrollo de la enseñanza primaria y secundaria y de los estudios profesionales de comercio, administración, correos y telégrafos. Estas oportunidades fueron aprovechadas por las mujeres para incorporarse al sistema educativo y plantear la batalla de la sensibilización. Concepción Arenal, nacida en El Ferrol, en 1820, destacó en la lucha por los derechos de la mujer. Socióloga y ensayista, publicó *Cartas a un obrero* (1880), *La mujer del porvenir* (1884) y *La educación de la mujer* (1892). A su juicio, la educación era una herramienta esencial para empoderar a la mujer y promover su participación en la vida pública: «¿Podrán llegar las mujeres —se preguntó— a donde alcanzan los grandes hombres? El tiempo lo dirá»[1].

Las iniciativas de la Institución Libre de Enseñanza dinamizaron la vida educativa y cultural. A partir de 1881, el Gobierno de Sagasta designó como directores generales de Instrucción Pública a personalidades institucionalistas como Montero Ríos, Moret, Gamazo, Albareda y Canalejas, que multiplicaron la construcción de centros educativos, incrementaron el número de maestros, mejoraron su formación y redujeron las elevadas tasas de analfabetismo. La Institución desarrolló proyectos renovadores como el Museo Pedagógico Nacional (1882), los programas de Extensión Universitaria (1892), la Junta de Ampliación de Estudios (1907), la Residencia de Estudiantes (1910) y el Instituto-Escuela (1918).

Durante la etapa estudiantil madrileña Galdós asumió las ideas krausistas. En las aulas de la Universidad y en el Ateneo escuchó a sus principales portavoces. En la conferencia *Guía espiritual de España,* que pronunció años después, recordó que en el Ateneo entró en contacto con «los grandes cerebros del siglo XIX», profesores, políticos y escritores de la talla de Giner de los Ríos, Castro, Camús, Castelar, Echegaray, Sellés y *Clarín,* representantes de «la democracia, del laicismo, de la tolerancia mínima»[2], que España tanto necesitaba. Con Giner de los Ríos, González Linares y otros institucionistas consiguió trabar una buena relación de amistad y sus consejos le ayudaron a perfilar sus proyectos literarios, en los que aparecen personajes de inspiración krausista como Pepe Rey, Teodoro Golfín y Máximo Manso, que valoran la importancia de la razón, la apuesta por la modernidad y la igualdad de los seres humanos. La educación ocupa un papel destacado en *La desheredada, El doctor Centeno* y *El amigo Manso.* En *La desheredada* incide en casi todos los personajes, con diversos matices. Precisamente, Galdós dedicó esta novela a los maestros, que tenían la misión de construir los fundamentos de la nueva sociedad. En *El doctor Centeno,* Jesús Delgado desarrolla un plan docente denominado «Educación Completa», inspirado en los principios pedagógicos de Sanz del Río y de Giner de los Ríos. Según Delgado, lo importante «no es parecer sino ser», y el fin de la educación es «prepararnos a vivir con vida completa»[3]. Unos criterios similares aplica Máximo Manso a la formación de Manolo Peña, que incluían el estudio de la poesía, las visitas al Museo del Prado y las excursiones por los alrededores de Madrid. El interés por la formación de la mujer y la importancia de la función desempeñada por las maestras aparecen en *El amigo Manso, El caballero encantado* y otras novelas. Por lo demás, Galdós compartió con los dirigentes de la Institución Libre de Enseñanza la función social del trabajo cultural y la responsabilidad del escritor y del artista de contribuir de forma activa al desarrollo de la educación y la cultura[4].

El *positivismo* y el *naturalismo* impregnaron las manifestaciones artísticas. Auguste Comte, autor del *Curso de filosofía positivista,* preconizaba la aplicación de métodos experimentales para la observación de la realidad, rechazando todo lo que no pudiera ser verificado por esta metodología. Según Azcárate, la permeabilización de estas ideas llegó a través de dos vías: las ciencias naturales y el neokantismo, que desplazaron el pensamiento romántico y se impusieron en la cultura y las artes. El curso sobre positivismo impartido en el Ateneo en 1875/1876 por Manuel de la Revilla, Luis Simarro y Carlos Cortezo constituyó el acta oficial de su recepción académica, siendo divulgado por la *Revista Contemporánea,* fundada en 1875 por José del Perojo. El *naturalismo* constituyó la expresión artística de la filosofía positivista. La novela, la pintura y la escultura debían reproducir la realidad observada, descartando el despliegue de la imaginación del artista. Su principal foco de atención fueron las clases populares, sus condiciones de vida, sus costumbres y sus anhelos, al tiempo que criticaba la incapacidad y la hipocresía de las élites dirigentes. El naturalismo francés fue, así, enriquecido con el análisis del medio ambiente y la interacción del hombre y la naturaleza, que entrañaba un cierto «menosprecio de corte y alabanza de aldea»[5].

Hacia 1888 se inició la crisis del positivismo y, con ella, la del naturalismo. La filosofía de Nietzsche, Schopenhauer, Dilthey y Bergson, la dramaturgia de Ibsen y Björnson, la música de Wagner y la literatura de Dostoievski y Tolstói alentaron la creación de un nuevo paradigma de orientación vitalista, psicológica e impresionista.

Este proceso coincidirá con la expansión imperialista de las potencias europeas, fundamentada en la superioridad de la raza, la política de fuerza y la ideología supremacista. En este contexto, la literatura abandonó los anteriores cánones positivistas, se descargó de preocupaciones ideológicas y se adentró en el mundo interior de los personajes para relatar sus vivencias, sus emociones y desgarros. La nueva tendencia postulaba una expresión formal refinada, una cultura cosmopolita y un alejamiento de la sociedad burguesa, a través de la evasión, el esnobismo y la bohemia. Las conferencias que impartió en el Ateneo de Madrid Emilia Pardo Bazán sobre *La revolución de la novela en Rusia* dieron cuenta de los procesos de cambio. No obstante, este *asalto a la razón* no impediría la convivencia de las antiguas y las nuevas tendencias, ya que nunca se ignoró la importancia de los saberes racionales y científicos.

Las artes plásticas superaron, en el último tercio del siglo, la rígida normativa académica y reflejaron la realidad social, las condiciones de vida y los conflictos. Leonardo Alenza, Eugenio Lucas y Martí Alsina rompieron con el rigor del canon neoclásico y reivindicaron, cada uno a su manera, un estilo goyesco, preimpresionista y crítico con la sociedad de su tiempo. Martí Alsina, según Tonia Raquejo, fue el más europeo de los realistas españoles, «debido tanto a su actitud política e individual, como a sus imágenes críticas carentes de todo pintoresquismo»[6]. A finales del siglo la pintura mostró las precarias condiciones de vida de los trabajadores, a través de las obras *Aún dicen que el pescado es caro* (1894), de Joaquín Sorolla, *Una huelga obrera en Vizcaya* (1892), de Vicente Cutanda, y *Cuerda de presos* (1901), de López Mezquida. No obstante, otros pintores, como Asterio Mañanós, continuaron cultivando los géneros del retrato, las costumbres y la pintura histórica con un estilo que mantenía algunos elementos del romanticismo.

En el campo de la arquitectura, destacaron algunos edificios urbanos de estilo ecléctico. El Banco de España, sede madrileña de la institución financiera estatal, inaugurado en 1891, fue proyectado y dirigido por los arquitectos Eduardo Adaro y Severiano Sainz de Lastra. El Palacio de las Artes y la Industria, sede del actual Museo Nacional de Ciencias Naturales, fue proyectado por Federico Villalba. Construido con una estructura de ladrillo y de hierro, con columnas de fundición, pisos de viguetas metálicas y armaduras de cubierta, fue inaugurado en 1887 con la Exposición Nacional de Bellas Artes.

Durante los primeros años de la Restauración Galdós se distanció de la política y se concentró en el trabajo literario. El asesinato del general Prim y el fracaso del *Sexenio Democrático* le causaron un gran desaliento. El giro conservador impulsado por Cánovas del Castillo derogó los avances alcanzados durante el *Sexenio*. La involución se advirtió de forma manifiesta en la restricción de la libertad de ideas y creencias, la restauración del poder de la Iglesia católica, la prohibición de las manifestaciones externas de los cultos no católicos y la reafirmación del matrimonio eclesiástico. La imagen del régimen de la Restauración en las novelas de Galdós es muy negativa. La trama histórica de sus grandes novelas, sobre todo las escritas entre *La incógnita* y *Misericordia,* se sitúa en esta época. Los protagonistas ya no son personas luchadoras, audaces, impulsoras del cambio, como Araceli, Bozmediano o Lázaro, sino señoritos hipócritas como Juanito Santa Cruz, burócratas trepadores como José María del Pez, profesores incapaces de transformar la sociedad como Máximo Manso y derrotados por su origen social como Felipe Centeno. Son tiempos de *restauración*, de orden, de resignación, «tiempos —como se dice en *La desheredada*—, que repugnan la epopeya»[7], o, como afirma Manso, en los que «las cosas caen del lado a que se inclinan»[8]. La ideología del «justo medio» pretendía anular las alternativas de cambio, promoviendo una falsa concordia. Sobre este asunto, se dice en *Fortunata y Jacinta:*

> Allí brillaba espléndidamente esa fraternidad española en cuyo seno se dan la mano el amigo carlista y el republicano, el progresista de cabeza dura y el moderado implacable… Esto de que todo el mundo sea amigo particular de todo el mundo es síntoma de que las ideas van siendo solo pretexto para conquistar o defender el pan[9].

Años después, Galdós afirmará desde la tribuna pública que el tiempo transcurrido desde la revolución de 1868 había representado una etapa de «estancamiento político», de «somnolencia de ilusiones y desengaños» y de «depresión del sentimiento patrio»[10].

En aquella circunstancia, Galdós prefirió dedicar toda su energía a la creación literaria. Dado el éxito alcanzado por los *Episodios Nacionales,* decidió proseguir su desarrollo. Entre 1873 y 1875, en apenas dos años, escribió los diez que constituyen la primera serie, dedicada a la lucha del pueblo español contra el invasor francés durante la Guerra de la Independencia. Alentado por el éxito, entre 1875 y 1879 escribió los diez *episodios* de la segunda serie, en la que abordó el reinado de Fernando VII, la fuerte confrontación entre absolutistas y liberales y las divergencias entre los liberales *moderados* y *exaltados.* Los españoles tenían que conocer los aspectos fundamentales de la historia contemporánea para poder transformarla. En las *Memorias de un cortesano de 1815* expresó la ignorancia, ineptitud y crueldad de Fernando VII, que «no tienen ejemplo en Europa».

Galdós le pidió a Mesonero Romanos que le contase algunos detalles de aquel periodo, lo que el anciano escritor hizo muy complacido: «ya le tengo dicho que cuando quiera consultar algún punto referente a las épocas que abraza su nueva serie puede hacerlo con franqueza y, aún acaso, le podré dar nuevas notas respecto a la primera corte de Fernando, del 14 al 20»[11]. El siguiente *episodio* fue *La segunda casaca,* en la que se recrea la conflictividad política y el cínico oportunismo de algunos cortesanos absolutistas que se preparaban para acomodarse a los nuevos tiempos sin recato alguno. El siguiente *episodio* fue *El Grande Oriente,* en el que retoma el *Trienio Liberal,* mostrando el activismo político de la masonería. Allí retrató a dirigentes como Romero Alpuente, Regato y Golfín, así como otros más discretos, como José Campos, el *Venerable,* director general de Correos. Después vendrían los *episodios Los Cien Mil Hijos de San Luis* y *El terror de 1824,* uno de los mejores.

Al mismo tiempo, Galdós continuó desarrollando su labor periodística, escribiendo artículos y relatos en *El Imparcial, La Ilustración Española y Americana, Las Provincias* y otros medios. Su colaboración en *La Prensa* de Buenos Aires, importante medio de orientación liberal, fundado por José C. Paz, adquirió bastante relevancia. En sus crónicas informó sobre las explosiones del navío *Cabo Machichaco* en Santander, comentó algunos juicios que tuvieron un especial impacto popular, analizó las obras destacadas en las Exposiciones Nacionales de Bellas Artes y abordó la caída de la asistencia a los actos de culto católico. «Su trabajo en *La Prensa* —afirma Cecilio Alonso— no tuvo nada de formulario y, en ocasiones, alcanzó calidades de dietario personal»[12]. En cualquier caso, Galdós decidió liberarse de las exigencias del trabajo periodístico para dedicar su tiempo a la creación literaria. Así, una vez encarrilados los *Episodios Nacionales,* retomó la novela guiado por el propósito de desvelar los problemas contemporáneos que estaban causando el atraso de España y apuntar las alternativas para superarlos. «Sin dar descanso a la pluma —afirmó en sus *Memorias*— escribí *Doña Perfecta, Gloria, Marianela* y *La familia de León Roch*»[13].

En *Doña Perfecta* (1876) Galdós planteó las diferencias que existían entre las condiciones de vida y las realidades del mundo agrario y el mundo urbano. *Doña Perfecta* es una viuda acomodada que vive en Orbajosa, una pequeña ciudad campesina de rasgos tradicionales cantábricos. La obra comienza con la llegada de Pepe Rey, sobrino de doña Perfecta, después de un fatigoso «viaje por el corazón de España». Pepe es un ingeniero de 34 años, inteligente y moderno, que ha realizado proyectos de ferrocarriles y carreteras. Una de sus características es la pasión por la verdad y la denuncia de la falsedad y la superstición. Su padre, hermano de doña Perfecta, le pidió que fuera a Orbajosa, lugar en donde «todo es bondad y honradez», con la esperanza de que se casara con Rosario, su sobrina, uniéndose las dos ramas de la familia. El encuentro en la casa de doña Perfecta resultó satisfactorio. Ella estaba agradecida al padre de Pepe porque había arreglado su maltrecha economía y lo veía reencarnado en su hijo. Por otra parte, Pepe se sintió atraído por la belleza de Rosario. Los habitantes de Orbajosa creían que su vida campesina era un reducto de paz, armonía y moralidad y sentían horror por Madrid, cueva de degenerados y ladrones. Sin embargo, la mirada profesional de Pepe advertirá pronto el contraste entre el mito y la realidad, ya que observa un gran muladar «cuyo aspecto arquitectónico era más bien de ruina y de muerte que de prosperidad y vida»[14]. El cacique y el obispo manejaban a su antojo la vida ciudadana. En el desarrollo de la trama aparece el cura don Inocencio, que provoca y ataca a Pepe con el propósito de demostrar que es un ateo que pretende perturbar la apacible vida de Orbajosa. Un día Pepe pierde los estribos y realiza una severa crítica de las rancias costumbres, la doble moral y el cristianismo farisaico. Desde entonces, el relato se dinamiza. La atracción que sienten Rosario y Pepe se transforma en amor, doña Perfecta desconfía de Pepe y el cura se opone de forma resuelta al matrimonio. Los habitantes de Orbajosa cierran filas contra el intruso. Así, Pepe sufre un creciente acoso hasta que muere tiroteado por Cristóbal Ramos, *Caballuco,* cumpliendo la orden de doña Perfecta. Al conocerlo, Rosario enloquece. Como cierre, doña Perfecta emite un diagnóstico edípico bastante expresivo: «Tu entendimiento, tu descomunal entendimiento, es causa de tu desgracia. Nosotros los de Orbajosa, pobres rústicos, vivimos felices en nuestra ignorancia»[15].

Galdós denunció en *Doña Perfecta* los efectos perversos del caciquismo, el conservadurismo y el oscurantismo que ahogaban a las pequeñas poblaciones españolas. *Clarín,* en su reseña de la novela en *El Solfeo,* destacó su veracidad: «Orbajosa es toda España. ¿Qué mayor realismo? Qué desgracia para la patria, que el autor pintando el color con negros colores haya dado a su obra la mayor verosimilitud posible». Después, valoró la integración del estilo y el contenido, que le concedía una gran eficacia narrativa[16]. La crítica moderna, como ha señalado John W. Kronik, «considera prometedora esta obra temprana, por el dominio de la estructura, las múltiples formas narrativas y una ambigüedad fundamental que mantiene bajo control la monotonía de los personajes»[17].

La intolerancia constituía un grave peligro para la convivencia. De ahí que Galdós la abordase en la novela *Gloria,* publicada en 1877, en dos volúmenes. Según Cecilio Alonso, en ella procuró destacar «la simbolización universal de actitudes religiosas intolerantes, cuyos efectos más adversos venía a reforzar el respaldo que la *Restauración* prestaba al integrismo católico proscribiendo las libertades del *Sexenio*»[18]. La génesis de la obra surgió en los viajes que Pereda y Galdós realizaron por Cantabria, en los que advirtieron el recelo de los sectores conservadores hacia el desarrollo económico, los brotes xenófobos y la intolerancia religiosa. Con estos mimbres se puso manos a la obra: «*Gloria* —confesó Galdós— fue obra de un entusiasmo de quince días. Se me ocurrió paseando por la Puerta del Sol, entre la calle Montera y el *Café Universal* y se me ocurrió de golpe, viendo con claridad toda la primera parte»[19]. La novela relata la relación amorosa de dos jóvenes, Gloria Lantigua y Daniel Morton, una católica y un judío. El sectarismo de la familia de Gloria se confronta con el de la familia de Daniel. Cada uno se esfuerza para que el otro se convierta a su religión, generándose una relación destructiva que conduce a la locura de Daniel y la muerte de Gloria. Como ha señalado Bravo-Villasante:

> [La novela] traspasa los límites del siglo XIX para convertirse en una obra de valores permanentes, como las tragedias clásicas de la antigüedad. Allí donde haya un conflicto entre razas, religiones y política está vigente *Gloria*... Galdós se anticipaba casi en un siglo al ecumenismo actual... El niño, fruto de los amores de Gloria y de Daniel Morton, parece anunciar una nueva humanidad, menos intolerante, más conciliadora y ecuménica... La novela sonó como un cañonazo en la vida española y conmovió todos los espíritus[20].

Gloria fue acogida muy bien por el público y la crítica. *Clarín* la consideró «la novela de las novelas de Galdós», que lo elevó a la altura de los primeros novelistas, porque afrontó una cuestión importante de la vida española: el problema de la vida religiosa y sus relaciones con la conciencia moral, contribuyendo a «remover y conmover la conciencia nacional»[21]. En cambio, los sectores conservadores la rechazaron de forma airada. Pereda polemizó con Galdós a través de su correspondencia: «*Gloria* le ha metido de patitas en el charco de la novela volteriana... Desgracia es para las letras patrias esa caída»[22]. Galdós le replicó que su propósito era llamar la atención sobre las consecuencias de la intolerancia y aprovechó la discusión para reiterarle su defensa de la libertad de ideas y creencias: «He querido simplemente presentar un hecho dramático, verosímil y posible, nada más... Yo abomino la unidad católica y adoro la libertad de cultos». Además, Galdós le manifestó explícitamente que carecía de ideas religiosas:

En mí está tan arraigada la duda en ciertas cosas, que nada me la puede arrancar. Carezco de fe, carezco de ella en absoluto. He procurado poseerme de ella y no lo he podido conseguir. Al principio no me agradaba semejante estado, pero hoy vamos viviendo[23].

En otra ocasión, Galdós expresó sus diferencias con el escritor cántabro:

Pereda no duda, yo sí. Él es un espíritu sereno; yo un espíritu turbado, inquieto. Él sabe a dónde va, parte de una base fija. Los que dudamos mientras él afirma, buscamos la verdad y corremos hacia donde creemos verla hermosa y fugitiva. Él permanece quieto y confiado, viéndonos pasar, y se recrea en su tesoro de ideas, mientras nosotros siempre descontentos de las que poseemos y ambicionándolas mejores, corremos tras otra, y otras, que una vez alcanzadas tampoco nos satisfacen[24].

La intolerancia y la complejidad de la vida matrimonial son los asuntos abordados en *La familia de León Roch,* publicada en 1878, en la que se contraponen las visiones del krausismo y del catolicismo. León Roch es un joven ingeniero noble, culto y bondadoso, «lo mejor que ha salido de la Escuela de Minas desde que existe»[25], comenta Fúcar. Atraído por la belleza de María Egipciaca, hija de unos aristócratas arruinados, se casa con ella. María trata de convertir a su esposo al catolicismo, reprochándole su falta de fe y obligándole a que le acompañe a los actos religiosos. La novela profundiza en las dificultades de la relación matrimonial y en los lances que se producen en la vida de la pareja. El choque entre la terca religiosidad de María y el racionalismo liberal de León deteriora la convivencia. Al final de la novela, María, aferrada a sus prejuicios, terminará enfermando y muriendo. Otro personaje importante es Pepa, amiga de infancia de León y enamorada de él desde la adolescencia, a pesar de estar casada con un aventurero sin escrúpulos. León descubre tarde que su lealtad y ternura podían haber sido los mimbres de su proyecto familiar, pero su conciencia racional le impide seguir los dictados del corazón, asume su error y se aleja de ella. León se siente fracasado porque no es capaz de configurar su vida de acuerdo con sus ideales, pero se aferra a su racionalismo idealista: «Pero ¿qué le importaba estar vencido, solo, proscrito y mal juzgado —afirma el narrador—, si resplandecía en él la hermosa luz que arroja la conciencia cuando está segura de haber obrado bien?»[26]. Por lo demás, *La familia de León Roch* ofrece descripción magistral de la topografía y la vida social madrileña del último tercio del siglo.

Clarín afirmó que el realismo de Galdós era una «copia artística de la realidad, es decir, copia hecha con reflexión, no de pedazos inconexos, sino de relaciones que abarcan una finalidad, sin lo cual no serían bellas». Consideró, además, que «encierran profunda enseñanza, ni más ni menos, como en la realidad misma, que también la encierra para el que sabe ver, para el que encuentra la relación de finalidad y otras de razón entre los sucesos y los sucesos, los objetos y los objetos». A su juicio, la novela constituía una reflexión sobre el problema religioso de unos personajes que tenían una educación y unas creencias muy diferentes[27].

Una orientación distinta presenta *Marianela*, publicada también en 1878, ya que interrelaciona el mito, la racionalidad y la ciencia.

La novela cuenta la historia de Marianela, una chica huérfana, pobre y fea, con un corazón de oro, y de Pablo, un ciego de nacimiento. La acción transcurre entre Socartes, pueblo minero, y Aldeacorba, zona agrícola, donde vive Francisco Penáguilas con su hijo Pablo. La vida ha sido generosa con ellos, pero su bienestar está ensombrecido por el dolor ocasionado por la ceguera del hijo. Pablo es feliz al lado de Nela, como todos la llaman, su lazarillo, con quien pasea, conversa e inventa imaginaciones atrevidas. Nela vive con la familia de Centeno, capataz de las minas, menospreciada por todos, y solo se reconforta acompañando a Pablo. El ciego piensa que Nela es una mujer hermosa, expresión de su bondad. Pablo se enamora de ella y le promete que contraerá matrimonio. Entonces llega a Socartes Teodoro Golfín, famoso oftalmólogo. Penáguilas desea que el doctor haga cuanto sea posible para curar a su hijo, porque no acepta la fatalidad de que sea incurable. La operación resultó un éxito, pero cuando Pablo vio que Nela no era como la imaginaba, sintió una gran decepción. Nela muere al considerar que su función en la vida ha concluido. La ceguera inventó a Nela y la curación la destruyó. Esta novela supone una ruptura con las anteriores, ya que en ella se plantean exigencias como la defensa de los desfavorecidos, la necesidad de impulsar la educación y la demanda de un reparto justo de la riqueza, que el escritor irá desarrollando en obras posteriores.

Durante aquellos años Galdós realizó un enorme trabajo literario, de forma metódica y persuasiva. A principios de los años ochenta, *Clarín* y Ortega Munilla hicieron unas semblanzas del escritor que trazaron los rasgos de la imagen que sería reproducida después por los periodistas: su humildad, talante retraído, voluntad recia, laboriosidad, bondad, desdén por los aplausos... *Clarín* afirmó que Galdós era «un curioso de toda clase de conocimientos»[28], que observaba cuanto sucedía a su alrededor y lo retenía en su portentosa memoria para verterlo después en sus novelas. Su firme voluntad le permitía concentrarse en el trabajo literario. Galdós se levantaba temprano, leía y escribía durante varias horas y salía a dar un paseo. Después, regresaba a casa, almorzaba, volvía a leer y retomaba los escritos, elaborando entre diez y quince cuartillas cada día. A su juicio, el esfuerzo de trabajo era más importante que la inspiración. Sus autores preferidos eran Cervantes, Calderón, Balzac, Zola, Shakespeare, Dickens, Dostoievski y Tolstói. El apoyo que le prestaban sus hermanas Carmen y Concha y su cuñada Magdalena le permitió despreocuparse de las tareas domésticas y concentrarse en su trabajo. No era glotón, ni goloso, y presumía de ser indiferente ante los placeres de la mesa. Eso sí, fumaba un cigarro tras otro. Vestía de forma sencilla y solía hacer gala de la ropa usada: abrigo de paño grueso, chalina, bufanda o pañuelo en el cuello, sombrero blando y grueso bastón. Galdós era una persona bondadosa, que disfrutaba departiendo con los amigos. Su talante conciliador favoreció la amistad con personas tan diferentes como *Clarín,* Giner de los Ríos, Pardo Bazán, Marañón, Menéndez Pelayo o Pereda. Le gustaban los perros, los gatos y otros animales domésticos. Las corridas de toros le parecían una atrocidad. Según Shoemaker, la esencia humana de Galdós era la integridad de su carácter:

De su sencillez, modestia y timidez, de la finura de sus sentidos y de su voz débil, de su voluntad para el trabajo y de una curiosidad multiforme e insaciable, así como de su capacidad para amar desmedidamente a España y la patria chica, a sus familiares, a sus amigos, a los niños, y al prójimo, a los animales, las flores y las plantas, y a las mujeres, salía siempre un Galdós sincero, directo, entero. Vivía en la sociedad, pero vivía desde dentro, sin falsedades, ni artificios, ni farsanterías, con una gracia natural, a veces, en apariencia, desgarbada[29].

En aquella etapa de intenso trabajo literario comenzó a padecer, como le confesó a Pereda, «cansancio físico de mis ojos y de mi cabeza»[30]. El retrato que le hizo Sorolla cuando tenía cuarenta y dos años muestra unos ojos fatigados [▶ CUBIERTA]. Entonces comenzó a utilizar gafas graduadas, primero para la lectura y después para la visión lejana. Los problemas de visión dificultaron su trabajo literario y periodístico.

Galdós casi siempre tuvo problemas económicos. En 1877 se quejó a Mesonero Romanos de que, a pesar de haber publicado más de veinte obras y numerosos artículos periodísticos, los ingresos que percibía cubrían con dificultad sus necesidades. El personaje Dorio de Gadex, de la obra *Luces de Bohemia,* de Valle-Inclán, le llamó «Don Benito el garbancero», olvidando que ningún escritor podía ganarse la vida fácilmente, como Miguel de Cervantes y el propio Valle-Inclán sufrirían. También es verdad que Galdós era una persona generosa, que, como advirtió Pérez de Ayala, solía ayudar económicamente a quien se lo pedía.

Joaquín Dicenta, en su artículo «El arte de la Regencia», publicado en el volumen *Tinta negra,* reivindicó el derecho de los escritores y los artistas a vivir de forma digna: «Preguntad a nuestros novelistas, a los que se llaman Pérez Galdós, Pereda, Alarcón y Valera, y os dirán que para vender 3.000 ejemplares de su obra necesitan media docena de años»[31]. Esta precaria situación estaba originada por la carencia de una moderna política cultural, de sistemas de protección social y disposiciones reguladoras de los derechos de los escritores y los artistas. Galdós consideraba que la crítica literaria no favorecía la difusión de sus obras, ya que las acogían de forma desigual, reflejando la mayoría de las veces la orientación política y cultural del medio de comunicación: «Da vergüenza leer la prensa periódica y no hallar artículos críticos y literarios. España, a juzgar por sus periódicos, es un país sin literatura, y todos los que cultivamos las obras de imaginación estamos de más»[32]. Pero siempre estaban *Clarín,* Pereda, Giner y otros amigos animándole a proseguir sus empeños literarios.

Durante el verano de 1876, Galdós y su familia se mudaron a una casa situada en el número 2 de la Plaza de Colón, en la esquina de la actual calle de Génova. Allí finalizaba Recoletos y comenzaba el paseo de la Fuente Castellana, zona próxima a donde vivía antes, que conocía perfectamente. La nueva vivienda era más amplia y lujosa, y resolvía mejor las necesidades familiares. Su costumbre de pasar los veranos en Santander se fue consolidando. Le gustaba la capital cantábrica por su clima benigno y sus bonitos paisajes. Y también, claro, por amigos como José María de Pereda, Amós de Escalante y el doctor Diego Crespo. Con ellos quedaba con frecuencia para pasear, conversar y visitar los pueblos de los alrededores. En 1876 comenzó a plantearse la adquisición de una casa en la playa del Sardinero. Tres años después, su hermano Ignacio regresó de Cuba y fue designado gobernador militar de la provincia de Santander.

En 1879 Galdós promovió la impresión de una edición ilustrada de los veinte primeros *Episodios Nacionales* [▶ Fɪɢ. 15, págs. 168-169], con una ayuda de 50.000 pesetas que le dio su madrina Magdalena. En la presentación de la edición, Galdós manifestó que siempre había tenido la idea de que los *episodios* tuvieran ilustraciones que realzaran a los personajes, las aventuras y los espacios. Para ello, contó con la colaboración de excelentes artistas como Mélida, Ferrant, Beruete, Mestres, Sala, Pellicer, Esteban y Soler, que realizaron numerosos dibujos a pluma y con la técnica de aguada. «Más de una vez —afirma Bravo-Villasante— Galdós envía un croquis del dibujo que desea a sus colaboradores. No deja al azar ninguna menudencia… Personalmente se ocupa de todo…, las cartelas, las letras góticas y hasta el *ex libris* y el frontis de su editorial»[33]. Algunas ilustraciones que carecían de firma fueron realizadas por el propio escritor. En el epílogo de la edición, Galdós afirma que el narrador no debe distanciarse hasta la fría objetividad, porque lo más importante para dar vida a la representación es *llegar al alma* de las cosas y para ello hay que establecer con ellas una relación de simpatía:

> Lo que comúnmente se llama historia, es decir, los abultados libros en los que solo se trata de casamientos de Reyes y príncipes, de tratados y alianzas, de las campañas de mar y tierra, dejando en olvido todo lo demás que constituye la existencia de los pueblos, no basta para fundamento de estas relaciones, que no son nada, o son el vivir, el sentir y hasta el respirar de la gente. Era forzoso pedir datos a los olvidados anales de las costumbres y aun de los trajes, a todo eso que la tradición no sabe defender de las revoluciones de la moda, y que se pierde en la marejada del tiempo[34].

La edición ilustrada se vendió en tomos de dos episodios, al precio de nueve pesetas. José Ortega Munilla, director de *Los lunes de El Imparcial,* le confesó que la lectura de los *episodios* durante su juventud le había interesado mucho y había cumplido la función de servirle de «orientación y guía». Admirador del escritor, puso a su disposición la tribuna de *Los lunes,* referencia del periodismo literario madrileño, para publicar los avances de sus novelas, artículos o relatos. Por lo demás, Galdós consideró que el objetivo histórico pedagógico que se había propuesto con los *episodios* ya se había cumplido y que tenía que ponerle punto final. Deseaba adentrarse, como le dijo a Giner de los Ríos, en «un nuevo camino», escribiendo las *novelas españolas contemporáneas.* Fue un reto ambicioso que plasmó en la década de los años ochenta a través de veintiuna novelas, las primeras de las cuales fueron *La desheredada* (1881), *El amigo Manso* (1882), *El doctor Centeno* (1883), *Tormento* (1884), *La de Bringas*

(1884), *Lo prohibido* (1885) y *Fortunata y Jacinta* (1886), la mejor de todas ellas, y una de las obras cumbres de la literatura española [▶ Fig. 13]. Estas novelas ofrecen un rico mosaico de la sociedad madrileña, inserta en las coordenadas históricas de la Restauración, y cuentan las vivencias de personajes bondadosos y malvados, utópicos y pragmáticos, grotescos y cabales, como los que protagonizan la vida misma.

Galdós tuvo relaciones sentimentales con varias mujeres, pero siempre permaneció soltero. «Nunca sentí la necesidad de casarme —confesó a los periodistas Olmet y Carrafa—, ni yo puse empeño en ello»[35]. Siempre se mostró muy discreto sobre los asuntos sentimentales. *Clarín* afirmó que el tipo de mujer que le gustaba había sido reflejado en los personajes femeninos de sus novelas, imaginando que se parecía «a María Egipciaca, por la hermosura de su rostro, pero más a Camila y a Fortunata, por el espíritu, mujer muy española, de rompe y rasga hasta cierto punto, honrada por temperamento, suelta de modales, sin que lleguen a ser libres»[36]. Durante el verano de 1880 Galdós inició una relación sentimental con Lorenza Cobián González, nacida el 21 de mayo de 1851, en Bodes, Asturias. Lorenza era una mujer de pueblo, de escasa formación, atractiva, que posaba como modelo de los pintores Emilio Sala y José María Fellonera. Al consolidarse su relación, Galdós le enseñó a leer y a escribir, le pasó una asignación económica y resolvió su alojamiento en Madrid y en Santander. Algunos analistas han apreciado rasgos de la personalidad de Lorenza en los personajes galdosianos de Fortunata, Casiana y Lorenza. Fruto de su relación, el 12 de enero de 1891 nació en Santander María. El escritor permaneció aquel invierno en la capital cántabra atendiendo a Lorenza y a la niña y supervisando el desarrollo del proyecto de construcción de su residencia.

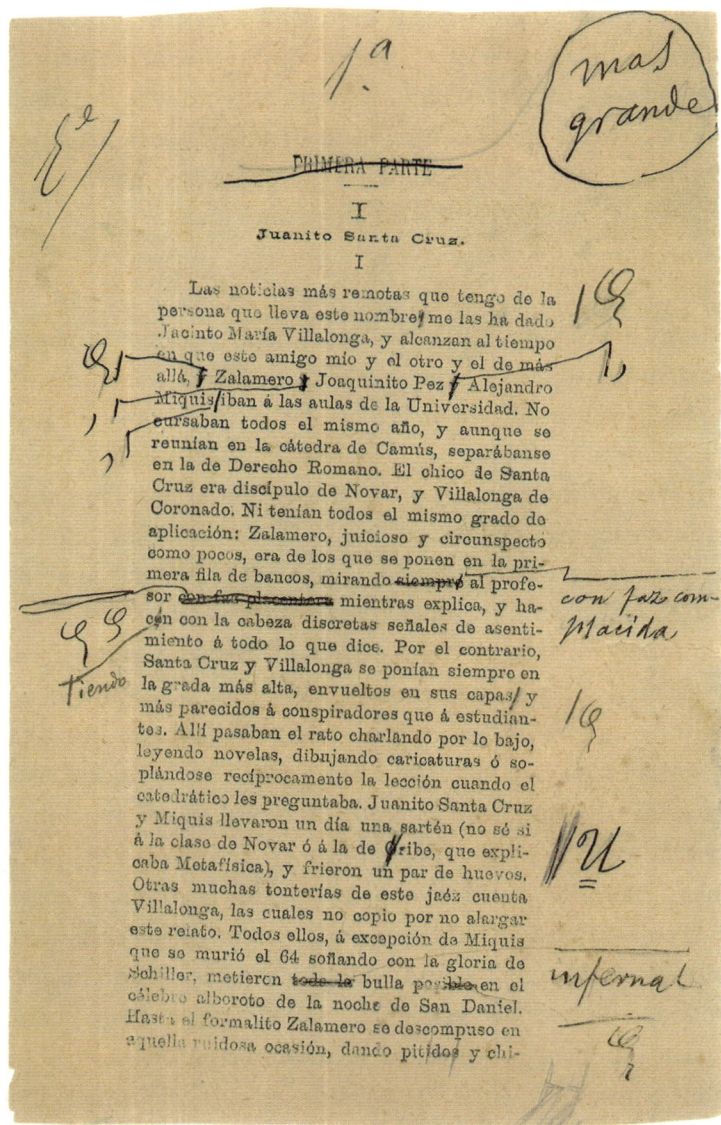

FIGURA 13. Prueba corregida de imprenta del inicio de *Fortunata y Jacinta* (1887).

Galdós reconoció a su hija María, pero al cabo de cierto tiempo su relación con Lorenza se fue apagando.

Emilia Pardo Bazán y Galdós compartían las nuevas tendencias naturalistas, que ella había divulgado en la serie de artículos *La cuestión palpitante,* suscitando una gran polémica. Emilia estaba separada, tenía hijos y desarrollaba una actividad social y cultural desbordante. En el prólogo de su novela *Un viaje de novios,* publicada en 1884, manifestó su admiración por Galdós. Por aquel tiempo, se hicieron amigos. Emilia le regaló sus novelas y se dirigió a él como «ilustre maestro y amigo» o «querido y respetado maestro». En 1887, Emilia pronunció una conferencia en el Ateneo, a la que Galdós asistió en la primera fila. Después, ella le envió un mensaje proponiéndole quedar: «Plazuela de Santa Ana. ¿Cuándo viene? No quisiera tardar en verle»[37]. La relación literaria se transformó en una relación sentimental clandestina entre el maestro y la discípula, dada la notoriedad que ambos tenían. En la primavera de 1888 Galdós y Emilia coincidieron en Barcelona para visitar la Exposición Universal. Viendo una muestra de pintura, Narciso Oller le presentó a Emilia al joven José Lázaro Galdiano, que tenía el proyecto de fundar la revista literaria *La España Moderna.* Emilia y Lázaro pasaron tres días juntos en Arenys de Mar. Poco después, Emilia escribió la novela *Insolación,* en la que narra la aventura ardiente entre una viuda y un hombre joven, que cuestiona la hipocresía moral y la doble vara de medir a hombres y mujeres. Cuando Galdós se enteró del *affaire* de Emilia, le escribió mostrándole su enfado. Ella le contestó disculpándose del error cometido:

Perdona mi brutal franqueza… Nada diré para excusarme, y solo a título de explicación te diré que no me resolví a perder tu cariño confesando un error momentáneo de los sentidos, fruto de las circunstan-

cias imprevistas. Eras mi felicidad y tuve miedo a quedarme sin ella…
Deseo pedirte de viva voz que me perdones…, a mí me sirve de alivio
el reconocer que te he faltado y sin disculpa ni razón…[38].

La reconciliación se produjo unos meses después, tras la publicación de la novela *Realidad,* que relata los amores de Augusta Cisneros, una dama noble casada, muy conocida en la capital, y de Federico Viera, un soltero voluble e inteligente, que alterna la relación
clandestina con Augusta con la de una prostituta atractiva.

El 6 de mayo de 1889 Emilia y Galdós partieron hacia París con
el propósito de visitar la Exposición Universal. Desde allí realizaron
una correría sentimental por Alemania y Suiza. La correspondencia
que mantuvieron durante aquellos meses trató aspectos de sus viajes,
sus lecturas y su vida cotidiana. Emilia llamaba a Galdós «miquiño
mío del alma», «mi gloria» y «ratoncito mío», que «me gustas más
que ningún libro». A veces se mostraba muy ardiente: «Yo haría por
ti no sé qué barbaridad». O bien: «Pánfilo de mi corazón: rabio también por echarte encima la vista y los brazos y el cuerpote todo. Te
aplastaré. Después hablaremos dulcemente de literatura y de la Academia y de tonterías. ¡Pero antes morderé tu carrillito!»[39]. A partir
de 1890, la relación sentimental entre ellos comenzó a enfriarse,
aunque siempre conservaron su amistad y su respeto.

En la primavera de 1891 Galdós conoció a Concepción Morell
Nicolao, una joven de 26 años. Concha era una chica de buena presencia, guapa y simpática. Tenía un aceptable nivel cultural y hablaba
el idioma francés y algo de italiano. Era «una criatura encantadora»,
como la calificó Juan Sitges. Entonces vivía en la calle Argensola,
próxima a la Plaza de Colón, con un «protector» de cierta edad, y tenía la aspiración de ser actriz. Su relación sentimental está documen-
tada por numerosas cartas, que han sido estudiadas por Gilbert Smith.

Las primeras revelan el entusiasmo de Concha por «el maestro entre los maestros», por cuyo amor «está enloquecida esta pobre chiquilla». Concha escribía con soltura, mezclando citas literarias y expresiones del habla popular, con toques de ironía: «No puedo hacer en la vida más que una cosa, amarte». Cuando se afianzó su relación, leyó las novelas de Galdós y se comparó con Isidora, la protagonista de *La desheredada,* expresando su deseo de reconocimiento. Tras analizar el contenido de la correspondencia, Smith establece un paralelismo entre Concha y *Tristana*. En esta obra, la criada Saturna afirma que las mujeres solo pueden seguir tres carreras: casarse, el teatro o…. «no quiero nombrar lo otro, figúreselo». A lo que Tristana contesta: «Pues mira tú, de esas tres carreras, únicas de la mujer, la primera me agrada poco; la tercera, menos; la de en medio la seguiría yo si tuviera facultades; pero me parece que no las tengo»[40].

Para Concha, Galdós constituía una opción que podía favorecer su carrera teatral y su afán de reconocimiento. El escritor atendió su interés y facilitó su colaboración en la compañía de Antonio Vico, una de las más acreditadas, que iba a poner en escena, en 1892, la obra *Realidad*. Concha interpretó un papel secundario, el de Clotilde, de forma discreta. Después, interpretó otro papel en *Gerona,* el *episodio* galdosiano adaptado al teatro. Estas oportunidades no las aprovechó, haciendo gala de una personalidad vehemente y una limitada capacidad interpretativa. En cualquier caso, para favorecer su relación sentimental con Galdós, Concha abandonó a su «protector» y se fue a vivir a una pensión en el barrio de Argüelles, que tenía entonces un intenso proceso de desarrollo.

En 1897 varios periódicos informaron de que Concha había abjurado del catolicismo y había abrazado la religión judía en una sinagoga de Bayona, pasando a llamarse Ruth. Galdós lo consideró un acto caprichoso para llamar la atención. En cualquier caso, la relación entre ellos comenzó a flaquear. Viajaron juntos a Navarra y al País Vasco, donde Galdós quería tomar notas geográficas sobre el terreno y realizar entrevistas para preparar el *episodio Zumalacárregui,* pero los problemas debieron de agravarse, porque en una carta de aquellas fechas Concha afirmó que se encontraba con «la máquina de mi cuerpo muy descompuesta y el alma... vieja»[41]. Ella le pidió que defendiera públicamente la causa del capitán Alfred Dreyfus, ingeniero de origen judío-alsaciano, originada por una sentencia judicial de corte antisemita, pero Galdós, conocedor de la polémica que dividía a los franceses, declinó hacerlo. Los desencuentros entre ellos fueron generando una situación problemática e insatisfactoria. En 1900 José de Cubas, amigo del escritor, medió con Concha para que la ruptura fuese respetuosa y discreta. El 22 de abril de 1906 Concha falleció en Monte, Santander, a causa de una tuberculosis[42].

El trabajo literario de Galdós fue reconocido públicamente en el homenaje que recibió en Madrid, el 26 de marzo de 1884. La iniciativa partió del escritor Eugenio Sellés y fue secundada por *Clarín,* Pereda, Palacio Valdés, Echegaray, Campoamor y Alcalá Galiano. Entre los políticos, la respaldaron Antonio Cánovas del Castillo, Emilio Castelar y José Ferreras. Al poco de ratificarse la convocatoria, se sumaron los jóvenes modernistas y naturalistas, que ampliaron su resonancia. Galdós aprobó la iniciativa de sus amigos sin entusiasmo, ya que se sentía incómodo en ese tipo de actos. El homenaje tenía dos convocatorias: una comida popular al mediodía en el *Café Inglés,* al precio de tres pesetas, y una cena más selecta por la noche en el Círculo del *Café Ayala,* al precio de veinticinco pesetas.

El día del homenaje un numeroso grupo de jóvenes fue a recoger a Galdós a su casa para acompañarlo hasta el *Café Inglés.* Los jóvenes mostraban tanto entusiasmo que, según Palacio Valdés, parecía más bien un público amotinado. A la entrada al Café, Galdós fue aclamado por los ciento cincuenta comensales que le esperaban, mientras los organizadores abrían paso para llevarlo a la mesa presidencial. Cuando se servían los postres, agradeció las muestras de afecto recibidas y se retiró al Ateneo, afectado por unas molestas migrañas. El segundo acto del homenaje se celebró por la noche en el *Café Ayala,* cercano al Congreso de los Diputados. Asistieron unas doscientas personas, que tenían un mayor rango cultural, artístico y político. En la mesa presidencial Galdós estuvo flanqueado por Emilio Castelar y por Cánovas del Castillo, mostrándose el amplio espectro político que reconocía su trabajo literario. Según manifestó el periodista Francos Rodríguez, los participantes en el homenaje expresaron su admiración y afecto por Galdós, el mejor escritor español de su tiempo.

En los años ochenta Galdós se aproximó al Partido Liberal de Sagasta, donde era muy bien valorado por su prestigio como escritor y sus valores democráticos. En 1886 José Ferreras le ofreció ser diputado del Congreso. Ferreras era un antiguo amigo suyo, que, cuando comenzó su andadura periodística, le facilitó su incorporación a la redacción de la *Revista de España.* Conocido en los ambientes periodísticos como el «maestro Ferreras», Galdós lo retrató en los *Episodios Nacionales* como un hombre inteligente, ponderado y conciliador, cualidades que le convirtieron en un asesor de confianza de Sagasta. Al principio Galdós no consideró su oferta política, porque podía distraerlo de su trabajo literario, su principal prioridad cuando estaba concentrado en la creación de nuevas *novelas contemporáneas.* Ferreras insistió argumentando que podía conciliar ambos cometidos, porque, si lo deseaba, podría desarrollar un trabajo parlamentario discreto. Además, el escaño del Congreso constituía un excelente observatorio de la vida política, algo que podría aprovechar en sus futuras novelas. Para animarlo, le propuso tener una entrevista con Sagasta, en la que pudieran hablar del asunto con entera libertad. En la entrevista, el presidente del Gobierno se mostró afable y persuasivo, le expresó su interés en contar con él en su grupo parlamentario y le hizo ver que conocía su obra literaria y otros detalles de su vida personal, como su habilidad para hacer pajaritas de papel. Galdós le pidió unos días para reflexionar. Desde el punto de vista político, valoraba el esfuerzo democrático que estaba realizando el Gobierno, aunque se sentía más próximo al republicanismo, fragmentado en las formaciones lideradas por Castelar, Ruiz Zorrilla y Pi y Margall, lo que reducía sus posibilidades. Finalmente, aceptó la propuesta, valorando el momento difícil de la vida pública a causa del reciente fallecimiento de Alfonso XII y la incertidumbre que generaba la Regencia de María Cristina.

El 4 de abril se celebraron las elecciones y Galdós fue elegido diputado en el distrito de Guayama, Puerto Rico, gracias al apoyo prestado por el aparato del Partido Liberal y, sobre todo, por Ferreras, Francisco Cañameque, subsecretario del Ministerio de la Presidencia, y Antonio Soler, el puertorriqueño que movía los hilos del Partido Liberal en la isla. El 16 de abril Germán Gamazo, ministro de Ultramar, le confirmó la elección, que poco después sería acreditada por la Junta Electoral de Guayama con el envío de los certificados correspondientes. Galdós desempeñó las funciones de diputado durante el llamado «parlamento largo», que transcurrió entre 1886 y 1890. Aquella experiencia amplió su conocimiento de la actividad parlamentaria y, en términos generales, como le comentó al escritor Narciso Oller, le resultó positiva: «¡Lo que allí se aprende! ¡Lo que allí se ve! ¡Qué escuela!»[43]. La dirección del grupo parlamentario, valorando lo que Galdós representaba, le liberó de las tareas rutinarias y contó con él para desempeñar cometidos de especial significación.

De manera que formó parte de la comisión redactora del discurso de contestación a la Corona, junto a dirigentes políticos como José Canalejas y Antonio Maura, en el que resaltaron la importancia del reciente nacimiento de Alfonso XIII e hicieron una llamada a la estabilidad y la esperanza. Galdós participó en actos y viajes oficiales vinculados a su condición parlamentaria y su notoriedad literaria. Así, el 17 de mayo formó parte de la Comisión del Congreso que asistió en Palacio a la solemne ceremonia de presentación del recién nacido rey Alfonso XIII. Sagasta presentó al niño sobre un cojín de terciopelo rojo, puesto en una bandeja de oro, a los trescientos invitados que representaban a las altas instituciones del Estado, haciendo ver que la continuidad de la dinastía real estaba garantizada. En la primavera de 1888 realizó una visita oficial de ocho días a la Exposición Universal de Barcelona, formando parte de la comisión del Congreso de los Diputados, en la que tuvo la oportunidad de saludar a la reina regente María Cristina y de asistir a la comida que ofreció a Óscar II, rey de Suecia. Galdós felicitó al alcalde liberal Francisco de Paula Rius por la buena organización de la Exposición y las reformas urbanísticas realizadas en la ciudad con motivo del evento.

La estancia en Barcelona le ofreció la oportunidad de departir con escritores catalanes como Narciso Oller y José Ixart. En las crónicas periodísticas que escribió durante aquellos días relató la espectacular concentración de buques de guerra de Francia, Inglaterra, Alemania, Italia, Rusia, Portugal, Holanda y España, entre los que estaban el *Numancia,* buque almirante, el acorazado *Pelayo* y el crucero *Reina Regente.* La actividad política le permitió granjearse la amistad de personalidades importantes como José Canalejas, el marqués de Castroserna, Gaspar Núñez de Arce, Manuel Reina, Ramón Correa y Germán Gamazo, además de Sagasta, el *jefe,* como le llamaba reconociendo su liderazgo. La política, como le manifestó a su amigo *Clarín,* reproducía lo que sucedía en otros planos de la sociedad: «Opina que esto es una perdición, como opinamos todos…, pero añade Galdós que desde que ve la política española de cerca se ha convencido de que si esta manifestación de la actividad anda mal y tiene grandes vicios, no está peor que otras manifestaciones»[44].

Tras el gran éxito alcanzado con la publicación de *Fortunata y Jacinta,* Galdós prosiguió su trabajo literario de forma perseverante, publicando *Miau* en 1888, la serie de *Torquemada* entre 1889 y 1895, *Ángel Guerra* en 1890, *Tristana* en 1892, *Nazarín* y *Halma* en 1895 y *Misericordia* en 1897. Este gran esfuerzo creativo llevó a Galdós a realizar varios viajes por Europa, que le ofrecieron la oportunidad de descansar, de compartir con amigos el conocimiento de otras tierras, disfrutar del cosmopolitismo y otear las nuevas tendencias culturales y literarias. Así, en 1886 Galdós partió en barco desde Santander con destino a Londres. Allí se encontró con José Alcalá Galiano, nieto del dirigente liberal que Galdós había retratado en *La Fontana de Oro.* Galiano admiraba el trabajo literario del escritor y estaba agradecido por el tratamiento que había hecho en sus novelas de la figura de su abuelo.

En Londres se alojaron en un discreto hotel de Golden Square, en el centro comercial de la ciudad. Galiano era un buen cicerone, ya que estaba familiarizado con el trato diplomático por su cargo de cónsul de España en Newcastle, hablaba bien el inglés y tenía mucha experiencia viajera. Durante aquellos días, recorrieron los lugares y las entidades más interesantes de la capital británica, con «nuestros incansables pies»[45], como comentó satisfecho Galiano: Hyde Park, Oxford Street, Trafalgar Square, presidida por la estatua de Nelson, que recordaría a Galdós su primer *episodio,* el palacio real de Buckingham, el Parlamento, la Abadía de Westminster, donde observó el *Rincón de los Poetas,* que acogía a su admirado Dickens, el río Támesis y el rico patrimonio histórico contenido en sus museos, teatros y monumento.

La amistad entre Galdós y Galiano se fue afianzando y al verano siguiente realizaron otro viaje por Holanda, Alemania y Dinamarca. En Holanda visitaron las ciudades de Rótterdam, Ámsterdam y La Haya. Una visita obligada sería el museo que mostraba las obras del pintor barroco Rembrandt. «Y como urgía seguir nuestro camino para ver nuevas tierras, ¡Adiós Holanda limpia, país de jacintos y de tulipanes! ¡Adiós praderas risueñas y vacas fecundas cuyas ubres manan ríos de leche!… ¡Adiós, que nos vamos atravesando las llanuras alemanas hasta Berlín!»[46].

En la capital alemana visitaron sus principales museos y deambularon por las plazas y calles del centro histórico, como comentó en sus *Memorias:*

Ya estamos en *Under der Linden* (Bajo los tilos), avenida famosa que va desde el monumento del gran Federico hasta la Puerta de Brandeburgo, lo más animado y concurrido de la capital prusiana. Berlín es población grandona, triste; descuella en ella el palacio Imperial, la Universidad, el Parlamento, la modesta residencia en la que vivía Guillermo I; los Museos, así el de Pintura y Escultura y el Industrial; donde existen colecciones arqueológicas de un valor inestimable; el magnífico parque que separa la población de Berlín de la de Charlotemburgo; el Panteón regio, y en este, la soberbia escultura yacente de la reina Luisa. Visto y admirado todo lo más interesante que posee Berlín, fuimos a Potsdam, el Versalles prusiano…[47].

Después viajaron en tren hasta Kiel. Allí se encontraba la flota naval alemana del mar Báltico, que mostraba el creciente poderío militar del emperador Guillermo II. A continuación, se desplazaron en barco hasta Korsov, cerca de Copenhague. En las verdes tierras danesas visitaron el Museo Thorvaldsen, que acogía obras del famoso escultor neoclásico, al que algunos comparaban con Antonio Canova, y, después, partieron hacia Helsingor, a 40 kilómetros de la capital, para visitar el castillo de Kronborg, escenario de la tragedia escrita por Shakespeare, donde Galdós mantuvo «una entrevista con la sombra del rey Hamlet»[48].

Durante el verano de 1888 Galdós visitó, acompañado por Galiano, las principales ciudades italianas. En sus *Memorias* y sus crónicas recordó de forma especial el Duomo y la Ópera de Milán, las casas de los Montescos y los Capuletos en Verona, los canales y monumentos de Venecia, donde padeció una molesta plaga de mosquitos, el Colegio de España en Bolonia, la Galería Palatina de Florencia, el antiguo Foro y la recepción que les ofreció el papa León XIII en Roma y las ruinas de Pompeya. Además de toda esta gran riqueza artística y patrimonial, a Galdós le causó una viva impresión la subida al volcán activo del Vesubio, situado frente a la bahía de Nápoles.

En 1896 Galdós se planteó la suspensión del acuerdo para la edición de sus obras que suscribió en 1873 con Miguel Honorio de la Cámara, ingeniero tinerfeño, director y propietario de la imprenta que editaba el periódico *La Guirnalda*. Pese al elevado número de obras que Galdós había escrito durante aquellos años, los ingresos que percibía eran demasiado exiguos, lo cual le parecía injusto. Comentó el asunto con Antonio Maura en el Congreso de los Diputados, compartieron la cicatería de los editores y Maura le pidió que le enviase toda la documentación que tenía sobre el asunto: contratos, liquidaciones, facturas... Tras estudiarlos y comprobar «los tortuosos procederes» de Cámara, le aconsejó presentar una demanda en los tribunales que zanjara definitivamente el conflicto y se ofreció a gestionar las actuaciones jurídicas que fueran necesarias. La demanda fue presentada en el Juzgado de Primera Instancia del distrito de La Inclusa de Madrid. Las partes litigantes alcanzaron un acuerdo de compromiso, negociado por Maura, Azcárate y Villalba. Así, el 3 de noviembre, el Juzgado declaró disuelta la antigua sociedad de Cámara y Galdós y restituyó al escritor los derechos de autor.

Galdós fue elegido miembro de la Real Academia Española demasiado tarde [▶ Fig. 14]. La historia comenzó en 1887, cuando falleció el académico Mariano Roca de Togores, marqués de Molins. Menéndez Pelayo y José Valera comenzaron a mover su candidatura. Galdós valoró la iniciativa de sus amigos, pero, conociendo la orientación conservadora de la «docta casa», adoptó una actitud desdeñosa. Al año siguiente falleció Marcelino Aragón, duque de Villahermosa, dejando otra vacante. La candidatura de Galdós fue presentada de forma inmediata por Valera, Menéndez Pelayo y Núñez de Arce, argumentando que el candidato era un «novelista de universal y merecida celebridad, así en nuestro país como en las demás naciones cultas de Europa, a cuyas respectivas lenguas han sido traducidas sus principales obras»[49]. Figuras relevantes como Castelar, Zorrilla y Berenguer apoyaron la candidatura. El ala conservadora de la Academia, liderada por Cánovas del Castillo, Pidal y el general Pezuela, se movilizaron en contra, oponiendo la candidatura de Francisco Commelerán, profesor de latín. La elección se resolvió el 17 de enero de 1889, con la victoria de Commelerán por 14 votos frente a 10. Fue una decisión política que castigaba las ideas democráticas y laicas del escritor canario. En el mundo literario español, se consideró una actuación injusta que había que reparar cuanto antes. Por su parte,

FIGURA 14. Benito Pérez Galdós en 1897 leyendo las galeradas de su discurso de ingreso en la Real Academia Española en los salones del doctor Manuel Tolosa Latour.

Galdós, en la crónica que escribió para *La Prensa* de Buenos Aires, lamentó la polémica originada y manifestó su disgusto[50].

Un mes después falleció el académico Antonio Arnao. La mayoría de los académicos consideró que no se podía demorar el reconocimiento del escritor más importante y prolífico y anunció su disposición a apoyarlo, pero Galdós, afectado por la lamentable experiencia de la anterior elección, declinó la oferta. El 12 de abril falleció León Galindo, jurista carlista, diputado por Morella, antiguo enclave tradicionalista. Los amigos de Galdós lanzaron otra vez su candidatura sabiendo que ahora tenían un ambiente muy favorable. Cánovas del Castillo le comunicó a Menéndez Pelayo que estaba dispuesto a sacar adelante la elección de Galdós con un amplio apoyo. Presionado por amigos y enemigos, Galdós aceptó la oferta. La candidatura fue presentada esta vez por los prohombres de la derecha de la Academia: Cánovas del Castillo, el general Pezuela y Tamayo y Baus, que destacaron la universalidad y la celebridad del novelista. El 13 de junio concluyó aquella penosa historia, con la elección de Galdós por el voto unánime de los académicos. Menéndez Pelayo le pidió que preparase pronto su discurso de ingreso, para ocupar el sillón H, pero Galdós decidió hacerlo sin prisas.

El acto de ingreso en la Real Academia Española se celebró el 7 de febrero de 1897. Estaba presidido por el general Pezuela, flanqueado por Núñez de Arce y por Tamayo y Baus. Galdós pronunció un discurso sobre *La sociedad presente como materia novelable* [▶ APÉNDICE: 4], que fue contestado por Menéndez Pelayo. En su intervención, Galdós analizó los cambios sociales y culturales que se habían producido en las últimas décadas. Reiteró que la misión de la novela era reflejar los aspectos esenciales de la sociedad, como siempre había defendido:

Imagen de la vida es la Novela, y el arte de componerla estriba en reproducir los caracteres humanos, las pasiones, las debilidades, lo grande y lo pequeño, las almas y las fisonomías, todo lo espiritual y lo físico que nos constituye y nos rodea, y el lenguaje, que es la marca de la raza, y las viviendas, que son el signo de las familias, y la vestidura, que diseña las últimas trazas externas de la personalidad. Todo esto sin olvidar que debe existir perfecto fiel de balanza entre la exactitud y la belleza de la reproducción. Se puede tratar la novela de dos maneras: o estudiando la imagen representada por el artista, que es lo mismo que examinar cuantas novelas enriquecen la literatura de uno y otro país, o estudiar la vida misma, de donde el artista saca las ficciones que nos instruyen y embelesan. La sociedad presente como materia novelable es el punto sobre el cual me propongo aventurar ante vosotros algunas opiniones[51].

En su discurso, Galdós analizó la evolución de la sociedad, que presentaba una faz muy distinta a la de los años setenta, cuando realizó sus primeras obras. Apreciaba un proceso de diversificación, de pérdida de cohesión, de *rompan las filas,* que disolvía la sociedad y la política. La aristocracia, la clase media y el pueblo estaban afectados por diferentes procesos de cambio, sin que se viera con claridad hacia dónde apuntaba el futuro. La clase media no era el motor de los cambios que había aventurado en su juventud. Ahora era un conglomerado sin identidad propia, integrado por gentes diversas. Al igual que la sociedad, el arte estaba afectado por la confusión y el desconcierto. La rapidez de los cambios estéticos producía el envejecimiento de las obras. El escritor tenía que estar muy atento a los cambios operados. «El presente estado social, con toda su confusión y nerviosas inquietudes —concluyó Galdós—, no ha sido estéril para la novela en España, y tal vez la misma confusión y desconcierto han favorecido el desarrollo de tan hermoso arte»[52].

El discurso de contestación correspondió a Menéndez Pelayo. Este elogió la obra «rica y completa» del nuevo académico, que contenía «un sistema de observaciones y experiencias»[53] sobre la realidad española contemporánea y que pecaba, a su juicio, de ser demasiado fotográfico; además, aprovechó la ocasión para manifestar el sentimiento de amistad que le unía a Galdós, que prevalecía sobre sus diferentes criterios culturales y políticos. La crónica del acto de *El Imparcial,* escrita probablemente por Ortega Munilla, informó de que las intervenciones de Galdós y de Menéndez Pelayo fueron muy aplaudidas por los académicos.

VII

Los *Episodios Nacionales*

Los *Episodios Nacionales* constituyen una monumental novela histórica, que relata los principales acontecimientos transcurridos en la historia de España entre 1805 y 1880. A través de cuarenta y seis *episodios,* Galdós escribe historia y literatura, historia elaborada con los criterios metodológicos vigentes en su tiempo, y novela que muestra las circunstancias y los anhelos de los españoles de su época. Los *Episodios Nacionales* tienen, por tanto, varias dimensiones: son fuentes históricas, libros pedagógicos y novelas que entrecruzan los acontecimientos históricos y ficticios. Se afirma en el *episodio España sin rey:*

> Los íntimos enredos y lances entre personas que no aspiran al juicio de la posteridad son ramas del mismo árbol que da la madera histórica con que armamos el aparato de la historia externa de los pueblos, de sus príncipes, alteraciones, estatutos, guerras y paces. Con una y otra madera, acopladas lo mejor que se pueda, levantamos el alto andamiaje desde donde vemos en luminosa perspectiva el alma, el cuerpo y los humores de una nación[1].

Los personajes novelescos, como señalan Hans Hinterhäuser y Ricardo Gullón, viven la Historia como su *propia* historia. A veces, las dos realidades convergen, cuando el duque de Wellington le encomienda a Gabriel Araceli una misión, o Domiciana se confiesa con el cura Merino, autor del atentado contra Isabel II. Otras veces divergen, cuando Santiago Ibero, en plena fiesta por el triunfo de la revolución de 1868, en la que había participado de forma activa, se desentiende del acontecimiento histórico para buscar a su amada Teresa y marcharse con ella a Francia en busca de la felicidad. En cualquier caso, los protagonistas de los episodios son representantes simbólicos de su época[2]. «La historia, las historias que cuenta Galdós —afirmó a este respecto María Zambrano—, son de una vida arrolladora. Una vida arrolladora que se pierde y deshace en historias, que se desangra en ellas literalmente». Los personajes, prosiguió, tienen ansia de ser y hambre de realidad. «De este remolino ensangrentado que es la vida española en el siglo XIX, lo que Galdós nos da es… la vida misma… Nos da la vida del español anónimo, el mundo de lo doméstico en su calidad de cimiento de lo histórico, de sujeto real de la historia»[3].

Por lo demás, Bravo-Villasante resalta la articulación de lo colectivo y lo individual en la técnica galdosiana:

Galdós es el novelista español que nos ofrece al hombre inmerso en la sociedad de su tiempo. El yo y la circunstancia orteguianos se anticipan en Galdós cuando ofrece el panorama del individuo y su época, del hombre y del mundo en que tiene que vivir, o que tiene que modificar, en este caso España, porque sus individuos viven en la sociedad española[4].

En el proceso de creación de los *Episodios Nacionales* Galdós aplicó una metodología bastante completa. Consultó fuentes históricas, como la *Historia del levantamiento, guerra y revolución de Es-*

paña del conde de Toreno, la *Historia de Fernando VII de España*, atribuida a Estanislao Vayo, *Los Sitios* de Alcaide Ibieca, las *Memorias* de Juan Van-Halen, la *Pintura de los males que ha causado a España el Gobierno absolutista de los últimos reinados* de José Presas, la *Vida y hechos de don Tomás de Zumalacárregui* de Juan Antonio de Zaratiegui y otras obras de Larra, Gallardo, Quintana, Mesonero y Miñano. En el *Diario de Avisos* encontró una mina inagotable de usos, costumbres y noticias locales. Además, se entrevistó con personas que podían informarle sobre determinados aspectos, como Mesonero Romanos, con quien conversó sobre Fernando VII y la masonería, Galán, que participó en la batalla de Trafalgar a bordo del navío *Santísima Trinidad,* Martínez, amigo personal del general Prim, o Nicolás Estévanez, paisano canario, ministro de la Guerra en el Gobierno republicano de Pi y Margall, que le asesoró sobre los episodios *Amadeo I* y *La Primera República.* Por otra parte, como reconoció Azorín, procuró reproducir los espacios en los que se desenvolvían las historias, desplazándose para conocer sobre el terreno Bilbao, Gerona, Zaragoza o Tetuán y solicitando a los Ayuntamientos documentación administrativa y geográfica. Todo ello sin olvidar que el escritor fue testigo presencial de muchos *episodios.* Galdós fue respetuoso con la realidad histórica, pero proyectó en los relatos sus ideas y valores: la soberanía nacional, las libertades, el protagonismo de la emergente clase media, la prevalencia de la *aristocracia del esfuerzo…*

Galdós escribió los *episodios* en dos etapas: entre 1873 y 1879 creó las dos primeras series, y entre 1898 y 1912, las tres últimas. Esta circunstancia cronológica es importante, ya que entre la creación de unas series y de otras transcurrieron varias décadas, que le concedieron al escritor una perspectiva histórica que le ayudó a ponderar los hechos relatados.

La primera serie está integrada por diez relatos: *Trafalgar, La corte de Carlos IV, El 19 de marzo y el 2 de mayo, Bailén* [▶ APÉNDICE: 12], *Napoleón en Chamartín, Zaragoza, Gerona, Cádiz, Juan Martín el Empecinado* y *La batalla de los Arapiles. Trafalgar* tiene un carácter prologal [▶ APÉNDICE: 11]. Constituye el símbolo del hundimiento del Antiguo Régimen. Los nueve *episodios* siguientes analizan los principales acontecimientos de la Guerra de la Independencia: las batallas de Bailén y de Arapiles, los sitios de Zaragoza y Gerona, la lucha guerrillera de *El Empecinado,* las intrigas políticas del príncipe Fernando, la organización de la resistencia española y las Cortes de Cádiz. Se trata de una serie llena de heroísmo y grandeza, con escenas multitudinarias protagonizadas por masas de combatientes paisanos y militares, que sacan a relucir los valores patrióticos en momentos dramáticos, como los acaecidos en Gerona o Zaragoza. Los sucesos son relatados por Gabriel Araceli, humilde grumete que se embarcó con don Alonso en el navío *Santísima Trinidad* y que acabará alcanzando, gracias a su entereza y honradez, los máximos honores militares, simbolizando el triunfo de la *aristocracia del esfuerzo* sobre la *aristocracia de la sangre.* Araceli cuenta, en primera persona, con una técnica memorial, sus experiencias en el contexto histórico en el que se desenvuelven. En el *episodio Cádiz,* ya es oficial del ejército español y, durante el sitio de los franceses, asiste a los debates de las Cortes que promulgarán la primera Constitución española, comenzando a compartir las ideas liberales. El momento decisivo se produce en la batalla de Trafalgar cuando descubre el sentimiento patriótico:

> por primera vez… altas concepciones, elevadas imágenes y generosos pensamientos ocupaban mi mente… Por primera vez entonces percibí la idea de la patria…, comprendí lo que aquella decisiva palabra significaba, y la idea de nacionalidad se abrió paso en mi espíritu, iluminando y descubriendo infinitas maravillas…[5].

La idea de patria alentará la lucha del pueblo contra el ejército francés, pero al cabo del tiempo comenzará a advertir que el desarrollo de la conciencia nacional tenía grandes fisuras.

La segunda serie de los *Episodios Nacionales,* escrita entre 1875 y 1879, consta de diez novelas: *El equipaje del rey José, Memorias de un cortesano de 1815, La segunda casaca, El Grande Oriente, 7 de julio, Los Cien Mil Hijos de San Luis, El terror de 1824, Un voluntario realista, Los Apostólicos* y *Un faccioso más y algunos frailes menos.* El tiempo histórico de la serie abarca el retorno de Fernando VII, la derogación de la Constitución de 1812, la regresión absolutista, el golpe de Riego, el *Trienio Liberal* y la *Década Ominosa,* hasta la muerte de Fernando VII. Galdós explicó las razones que le llevaron a escribir esta segunda serie de *episodios:*

> El furor de los guerreros de 1808 solo había cambiado de lugar y de formas porque continuaba en el campo de las conciencias y de las ideas. Esta segunda guerra, más ardiente tal vez, aunque menos brillante que la anterior, pareciome buen asunto para otras diez narraciones, consagradas a la política, a los partidos y a las luchas entre la tradición y la libertad, soldado veterano la primera, soldado bisoño la segunda; pero ambos tan frenéticos y encarnizados, que aún en nuestros días, y cuando los dos van para viejos, no se nota en sus acometidas síntoma alguno de cansancio[6].

Esta nueva serie de novelas contiene mejoras desde el punto de vista narrativo, al sustituirse la expresión autobiográfica por la narración libre, que ofrecía más fluidez y perspectivas. Según Bravo-Villasante, «el estilo de Galdós está tocado por este dinamismo narrativo que corresponde a la dinamicidad de su técnica novelesca. A ese dinamismo del relato y del estilo se sacrifican todas las perfecciones es-

FIGURA 15. Cuatro páginas de la edición ilustrada de los *Episodios Nacionales* publicada por la editorial La Guirnalda: *Trafalgar* (arriba), *Gerona* y *Cádiz* (página siguiente) (todas de 1881).

tilísticas que luego van a exigir a Galdós los modernistas de fin de siglo»[7].

El personaje principal es Salvador Monsalud, hijo ilegítimo, soldado del rey José I, que después de 1814 sufre las consecuencias del absolutismo de Fernando VII. Representante de las ideas humanistas y liberales, apoyó el régimen liberal de 1820 y, después, volvió a padecer la regresión absolutista. Personajes secundarios de la serie son su novia Jenara Baraona, «bella, apasionada, fanática, intransigente y estéril, la España tradicional», y su contrapunto, Soledad, «dulce, callada, atenta, activa, caritativa, el símbolo de la España futura». Carlos Navarro, alias *Garrote,* hermanastro de Monsalud, es carlista, de

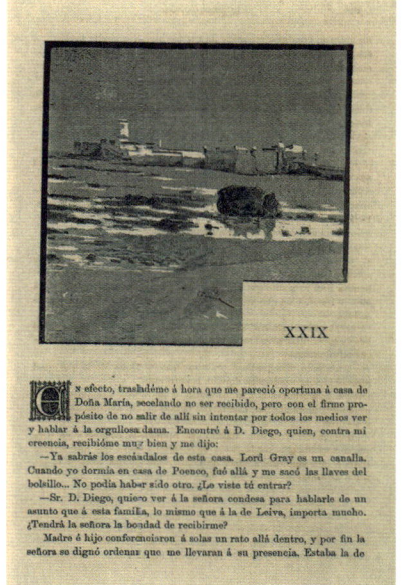

carácter intransigente y reaccionario. En *La segunda casaca* el narrador es Juan Bragas, personaje cínico y chaquetero, «hombre camaleónico moderno», capaz de «defender todas las ideas y pasar de uno a otro campo»[8]. En la novela aparece la perspectiva regeneracionista que demanda la necesidad de despertar a la España inerte, incapaz de afrontar los retos del futuro. Será la misión de la emergente clase media, representada por Benigno Cordero, mezcla de antiguo pechero y de hidalgo, prototipo de la burguesía liberal moderada. Jenara Baraona narra la angustiosa llegada de los Cien Mil Hijos de San Luis para imponer el absolutismo fernandino.

Galdós administró con prudencia los trazos irónicos, pero recurrió a ellos para criticar asuntos que le preocupaban, como el radicalismo y la intolerancia. Así, en *Un faccioso más y algunos frailes menos,* el carlista Felicísimo Carnicero, totalmente borracho por la celebración de la muerte de Fernando VII, creyó, angustiado, que el rey había salido de su retrato para llevarlo al infierno, sin darse cuenta de que su casa se estaba derrumbando a causa de un incendio, que provocaba la estampida de gatos y ratones.

El *Trienio Liberal* fue tratado en cuatro *episodios,* lo que desvela el interés que concedía Galdós a este periodo. Estas novelas narran la fuerte confrontación entre los absolutistas y los liberales, así como la escisión entre los liberales *moderados* y *exaltados,* representados por Martínez de la Rosa y por Riego. Galdós realiza un detallado análisis de las sociedades patrióticas, resaltando su politización, su tendencia a la movilización popular y su influencia en los poderes públicos, que dificultaron la actuación del Gobierno liberal. La carencia de una buena educación facilitaba, a su juicio, la agitación callejera. La frustración de Monsalud expresa su convicción de que la violencia revolucionaria solía ser traumática e ineficaz para asentar los avances liberales. Por eso, era imprescindible la firmeza gubernamental para mantener el orden y promover las reformas necesarias. En la fase final del *Trienio* confluyeron tres factores que provocaron su fracaso definitivo: el deterioro del régimen, la reacción absolutista dentro y fuera de España y la intervención del ejército francés.

El terror de 1824 relata las persecuciones, ejecuciones y venganzas personales alentadas por Fernando VII tras la restauración del absolutismo. Este *Episodio Nacional* ofrece algunos pasajes brutales, como la ejecución de Riego, ahorcado el 7 de noviembre de 1823, en la Plaza de la Cebada de Madrid. De la desastrosa situación política se lamenta Patricio Sarmiento:

Todo cayó, todo se desvaneció en tinieblas, como lumbre extinguida por la inundación. La oleada de fango frailesco ha venido arrasándolo todo. ¿Quién la detendrá volviéndola a su inmundo cauce? ¡Estamos perdidos! La patria muere ahogada en lodazal repugnante y fétido. Los que vimos sus días gloriosos, cuando al son de patrióticos himnos eran consagradas públicamente las ideas de libertad y nos hacíamos todos libres, todos igualmente soberanos, lo recordamos como un sueño placentero que no volverá. Despertamos en la abnegación, y el peso y el rechinar de nuestras cadenas nos indican que vivimos aún. Las iracundas patas del déspota nos pisotean...[9].

Galdós narra de forma emotiva las últimas horas del anciano maestro de escuela Sarmiento, ejecutado en el patíbulo, sintiendo en su corazón «la bandera que habéis dado al mundo, la bandera de la libertad, por la cual he vivido y por la cual muero»[10].

El tema central de estos episodios es la patria, la crisis de la conciencia nacional y el surgimiento de concepciones divergentes. Si durante la lucha contra el ejército invasor francés el pueblo español se alzó unido y la nación se fortaleció, la regresión absolutista de Fernando VII fracturó la convivencia, creando dos Españas, la absolutista y la liberal, enfrentadas encarnizadamente, representadas por los hermanos Monsalud y *Garrote*. Monsalud es un hombre débil, idealista y liberal, dispuesto a arriesgar la vida por su causa. *Garrote*, en cambio, es un hombre fuerte, obstinado y reaccionario, que odia a sus adversarios. Monsalud termina desengañado y se retira a vivir en el campo. *Garrote* se vuelve loco y en sus desvaríos cree encarnarse en el general Zumalacárregui, que empuña las armas para imponer el carlismo. En suma, el escritor condena la «impía guerra civil», que «ha presenciado en los tiempos presentes todos los desvaríos del odio humano entre seres de la misma sangre y de la misma familia; ha roto todos los vínculos...»[11].

Clarín comenzó a comentar los *Episodios Nacionales* en 1877, tras la publicación de *Los Cien Mil Hijos de San Luis* y *El terror de 1824*.

Le llamó la atención el personaje Patricio Sarmiento, por su filiación quijotesca, su amalgama de «sublimidad y ridículo que supo encarnar en su andante caballero Cervantes, con un arte a que tal vez jamás llegue otro ingenio»[12]. Después, reseñó *Un voluntario realista, Los Apostólicos* y *Un faccioso más y un fraile menos.* El 1 de mayo de 1880, tras acusar recibo del último *episodio,* le anunció a Galdós su intención de destacar en *El Imparcial* su importancia: «Yo quiero decir al mundo entero lo que ya sabe todo el mundo, que los *Episodios Nacionales* es la obra más notable de nuestra literatura contemporánea». *Clarín* calificó los *Episodios* como novela histórica, elaborada con elementos realistas:

> Una novela histórica se escribe cuando se copia (por modo artístico siempre, esto es claro) la realidad actual o pasada de la vida fenomenal, en la que todos los individuos existen determinadamente en infinita determinación, insustituible ya, la única real en tal caso, se escribe la novela histórica propiamente dicha, y es necesario, so pena de falsedad, que a los caracteres y acción de la obra se les dé toda esa concreta determinación histórica que en la realidad tienen[13].

Por todo ello, animó a Galdós a proseguir la creación de nuevos *episodios.* Pero Galdós no compartía esta sugerencia. Cuando concluyó en 1879 la segunda serie, consideró que su objetivo pedagógico y literario se había cumplido y que tenía que poner el punto final: «Los años que siguen al 34 —afirmó en *Un faccioso más y algunos frailes menos*— están demasiado cerca, nos tocan, nos codean, se familiarizan con nosotros…»[14]. Por ello, se despidió de los lectores, reservándose el derecho a retomar algunos personajes en sus novelas contemporáneas, el nuevo reto literario que deseaba acometer de forma inmediata.

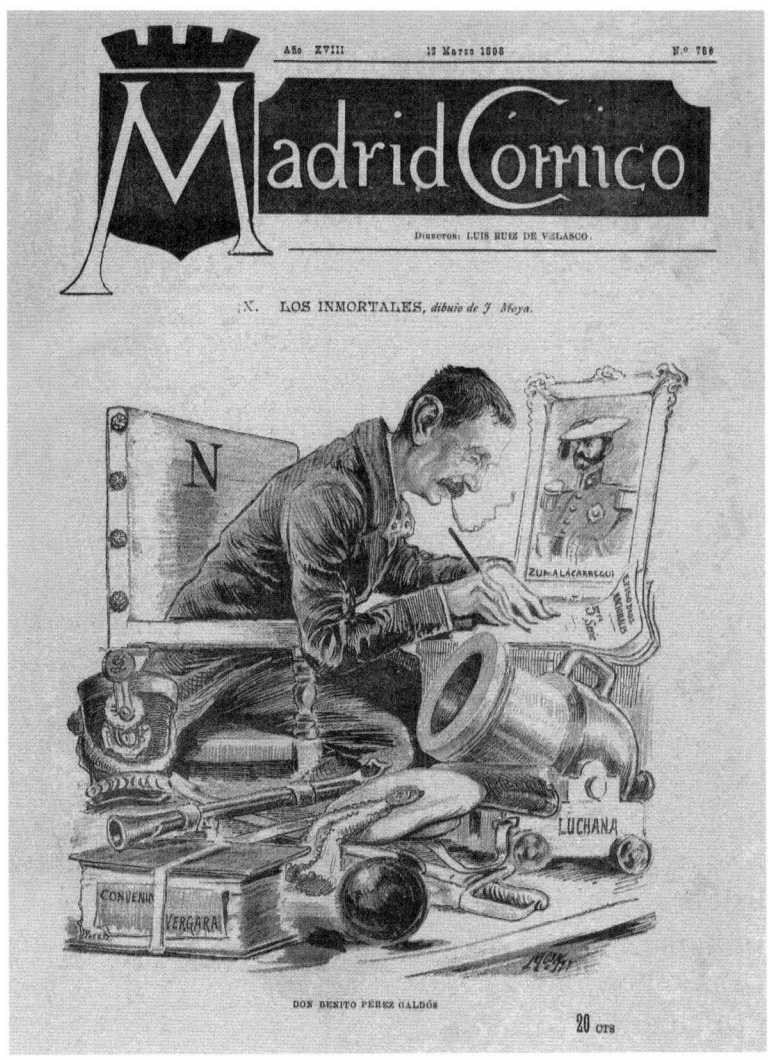

FIGURA 16. Caricatura de Galdós realizada en 1898 por uno de los grandes dibujantes de la época, Joaquín Moya Ángeles, aparecida en *Madrid Cómico* (12/3/1898), semanario donde *Clarín* publicó sus mordaces «paliques».

Tras una pausa de diecinueve años, Galdós prosiguió en 1898 el desarrollo de los *Episodios Nacionales,* influido por la pérdida de Cuba y Filipinas, últimas colonias del imperio español, la amenaza de nuevas rebeliones carlistas y el debate sobre la decadencia que impulsaron los escritores regeneracionistas [▶ Fig. 16]. En aquella circunstancia, Galdós reiteró su convicción de que el conocimiento de la historia española reciente podía facilitar la comprensión de la España de fin de siglo. Los diez *episodios* de la tercera serie fueron escritos entre 1898 y 1900 y sus títulos fueron *Zumalacárregui, Mendizábal, De Oñate a La Granja, Luchana, La campaña del Maestrazgo* [▶ Apéndice: 13], *La estafeta romántica, Vergara, Montes de Oca, Los ayacuchos* y *Bodas reales.* Los hechos relatados en ellos se desarrollaron entre los años 1835 y 1846, por lo que aparecen referencias a la guerra carlista, las regencias de María Cristina y de Espartero y el comienzo del reinado de Isabel II, periodo en el que predominó la cultura del romanticismo.

Mucho más maduro, Galdós ofrece en estas novelas una mayor variedad de argumentos y de recursos narrativos que combinan el monólogo, el género epistolar, los diarios y el relato en tercera persona. *Zumalacárregui* analiza las graves consecuencias de la guerra carlista, distinguiendo entre las cualidades del jefe militar y el entorno reaccionario que existía en la corte del pretendiente carlista, «el pobre Rey de comedia». El personaje Fago adquiere un gran protagonismo. Vive obsesionado con su pasado y tiene pesadillas y visiones en las que confunde la fantasía y la realidad, de tal manera que llega a identificarse con Zumalacárregui y ambos mueren el mismo día y a la misma hora.

El escritor proyectó en la configuración de los personajes las ideas y las actitudes del romanticismo. Así, Fernando Calpena, protagonista de la serie, es un apuesto joven, que llega a Madrid con el propósito de alcanzar una buena posición social. Las circunstancias le van convirtiendo en un héroe romántico. Se enamora apasionadamente de Aurora Negreti, mujer bella y huérfana, y surgen varios incidentes folletinescos que enredan la trama. Demetria logra limpiar las toxinas románticas de la cabeza de Calpena y lo convierte en una persona ponderada. Mezclando ficción e historia, en el Madrid de 1836 Calpena se relaciona con Miguel de los Santos Álvarez, Patricio de la Escosura, Ventura de la Vega, los Madrazo, Espronceda, Mesonero Romanos y los actores Julián Romea y Carlos Latorre. Algunos analistas han apreciado en Calpena algunos rasgos de los ideales krausistas galdosianos.

En el *episodio Mendizábal* la burguesía llega al Gobierno, adopta medidas reformistas que limitan los privilegios de la nobleza y la Iglesia y concentra sus esfuerzos en ganar la guerra carlista. Pero el objetivo financiero y militar desarrollado frena el impulso liberal reformista. El escritor prosigue su búsqueda de la identidad española. Los protagonistas de los *episodios,* Calpena, Ibero y Urdaeta, carecen de ideales patrióticos y, después de sus andanzas amorosas, militares y políticas, pierden su capacidad para comprender la realidad que les rodea. España se fractura en capillas ideológicas y diluye su identidad. Tras la guerra carlista, las sucesivas regencias de María Cristina y de Espartero fueron un semillero de pronunciamientos y de ajustes de cuentas. España, concluye Galdós, desgarra sus entrañas y se vuelve loca.

El título *Bodas reales* alude al polémico matrimonio celebrado en 1846 entre Isabel II y Francisco de Asís de Paula [▶ Fig. 17], que desestabilizó el curso del reinado. La trama literaria narra las peripecias de la familia manchega Carrasco, emigrada a Madrid. Bruno Carrasco sueña con dedicarse a la política para realizar sus proyectos, pero lo único que consigue es el fallecimiento de Leandra, su amada esposa. Así, sentirá una amarga decepción por la realidad de la política:

Por mi mal tuve ambición, y ya veis… lo que hemos sacado desde que vivimos aquí: bambolla, mayor gasto, esperanzas fallidas, los pies fríos y la cabeza caliente. No más, no más Corte, no más política, porque así regeneraré yo a España como mi abuela, y mi entendimiento, pobre de sabidurías, es rico en todo lo tocante a paja y cebada, al gobierno de mulas y a la crianza de guarros, que valen y pesan más que el mejor discurso[15].

Galdós, influido por la crisis de fin de siglo, parece sugerir que la política está divorciada de los intereses de los ciudadanos, que no es eficaz para resolver los verdaderos problemas de la gente y que hay que desentenderse de ella y agarrarse a la vida.

Por lo demás, como han advertido Hinterhäuser y Gullón, la filosofía de la historia galdosiana, «construida en las primeras series sobre el papel predominante de las grandes personalidades, se desplaza desde la tercera, cada vez más radicalmente, hacia el reconocimiento de la colectividad —del pueblo— como fuerza determinante de la historia»[16].

La cuarta serie fue creada entre los años 1902 y 1907. Está integrada por diez *episodios: Las tormentas del 48, Narváez, Los duendes de la camarilla, La revolución de julio, O'Donnell, Aita Tettauen, Carlos VI en La Rápita, La vuelta al mundo en la «Numancia», Prim y La de los tristes destinos.* Aborda el periodo comprendido entre 1846 y 1868, que el escritor conoció personalmente, y relata la revolución de 1854, la guerra de Marruecos, el ocaso del reinado isabelino y el movimiento revolucionario democrático, así como la actuación de sus principales protagonistas, Isabel II y los generales Narváez, Espartero, O'Donnell y Prim. En estos *episodios* desaparece el tono épico y adquieren más importancia los detalles de la vida cotidiana de los personajes de ficción, que ejercen su responsabilidad y su liber-

FIGURA 17. Isabel II, reina de España, junto al rey consorte Francisco de Asís, hacia 1860.

tad. Los protagonistas son Pepe Fajardo, liberal-católico, mediatiza-do por su familia rural; José Santiuste, empleado de Fajardo, perio-dista sin fortuna, alias *Confusio,* reportero de los sucesos históricos, y Santiago Ibero, que huirá a Francia para buscar horizontes de liber-tad y progreso. Estos personajes intentan promover diversas empre-sas, pero su acentuado espíritu crítico les conduce al fracaso. Tam-bién quieren acercarse y fundirse con el pueblo, pero no llegarán a conseguirlo, evadiéndose de la realidad a través del espectáculo, la locura o el exilio. Galdós prosigue la búsqueda de la identidad española y plantea que el verdadero pueblo español no está constituido por aristócratas, burgueses ni clérigos, sino por la familia Ansúrez, que recorre el país tratando de encontrar la España sin voz, la de los trabajadores que sobreviven de forma precaria.

Al igual que sucede en las novelas contemporáneas, las mujeres ocupan una posición central en los *episodios*. Si en la tercera serie las protagonistas se caracterizan por su «belleza moral», en la cuarta son mujeres que valoran la sexualidad y la libertad y se muestran dispuestas a desafiar las anacrónicas convenciones burguesas.

Valle-Inclán advirtió en esta serie el comienzo de una nueva etapa narrativa:

> Ha comenzado el maestro la cuarta serie de los *Episodios Nacionales*… Ese último *Episodio* que acabo de leer en pocas horas, sin descanso y sin fatiga, es un admirable relato… *Las tormentas del 48* marcan una nueva manera dentro de los *Episodios*. La visión del medio social parece más amplia y adquiere muchas veces un noble carácter de severidad moral y política. En *Las tormentas* no hay heroísmos populares ni caudillos valerosos… Acaso en *Las tormentas del 48* se inicia por primera vez la decadencia del alma nacional. Con la nueva aristocracia que se forma, comienza la lepra que nos devora hoy. El vampirismo de los poderosos y la indiferencia del pueblo.

Por lo demás, Valle valoró la excelente caracterización de los personajes y reconoció el trabajo desarrollado por Galdós: «me inclino ante el maestro, que, sin ningún demonio familiar, y solo con los sentidos perecederos crea la obra inmortal»[17].

La quinta y última serie, escrita entre 1907 y 1912, cuando el escritor comenzó a acusar problemas de salud, está integrada por seis *episodios*: *España sin rey, España trágica, Amadeo I, La Primera República, De Cartago a Sagunto* y *Cánovas* [▶ Apéndice: 14]. Abarca el periodo comprendido entre 1868 y 1881, que incluye la revolución de 1868, la Primera República, los golpes militares de los generales Pavía y Martínez Campos y la restauración de los Borbones. Estos *episodios* son los más biográficos, ya que relatan hechos que estaban muy presentes en la memoria del escritor. Galdós, afectado por la progresiva pérdida de visión, se vio obligado a dictar los últimos, lo cual condicionó su estilo narrativo, que se hace más conciso, directo y expresivo, cercano al lenguaje hablado. Por ello, Tito Liviano, el protagonista, caricatura del antiguo historiador romano, odia a doña Gramática y escribe como le place, sin atenerse a norma académica alguna.

Por otra parte, en estas novelas se acentúan los rasgos simbólicos, las contradicciones y la fragilidad de los personajes. Tito es un periodista y un tenorio enamoradizo, que intenta describir la realidad histórica de forma objetiva, pero no consigue hacerlo. Por eso viene en su ayuda Clío, musa de la Historia, diosa madre, símbolo de la Libertad y la República, que le explica determinados acontecimientos, aunque dejará de hacerlo cuando la evolución histórica se aleje del buen camino[18]. La interrelación de los últimos *episodios* con las novelas contemporáneas y las experiencias políticas del escritor es claramente manifiesta. Tito, según algunos analistas, refleja determinados aspectos de la personalidad de Galdós, como su tendencia a observar la realidad:

> Al retirarme, vi en mi mente, con absoluta claridad que mi papel en el mundo no era determinar los acontecimientos, sino observarlos y con vulgar manera describirlos para que de ellos pudieran sacar alguna enseñanza los venideros hombres. De tales enseñanzas podía resultar que acelerasen el paso las generaciones destinadas a llevarnos a la plenitud de los tiempos[19].

Asimismo, las ideas republicanas de Tito parecen reflejar las que defendía Galdós cuando escribió la obra:

> Libertad de cultos, Enseñanza totalmente laica. Derechos inalienables, imprescriptibles. Igualdad social, Reparto Equitativo del bienestar humano, Supresión del voto de castidad, Desamortización de las conciencias, Ejército cívico, Autonomía municipal y provincial. Fuera títulos de nobleza, fuera cruces y calvarios… No más penas de muerte; no más quintas; no más frailes; no más gandules *presupuestívoros;* no más colmenas para zánganos administrativos[20].

Por lo demás, Galdós escribió en estos últimos *episodios* sus páginas más críticas contra el régimen de la Restauración y el poder de la Iglesia católica, finalizándolas con el llamamiento de la Madre patria a los españoles a levantarse ante las injusticias, luchar por sus derechos y alcanzar una vida digna [▶ APÉNDICE: 14]. En 1914 Galdós tenía proyectados cuatro nuevos *episodios: Sagasta,* que inició y no pudo concluir, *Alfonso XII, Las colonias perdidas* y *La reina regente,* que culminaban su magno relato histórico, pero el paulatino deterioro de su salud lo hizo imposible.

Los *Episodios Nacionales* constituyen una parte importante de la producción galdosiana. Su rigor histórico, su escritura fluida y su orientación pedagógica facilitaron su lectura por un numeroso público, incluido el conservador y tradicionalista. Galdós tenía el objetivo de hacer pedagogía de la Historia, de enseñar a los lectores a mirar, a interpretar y a conocer los acontecimientos de su tiempo, con las ventajas que ofrecía la novela para ello: «la elección de un modelo discursivo como la novela, que ofrece posibilidades narrativas cerradas al discurso histórico, invita a una lectura diferente de la de un discurso histórico y, por el tipo de lectura diferente que exige, puede aumentar la eficacia pedagógica de mis libros»[21]. Esta pretensión pedagógica y comunicadora prevaleció sobre otras consideraciones. Galdós compartía con Francisco Giner de los Ríos y con Pablo Iglesias la prioridad de formar a los ciudadanos. Los *Episodios* no eran, por tanto, textos históricos como los que escribieron Antonio Pirala, Modesto Lafuente o Miguel Morayta, sino novelas que trataban de conectar con un público más amplio. Y Galdós lo consiguió por la riqueza de los matices, las interpretaciones y las historias relatadas.

Los *Episodios Nacionales* constituyen una incesante búsqueda de la identidad española, una expresión artística del amor a la patria, un intento de comprender las luces y las sombras de la trayectoria española del siglo XIX. Las actitudes que muestran los principales protagonistas son sumamente significativas: Araceli representa la acción constructiva y victoriosa; Monsalud, la acción envuelta en dudas y vacilaciones; Calpena, la acción ciega, sin objetivos precisos; Fajardo, el abandono de la acción y el paso a la reflexión para comprender la realidad, y Tito, finalmente, asume que la comprensión de lo que sucede es imposible. Una evolución que expresa la idea que tenía Galdós sobre el bloqueo del progreso de España.

Mesonero Romanos, que siguió muy de cerca el desarrollo de la obra, reconoció la capacidad de Galdós para retratar la realidad histórica española: «Sus novelas —escribió— tienen más vida y enseñanza ejemplar que muchas historias»[22].

El mismo parecer compartió Pereda, tras leer el *episodio Los Cien Mil Hijos de San Luis:*

De una sentada he, no leído, sino devorado, sus *Cien Mil Hijos,* y ellos me confirman lo que dicho tengo: V. ha nacido para conquistar los aplausos de tirios y troyanos. La narración de Genara es un modelo en su género: he buscado en ella un solo ripio y no lo he hallado; todo fluye y se desliza como un arroyo en pradera, donde las flores y el tomillo no son obstáculos sino adornos y perfumes. Hay verdad, y sobre todo justicia e imparcialidad en cosas y personas, y aunque no por eso dejan de transparentar las simpatías políticas del autor, seguro estoy de que no han de faltarle los aplausos de los tradicionalistas que tengan sentido común[23].

Años después, Antonio Machado prosiguió esta línea de reflexión, destacó el interés de *Episodios Nacionales* y consideró a Galdós el mejor novelista de su tiempo.

En suma, los *Episodios Nacionales* constituyen un rico mosaico de personajes, historias y matices. Sobre este aspecto, afirmó Pérez de Ayala:

Galdós creó arte y narró historia. Inspirado en la realidad de la vida forjó su portentosa imaginación de novelista un vivo y animado mundo humano. Galdós es el historiador insuperable de la vida española a lo largo de la pasada centuria con todas las vicisitudes y peripecias...[24].

Hans Hinterhäuser ha resaltado la diversidad y riqueza de personajes que protagonizan los *episodios:* «La galería de las figuras creadoras de la Historia de España del siglo XIX es uno de los mejores logros que pueden ofrecer los *Episodios Nacionales* en cuanto obra de arte»[25]. Por todo ello, los *Episodios* galdosianos mantienen hoy plena vigencia, como afirma Juan Ignacio Ferreras:

No hay mejor historia española del siglo XIX que la escrita por uno de los españoles más profundos de este mismo siglo; y no la hay más completa, porque este historiador que se llamó Galdós no solo escribió, sino que sufrió la historia que escribía[26].

VIII

Las grandes novelas galdosianas

Durante los años ochenta la literatura, dialogando con diversas corrientes ideológicas, culturales y científicas, promovió el conocimiento de la sociedad, el análisis de los problemas contemporáneos y la formulación de soluciones. La difusión del naturalismo de Émile Zola impulsó este proceso. El escritor francés mantenía que la literatura tenía que adoptar el rigor metodológico de los trabajos científicos, analizando, como preconizaba el positivismo de Auguste Comte, los hechos reales verificados por la experiencia. La publicación de las obras *Thérèse Raquin* (1867), *Rougon-Macquart* (1871), *La taberna* (1877), *Nana* (1880) y *Germinal* (1885) parecía indicar que la novela constituía el género literario más apropiado para reproducir cómo era la sociedad y denunciar los efectos perversos del desarrollo capitalista. En el prólogo que Zola escribió para la segunda edición de *Thérèse Raquin* estableció los fundamentos teóricos del naturalismo: «el estudio del temperamento y las modificaciones profundas del organismo bajo la presión del medio y las circunstancias». En 1879 se reunieron, en torno a Zola, Maupassant, Hennique, Céard, Alexis y Huysmans, configurando el denominado *grupo de Médan,* cuya colección de relatos *Las veladas de Médan* constituyó su manifiesto naturalista.

El *positivismo* y el *naturalismo* impregnaron las manifestaciones artísticas de aquellos años. Según Gumersindo de Azcárate, la permeabilización de sus conceptos se realizó a través de dos vías, las ciencias naturales y el neokantismo, que desplazaron el pensamiento romántico y se impusieron en las diversas expresiones culturales y artísticas. El curso sobre positivismo impartido en el Ateneo en 1875/1876 constituyó el acta oficial de su recepción académica. De acuerdo con los postulados naturalistas, la novela, la escultura y la pintura debían reproducir la realidad observada, descartando el despliegue de la imaginación del artista, aunque, como ha señalado Rodolfo Cardona, el deseo de reproducción de la realidad solo permite apreciar una parte de ella, por «la intuitiva selección de los multitudinarios elementos presentes en su entorno y en la vida real»[1].

El principal foco de atención del naturalismo fueron las clases populares, sus condiciones de vida, sus costumbres y sus desgarros, desvelando, a la vez, la hipocresía y la incapacidad de las élites dirigentes, responsables de las profundas desigualdades sociales. Nuevas ideas científicas, como el determinismo, la herencia biológica y el análisis psicológico, aportaron más elementos de investigación narrativa. El naturalismo francés fue, así, enriquecido con el estudio del medio ambiente y la interacción del hombre y la naturaleza, que entrañaba, como señaló Jover, un cierto «menosprecio de corte y alabanza de aldea»[2].

El naturalismo ejerció una gran influencia en la novela española. Galdós había explorado la tradición realista de las obras de Cervantes, Ramón de la Cruz, Mesonero Romanos y Ruiz Aguilera, pero la confluencia del naturalismo francés acentuó este proceso, contribuyendo a neutralizar las inercias abstractas del idealismo y alimentar el esplendor literario de aquellos años:

Si alguna cualidad posee el que esto escribe, digna de la estimación de los amigos, es la de vivir con el oído atento al murmullo social, distrayéndose poco de este trabajo de vigía o de escucha: trabajo que subyuga el espíritu, se convierte en pasión y acaba por ser oficio[3].

El asunto, como era de esperar, originó un vivo debate literario, sociológico y político. Los conservadores combatieron el naturalismo de forma abrupta y reivindicaron la narrativa idealista y metafórica, alentada por valores tradicionales, de Alarcón, *Fernán Caballero* y Pereda. Alarcón consideró el naturalismo la mano sucia de la literatura. Cánovas del Castillo negó su condición artística y le concedió un mero valor documental. *Clarín* afirmó que el naturalismo era una doctrina abierta, que pretendía mostrar la realidad tal como era, que contenía las enseñanzas de la vida y no pretendía dar lecciones de nada. Manuel de la Revilla reivindicó el justo medio, advirtiendo el peligro de que la novela abandonara su pretensión de búsqueda de la belleza y priorizara la descripción de lo vulgar y deforme. Cada cual se esforzaba en fijar sus posiciones, reflejando sus ideas, prejuicios y valores.

Lo cierto es que durante los años ochenta el naturalismo impregnó las creaciones de Galdós, *Clarín*, Pardo Bazán y Oller, alumbrando grandes novelas como *Fortunata y Jacinta, La Regenta, Los pazos de Ulloa* y *El Esgaña-pobres,* que elevaron el nivel literario para configurar la *segunda edad de oro* de la novela peninsular, alcanzando un esplendor que desde el siglo XVII no existía. Galdós publicó entonces sus mejores novelas, un vasto mural de la sociedad española que mostraba la crisis del régimen de la Restauración, la pluralidad de voces, la creciente incertidumbre, el repliegue de la persona sobre sí misma y la desafección de la vida pública. Comenta Cecilio Alonso:

Si la satisfacción psicológica resulta inalcanzable es en su constante aspiración a la perfectibilidad humana donde el método literario realista viene encontrando asiento idóneo para seguir sosteniendo su vigencia analítica, resistente a la coexistencia con las más diversas propuestas de representación, abstractas o informales[4].

Entre 1868 y 1885 la novela fue el vehículo que mejor expresó las cuestiones más características de la vida contemporánea y, según *Clarín*, Galdós ocupó un lugar destacado:

El más atrevido, el más *avanzado,* por usar una palabra muy expresiva, de estos novelistas, y también el mejor, con mucho, de todos ellos, es Benito Pérez Galdós, que con Echegaray en el drama, es la representación más digna y legítima de nuestra revolución literaria… Su musa es la justicia. Huye de los extremos; encántale la prudencia y es, en suma, el escritor más a propósito para atreverse a decir al público español, poco ha fanático, intolerante, que, por encima de las diferencias artificiales que crean la diversidad de confesiones y partidos, están las leyes naturales de la humanidad, el amor de la familia, el amor del sexo, el amor de la patria, el amor de la verdad, el amor del prójimo[5].

Galdós comenzó con *La desheredada* (1881) una nueva etapa literaria, que alumbró las denominadas «novelas españolas contemporáneas», en las que mostró la realidad española de su tiempo y, sobre todo, de las clases medias. En ella empezó a desarrollar su nuevo concepto de novela, combinando aspectos del naturalismo, la tradición realista y las aportaciones de la psicología y la sociología. *La desheredada* comienza en el manicomio de Leganés, un centro infrahumano que desarrollaba funciones de hospital y de presidio, en el que malvivían enfermos mentales de diversas patologías, sin posibilidad de rehabilitarse de manera adecuada. La primera página de la novela es un monólogo interior de un loco. El escritor analiza el proceso de la locura, el suministro de bromuro potásico, la aplicación de duchas frías, el maltrato que practicaban los enfermeros-carceleros y otros aspectos sórdidos de aquella deplorable entidad. A continuación aparece Isidora Rufete, la protagonista de la obra, una joven hermosa, ingenua y delirante, que llega al manicomio para ver a su padre, el loco del monólogo, que acaba de fallecer a causa de un ataque psicótico. El escritor retrata la poderosa imaginación de Isidora:

> tenía la costumbre de representarse en su imaginación, de una manera muy viva, los acontecimientos antes de que fueran efectivos… Tenía, juntamente con el don de imaginar fuerte, la propiedad de extremar sus impresiones, recargándolas a veces hasta lo sumo, y así, lo que sus sentidos declaraban grande, su mente lo trocaba al punto en colosal; lo pequeño se le hacía minúsculo, y lo feo o bonito, enormemente horroroso, o divino sobre toda ponderación[6].

El hermano de Isidora es Mariano, a quien llaman *Pecado*, que presenta uno de los mejores retratos naturalistas de la literatura española. Trabaja en condiciones miserables en una fábrica de esparto: «aquel trabajo —comenta el escritor— es para mulos, no para criaturas»[7]. Isidora y Mariano parecen haber heredado la tara de su padre, por lo que ambos terminan sufriendo un proceso de degradación. Isidora cree ser hija natural de Virginia, hija de los marqueses de Aransis, y se dispone a luchar por la herencia y el reconocimiento que cree merecer. Mujer de trazos quijotescos, alimenta su convicción paranoica con la lectura de folletines románticos y los consejos desmesurados de Santiago Quijano-Quijada, su tío canónigo. Al fracasar su objetivo, se entrega a varios hombres que le dan dinero para financiar su pleito. Isidora desarrolla un proceso destructivo que le conduce a la prostitución y la ruina moral. El juez desestima la documentación que aporta y la manda a la cárcel por arrogarse un derecho que no le corresponde. Por otra parte, Mariano seguirá el itinerario del robo, el alcoholismo, la cárcel, el hospital y el terrorismo. La novela concluye con una moraleja irónica: si una persona quiere subir alto, no debe utilizar alas postizas, sino verdaderas, y si no las tiene, que utilice mejor una escalera.

Galdós inserta su relato en los acontecimientos históricos acaecidos entre los años 1872 y 1875: el proyecto de monarquía democrática de Amadeo I, la primera experiencia republicana, la rebelión cantonalista, la guerra carlista, el golpe militar del general Pavía, el retorno de los Borbones..., «como las páginas de un manual de historia recorridas por el fastidio». *La desheredada* contiene muchas innovaciones temáticas y narrativas. Germán Gullón destaca la diversidad de realidades personales, la fuerza de la imaginación y los elementos irracionales y la distancia entre los anhelos humanos y el sistema imperante[8]. Por otra parte, Robert Ricard resalta la irrupción de las clases medias y las clases populares en la novelística galdosiana, clases medias que viven en el mundo de la vanidad y la apariencia, del *quiero y no puedo,* y clases populares que malviven en infraviviendas, sufren el desempleo y cuya deficiente alimentación provoca raquitismo, epilepsia y malformaciones.

Desde el punto de vista formal, *La desheredada* consolida la utilización del narrador personalizado, el soliloquio, el monólogo interior y el diálogo teatral. En el capítulo XII, cuando Joaquín Pez, amante de Isidora, se queda dormido en la cama, ella hace un largo monólogo: «Isidora —cuenta el narrador— se reclina en el sofá, y cierra los ojos. Pero, no pudiendo dormir, habla consigo misma»[9]. El diálogo adquiere importancia en la segunda parte de la novela, a través de diversas escenas teatrales, en las que desaparece el narrador, aumentando el protagonismo de los personajes[10].

La desheredada representó un paso importante en la novela de Galdós, gracias a las aportaciones naturalistas y a su proceso de maduración como escritor. Como le dijo a Giner de los Ríos, había realizado un esfuerzo para plasmar sus inquietudes: «Efectivamente, yo he querido en esta obra entrar por nuevos caminos o inaugurar mi segunda o tercera manera, como se dice de los pintores. Puse en ello especial empeño, y desde que concluí el tomo, lo tuve por superior a todo lo que he hecho anteriormente»[11]. Giner compartió esta valoración:

> Me apresuro a decirle que no es solo la mejor novela que usted ha escrito, sino la mejor que en nuestro tiempo se ha escrito en España…; acaba con un arte extremado y lleva un desarrollo de primera fuerza. Estos se llaman caracteres, y sucesos, y descripciones, y trabajar a conciencia: estoy encantado con la obra, llena de verdad, de vigor y de vida… Creo que señala una nueva etapa en la historia de sus obras. ¡Adelante y Excélsior![12].

Galdós dedicó la novela a los maestros de escuela, «que son o deben ser» los verdaderos médicos que pueden curar las dolencias de la sociedad española, causadas por el «poco uso que se viene haciendo de los beneficios reconstituyentes llamados Aritmética, Lógica, Moral y Sentido Común»[13]. En suma, *La desheredada* contiene los embriones de las grandes novelas que Galdós escribió entre 1881 y 1897, manejando con maestría los recursos realistas, naturalistas y los deparados por el oficio de escritor.

La educación, el amor y la vida son los temas tratados en *El amigo Manso* (1882). El protagonista, Máximo Manso, narra en primera persona su historia. Tiene algo más de treinta y cinco años, es soltero, su aspecto físico es normal, goza de buena salud y suele tener buen apetito. Desde niño fue aplicado en los estudios, lo que le permitió adquirir una buena formación y ser catedrático de Filosofía. Máximo se siente dueño de su destino. Tiene un carácter templado, sobrio y severo, «hasta el punto de excitar la risa de algunos», y sabe apagar las pasiones y los vicios, «como el fumar y el ir al café». En sus relaciones con otros personajes, va advirtiendo su orientación filosófica hegeliana y su estimación de la pedagogía de Giner de los Ríos y los profesores de la Institución Libre de Enseñanza. Manso es un personaje racional, que carece de habilidades sociales para resolver los problemas de la vida cotidiana. Se enamora de Irene, «la mujer perfecta, la mujer positiva, la mujer razón», contrapunto de Isidora. Es la Dulcinea de sus sueños, pero va descubriendo que cuanto menos *perfecta* la encuentra, más la quiere. Sobre este enfoque afirma Denah Lida:

> Galdós sonríe benévolo ante el idealista que aspira a ser el máximo hombre de razón, ese Quijote *manso* que crea la imagen de su Dulcinea moderna: intelectual, nada católica, «nórdica», y que se encuentra con una Aldonza Lorenzo a quien —¡gran ironía!— quiere más que a la otra[14].

Manso da clases a Manolito Peña, joven simpático, atrevido, aficionado al flamenco y a los toros, que tiene dotes para las cuestiones prácticas. Cada personaje prosigue su camino. Manolito se enamora de Irene y se lanza a conquistarla, haciendo valer su actitud decidida y sus posibilidades de futuro. Cuando el profesor se entera de ello, sufre una conmoción que remueve sus ideas y sus valores. Después de fallecer, Manso responde a la invocación del novelista-médium y continúa su relato desde el limbo mostrando una actitud relativista: «Quimera soy, sueño de sueño y sombra de sombra, sospecha de una posibilidad»[15].

Se ha discutido si las ideas y actitudes de Manso reflejan las que tenía el propio Galdós. *Clarín* y Unamuno advirtieron algunos rasgos autobiográficos, mientras que Gullón lo desmintió. *Clarín* dedicó tres artículos de crítica literaria a la novela, que calificó «de observación psicológica». Entre los aspectos que llamaron su atención resaltó que constituía «un pedazo de la vida de Madrid», su «humorismo triste y dulce» y haber logrado un «estilo propio» para el género: «El diálogo, sobre todo, merece entusiástica alabanza»[16]. Por otra parte, Kronik ha destacado la tendencia de Galdós a realizar experiencias narrativas y a «volver la ficción sobre sí misma, a mostrar la ficción como tal ficción e infundir en el lector el estimulante reto de oscilar simultáneamente entre la ilusión y la realidad»[17].

El doctor Centeno, Tormento y *La de Bringas,* novelas publicadas en los años 1883 y 1884, ofrecen un mural de la sociedad de mediados del siglo, que muestra, sobre todo, el mundo de la burguesía. Los argumentos y los personajes están entrelazados, pero cada novela mantiene su propia singularidad. A este propósito, afirma Lissorgues:

> El que un mismo personaje (Augusto Miquis, Fúcar, los marqueses de Tellerías, los Bringas, Pedro Polo, Torquemada, etc.) reaparezca en distintos relatos permite enlazar los mundos de varias novelas y así crear la ilusión de un espacio limitado, donde los personajes se conocen, se codean, se encuentran y vuelven a encontrarse en un mismo mundo de barrios, calles, plazas, casas, en el cual se sitúa un narrador observador y algo fisgón que, de vez en cuando, atraído por la pinta de un individuo, por un suceso callejero o porque sí, decide entrar en las intimidades de tal o cual vecino, de tal o cual familia y contar con fruición su historia y describir su vida en humor y simpatía[18].

Así, Galdós profundiza en la exploración psicológica de los personajes, en la realidad de su tiempo y el interior de los hogares, las familias y las instituciones. En *El doctor Centeno* (1883) vuelve a ofrecer un excelente retrato de la sociedad madrileña y a reflejar los cambios que se operaron durante su etapa estudiantil. La tipología de los personajes, antiguos y nuevos, es muy variada: Federico Ruiz, las hermanas Sánchez Emperador, Bringas, Isabel Godoy, Rosalía Pimpaión, Alejandro Miquis, Ido del Sagrario... Felipe Centeno constituye, según Germán Gullón, «el prisma humano a través del cual se filtran los hechos que ocurren en la novela»[19]. Llegado a Madrid desde Socartes para abrirse camino en la vida, Centeno se incorpora a la escuela del sacerdote Pedro Polo con el propósito de adquirir una buena formación. Esta experiencia pedagógica resulta tan negativa que decide abandonarla y pierde el interés por su instrucción. A continuación, se pone al servicio de Alejandro Miquis, estudiante romántico, y, como el Lazarillo de Tormes, comienza a descubrir la realidad de la calle, sus gentes, sus circunstancias y problemas. «Como el héroe de la picaresca —afirma Gullón—, todo se lo enseñará la vida»[20]. Ya no alcanzará su aspiración de ser médico, pero se convertirá en el *doctor Aristóteles,* experto en las enseñanzas de la vida.

Centeno se va dando cuenta de la estéril vida romántica de Alejandro Miquis, llena de fantasías, alejada de la realidad, y asume la responsabilidad de sacarlo adelante. Miquis refleja algunos rasgos del Galdós estudiante de los años sesenta, como la imaginación desbordante, la fe en sus posibilidades y el deseo de dedicarse al teatro:

Porque Alejandro era autor dramático. Tenía tres dramas, ya desechados por su propio criterio, y uno flamante, nuevecito, que era su sueño, su gloria, su ambición, sus amores... Como los más puros místicos o los mártires más exaltados creen en Dios, así creía él en sí mismo y en su ingenio, con fe ardentísima, sin mezcla de duda alguna, y mayor dicha suya, sin pizca de vanidad[21].

El fallecimiento de Miquis refleja simbólicamente el cambio que se opera en Galdós durante la etapa definitoria de sus intereses: el abandono de la creación teatral y su orientación hacia la novela realista. «La figura de Alejandro Miquis —afirma Casalduero— es la confesión poética de su juventud, de lo cual el lector se da cuenta inmediatamente»[22].

Galdós consideró *El doctor Centeno* el comienzo de «un proceso novelesco» que pensaba desarrollar progresivamente para adentrarse en el naturalismo: «Esta obra me ha costado un trabajo inmenso, a pesar de que carece de lo que llaman argumento, y en absoluto de intriga y enredo, cosas, en verdad, mandadas recoger, y que deben pasar a las tiendas de juguetes con las cometas y las casas de fieras»[23].

En cambio, *Clarín* hizo una valoración más positiva: «todo aquello es novela de verdad, es eso que llaman naturalismo y otras muchas cosas que no le llaman nada y son las principales». Destacó las posibilidades que ofrecían los diálogos para «describir estados psicológicos, valiéndose el novelista de la ficción de imitar los soliloquios interiores que se suponen en el personaje; manera de autonomía psicológica muy en uso hoy entre los mejores novelistas y de buenos resultados para explicar en breve y exactamente los fenómenos de la vida interior, del alma a sus solas». Por lo demás, animó a Galdós a proseguir su nueva orientación literaria:

Los dos únicos novelistas vivos que me gustan en absoluto son usted y Zola. ¿Qué le falta a usted? Muchas cosas que tiene Zola. ¿Y a Zola? Muchas que tiene usted. ¿Y a los dos? Algunas que tenía Flaubert. ¿Y a los tres? Alguna que tenía Balzac. ¿Y a Balzac? Otras que tienen ustedes tres… Yo creo firmemente que es usted el mejor literato de España, el primer artista[24].

Por otra parte, José-Carlos Mainer ha resaltado la imbricación del romanticismo y del realismo en la novela. El epitafio que José Ido dedica a Miquis, «mal terrible es ser hombre-poema en esta edad prosaica», expresa, a su juicio, el sentimiento de amargura y nostalgia por la evolución de la realidad española[25].

La pugna entre la novela realista y el folletín sentimental conforma la estructura intertextual de *Tormento* (1884). La novela comienza y finaliza con un discurso teatral que rechaza lo imaginario. Como señala Alicia Andreu:

> El diálogo mantenido en la convivencia de textos diferentes se reduce en la novela galdosiana a dos textos: el folletinesco y el realista. La importancia de la novela galdosiana radica en el cambio jerárquico de estos dos textos y de los valores asociados a ellos. En *Tormento* se subordinan, a través del diálogo, los autores y las obras folletinescas. Por otro lado, el «realismo», concebido dentro de este contexto, deja de ser la voz de la verdad, de lo «real», para convertirse en una voz más dentro de la dualidad sinfónica de dos voces. Son estas voces las que se deforman y se transforman en la conversación intertextual que determina la estructura extraordinaria de *Tormento*[26].

Amparo y Refugio Sánchez Emperador, principales protagonistas, son unas hermanas huérfanas y pobres que sobreviven trabajando para Rosalía y Francisco Bringas. Amparo y Refugio simbolizan la parodia del espíritu de pureza que solían tener las mujeres folletinescas. Amparo es el prototipo de la mujer débil que busca *amparo* en otros. Refugio, cuando advierte la imposibilidad de tener un trabajo digno, se *refugia* en el ejercicio de la prostitución. Agustín Caballero, primo de la familia, regresa de América con un buen patrimonio y manifiesta su deseo de casarse con Amparo; pero esta oculta su oscura relación sexual con el sacerdote Pedro Polo. Este le hace chantaje, produciéndole una terrible angustia. Varios personajes intrigan para que la boda entre Amparo y Agustín no se celebre, como Ido del Sagrario:

> Pues pienso que a la señorita Amparo no le queda más que una solución para regenerarse… ¿Cuál es? Te la comunicaré… con la mayor reserva. Grande ha sido la falta… pues la expiación, chico, la expiación… En fin, que no le queda más recurso que hacerse hermana de la Caridad… Esto, sobre ser poético, es un medio de regeneración… No te digo nada… curar enfermos y heridos en hospitales y campamentos… Figúrate si estará guapa con aquellas tocas blancas…[27].

Asimismo, Rosalía, «más mala que la liendre», intenta seducir a Agustín para casarlo con una hija suya, «empujando al arroyo» a las hermanas. Al ser descubierto su pecado, Amparo se rinde y planea quitarse la vida. Pero, al final, tras confesar la falta, Amparo y Agustín buscan la libertad partiendo hacia Burdeos, donde cometerán la «atroz inmoralidad» de vivir juntos, fuera del matrimonio. «Amparo tenía la cara radiante, los ojos despidiendo luz, las mejillas encendidas, y en su mirar y en todo su ser un no sé qué de triunfal e inspirado que la embellecía extraordinariamente»[28].

La novela transcurre en Madrid durante los años 1867 y 1868, cuando se produjo la crisis del reinado de Isabel II, la revolución *Gloriosa* y el inicio del *Sexenio Democrático*. Francisco Bringas anunció al final de la obra el movimiento revolucionario: «La piqueta demoledora y la tea incendiaria están preparadas». El escritor critica a la encorsetada burguesía madrileña, la vida de apariencias, el tráfico de influencias y la hipocresía religiosa:

> [En] esta sociedad, digo, no vigorizada por el trabajo, y en la cual tienen más valor que en otra parte los parentescos, las recomendaciones, los compadrazgos y amistades, la iniciativa individual es sustituida por la fe en las relaciones. Los bien relacionados lo esperan todo del pariente, a quien adulan, o del cacique, a quien sirven, y rara vez esperan de sí mismos el bien que desean…; desde tan sólida base se remontaba [Rosalía Bringas] a la excelsitud de su orgullote español, el cual vicio tiene por fundamento la inveterada pereza del espíritu, la ociosidad de muchas generaciones y la falta de educación intelectual y moral[29].

Según Casalduero, Amparo y Refugio constituyen una alegoría de España, «arrastrada a la indignidad y la miseria» por el sacerdote Polo, que es salvada por Agustín, hombre de origen humilde, que con el esfuerzo de su trabajo ha logrado salir adelante[30]. Por otra parte, Mercedes Comellas apunta el magisterio cervantino, comparando la dualidad Dulcinea/Aldonza con Amparo/Tormento, que manifiesta la dificultad de hacer compatibles la ficción y la realidad:

> El dualismo Amparo/Tormento es fácilmente vinculable al de Dulcinea/Aldonza, y también con aquella idea fundamental en Giner y en Galdós: la necesaria conciliación y superación de la dicotomía entre lo real-histórico… La nueva verosimilitud se logra con la metaficción por la que se nos viene a decir que las relaciones entre vida y literatura son mucho más complejas de lo que la mala literatura pretende hacernos creer. Galdós revela con sus ironías metafícticias el artificio literario, exhibe los mecanismos de la ficción, y al mostrarlos reivindica que la verdad literaria es solo un parecer, como la verdad social y burgue-

sa… Sus dudas inauguran para la novela un relativismo ontológico adelantado a su tiempo… A través de las reflexiones que fue hilvanando en ellas, ha comprendido que un discurso es realista cuando responde a nuestras expectativas, a nuestra imagen de la realidad, y que estas son variables: entre otras cosas porque están conformadas por la literatura, hasta el punto de que es difícil, dentro de la conciencia, diferenciar los referentes mentales que nos construimos sobre el mundo y los mundos posibles referentes de las ficciones. La ficción se muestra falsa y al tiempo se justifica como verdadera[31].

La de Bringas (1884) se desarrolla en el periodo que condujo a la revolución *Gloriosa* de 1868, combinando los hechos históricos y la ficción literaria. «Los personajes de *La de Bringas* —afirma Ricardo Gullón— pertenecen al vasto universo creado por el novelista y habían figurado o iban a figurar en diversas ficciones suyas, algunos desempeñando papeles protagonistas. [Así, la obra] comunica por todas sus páginas con el mundo total galdosiano»[32].

Francisco Bringas trabaja y reside en el Palacio Real, «una verdadera ciudad, asentada sobre los espléndidos techos de la regia morada. Esta ciudad, donde alternan pacíficamente aristocracia, clase media y pueblo, es una real república que los monarcas se han puesto por corona, y engarzadas en su inmenso circuito guarda muestras diversas de toda clase de personas»[33]. Rosalía, *la de Bringas,* es una mujer inconformista, que sentía pasión por los vestidos lujosos y que prefería las apariencias al cuidado de la alcoba. Rosalía y Bringas muestran cierto paralelismo con Isabel II y Francisco de Asís.

A mediados del relato, Bringas sufre una ceguera temporal, como la que le impedía advertir a Francisco de Asís su patética situación matrimonial. Para mantener el nivel de la gente que la rodea, Rosalía se embarca en gastos crecientes, que se van incrementando sin que su marido se entere, hasta que descubre el valor de su cuerpo y se prostituye, guardando las apariencias. Desde el inicio de la novela, Galdós muestra las diferencias que existen entre los esposos. Rosalía empieza a desear «un poquito siquiera de lo que nunca había tenido, libertad, y salir, aunque solo fuera por modo figurado, de aquella estrechez vergonzante». A partir de ese momento, el ansia de libertad va aumentando hasta el final del relato. «Se tendrá que acostumbrar Bringas a verme un poco más emancipada», afirma Rosalía. Cuando triunfa la *Gloriosa,* a pesar de sus convicciones monárquicas y de su amor a «la Señora», manifiesta su deseo de vivir tiempos mejores:

> La revolución era cosa mala, según decían todos, pero también era lo desconocido, y lo desconocido atrae las imaginaciones exaltadas, y seduce a los que se han creado en su vida una situación irregular. Vendrían otros tiempos, otro modo de ser, algo nuevo, estupendo y que diera juego. «En fin —pensaba ella—, veremos esto»[34].

José María Bueno de Guzmán relata de forma autobiográfica en *Lo prohibido* (1885) sus aventuras, sus amoríos y su deterioro económico y moral. José María es un rico señorito burgués voluble, que se siente atraído por sus tres primas casadas, Eloísa, Camila y María Juana. La belleza y las cualidades de Eloísa desatan su pasión. Ella se deja seducir porque su marido no satisface su anhelo de tener buenos vestidos, cuadros y chucherías y, además, padece una grave enfermedad. Cuando el marido fallece, los amantes tienen la oportunidad de santificar su relación ilícita, pero, consumada la conquista, José María se cansa de Eloísa. Entonces, intenta seducir a Camila, la menor de las primas, pero ella aguanta su asedio y rechaza los vestidos caros que le regala para vencer su resistencia. José María comprende entonces que el dinero no puede comprarlo todo, que la pasión se puede convertir en una obsesión morbosa y que el amor verdadero es insobornable. El relato concluye de forma aleccionadora: José María cae gravemente enfermo y transita la senda de la ruina física, económica y moral que le conduce a la muerte.

En *Lo prohibido* aparecen personajes de otras novelas, como la de Bringas, la marquesa de San Salomó, Manolito Peña o Constantino Miquis, que viven sus experiencias en el moderno barrio de Salamanca, la Puerta del Sol, la calle Montera, el Retiro y Atocha. La novela dibuja, como afirma el narrador, «una representación gráfica del estado moral de nuestro país»[35]. Insertada entre los años 1880 y 1884, cuando el régimen de la Restauración se había consolidado, el capítulo «Los jueves de Eloísa» muestra una ilustrativa galería de marqueses, generales y burgueses, reunidos en torno a una buena comida, que hacen gala de una vida presidida por la falsa cortesía, la vanidad, la obsesión por el lujo y la inmoralidad, como desvela, a modo de síntesis, Rafael, tío del protagonista:

> Es el mal madrileño: esta indolencia, esta enervación que nos lleva a ser tolerantes con las infracciones de toda ley, así moral como económica, y a no ocuparnos de nada grave con tal que no nos falte el teatrito o la tertulia para pasar el rato de noche, el carruajito para zarandearnos, la buena ropa para pintarla por ahí, los trapitos de novedad para que a nuestras mujeres y a nuestras hijas las llamen *elegantes y distinguidas,* y aquí paro de contar porque no acabaría[36].

La mejor novela de la creación galdosiana es *Fortunata y Jacinta (historias de dos casadas)* (1887) [▶ APÉNDICE: 6], «una selva de novelas entrecruzadas»[37], como la calificó Montesinos, que narra la historia del matrimonio de Jacinta y Juanito, el de Fortunata y Maximiliano, el trágico destino de Fortunata y la locura de Maximiliano, confluyendo al final todas las historias. Otros personajes interesantes son Guillermina, Lupe «la de los pavos», Mauricia «la dura», Evaristo, Moreno-Isla y Segismundo. El eje de la novela es Fortunata, joven atractiva, de magnífico pelo negro, primitiva, «tan lucida de carnes —afirma Feijoo—, tan guapa y hermosota, que daba gloria verla». A los doce años quedó huérfana y fue acogida por Segunda Izquierdo, tía suya, que tenía una tienda de huevos en la Cava Baja de San Miguel. «Tenía las manos bastas de tanto trabajar, el corazón lleno de inocencia». Fortunata era una mujer casi analfabeta: «Leía muy mal y a trompicones —comenta el narrador— y no sabía escribir… Sus defectos de pronunciación eran atroces». Tenía un carácter sensible, terco y crédulo: «todo se lo cree con tal de que se lo digan con palabras finas». Su pretensión de aprender y adquirir una formación termina fracasando: «pueblo nací y pueblo soy, quiero decir, ordinariota y salvaje». Jacinta tiene un perfil humano totalmente diferente: es una mujer burguesa, perteneciente a una rica familia de comerciantes, «de prendas excelentes, modestita, delicada, cariñosa y además muy bonita». Su marido, Juanito Santa Cruz, es un señorito burgués, que se divierte seduciendo a mujeres humildes. «La engañé —dice a propósito de Fortunata—, garfiñé su honor y tan tranquilo. Los hombres, digo los señoritos, somos unos miserables; creemos que el honor de las hijas del pueblo es cosa de juego»[38]. Maximiliano fracasa en su afán de redimir a Fortunata, porque ella ama a Juanito sin asumir la realidad, ni las convenciones sociales. Como le confiesa a Guillermina, se considera la verdadera esposa de Juanito, por el amor que sentían y por haberle dado un hijo. Pero, a veces, es consciente de su destino trágico:

Todo va al revés para mí… El hombre que quise, ¿por qué no era un triste albañil? Pues no; había de ser un señorito rico para que me engañara y no se pudiera casar conmigo. Luego, lo natural era que yo le aborreciera; pues no, señor, sale siempre la mala, sale que le quiero más. Luego lo natural era que me dejara en paz y así se me pasaría esto; pues no, señor, la mala otra vez; me anda rondando y me tiene armada una trampa. También era natural que ninguna persona decente se quisiera casar conmigo; pues no, señor; sale Maxi y ¡tras!, me pone en el disparadero de casarme, y nada, cuando apenas lo pienso, bendición al canto…[39].

Novela de novelas y de contrastes, en *Fortunata y Jacinta* se entrelazan muchas historias, sin lindes precisos. Según Ricardo Gullón, «la acción se basa en el clásico triángulo del conflicto amoroso: mujer, marido, amante. Pero en esta novela el triángulo es cambiante: se deshace y vuelve a rehacerse; desde el principio hasta el fin sigue siendo el mismo, pero no el mismo»[40]. La primera parte describe las coordenadas históricas en las que se desenvuelven los negocios comerciales textiles de las familias Santa Cruz y Arnáiz. Tras el matrimonio de Jacinta y Juanito, ella va obteniendo informaciones de las aventuras de su marido. La segunda parte narra el matrimonio de Fortunata con Maximiliano Rubín, antítesis de Juanito, persona tímida, cabal y enfermiza, que descubre la ilusión de vivir cuando se enamora de Fortunata y se dispone a redimirla. «Sentíase Maximiliano poseedor de una fuerza redentora hermana de las fuerzas creadoras de la Naturaleza». Fortunata, abatida por el abandono de Juanito, acepta la proposición de Maximiliano de casarse, pero tendrá que asumir la exigencia impuesta por la familia Rubín de regenerarse moralmente antes de la boda en el convento de las Micaelas. Poco eficaz resultaría esta rehabilitación, porque el día siguiente de la boda reaparece el seductor Juanito y la arrastra de nuevo. Maximilano sufre un duro golpe, que le provoca una crisis de ansiedad y locura. Al cabo de unas semanas Juanito piensa que su capricho es «aburrido, soso y caro» y abandona a Fortunata, pero ella, símbolo de la fecundidad de los humildes, tiene un hijo suyo, Juan Evaristo Segismundo, y cuando se lo entrega a Jacinta, siente reconocida su existencia y remueve los cimientos de la respetabilidad burguesa. Al final, Maximiliano adquiere conciencia de su fracaso:

> La quise con toda mi alma. Hice de ella el objeto capital de mi vida, y ella no respondió a mis deseos. No me quería... Miremos las cosas desde lo alto: no me podía querer. Yo me equivoqué, y ella también se equivocó. No fui yo solo el engañado, ella también lo fue. Los dos nos estafamos recíprocamente. No contamos con la Naturaleza, que es la gran madre y maestra que rectifica los errores de sus hijos extraviados. Nosotros hacemos mil disparates, y la Naturaleza nos los corrige. Protestamos contra sus lecciones admirables que no entendemos, y cuando queremos que nos obedezca, nos coge y nos estrella, como el mar estrella a los que pretenden gobernarlo[41].

La muerte de Fortunata le libera de sus contradicciones y en el manicomio alcanza la libertad: «No encerrarán entre murallas mi pensamiento. Resido en las estrellas...»[42].

Galdós continuó insertando el tiempo histórico en *Fortunata y Jacinta,* donde aparecen los grandes acontecimientos transcurridos entre 1866 y 1876: los disturbios de la *Noche de San Daniel,* el asesinato del general Prim, la abdicación de Amadeo I, la proclamación de la Primera República y la restauración de los Borbones, mezclando la realidad y la ficción. Estas pinceladas históricas hacen más creíble el entorno en el que se desenvuelven los personajes. El escritor traza un paralelismo entre las fluctuaciones políticas y las incidencias sentimentales, reflejado irónicamente en los títulos de algunos capítulos. Así, el que relata la ruptura de Juanito y Fortunata se denomina «La revolución vencida», y el de su vuelta al hogar junto a Jacinta,

«La restauración vencedora». En esta situación, Galdós muestra el ambiente social de la época y sitúa a la mujer en el centro de su narrativa, denunciando la discriminación, la hipocresía de las relaciones de pareja y la práctica de la prostitución. Según Teresa Cook, sus obras y las de *Clarín* contribuyeron a agitar la «conciencia nacional» para colocar a la mujer en una posición más libre y digna[43].

Desde el punto de vista espacial y ciudadano, toda la acción de la novela transcurre en Madrid. La familia Santa Cruz vive en una casa patricia de la calle de Pontejos, cerca de la Puerta del Sol. Fortunata vive y muere en un piso modesto de la Cava de San Miguel, al lado de la Plaza Mayor. La novela ofrece excelentes retratos de la Puerta del Sol, la calle de Toledo, la avenida de Santa Engracia, la puerta de los Moros, la calle de la Magdalena y la Plaza del Progreso. Pero, más allá de los detalles topográficos, como ha señalado Germán Gullón, Galdós refleja muy bien el espacio público, la dinámica de las clases sociales, el ambiente callejero, «el comercio de la vida cotidiana» y los comportamientos personales. A su juicio, el trabajo periodístico que desarrolló durante su juventud afinó y potenció su capacidad de observación del espacio público y la vida ciudadana:

> Galdós ha hecho, probablemente influido por el hábito adquirido al redactar las crónicas periodísticas, de la calle madrileña un teatro del mundo, donde las fuerzas vivas, las gentes, cada una actúa de acuerdo con su manera de ser, sus convicciones y prejuicios... Allí se manifiesta la identidad individual de cada quien, y el arco de experiencias se aumenta enormemente. La novela se convierte, gracias a esa interacción entre el espacio novelesco y el individuo, a ese nuevo equilibrio, en un nuevo teatro de la vida[44].

Ribbans, Montesinos y Gilman han resaltado también esta interacción entre el espacio geográfico y la realidad humana: «Galdós logra mezclar admirablemente la geografía urbana con las vidas íntimas de sus personajes, de un modo realmente funcional. Su profunda comprensión de un lugar es parte esencial de su presentación realista de los individuos y de la sociedad»[45].

Por lo demás, Galdós da un salto literario hacia la novela moderna al profundizar en el análisis psicológico de los personajes, mostrando al desnudo sus vivencias y desgarros. La novela de acción daba paso a la novela de conciencia, en la línea que había iniciado Fiódor Dostoievski en *Crimen y castigo*. Como ha señalado Cecilio Alonso, Galdós en *Fortunata y Jacinta* anuncia el principio de un reajuste de la tendencia realista, enriqueciéndola con la exploración de mentes quijotescas que basculan entre lo cabal y lo irracional, lo trágico y lo ridículo, que quizá refleje la desazón que el escritor sentía por el agotamiento del régimen de la Restauración y la conciencia de crisis finisecular. Una sensación de desencanto y pesimismo que también aparecerá reflejada en *Miau, Nazarín, Halma* y *Misericordia*[46].

Clarín consideró *Fortunata y Jacinta* «una gran novela», que, a medida que transcurría el tiempo, le parecía mejor: «Cada vez, pensando en ello, me gusta más *Fortunata y Jacinta*. ¡Qué novela! Además, veo que a todos ha gustado muchísimo». A su juicio, Galdós era el «primer novelista español» y era merecedor del reconocimiento público de los españoles[47]. John W. Kronik la considera la «obra maestra» de Galdós, apreciando sobre todo su rica galería de personajes, su dinámica narrativa y su compromiso ético[48]. Para Yolanda Arencibia, *Fortunata y Jacinta*:

[es] la *summa* galdosiana, la obra por excelencia; la cumbre de su narrativa…, una novela abierta, rica en significaciones y susceptible de

muy diversas interpretaciones… *Fortunata y Jacinta,* dos unidades en el libro; dos binomios: las dos protagonistas. Dos casadas, como indica el subtítulo: una el símbolo de la naturaleza del pueblo, de la revolución, de la perdición; la otra el símbolo de la sociedad, de la burguesía, de la restauración, del orden, de la salvación… Y una novela de amor y de vida; atrayente, tanto para el lector sensible que gusta perderse en la maraña vivencial con que el escritor recoge el latido de la época, como para el que busca el disfrute por lo narrativo, por el placer del desentrañamiento del texto en su suceder[49].

A continuación, Galdós realizó en *Miau* (1888) [► Apéndice: 7] una crítica satírica de la Administración pública, lastrada por la mediatización política, el clientelismo y la ineficiencia. El título de la novela, transcripción fonética del maullido del gato, es el apodo que tienen las tres mujeres de la familia Villaamil, Pura, Milagros y Abelarda, las hermanas *miaus,* por su fisonomía felina y su desmesurada ambición de aparentar un estatus superior, malgastando el presupuesto familiar. El personaje principal es Ramón Villaamil, un funcionario trabajador y responsable, que, después de una larga carrera profesional en el ministerio de Hacienda, cuando le faltaban dos meses para su jubilación, fue cesado por una injusta decisión del Gobierno:

[Villaamil es] un hombre honrado, y el Gobierno de ahora es todo de pillos. Ya no hay honradez, ya no hay cristiandad, ya no hay justicia. ¿Qué es lo que hay? Ladronicio, irreligiosidad, desvergüenza. Por eso no le colocan, ni le colocarán mientras no venga el único que puede traer la justicia[50].

Villaamil vive la situación de cesantía sumamente angustiado y se siente incapaz de encontrar una salida. Pura, su mujer, le reprocha que sea tan modesto y escrupuloso. El contrapunto es Víctor Cadalso, guapo y audaz, yerno de Villaamil, que medra gracias a su inmoralidad y oportunismo. Galdós retrata un escenario de manipulación política, hipocresía y enchufismo que impide a los funcionarios honrados, como Villaamil, salir adelante de una forma digna. La ironía recorre las páginas de la novela, censurando la deficiente gestión administrativa de los Gobiernos y el premio que reciben los incompetentes y los corruptos que forman parte de sus clientelas políticas. Al final, Villaamil decide liberarse de la vida sin sentido que ha destruido su dignidad a través de la muerte[51].

Galdós consideró que *Miau* era una «obra ligera y de poca piedra», «un cuadro de la vida de los empleados», «de lo más flojito que he hecho»[52]. Sin embargo, a *Clarín* le gustó, como le comentó en una carta: «He leído hace varias semanas *Miau* y me ha gustado mucho en general y mucho más en particular. No opino como usted que no sea más que las sobras de otra cosa». En la crítica que publicó en *La Justicia* la consideró de esta manera:

[Un] episodio más de la vida española contemporánea…, parte de un gran conjunto en que ha de quedar retratada nuestra sociedad según es en el día… Enamorado de la realidad por ella misma, porque es verdad, y sobre todo de la verdad de los fenómenos sociales, traslada a sus cuadros literarios la vida entera, como la contempla, sin escoger, con mucha fuerza, con mucha exactitud, como pocos han podido hacerlo, pero poco artísticamente en el sentido que el *dilettantismo* de la poesía literaria suele dar a lo artístico.

Por lo demás, *Clarín* resaltó la tendencia de Galdós a describir los detalles:

El principal defecto de *Miau,* como el principal defecto de *Fortunata y Jacinta,* una de las mejores novelas contemporáneas, consiste en esa especie de delectación morbosa con que el autor se detiene a describir y narrar ciertos objetos y acontecimientos que importan poco y no añaden elemento alguno de belleza, ni siquiera de curiosidad a la obra artística. Este prurito de pararse en lo minucioso lleva también a Galdós a repeticiones o semirrepeticiones en que lo que se añade a lo ya dicho es menos de lo que sería motivo para explicar que se volviera a situaciones, parajes y sucesos semejantes. En Galdós nada de esto es inexperiencia, como en otros que él conoce y yo también; en Galdós es ciega obediencia a la inspiración peculiar, al carácter singularísimo que en este escritor original se manifiesta: el Galdós que se entusiasma con los alrededores de Madrid...[53].

Shoemaker considera que *Miau* es una novela que transcurre de «la caricatura a la tragedia pasando por la compasión». En el plano narrativo, destaca la utilización del monólogo interior y el flujo de conciencia, anticipándose en una generación a Joyce, Woolf y otros escritores contemporáneos[54].

Hacia 1888 se inició la crisis del positivismo y, con ella, la del naturalismo. La influencia de la filosofía de Nietzsche, Dilthey y Bergson, la dramaturgia de Ibsen y Björnson, la música de Wagner y la literatura de Dostoievski y Tolstói alentaron el debate filosófico y literario sobre el positivismo, el naturalismo, el espiritualismo, el modernismo y el simbolismo. En este contexto, los jóvenes escritores rechazaron los cánones positivistas, el materialismo burgués y la vieja retórica y se fueron orientando hacia un modernismo vitalista e impresionista más atento al mundo interior de la persona, la secularización de la cultura y el significado de la bohemia. Las conferencias que impartió en el Ateneo de Madrid Emilia Pardo Bazán sobre *La revolución de la novela en Rusia* dieron cuenta de este proceso de cambio. No obstante, este *asalto a la razón* que promovió el retorno de los sentimientos no representaría un corte abrupto con la perspectiva racional y científica que algunos escritores continuarían cultivando.

El interés que tenía Galdós por el teatro se plasmó en *La incógnita* y *Realidad* (ambas de 1889), novelas que tratan la misma temática, la primera de forma epistolar y la segunda dialogada. De hecho, el escritor las adaptaría años después al teatro con bastante éxito. Las dos obras manifiestan el proceso de cambio que se estaba produciendo en el concepto literario galdosiano, que conciliaba la radiografía naturalista con la introspección psicológica de los personajes.

La incógnita está contada a través de la correspondencia que Manuel Infante envía a un misterioso *Equis X,* vecino de Orbajosa. Infante llega a Madrid para ejercer el cargo de diputado y establece relaciones con Francisco Viera, Tomás Orozco y Augusta, su esposa. Infante se enamora de Augusta, pero ella lo rechaza. Entonces le asalta la duda, la *incógnita,* de si el rechazo estaba producido por su honestidad o por la existencia de otro hombre, algo que se acrecienta cuando muere uno de los amigos, sin saber si su fallecimiento fue causado por un suicidio o un asesinato. En una de las cartas de *La incógnita* se anuncia la inminente publicación de «Realidad, novela en cinco jornadas». En *La incógnita* y en *Realidad* Galdós procede a diversificar los recursos narrativos, combinando el diálogo, la epístola, los soliloquios, el desdoblamiento imaginario y la depuración dramática, todo ello con el propósito de ampliar las perspectivas sobre un mismo suceso. Por lo demás, estas novelas contienen rasgos autobiográficos, relacionados con la ruptura de la relación sentimental que mantuvieron Galdós y Emilia Pardo Bazán, concluida en la primavera de 1888[55].

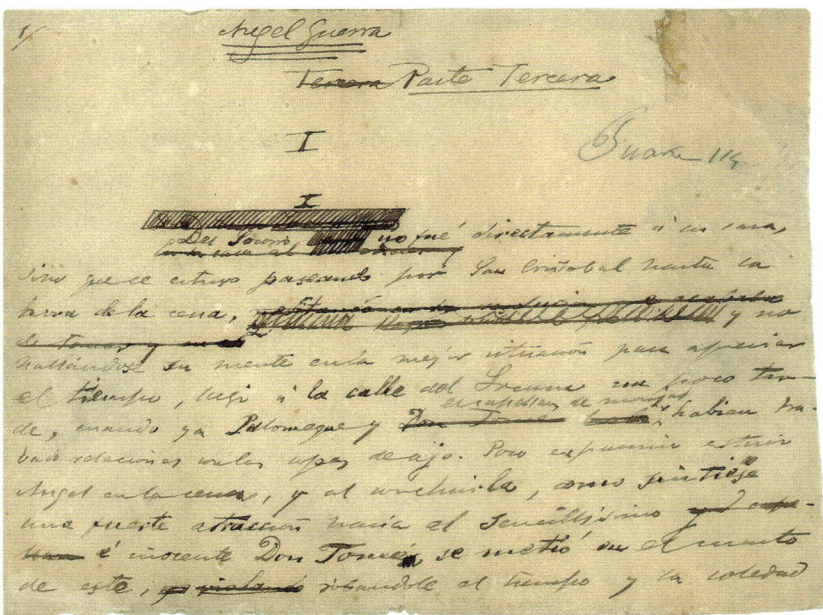

Figura 18. Manuscrito con correcciones de la novela *Ángel Guerra* (1890) donde se aprecia el inicio de la tercera parte: «Del Socorro no fue directamente a su casa, sino que se estuvo paseando…». Del cotejo del manuscrito con el resultado final puede apreciarse claramente un proceso de eliminación de detalles superfluos.

Ángel Guerra (1890) es una novela psicológica ambientada en Toledo, ciudad que interesaba mucho al escritor por su riqueza patrimonial y su pasado histórico [▶ Fig. 18]. En la fase preparatoria, la visitó durante una semana para revivir el ambiente de sus calles, sus iglesias y cuarteles, acompañado por el pintor Ricardo Arredondo. Las notas que escribió las contrastó con Francisco Navarro, archivero municipal. Asimismo, en la Catedral disfrutó de las grandes obras de música antigua custodiadas por el archivo musical cardenalicio. Ángel Guerra, el protagonista de la novela, es un viudo treintañero, hijo de una posesiva señora burguesa, que profesa ideas progresistas y laicas que le llevan a participar en un fallido pronunciamiento republicano, en el que mató a un militar. A altas horas de la noche regresa a su casa con el brazo atravesado por un balazo y se da a la fuga para evitar la detención. La muerte de su madre y su hija le produce una profunda conmoción. En aquella circunstancia, Guerra se interesa por Leré, la joven institutriz de su hija. Leré, mujer pobre, provinciana y religiosa, decide trasladarse a Toledo para ingresar en un convento de monjas:

> Mi mayor gusto en el convento era trabajar y rezar. La holganza y la cháchara y el juego no me satisfacían, y esto no lo digo por alabarme sino porque es verdad. Mucho gozaba yo pensando en los misterios, figurándome la pasión y discurriendo sobre todo lo que abraza nuestra fe. En las horas de trabajo meditaba, y meditando sentía en mi alma consuelos y alegrías que de ningún otro modo entiendo que se pueden tener. Una noche se me apareció la Virgen y me dijo: «Pobrecita, tú has nacido para padecer y ser esclava. Alégrate, que la mejor de las voluntades es obedecer siempre, y la mejor libertad no tener ninguna, y esperar solo trabajos, obligaciones, molestias, y en una palabra, esclavitud. De niña, fuiste sometida a mil pruebas difíciles. Mujer, sometida serás a mayores pruebas. No pienses en nada agradable para los sentidos; no te recrees más que en sufrir, y acude siempre a donde quiera que veas dolores, miserias y penalidades. Desprecia la felicidad, y humíllate siempre, pues siempre has de ser sierva…[56].

Esta decisión de Leré provoca en Guerra una fractura entre las ideas que profesaba y el amor que sentía por ella. Guerra sufre varias crisis físicas, mentales y espirituales, representadas por una máscara griega, con cabellos afilados como púas, que anuncia su muerte.

Al final, profetiza el final de la política y las naciones, la emancipación de la Iglesia española de Roma y la creación de un Papado español.

Valle-Inclán realizó una valoración muy favorable de *Ángel Guerra*. Manifestó que Galdós era un novelista hondo, que conocía muy bien las claves históricas y los ambientes sociales de su tiempo. Asimismo, apreció «un cierto realismo superior» a aquel que se limitaba a ser una mera copia. «Y no se diga que en esta novela hay pobreza de asunto: todo lo contrario, ¡qué galería de admirables figuras!, ¡qué riqueza de caracteres!»[57]. Por lo demás, Ortiz-Armengol ha relacionado algunos aspectos de la novela con la biografía de Galdós, como el paralelismo existente entre la madre despótica de Guerra y la suya, fallecida poco antes de comenzar a escribir la obra, la experiencia de amor frustrado de José Hurtado de Mendoza, sobrino que mantenía una estrecha relación con el escritor, y el nacimiento de su hija María en Santander[58].

El oportunismo, la avaricia y la usura impregnan las páginas de la tetralogía sobre *Torquemada* (1889-1895), tal como Balzac había anticipado en el avaro Gobseck. La serie comienza con el relato intenso y dinámico de *Torquemada en la hoguera* (1889) [▶ APÉNDICE: 8], seguido por *Torquemada en la cruz* (1893), *Torquemada en el purgatorio* (1894) y *Torquemada y San Pedro* (1895). Francisco Torquemada llegó a Madrid como emigrante y comenzó su andadura realizando actividades usureras de barrio, «encenagado por lo material». Después, amplió su patrimonio adquiriendo bienes desamortizados. Así, «pasito a pasito y a codazo limpio» fue ascendiendo escalones en la sociedad de la Restauración. Contrajo matrimonio con Fidela del Águila, dama de la nobleza arruinada. El acceso de Torquemada a la aristocracia le abrió las puertas de los ministerios, los palacios y los grandes negocios. Con el poder adquirido, Torquemada consiguió el título de marqués de San Luis y el cargo de senador, pero, pese a ello, adquirió un perfil grotesco. Blanco Aguinaga ha destacado la influencia del contexto histórico en la trayectoria de Torquemada y la determinación de la realidad socio histórica de las estructuras significativas de la ficción[59].

En *Torquemada en la hoguera* el tema central es la lucha con la muerte que amenaza a Valentín, el primer hijo de Torquemada. Su grave enfermedad le lleva a recurrir a la caridad con la esperanza de conseguir cambiar el destino de su hijo, reflejando la práctica de las donaciones que los adinerados realizaban a favor de la Iglesia para conseguir la absolución de sus pecados. *Torquemada en la cruz* relata las alianzas de la declinante aristocracia y la burguesía de negocios, plasmada en el matrimonio de Torquemada y Fidela. Las reacciones de los tres hermanos muestran los cambios socioeconómicos que se estaban operando. Rafael del Águila, ciego antes de que su familia se arruinara, se niega a aceptar la nueva realidad: «soy el pasado», afirma con rotundidad. Prosigue el narrador:

> La Monarquía es una fórmula vana, la Aristocracia una sombra. En su lugar, reina y gobierna la dinastía de los Torquemadas, vulgo prestamistas enriquecidos. Es el imperio de los capitalistas, el patriciado de estos Médicis de papel mascado… No sé quién dijo que la nobleza esquilmada busca el estiércol plebeyo para fecundarse y poder vivir un poquito más[60].

Rafael se siente incapacitado para sobrevivir y opta por el suicidio: «Me voy don Francisco, yo no puedo estar aquí». En cambio, su hermano Cruz representa a la nobleza acomodaticia que se integra en la nueva situación. Y Fidela, en el extremo opuesto de Rafael, «todo lo que había ganado en sutilezas de imaginación habíalo perdido en delicadeza y sensibilidad, y no se hallaba en disposición de apreciar exactamente la barbarie y el prosaísmo de su cónyuge»[61]. El fracaso del matrimonio se manifiesta simbólicamente en el hijo anormal que engendra, «este muñeco híbrido, este monstruo». En *Torquemada y San Pedro* se produce el desenlace final. Afirma, a este propósito, Casalduero:

> Los personajes viven en una atmósfera de frío y de nieve que se transforma en barro, chapoteando sin brío y sin ánimo en un barrizal. Fidela no desea salir de él, sino hundirse definitivamente, terminar de una vez. No ve en la muerte una liberación, sino el descanso de la nada… Torquemada se escapa de su casa espoleado por su incapacidad de digerir; también descubre la naturaleza, pero este descubrimiento no le guía hacia la libertad, sino que le abre el apetito, le hunde más en lo material, y le hace creer que se está salvando cuando se pierde irremisiblemente. Muere de una indigestión; se le indigesta la comida y el oro[62].

Galdós cambió el enfoque creativo para retomar en *Tristana* (1892) un asunto que siempre le había interesado mucho: la complejidad de las relaciones sentimentales y la problemática de la dependencia de la mujer [▶ APÉNDICE: 9]. Al morir sus padres, Tristana es confiada a don Lope Garrido, un don Juan maduro que se resiste a asumir su decadencia. La protagonista es una «joven, bonitilla y esbelta, de una blancura casi inverosímil de pura alabastrina… Pero lo más característico en tan singular criatura era que parecía toda ella un puro armiño y el espíritu de la pulcritud»[63]. A los diecinueve años se convirtió en la amante de don Lope. «Tristana —afirma el narrador—, en opinión del vulgo circunvecino, no era hija, ni sobrina, ni esposa, ni nada del gran D. Lope; no era nada y lo era todo, pues le pertenecía como una petaca, un mueble o una prenda de ropa, sin que nadie se la pudiera disputar»[64]. Lope tenía unas ideas caballerescas y militares retrógradas:

FIGURA 19. Cubiertas de las novelas *La desheredada* (1881), *Tormento* (1883), *Fortunata y Jacinta* (1887) y *Tristana* (1892) realizadas por Daniel Gil para la colección El Libro de Bolsillo de Alianza Editorial.

Profesaba los principios más erróneos y disolventes, y los reforzaba con apreciaciones históricas, en las cuales lo ingenioso no quitaba lo sacrílego. Sostenía que en las relaciones de hombre y mujer no hay más ley que la anarquía, si la anarquía es ley; que el soberano amor no debe sujetarse más que a su propio canon intrínseco, y que las limitaciones externas de su soberanía no sirven más que para desmedrar la raza, para empobrecer el caudal sanguíneo de la humanidad. Inútil parece advertir que cuantos conocían a Garrido, incluso el que esto escribe, abominaban y abominaban de tales ideas, deplorando con toda el

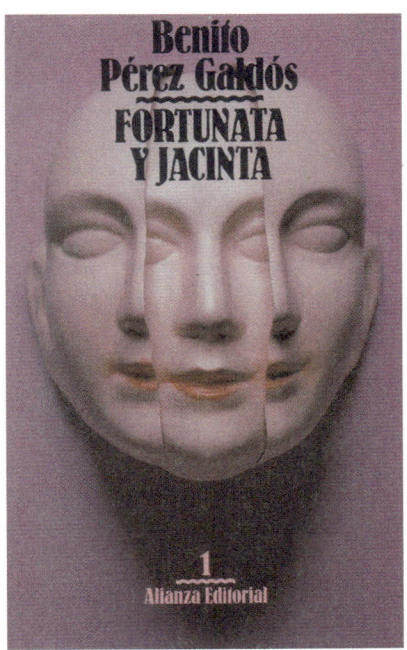 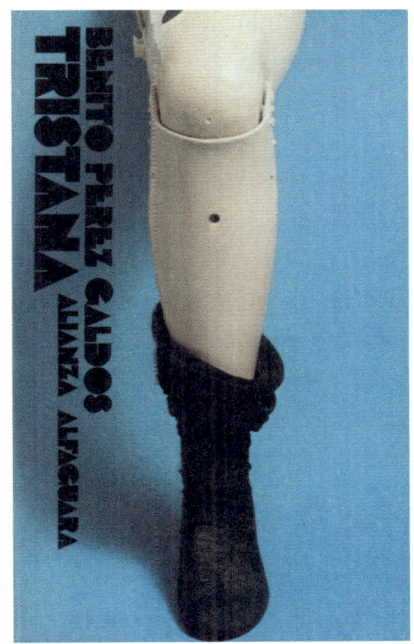

alma que la conducta del insensato caballero fuese una fiel aplicación de sus perversas doctrinas[65].

Tristana acepta resignada aquella singular forma de vida, pero el transcurso del tiempo la hizo reaccionar:

Y entre las mil cosas que aprendió Tristana aquellos días, sin que nadie se las enseñara, aprendió a disimular, a valerse de las ductilidades de la palabra, a poner en el mecanismo de la vida esos muelles que la hacen flexible, esos apagadores que ensordecen el ruido, esas desviaciones hábiles del movimiento rectilíneo, casi siempre peligroso. Era que D. Lope, sin que ninguno de los dos se diese cuenta de ello, había la hecho su discípula, y algunas ideas de las que con toda lozanía florecieron en la mente de la joven procedían del semillero de su amante y por fatalidad maestro[66].

Así, Tristana descubre la vida, se enamora del pintor Horacio y los dos deciden marcharse a Madrid para disfrutar de su cariño y su libertad. Tristana, cargada con el peso del pasado, tiene contradicciones, rechaza el matrimonio que Horacio le propone y pierde la oportunidad de construir su futuro. La adversidad se cruza en su camino y sufre un cáncer de rodilla, que provoca la amputación de una pierna. Derrotada, Tristana regresa a Toledo «atada de pies y manos» y acepta casarse con don Lope, pero la salud de este se deteriora y quien resulta quedar finalmente «atado de pies y manos» será él.

María Zambrano resaltó el interés de *Tristana,* novela escrita con esmero, «en verdad única», en la que Galdós proyectó su visión compleja de las relaciones sentimentales, el amor y la emancipación de la mujer[67]. Por otra parte, algunos estudiosos de la obra galdosiana, como Gilbert Smith, han planteado las conexiones existentes entre la novela y la biografía del escritor, apreciando numerosas alusiones a la conflictiva relación que mantenía por aquel tiempo con Concha Morell[68].

En los últimos años del siglo, Galdós culminó la creación de sus novelas contemporáneas con las obras *Nazarín, Halma* y *Misericordia.* La primera de ellas, *Nazarín* (1895), refleja la tendencia finisecular que reivindicaba el retorno a un cristianismo evangélico, falseado por el catolicismo oficial al servicio del régimen de la Restauración. Nazario Zaharín, a quien llamaban Nazarín, es un sacerdote natural de Miguelturra, La Mancha, que abandona la vida parroquial asolada por el vicio y los curas interesados en tener bautizos y funerales «a granel» para predicar la verdadera doctrina de Jesucristo en los arrabales de Arganzuela y Carabanchel, los calabozos de Móstoles y Navalcarnero y otros reductos de la pobreza, seguido por Andara y Beatriz, prostitutas convertidas en fieles discípulas suyas. Nazarín anhela un mundo sin guerras, sin injusticias, sin política, «sin amos ni siervos», y predica la concordia, el desprendimiento y la caridad. El relato fluctúa entre la tradición literaria mística y la tradición picaresca, alternando lo sublime y lo grotesco, lo absurdo y lo cabal. Así, Nazarín muestra algunos rasgos de don Quijote, como el idealismo, el nomadismo y la incapacidad para adaptarse a la realidad, y de Jesucristo, como el misticismo, la entrega al prójimo y la caridad. El alcalde de uno de los pueblos por los que pasa le replica que el verdadero problema de España no es el religioso, sino la carencia de desarrollo económico y social:

El fin del hombre es vivir. No se vive sin comer. No se come sin trabajar. Y en este siglo ilustrado, ¿a qué tiene que mirar el hombre? A la industria, a la agricultura, a la administración, al comercio. He aquí el problema. Dar salida a nuestros caldos, nivelar los presupuestos públicos y particulares… Que haya la mar de fábricas…, vías de comunicación…, casinos para obreros…, barrios obreros…, ilustración, escuelas, beneficencia pública y particular… Pues nada de eso tendrá usted con el misticismo, que es lo que usted practica; no tendrá más que hambre, miseria pública y particular… No quiero conventos ni seminarios, sino grandes economistas. No quiero sermones, sino ferrocarriles de vía estrecha. No quiero Santos Padres, sino abonos químicos[69].

La figura de Nazarín, como señala Goldman, está caracterizada por la estética de la ambigüedad, proyectada a lo largo de toda la novela: un hombre con rostro de mujer, clérigo, de fisonomía árabe, que predica un discurso ambiguo y tiene un comportamiento contradictorio[70]. Por ello, unos le consideran un loco, otros un delincuente y otros un santo, que choca con la realidad y termina su periplo evangélico en la cárcel.

Halma (1895) narra la historia de Catalina de Artal, condesa de Halma-Lautemberg, «ejemplo de piedad, rectitud y obediencia», que, tras su breve y feliz matrimonio con un aristócrata alemán, desea promover la creación de una comunidad agrícola de organización monacal para aliviar la pobreza y el malestar de los desfavorecidos. Allí aparecen Nazarín, aparentemente cuerdo, en calidad de asesor, Beatriz y José Antonio, primo de la condesa. Diversas intrigas complican el proyecto solidario. En la novela, Galdós refleja las tensiones que se estaban produciendo en el medio rural, donde aparecían propuestas colectivistas que propugnaban la superación del anquilosado caciquismo, apuntando un utópico socialismo cristiano basado en «la negación de todo sistema», sin la intervención del Estado ni de los particulares. Nazarín le abre los ojos a Catalina y le aconseja que abandone su espiritualismo solitario y se case con José Antonio, para tener juntos una vida de perfección y de amor. En esta novela, Nazarín ya no es el sacerdote utópico y quijotesco de antaño, sino que está inmerso en un nuevo proceso de templanza y ortodoxia que le llevará a ser designado ecónomo de la iglesia de Santa María de Alcalá de Henares:

Nada soy —confiesa— y si alguna vez no fuera órgano de la verdad, de poco valdría mi existencia. A los pobres les digo que sufran y esperen, a los ricos que amparen al pobre, a los malos que vuelvan a Dios por la vía del arrepentimiento, a los buenos que vivan santamente, dentro de las leyes divinas y humanas[71].

En la cumbre de su madurez creativa, Galdós reflejó en *Misericordia* (1897) su consciencia del fracaso del régimen de la Restauración, su decepción por la resignación de la clase media y la movilización de los trabajadores que luchaban para mejorar sus condiciones de vida [▶ APÉNDICE: 10]. Galdós realizó una fotografía descarnada del Madrid finisecular que se desmorona, en cuyas ruinas aparecen ricos egoístas, burgueses acomodados y católicos de doble moral, representados simbólicamente por las dos puertas de la iglesia de San Sebastián, la principal, por la que accedían los señores acaudalados para descargar su mala conciencia, y la barroca, orientada hacia los barrios bajos, donde malvivían los mendigos, los discapacitados y los marginados. Afirma Galdós en el prólogo de la edición de la novela:

> En *Misericordia* me propuse descender a las capas ínfimas de la sociedad matritense, describiendo y presentando los tipos más humildes, la suma pobreza, la mendicidad profesional, la vagancia viciosa, la miseria, dolorosa casi siempre, en algunos casos picaresca o criminal... Para esto hube de emplear largos meses en observaciones y estudios directos del natural, visitando las guaridas de gente mísera o maleante que se alberga en los populosos barrios del sur de Madrid. Acompañado de policías, escudriñé las «casas de dormir» de las calles de Mediodía Grande y del Bastero, y para penetrar en las repugnantes viviendas donde celebran sus ritos nauseabundos los más rebajados prosélitos de Baco y Venus, tuve que disfrazarme de médico de la Higiene municipal. No me bastaba esto para observar los espectáculos más tristes de la degradación humana, y solicitando la amistad de algunos administradores de las casas que aquí llamamos «de corredor», donde hacinadas viven las familias del proletariado ínfimo, pude ver de cerca la pobreza honrada y los más desolados episodios del dolor y la abnegación en las capitales populosas...[72].

El personaje central de la novela es Benina, una abnegada y generosa sirvienta que desarrolla su trabajo en la casa de doña Paca, viuda perteneciente a una típica familia de la clase media madrileña, que malgastó su patrimonio llevando una «vida frívola y aparatosa», que le condujo «rodando hacia la profunda miseria»[73]. Para sostener la vida precaria de su ama, Nina decide practicar de incógnito la mendicidad y cuando le entrega el dinero que consigue, le dice que proviene del trabajo que realiza en la casa de don Romualdo, un sacerdote de su invención. Nina soporta esta precaria situación y todo lo que fuera preciso con tal de continuar sirviendo a su señora. Doña Paca tiene un débil carácter que le hace estar sometida al despotismo de su nuera Juliana y de Antoñito, su hijo, un juerguista incapaz de solucionar los problemas familiares. Nina se desenvuelve entre estos dos mundos, el de la clase media arruinada y decadente y el de los pobres de Madrid, un infierno de escombreras, infraviviendas y marginados, que es el verdadero protagonista de la novela.

Por una paradójica circunstancia, el sacerdote nacido de la fantasía de Nina existe en la realidad y es el encargado de notificar a doña Paca, cuando la sirvienta se halla confinada en un asilo, tras una redada de mendigos, que puede disponer de una herencia, cambiando su suerte de forma radical. Nina regresa a la casa de su ama, pero Juliana, que ejerce el mando, la rechaza. Entre lágrimas, Nina decide proseguir su andadura caritativa acompañando al ciego Almudena. Pero la herencia recibida no devuelve a la familia de su ama su antiguo bienestar. Doña Paca sufrirá una enajenación y Juliana se ve obligada a recurrir a la «santa» Nina para que le ayude a destruir el sueño horrible que ha tenido, en el que sus hijos mueren a causa de una enfermedad incurable. Liberada de su vinculación con la familia, Nina se desprende del pasado y encuentra la senda de la esperanza y la libertad. «Podríamos creer —concluye don Romualdo— que es nuestro país una inmensa gusanera de pobres, y que debemos hacer de la nación un Asilo sin fin, donde quepamos todos, desde el primero hasta el último. Al paso que vamos seremos el más grande Hospicio de Europa»[74].

Para María Zambrano *Misericordia* es «una de las más extraordinarias obras de nuestra literatura», llegando a considerarla «la mejor novela que se haya escrito quizá después del *Quijote* en España»[75]. Su riqueza temática, la fotografía de la vida y la caracterización de los personajes por «el ansia de ser y la desaforada hambre de realidad» la sitúan en el centro de la obra galdosiana: «Un mundo de personajes, un mundo de historias que crecen y proliferan, una historia que engendra y parece dispuesta a engendrar inacabablemente historias; una historia —toda la obra de Galdós— sin término y sin confines, que arrastra consigo toda la historia de España»[76].

Galdós está situado, según Germán Gullón, en «el vértice de la modernidad»[77], junto a los grandes maestros de la novela europea del siglo XIX. Su obra de madurez escrita en los años ochenta, en la que sobresalen *Fortunata y Jacinta* y *Misericordia,* tiene una notable calidad literaria. Las contradicciones vitales de los personajes son expresadas a través de relatos que utilizan el recurso del monólogo interior, el diálogo dramático y la acción. Afirma Gullón:

Galdós en su obra tendió precisamente una red textual para recoger los movimientos anímicos y organizando textualmente la conciencia humana lograría flexibilizar ese conocimiento que el espíritu posee de sí mismo. Consiguió recoger en el texto el alma de la época, el aspecto inmaterial del actuar humano consciente de cuanto la rodea y de sí mismo, capaz de establecer relaciones afectivas o intelectuales con el mundo material o inmaterial. Ese me parece el rasgo primordial y básico de su novela...[78].

Además, toda su obra contiene, como ha destacado Rodolfo Cardona, una decidida orientación pedagógica que facilita la comprensión de las claves de la vida, «que ensancha y profundiza el sentido de sus lectores por los *otros* y nos hace pensar con mayor atención en cómo enfrentarnos con el mundo... Las obras de Galdós nos guían hacia cómo, o cómo no, vivir una vida moral»[79]. A través de sus personajes, Galdós mostró un excelente dominio del arte de la palabra, del relato y del habla. Unamuno manifestó que el lenguaje del escritor canario constituía «su obra de arte suprema». Quienes hablan en sus novelas son los españoles de su tiempo y, sobre todo, los madrileños. A través del lenguaje expresa la rica diversidad geográfica, el madrileñismo, el andalucismo o el catalanismo; el habla culta de las clases acomodadas y el habla popular de la clase trabajadora; el uso de términos franceses, latinos o italianos, las expresiones cursis de los señoritos, los dichos, los tópicos y los latiguillos...

«El verdadero maestro del hablar —afirmó el propio Galdós— es el pueblo». Por eso, dedicó un gran esfuerzo a estudiarlo y a reproducirlo en sus novelas[80]. En suma, la riqueza de personajes, la fotografía de la época, la fluidez narrativa y los valores cívicos y éticos otorgan a la creación galdosiana plena vigencia, como resaltó Luis Cernuda:

Cuántas veces resuena en ellas el eco histórico y es en ocasiones elementos de la trama. Sin embargo, lejos en el pasado aquella época, cambiada la sociedad, sus novelas siguen siendo vivas y actuales, como si el tiempo no se hubiera movido[81].

IX

Las obras de teatro

Galdós sintió un gran interés por el teatro, seducido por la inmediatez de la representación escénica y la capacidad de conexión con el público. Durante su juventud fue su principal inquietud artística, ocupando parte de las noches, como comentó en sus *Memorias*:

> en emborronar dramas y comedias... Todo muchacho despabilado, nacido en territorio español, es dramaturgo antes que una cosa más práctica y verdadera. Yo enjaretaba dramas y comedias con vertiginosa rapidez, y lo mismo los hacía en verso que en prosa[1].

En aquella etapa de aprendizaje, transcurrida entre 1861 y 1866, escribió *Quien mal hace, bien no espere, La expulsión de los moriscos, El hombre fuerte* y *Un joven de provecho*. Algunas de ellas las presentó a Manuel Catalina, director del Teatro del Príncipe de Madrid, pero no llegaron a ser puestas en escena. Años después le volvió a confesar a *Clarín* su temprano interés por el arte escénico: «El teatro sí me gustaba, y aun me entusiasmaba. Aún hoy, quizás por lo poco que voy al teatro, cuando voy, cualquier drama estúpido me produce una emoción viva, propiamente infantil»[2].

Durante cierto tiempo Galdós permaneció alejado de los teatros, pese a las crónicas que escribió para el periódico *La Nación* de los principales estrenos. Tras el éxito de *La Fontana de Oro,* siguió el consejo de Giner de los Ríos y se dedicó enteramente a la novela. Además, el teatro de aquel tiempo, como reflejó en *El doctor Centeno,* le parecía una manifestación empobrecida. Animó a *Clarín* a regresar a Madrid para erradicar «el estado de idiotismo» de cierta crítica teatral. A diferencia de la novela, que iba levantando el vuelo, el teatro, a su juicio, estaba degradado: «¡Pobre teatro! Está por los suelos»[3]. Se construyeron muchos Teatros Principales en las capitales de provincias y aumentó el público, pero la oferta teatral permanecía anclada en un neorromanticismo desfasado. Galdós valoraba la labor teatral de Moratín y de Ventura de la Vega, pero echaba en falta una resuelta renovación del lenguaje, las temáticas y la escenografía, que prestara más atención a los caracteres, la acción dramática y la expresión de los sentimientos. No obstante, en sus novelas *Doña Perfecta, Gloria* y, sobre todo, en *La desheredada,* introdujo escenas teatrales dialogadas. Afirmó a este propósito Luis Cernuda:

> Se ha repetido que Galdós no sabe escribir, que no tiene estilo. No sé qué llamarán estilo quienes tal cosa dicen. Galdós creó para sus personajes un lenguaje que no tiene precedentes en nuestra literatura, ni parece que nadie haya intentado continuarlo. Cada personaje de sus novelas nos habla por sí mismo; es un lenguaje directo, revelador, familiar y sutil a un tiempo. Galdós ha dicho en alguna parte que su inclinación al comenzar a escribir le llevaba al teatro, pero que la pobreza de la escena española, las limitaciones que circunstancialmente imponía al dramaturgo le desviaron hacia la novela… Lo que aquí nos interesa, sin embargo, es que aquel instinto dramático pudo aconsejarle el uso del diálogo y del monólogo en sus novelas, dejando que sus personajes

hablaran y esquivándose él. Así inventa una lengua dramática, que anticipa lo que después se llamaría monólogo interior[4].

A este propósito, en el prólogo de *Casandra*, Galdós comentó las conexiones existentes entre la novela y el teatro:

> No debo ocultar que he tomado cariño a este subgénero producto del cruzamiento de la novela y el teatro, dos hermanos que han recorrido el campo literario y social buscando y acometiendo sus respectivas aventuras, y que ahora, fatigados de andar solos en esquiva independencia, parece que quieren entrar en relaciones más íntimas y fecundas que las fraternales. Los tiempos piden al teatro que no abomine absolutamente del procedimiento analítico, y a la novela que sea menos perezosa en sus desarrollos y se deje llevar a la concisión activa con que presenta los hechos humanos el arte escénico[5].

La preocupación que sentía Galdós por la evolución de España le empujó en 1892 a compaginar la novela y el teatro. Al hacerlo, según José-Carlos Mainer, pretendía comunicarse con el público, profundizar en la introspección de los personajes y transmitir mensajes morales:

> La utopía galdosiana parte de una recuperación moral de aquel mundo truncado que los ideólogos radicales del romanticismo basaron en una integración *política* de los grupos sociales tradicionales, en una armonización que conciliaba un incipiente entusiasmo nacionalista con un entusiasmo moral de muy próxima raigambre roussoniana. Al servicio de estas esperanzas se emplazan las propuestas de liberación alumbradas por el escritor: la redención de lo femenino como elemento mediador en la construcción de la utopía; el descenso a lo rural —caso de *Los condenados*— como vía para hallar la prístina fuente de la esencia moral del

país; la apología del sacrificio redentor, de la expiación y del perdón sobrehumanos como base individual de regeneración[6].

En la construcción de sus obras teatrales, Galdós aplicó su concepción global de la literatura y las artes: mostrar lo que sucedía en la sociedad, en los hogares y las calles, penetrar en el interior de los personajes, abordar los grandes asuntos contemporáneos, hacer reflexionar al público… En algunas obras se aprecian trazos de las nuevas tendencias europeas, pero en todas prevalece su voluntad de hacer pedagogía, de «deleitar aprovechando» y remover las conciencias. Tal como afirmó David T. Gies, Galdós asignó a su teatro la misión de «ilustrar, transformar y desafiar», reflejando las «necesidades y las aspiraciones más profundas de su sociedad». Por ello, se alejó del romanticismo de Echegaray y renovó el concepto del teatro:

> Sus personajes solían hablar y pensar, reaccionar y meditar, proyectar y absorber ideas, en vez de berrear, vociferar, desmayarse o hacer aspavientos. En este sentido, está más en sintonía con la nueva ola de dramaturgos europeos —Ibsen, Chejov, Hauptmann, Maeterlinck— que dejaron huella en España a finales del xix, que con los grandes autores españoles del siglo[7].

Algunas obras teatrales de Galdós fueron adaptaciones de novelas y de *episodios* escritos anteriormente, como *Realidad*, *La loca de la casa*, *El abuelo*, *Casandra*, *Gerona*, *Zaragoza* y *Doña Perfecta*. Otras fueron obras de nueva creación, como *Electra*, *La de San Quintín*, *Mariucha*, *Alma y vida*, *Amor y ciencia*, *Sor Simona* y *El tacaño Salomón*. Años después, otros creadores y directores de escena hicieron adaptaciones al teatro, al cine y la televisión de *Fortunata y Jacinta*, *Misericordia*, *Miau*, *Tristana*, *Nazarín* y *El abuelo*.

Como comentó Pérez de Ayala, las obras teatrales de Galdós causaron un gran impacto en el público, originando unas veces entusiasmo y otras desidia. *Realidad, La de San Quintín, Electra, Casandra* y *El abuelo* tuvieron un gran éxito. La idea de poner en escena *Realidad* se le ocurrió al actor y director Emilio Mario, tentando las antiguas inquietudes dramáticas del escritor. La propuesta fue aceptada por Galdós y enseguida se metió de lleno en el singular mundo de la farándula. Al cabo de unos meses, se leyó en el Teatro de la Comedia el texto adaptado de la novela, se realizaron los correspondientes ajustes, se repartieron los papeles entre los actores y comenzaron los ensayos, bajo la supervisión de Echegaray.

La trama dramática de *Realidad* reproducía los aspectos básicos de la novela, aunque se eliminaron algunos elementos secundarios, se condensaron los procesos y se planteó un desenlace efectivo que llegara al público. Como se ha comentado, *Realidad* muestra un retrato del Madrid burgués de finales del siglo, en el que los personajes ponen patas arriba las convenciones morales establecidas. Augusta Cisneros, dama de alta alcurnia, se hace amante de Federico Viera, un tahúr que frecuenta los bajos fondos. La relación adúltera fue muy comentada en los corrillos madrileños. Galdós provocó la conmoción del público cuando Orozco, el marido engañado, rompiendo el caduco código de la honra, perdona a Viera y exculpa a su mujer. «El adulterio —afirma Jorge Rodríguez— se resuelve con el perdón. La realidad inmediata queda lejos e inservible como estímulo de la conducta moral, se ha instalado en la relatividad, su verdadero y nuevo valor dentro de la literatura española»[8].

Realidad fue estrenada el 15 de marzo de 1892 en el Teatro de la Comedia de Madrid. Entre el público se encontraban *Clarín,* Valera, Menéndez Pelayo, Pardo Bazán y Balart, ya que existía curiosidad por ver lo que había sido capaz de hacer el famoso novelista. Algunos conocían la relación de la obra con Emilia Pardo Bazán, que asistió varias veces a los ensayos, sin mostrar discreción alguna. María Guerrero representó el papel de Augusta. Era una joven actriz intuitiva e inteligente, más atractiva que hermosa, aceptable cantante, que fascinaba a Galdós por su singular capacidad interpretativa. Emilio Thuillier representó el papel de Viera y Miguel Cepillo el de Orozco. Dice Carmen Bravo-Villasante:

> La noche del estreno de *Realidad* se hablaba por los codos en los entreactos, se discutía, se disputaba… El teatro, desde el vestíbulo hasta el paraíso, hervía materialmente. Oíanse opiniones rotundas, categóricas, ya ensalzando a Galdós, ya condenándolo sin piedad. Oíanse juicios contradictorios, vacilantes, absurdos a veces, como de gente que tiene ante sí algo revelador y desconocido, que aturde y desconcierta[9].

Galdós quedó muy satisfecho del resultado alcanzado: «Fue esta una noche solemne, inolvidable para mí. Entre bastidores asistí a la representación en completa tranquilidad de espíritu, pues en aquellos tiempos yo ignoraba los peligros del teatro»[10]. El público aplaudió con entusiasmo y reclamó la presencia de Galdós en el escenario. La crítica, en cambio, mostró división de opiniones. *Clarín* destacó el sentido innovador del lenguaje y los contenidos. Galdós se sintió aliviado al conocer su parecer, confesándole que «la forma dramática» le había «engolosinado», por lo que pensaba comenzar otra obra, *La loca de la casa*.

> El drama *Realidad* me ha servido como disciplina o estudio forzado para aprender cosa tan difícil como es la condensación de un asunto y el reducirlo a alcaloide. Crea usted que es preciso economizar espacio. Hace tiempo vengo sintiendo (y digo sentir porque es la mejor manera de apreciar esta vaga premonición de las cosas) que la moda, o como quiera decirse, del detalle, de la difusión, de la riqueza episódica, va pasando. Es algo que está en la atmósfera literaria, y a mi modo de ver,

conviene seguir la corriente de la concentración y de la economía de espacio, antes que se marque más, y los franceses nos lo den hecho[11].

Pardo Bazán consideró la obra una expresión de «realismo romántico-filosófico»[12]. Menéndez Pelayo exclamó satisfecho: «¡Este es nuestro Ibsen, así le queremos!»[13]. La obra se representó en Madrid en veintidós funciones y después realizó una gira por las principales ciudades españolas. «*Realidad* —concluye Rosa Amor— es un drama de excelente calidad, novedoso y primerizo en el enorme universo de creación que desde este estreno preparaba Galdós. Se estaba gestando la renovación del teatro»[14].

Animados por el éxito alcanzado, Emilio Mario y María Guerrero le pidieron a Galdós que se pusiera de inmediato a preparar nuevas obras. *La de San Quintín,* estrenada el 25 de enero de 1894, en el Teatro de la Comedia de Madrid, es, según el autor, «una obrita sociológica, bastante *[ilegible]* en su intención y hechura. disolvente en el fondo, en la forma sencillísima y con visos de inocente»[15]. El rico anciano José Manuel de Buendía, que vive con su sobrino César, invita a Rosario de Trastámara, duquesa de San Quintín, a pasar una temporada en su hacienda. Allí, el joven Víctor, hijo ilegítimo de César, le declara su amor. Cuando César lo descubre, ofrece a su hijo una importante cantidad de dinero para que renuncie a ella y se marche. Víctor lo rechaza, siguiendo los dictados de su corazón. Rosario valora su firme actitud y acepta su propuesta de ir a América para comenzar juntos una nueva vida. La obra mostraba los cambios de valores que se estaban produciendo en la sociedad, como la relación sentimental entre la duquesa y el trabajador, la reivindicación de relaciones sentimentales libres y la dignificación de la persona a través del trabajo.

Galdós quedó muy satisfecho del resultado de la representación de la obra:

Fue el éxito más brillante y ruidoso que hasta entonces obtuve en el teatro. La novedad de la fabricación de rosquillas ante el público y el simbolismo social de esta escena y las demás, fueron muy del agrado del *respetable*... Prodigiosa se mostró María Guerrero en la *duquesa de San Quintín,* gran señora, a quien los reveses de la fortuna obligan a desdorar su prosapia en los quehaceres domésticos. No menos feliz estuvo Emilio Thuillier en su situación culminante, cuando, caído en la impersonalidad social, se levanta gallardamente con el esfuerzo de su voluntad poderosa y de una pasión romántica. Cepillo, en la parte de *don César;* Cirera, en el *patriarca Buendía;* García Ortega, en *el marqués de Falfán,* y los demás artistas, contribuyeron a que *La de San Quintín* durara en el cartel cincuenta noches[16].

Sin tomarse un respiro, Galdós prosiguió la creación dramática. Así, el 11 de diciembre de 1894 se estrenó en el Teatro de la Comedia de Madrid *Los condenados,* «obra espiritualista y mística». El drama cuenta la historia de Salomé, destinada por su familia a contraer matrimonio con Santiago Paternoy. Pero ella se enamora del bandolero José León e intenta iniciar una nueva vida con él en una granja. Santiago abandona su intención y acepta la situación planteada. Ante la falta de recursos, José solicita la ayuda económica de una antigua amante. Cuando Salomé lo conoce, se siente ofendida y denuncia las fechorías de José, que casi sufre un linchamiento en el pueblo. Salomé ingresa en un convento y pierde el juicio y José se entrega a la justicia, que lo acaba ejecutando en la horca.

Galdós realizó un gran esfuerzo en la elaboración de *Los condenados,* documentándose en Ansó para darle a la obra la ambientación apropiada. Por eso, le dolió la fría reacción del público y la dureza de los críticos: «Esto era de esperar y no podía ser de otro modo. Me han tratado con una saña implacable, ebrios de alegría los unos, de coraje los otros»[17]. Una vez más, recabó la opinión de *Clarín,* que leyó el drama estando enfermo y le aconsejó continuar su trabajo dramático siguiendo su propio criterio:

> Lo que debe usted hacer, sea teatro nuevo, sea de novela, es imponerse a empresas y cómicos, no consentir que nadie le peine las obras como si fueran carros de hierba, ni le mutile los caracteres, disloque las frases y convierta en anodino lo que no lo era según usted lo ideó. Trabaje usted sin pensar en el público, dramáticamente, sí, pero como si la escena fuese cerrada, pero con cuatro paredes. Cuando usted hace eso, le sale mejor»[18].

El 20 de diciembre de 1895 se estrenó la obra *Voluntad* en el Teatro Español de Madrid. Isidora es una joven emprendedora que se pone al frente de su familia y se dispone a gestionar el negocio comercial de su padre para superar los problemas económicos que padecen. Pero aparece Alejandro e Isidora se enamora de él y se plantean vivir juntos, sin contraer matrimonio. El discurso teatral impone la victoria de la voluntad sobre el pesimismo y la decadencia. «El ensueño —afirma Bravo-Villasante— es sustituido por una voluntad poderosa que hace realidades. La energía perseverante es el más alto ejemplo moralizador del teatro galdosiano»[19]. El *Himno de la alegría* de Beethoven constituyó el fondo musical de la representación de la obra.

La crisis de fin de siglo originó un resurgimiento del anticlericalismo, situando en el centro del debate público la necesidad de frenar la influencia de la Iglesia en la vida comunitaria y limitar su preponderancia en la educación secundaria, que alcanzaba al 80 por ciento de los centros de enseñanza. Determinados factores externos e internos favorecieron este proceso. En Francia, el presidente republicano Pierre Waldeck-Rousseau promovió una Ley de Asociaciones para controlar el crecimiento de las órdenes religiosas. Por lo que se refiere a España, confluyeron la disposición decretada por el Gobierno de Cánovas del Castillo que autorizó a los jesuitas a establecer centros de enseñanza, la debilidad del Gobierno del general Azcárraga, la renovación del programa religioso del Partido Liberal de Sagasta, los discursos anticlericales de Canalejas en las Cortes, la polémica boda de María de las Mercedes, princesa de Asturias, con Carlos de Borbón-Dos Sicilias, hijo del jefe del estado mayor carlista, y el polémico caso de Adelaida Ubao, rica heredera, menor de edad, que, siguiendo los consejos del jesuita Cermeño, ingresó en el convento de las Esclavas del Corazón de Jesús, contrariando la opinión de su familia. Galdós comunicó en cartas dirigidas a sus amigos *Clarín* y Tolosa Latour que estaba escribiendo una obra dramática que «tiene mucha miga, más miga quizá de la que conviene».

En este contexto, el estreno de *Electra,* el 30 de enero de 1901, en el Teatro Español de Madrid constituyó un gran acontecimiento cultural y político. Galdós recreó el antiguo mito griego, planteando la confrontación de la tutela eclesiástica y la libertad civil. Electra es una joven de dieciocho años de padre desconocido que, tras la muerte de su madre Eleuteria, fue acogida por su tía Evarista. Electra conoce a Máximo, sobrino de Evarista, un científico liberal, viudo, con dos niños pequeños, y los dos se enamoran. Electra confía sus sentimientos al jesuita Pantoja y este le dice que Máximo y ella son hijos de Eleuteria y, por tanto, son hermanos, sin confesarle la relación que había mantenido con su madre, fruto de la cual ella podría ser hija suya. El pérfido Pantoja ofrece a la joven su protección y le aconseja que se recluya en el convento, donde precisamente está enterrada su madre:

Porque en mí tendrá usted un amparo, un sostén para toda su vida. Inefable dicha es para mí cuidar de un ser tan noble y hermoso, defender a usted de todo daño, guardarla, custodiarla, dirigirla, para que se conserve siempre incólume y pura; para que jamás la toque ni la sombra, ni el aliento del mal. Es usted una niña que parece un ángel. No me conformo con que usted lo parezca: quiero que lo sea[20].

Electra advierte el propósito de Pantoja de someterla y le confiesa a Máximo su temor:

MÁXIMO: Noto en tu rostro una nube de tristeza, de miedo…, gran novedad en ti.

ELECTRA: Quieren anularme, esclavizarme, reducirme a una cosa… angelical. No lo entiendo.

MÁXIMO: No consientas eso, por Dios… Electra, defiéndete.

ELECTRA. ¿Qué me recomiendas para evitarlo?

MÁXIMO: La independencia.

ELECTRA: ¡La independencia!

MÁXIMO: La emancipación… Más claro, la insubordinación.

ELECTRA: Quieres decir que podré hacer cuanto me dé la gana, jugar todo lo que se me antoje, entrar en tu casa como en país conquistado, enredar con tus hijos y llevármelos al jardín o a donde quiera.

MÁXIMO: Todo eso y más[21].

El espectro de Eleuteria le revela a Electra que ella y Máximo no son hermanos y que los rumores que la atormentan carecen de fundamento, aconsejándole que abandone el convento. Al final, Electra resuelve el problema imponiendo su deseo de emanciparse y de vivir en libertad, lo que entrañaba el triunfo del «amor sobre el fanatismo, la verdad sobre la mentira, la luz sobre el oscurantismo, el liberal Máximo sobre el conservador Pantoja»[22].

En *Electra,* Galdós volvió a plantear su preocupación sobre las deficiencias de la educación española y la presión que ejercían los religiosos sobre las personas vulnerables e incorporó otras inquietudes más recientes, como el papel de la mujer en la renovación de la vida social [▶ Figs. 20 y 30, pág. 298]. En una entrevista publicada el 7 de febrero en el *Diario de Las Palmas,* explicó el propósito que había tenido:

> En *Electra* puede decirse que he condensado la obra de toda mi vida, mi amor a la verdad, mi lucha constante contra la superstición y el fanatismo, y la necesidad de que, olvidando nuestro desgraciado país las rutinas, los convencionalismos y mentiras, que nos deshonran y envilecen ante el mundo civilizado, pueda realizarse la transformación de una España nueva que, apoyada en la ciencia y la justicia, pueda resistir las violencias de la fuerza bruta y las sugestiones insidiosas y malvadas sobre las conciencias»[23].

Electra alcanzó un gran éxito. El público aplaudió de forma entusiasta las principales escenas de la obra. El periódico *El País* afirmó que Galdós se había convertido en el símbolo de la libertad y la denuncia de «la invasión clerical». *Clarín* no pudo asistir al estreno porque se encontraba muy enfermo, pero el 26 de marzo le envió a Galdós un telegrama y una carta expresándole su felicitación. Azorín afirmó que *Electra* constituía el símbolo del proceso de cambio que se estaba operando en España:

> Yo contemplo en esta divina *Electra* el símbolo de la España rediviva y moderna. Ved cómo poco a poco la vieja patria retorna a su ensueño místico y va abriéndose a las grandes iniciativas del trabajo y la ciencia, y ved cómo poco a poco va del convento a la fábrica y del altar al yunque. Saludemos la nueva religión; Galdós es su profeta; el estruendo de los talleres, su himno; las llamaradas de las forjas, sus luminarias[24].

FIGURA 20. Dos escenas de *Electra,* en la puesta en escena que tuvo lugar en el Teatro Español de Madrid el 30 de enero de 1901.

Por su parte, Baroja declaró que Galdós había alcanzado la cumbre del teatro europeo: «Galdós ha saltado de las cimas de Dickens a las infinitas alturas de Shakespeare. Es él quien ha auscultado el mal de España y ha iniciado su remedio»[25]. Los sectores conservadores criticaron con dureza *Electra*. El arzobispo de Burgos la consideró una «bandera de combate y enseña de rabiosa persecución al catolicismo». La polémica multiplicó la repercusión de la obra, manteniéndose en cartel en el Teatro Español durante más de cien representaciones, algo infrecuente en aquel tiempo. Después, circuló por los teatros de las principales ciudades. En Bilbao y León los asistentes exigieron la interpretación de *La Marsellesa* y del *Himno de Riego*. En Las Palmas, el teatro donde se puso en escena pasó a denominarse Teatro Benito Pérez Galdós, nombre que ha mantenido hasta la actualidad. *Electra* se representó también en París, Lille, Amiens, Le Hâvre, Dijon, Lyon, Marsella, Roma, Manila, Lima, Caracas y Buenos Aires. Al mes y medio del estreno se habían vendido 20.000 ejemplares de la obra, que pronto sería traducida al inglés, alemán, holandés y portugués. Según Bravo-Villasante:

[En] la historia del teatro español debe ser registrada como en la historia del teatro francés el estreno de *Hernani*. *Electra* deja de ser un suceso meramente literario para convertirse en un hecho político y social, de extraordinaria significación cultural. El comienzo del siglo XX queda marcado con el estreno tempestuoso de *Electra*[26].

La polémica movilizó a los autores dramáticos y a los agentes culturales. Así, Jacinto Benavente, dramaturgo muy valorado por sus contemporáneos, creador de *La farándula, La malquerida* y *Teatro Fantástico,* le dedicó a Galdós su obra *Lo cursi,* porque a su juicio había sido el mejor observador del comportamiento inseguro y presuntuoso de la burguesía española. Galdós y Benavente mantuvieron una relación de amistad y de respeto que perduró mucho tiempo.

En sus últimas obras, Galdós reflexionó sobre las transformaciones sociales y la configuración de nuevos valores. El 14 de febrero de 1904 se estrenó en el Teatro Español de Madrid *El abuelo,* adaptación de la novela homónima, con la interpretación de Fernando Díaz de Mendoza, Felipe Corsi y María Cancio. Algunos investigadores la consideran la mejor creación dramática de Galdós. Tras la muerte de su hijo, el conde de Albrit regresa de América a su pueblo con el propósito de resolver el problema de la legitimidad, descubriendo cuál de sus dos nietas, Dorotea y Leonor, es su auténtica heredera. Lucrecia, madre de las niñas, le engaña diciéndole que es Dorotea. El abuelo se encariña con ella, pero después Lucrecia le dice que la verdadera nieta es Leonor. Albrit mantiene la entereza nobiliaria, pero va descubriendo que ha llegado tarde y está sumido en una amarga tragedia que él mismo ha causado. La realidad de la vida, a través de la bondadosa Dorotea, su nieta espuria, le muestra el error cometido y, al final, decide escoger la grandeza del amor frente al linaje, optando por el cariño de las dos nietas. Blasco Ibáñez realizó una valoración muy buena de la obra:

> *El abuelo* drama es una de las mejores obras (por no decir la mejor) de nuestro teatro moderno. Hay en él un quinto acto digno de Ibsen. No; digo mal, a cada uno lo suyo, sin establecer comparaciones. El dramaturgo noruego tiene sus obras y Galdós tiene *El abuelo*. Cada uno en su pedestal; que para ocupar el suyo el español no necesita buscar apoyo en el escandinavo. *El abuelo* novela, sigue siendo una gran novela; y el drama, el más conmovedor, el más genial y verdadero de cuantos hemos visto en España de muchos años a esta parte[27].

Galdós desplegó una intensa actividad democrática y republicana, que impregnó el contenido de sus novelas y creaciones dramáticas. El escritor condenó la violenta represión gubernamental de la Semana Trágica de Barcelona y se sumó al grito ¡Maura, no!, que se extendió por España. En este contexto, el estreno de *Casandra* el 28 de febrero de 1910, en el Teatro Español de Madrid, tuvo un gran eco cultural y político. Adaptación en cuatro actos de la novela homónima escrita unos años antes, fue interpretada por Carmen Cobeña, Enrique Borrás y Julia Cirera. Doña Juana de Samaniego, encarnación del autoritarismo, la esterilidad y el fanatismo, modifica el testamento de su marido para entregar la fortuna a una congregación católica, privando a los sobrinos de su legítima herencia. *Casandra*, símbolo de la fertilidad, la libertad y la justicia, defiende los derechos de su familia dando muerte a doña Juana.

En un momento de la obra, uno de los personajes realiza un incendiario discurso que recuerda el inicio de *La Internacional:*

> ISMAEL: Chillaré, alborotaré contra los dioses ricos y pobres..., voy, voy a eso..., no puedo contenerme. Reclutaré todos los desesperados que encuentre, y han de ser muchos porque estamos en la tierra de la desesperación... Me declaro revolucionario callejero entre tantos que lo son y no se atreven a mostrarlo fuera de sus casas; soy rebelde que chilla, por ejemplo de los miles de rebeldes solapados que callan. Yo gritaré: ¡Abajo las fortalezas de injusticia y opresión, llámense leyes, tronos o altares! ¡Arriba nosotros, la turba, los desesperados, los desengañados![28].

La obra finaliza con estas rotundas palabras de Casandra: «¡He matado a la hidra que asolaba a la tierra!... ¡Respira, Humanidad!»[29].

El público aplaudió las principales escenas de la obra y reclamó varias veces la salida de Galdós al escenario. Cuando finalizó la representación, en la puerta del teatro varios centenares de actores, periodistas y aficionados vitorearon al escritor y lo acompañaron por las calles de Madrid hasta su casa, manifestando su adhesión a su labor literaria y política. Joaquín Arimón, en su crónica de *El Liberal,* calificó a *Casandra* como «una admirable obra de combate... contra las demasías del clericalismo, tan audaz y envalentonado en los tristes días que corremos». Joaquín Costa la consideró un épico combate de denuncia:

> La lucha entre el clericalismo aplastado y revivido (Doña Juana) y la Razón que vence (Casandra) es grandiosamente épica. Si en vez de ser exclusivamente una obra de combate, lo fuese también de soluciones, de porvenir, de programa, diría que había echado de menos, al lado de la antítesis, la síntesis, al lado de la oposición, la composición, lo que ha de sobre-nadar en la tormenta y pasada ella[30].

Por lo demás, Pérez de Ayala, en la *Revista de Europa,* afirmó que «los sobrinos de doña Juana, con todos sus defectos, son la fecundidad social, mientras que doña Juana es la esterilidad social». Asimismo, denunció la corrupción y la práctica de captación de herencias que llevaban a cabo «los gestores de la bienaventuranza»[31].

En 1913 Galdós fue designado director artístico de Teatro Español de Madrid. Dada su trayectoria cultural, este desempeño debió de resultarle especialmente grato. Nada más acceder al cargo, se planteó renovar la programación combinando las grandes obras clásicas, las creaciones contemporáneas y las de autores noveles. Para ello, se dirigió a Benavente, los hermanos Quintero, Valle-Inclán, Pardo Bazán, Dicenta, Linares y Martínez Sierra, así como a jóvenes con talento como Elola, Silva y Pérez de Ayala. En el plano de la interpretación, se dispuso a contar con los mejores directores y actores. Asimismo, incorporó otras novedades, como la realización de conferencias literarias y la sustitución de los valses que amenizaban los intermedios por fragmentos de obras de Bach, Mozart, Beethoven y Wagner. Entre las primeras obras programadas destacaron *A secreto agravio secreta venganza* de Calderón de la Barca, *El anzuelo de Fenisa* de Lope de Vega, *La Dolores* de Bretón de los Herreros, *La reina joven* de Guimerá, *Sobrevivirse* de Joaquín Dicenta, *Nena Teruel* de los hermanos Quintero, *Los intereses creados* de Jacinto Benavente y *El abuelo* y *Celia en los infiernos* del propio Galdós. El conservadurismo del público, los intereses contrapuestos de los autores, las compañías y los actores, la presión de los críticos y el peso de la edad fueron minando su proyecto. A este propósito, Valle-Inclán y Galdós tuvieron un grave desencuentro. El escritor gallego envió al teatro su «comedia bárbara» *El embrujado*. Matilde Moreno, empresaria y primera actriz de la compañía, tras estudiar la obra, le manifestó a Galdós su negativa a representarla. El Comité de Selección respaldó el criterio de Moreno. Valle-Inclán montó en cólera y dio trascendencia pública al asunto, organizando una lectura de *El embrujado* en el Ateneo de Madrid que terminó como el rosario de la aurora[32].

Galdós dedicó los últimos años de su actividad literaria a la creación dramática: *Celia en los infiernos* (1913), *Alceste* (1914), *Sor Simona* (1915), *El tacaño Salomón* (1916) y *Santa Juana de Castilla* (1918). *Celia en los infiernos* fue estrenada el 9 de diciembre de 1913 en el Teatro Español de Madrid. Escrita al dictado, como afirma en su correspondencia el autor, Celia, la protagonista, es una rica heredera con vocación social, que emprende un viaje hasta el «infierno materialista» de los barrios pobres de Madrid, con sus curtidurías, sus corralas pobladas por famélicos traperos y sus malolientes tabernas. Celia busca a Germán, antiguo empleado suyo, a quien despidió después de deshonrar su casa, a pesar de que estaba enamorada de él, sin importarle su pobreza. Celia desciende al infierno de la miseria para redimir a los pobres. «¿Qué razón hay —se lamenta Germán— para que unos carezcan de medios de vida y otros los posean de un modo exorbitante? Por todas partes vemos que la inteligencia y la actividad perecen, y la holganza sin ideas rebosa de bienestar»[33]. No obstante, se excusa afirmando que sus ideas no son más que ilusiones de pobres: «Condición de pobres es soñar, imaginar arbitrios honrosos, para que vengan a su bolsillo los dineros que en otros bolsillos están de sobra. Pienso constantemente en el equilibrio social, que hoy no existe y que debe existir para que tengamos justicia en la tierra». El infierno está, así pues, en las duras condiciones de vida que castigan a las clases trabajadoras y marginales. Leoncio y Celia mantienen el diálogo clave acerca de la cuestión social:

LEONCIO: … la caridad, por grande que sea, no resuelve el problema que a todos nos conturba, ricos y pobres. La plebe laboriosa no se redime solo por la caridad.
CELIA: Pues, ¿qué necesita la plebe laboriosa?
LEONCIO: Justicia, señora[34].

La obra concluye con la adquisición por parte de Celia de una gran trapería cuyos derechos y acciones reparte entre los obreros del extrarradio de Madrid, prometiéndoles salarios justos, reparto de los beneficios y pensiones dignas para que consigan salir del infierno.

Celia en los infiernos fue dedicada a Joaquín y Serafín Álvarez Quintero, «gloriosos mantenedores de un Teatro resplandeciente de inefable gracia y alegría, arte bienhechor que endulza los amargores de la existencia humana»[35]. El estreno de la obra constituyó un gran éxito. Asistieron el presidente del Gobierno, Eduardo Dato, el ministro Sánchez Guerra, el conde de Romanones, Azcárate y Alfonso XIII, que felicitó personalmente al escritor. Manuel Bueno, en la crónica que publicó en *El Heraldo de Madrid,* consideró a Galdós «nuestro Carlos Dickens»[36].

La última obra estrenada por Galdós en vida fue *Santa Juana de Castilla,* el 8 de mayo de 1918, en el Teatro de la Princesa de Madrid, interpretada por la gran actriz Margarita Xirgu [▶ Fig. 21]. Galdós proyecta su imaginación sobre los albores de la historia moderna con el propósito de descubrir el misterio de la reclusión de Juana I de Castilla en el castillo de Tordesillas. La acción comienza dos días antes del fallecimiento de la reina y se desenvuelve básicamente en torno a tres aspectos: su compromiso erasmista, su identificación con Castilla y su concepción popular de la monarquía. Durante todo el encierro, Juana tuvo un comportamiento religioso erasmista, amaba a los humildes y a los limpios de corazón, y no asistía a los actos religiosos. Según Galdós, esta concepción no era herética, como declaraba la Iglesia oficial, sino que expresaba el verdadero cristianismo. Por otra parte, en cuanto Juana aparece en escena confiesa su castellanismo: «Para mí no hay más historia que la de Castilla. De esta tierra ha salido todo lo grande que existe en la Humanidad»[37]. Por lo demás, cuando se encuentra fuera del castillo con las gentes del lugar, que le expresan su reconocimiento, afirma solemnemente: «No soy la primera castellana, ni tampoco la última: vosotros y yo somos lo mismo»[38]. En las primeras escenas del acto segundo se reafirma este criterio: «La reina está en lo cierto —dice Peronuño—. El pueblo debe gobernarse a sí mismo en conformidad con la Soberana». Y Juana le responde: «No me separen de mi pueblo»[39].

FIGURA 21. Estreno de la obra *Santa Juana de Castilla,* tragicomedia en tres actos, el 8 de mayo de 1918, en el Teatro de la Princesa de Madrid. Esta obra teatral recrea los últimos días de Juana I de Castilla (1479-1555), apodada la Loca, figura interpretada por la gran actriz Margarita Xirgu (a la derecha).

El deterioro de la salud no le permitió a Galdós proseguir su labor de creación dramática. Tras su fallecimiento, en 1921, los hermanos Quintero adaptaron *Antón Caballero,* su obra póstuma.

Galdós fue uno de los dramaturgos españoles más importantes de su tiempo. Creó un teatro de personajes, de ideas y valores, que reflejaba la realidad social y las preocupaciones ciudadanas. Formuló una propuesta realista, que a veces dio paso al simbolismo. Y, como en sus novelas, alumbró una rica tipología de personajes femeninos que ocupó una posición central y determinante: como Electra, que lucha

243

para lograr su emancipación; Casandra, que mata para defender sus derechos; Mariucha, que promueve iniciativas emprendedoras; Victoria, que abandona el hogar cuando advierte que su marido es incapaz de cambiar, o Augusta, que tiene una relación adúltera como autoafirmación. Mujeres conscientes y luchadoras que, a juicio del escritor, constituían el núcleo de la necesaria regeneración social. Afirma Finkenthal a este propósito:

> Sus retratos de heroínas con gran fuerza de voluntad dan un ejemplo positivo a los personajes del drama y del auditorio que sufrieran del mal nacional de la «abulia» o parálisis de la voluntad… En las obras, es la mujer quien infunde esperanzas a los otros personajes, quien provoca desenlaces positivos y quien muestra el optimismo del autor al enfrentarse a situaciones que debilitan la fuerza de voluntad y suponen un desafío para ella[40].

Una de las prioridades de Galdós era conseguir una buena comunicación con el público para despertar su atención, hacerle reflexionar y exteriorizar sus sentimientos. Era consciente de que la «musa escénica» era imprevisible, que las claves del éxito eran difíciles de encontrar y materializar. También, que la mayoría del público carecía de una adecuada formación artística. Sobre este importante asunto, afirmó Galdós:

> El público burgués y casero dominante en la generación última no ha tenido poca parte en la decadencia del teatro. A él se debe el predominio de esa moral escénica, que informa las obras contemporáneas, una moral exclusivamente destinada a aderezar la literatura dramática, moral enteramente artificial y circunstancial, como la de una sociedad que vive de ficciones y de convencionalismos[41].

Por ello, a través de sus obras dramáticas Galdós trató de impulsar la renovación del teatro, la acción pedagógica y la transformación de la sociedad, como ha destacado Rodríguez Padrón:

> Galdós era consciente de ese gran problema: la reforma del teatro. Y contribuyó a ella como mejor pudo y supo: haciendo un teatro a la medida de aquellas circunstancias... Un teatro abierto, que brinda múltiples posibilidades de realización y de aceptación... Galdós intentó el teatro como instrumento de transformación de la sociedad, como ya lo había hecho con la novela... Se preocupó y le preocuparon los problemas de la escena española de su época, conoció la rutina de la moda y la combatió teórica y prácticamente. Galdós, como dice Sainz de Robles, se *encara* y *descara* con el público y le presenta un limpio espejo para que se mirase, para que comprendiera cuál podría ser el camino de una vida fructífera y fecunda, precisamente en el dinamismo y la renovación... Así y con todo, las aportaciones de Galdós fueron de inestimable valor para nuestro teatro de fin de siglo y para la evolución de nuestro teatro contemporáneo[42].

En suma, el teatro de Galdós realizó una importante contribución artística y social a la escena española, introduciendo nuevas concepciones, temáticas renovadas y fórmulas que le permitieron profundizar en la realidad de los hombres y las mujeres de su tiempo. Una contribución teatral que, como afirmó Manuel Alvar, contenía «un aura de verdad, como vendaval purificador»[43].

Figura 22. Dos carboncillos del cuaderno titulado *El Teatro de la Pescadería*, integrado por una colección de dibujos realizados a finales de los años 1860, en los que Galdós expresa su parecer sobre el lugar más apropiado para construir el Teatro Nuevo de Las Palmas.

X

Arte y literatura:
dibujo, crítica y coleccionismo

Galdós tenía una concepción integral de la cultura y las artes. Además de su dimensión de escritor, disfrutaba con la música, dibujaba y diseñaba, tenía ciertos conocimientos de arquitectura, le gustaba el teatro y ejercía la crítica de arte en periódicos y revistas. Como Goya, Galdós era un pensador que reflexionaba a través de sus obras. Sus novelas, construidas con palabras, están repletas de imágenes. Los *Episodios Nacionales* son cuadros de historia precedidos de una minuciosa recolección de datos, tal como hacen los artistas. Las novelas contemporáneas muestran los caracteres de la sociedad burguesa. En los artículos reunidos en *Arte y crítica* por Alberto Ghiraldo, considera la novela un «interesante arte de pintar la vida humana»[1]. En este sentido, afirma que la obra *Riverita,* de Palacio Valdés, es «una pintura de la vida común»[2], y encuentra en *La Regenta,* de *Clarín,* «pinturas felicísimas»[3].

La creación literaria de Galdós está estrechamente conectada con las artes plásticas. Sus relatos contienen numerosos elementos gráficos, pinturas de historias y de ambientes, cuadros de líneas y colores bien definidos. Son obras que huyen del desorden, que no pretenden hacer visible lo invisible. De acuerdo con la ideología galdosiana, reflejan la realidad, son apuntes a *plein air* que, luego, en el despacho, lejos del vértigo producido por la algarabía y la improvisación, reproducen con fidelidad lo observado. La crisis de fin de siglo agitó el mundo artístico. El invento de la fotografía modificó la mirada y el trabajo del artista. Las formas comenzaron a desvanecerse, la línea y el color dejaron de tener límites y la luz surgió con potencia. Las sombras que iluminaban los paisajes del alma dejaron de ser románticas para tener una significación distinta. Lo simbólico amplió la perspectiva del pintor, la libertad permitió romper las amarras, todo comenzaba a ser profanado por la nueva mirada, la que buscaba hacer visible lo invisible, la que poco después huyó del arte figurativo para disolverse en la poesía. Era el comienzo de las vanguardias. A principios del siglo XX todo estaba revuelto. Galdós no advirtió la profundidad de este proceso de cambio y mantuvo la serena correspondencia entre el arte y la literatura que siempre había tenido. Como buen observador, su inspiración tomaba nota de las obras de arte que podían ayudarle a describir los personajes, los paisajes o los conflictos. El estudio de *La rendición de Breda* (1635) de Diego Velázquez le sirvió para hacer la caricatura de don Lope, protagonista de *Tristana*. Tal vez, en sus últimos relatos, se contagió de la emergente tendencia vanguardista e intentó disolver los límites entre el significante y el significado, entre la línea y el color, escribiendo historias más simbólicas y menos previsibles. Las vanguardias artísticas huían del arte figurativo, como también lo hacían los escritores jóvenes.

Como se ha señalado, Galdós comenzó a tener interés por el dibujo y la pintura durante su infancia. En los talleres de Silvestre Bello y de Elizabeth Murray aprendió las técnicas básicas que plasmó en varios apuntes al carboncillo y óleos de temáticas canarias. Su afición artística se consolidó en la etapa estudiantil madrileña, y desde entonces siempre tendrá a mano un lápiz para dibujar lo que le interesaba. En 1862 Benito concurrió a la Exposición Provincial de Agricultura, Industria y Artes, con la presentación de tres obras: el dibujo *La Magdalena*, el dibujo *La historia de Gran Canaria* y la acuarela *La alquería*. Los dos dibujos fueron distinguidos con la concesión de sendas menciones honoríficas. El cuaderno *El Teatro de la Pescadería* está integrado por una colección de dibujos realizados a finales de los años sesenta, en los que expresa su parecer sobre el lugar más apropiado para construir el Teatro Nuevo de Las Palmas [▶ FIG. 22, pág. 246]. A través de diversos dibujos, rechazó su edificación en el llamado *boca-barranco* y se mostró partidario de que tuviera un emplazamiento más sólido, alejado del mar. Sus argumentos contra la «opción marina» se plasmaron en numerosas caricaturas satíricas y humorísticas en las que el «coliseo náutico» es arrastrado hacia el mar y Norma, la sacerdotisa de la ópera de Bellini, y los cantantes sobreviven apurados en el agitado oleaje del océano. El dibujo, el humor y la crítica fueron su contribución a aquella polémica.

Al llegar a Madrid, Galdós frecuentó la tertulia que realizaban sus paisanos canarios en el *Café Universal,* con el propósito de consolidar su relación con amigos asentados en la capital, de escuchar las novedades políticas y culturales y estar al tanto de las noticias de las islas. En aquellas reuniones desplegó su habilidad como dibujante, produciendo los cuadernos *Las Canarias* y *Atlas Zoológico de las Islas Canarias. Las Canarias* es una colección de caricaturas de los promotores y redactores del periódico *Las Canarias,* fundado en Madrid, en 1863, por Benigno Carballo, Benítez de Lugo y León y Castillo, con el fin de informar sobre los asuntos canarios, defender sus intereses y ofrecer a los jóvenes isleños la oportunidad de iniciarse en el periodismo. Las caricaturas presentan a Carballo, director del periódico, como «San Benigno, fundador y mártir», a León y Castillo devorado por los redactores y al periódico camino del cementerio en un coche fúnebre conducido por un mono y tirado por dos parejas de cerdos.

El *Atlas Zoológico de las Islas Canarias* contiene una cincuentena de dibujos satíricos realizados entre 1864 y 1866, a lápiz y a tinta, sobre los contertulios del *Café Universal*. El joven Galdós emplea el recurso de la animalización y la cosificación para reflejar los rasgos físicos y psicológicos de los personajes, mostrando a Carballo con cuerpo de mono, a Benítez de Lugo de reptil y a León y Castillo con cara de globo. Aparecen también rasgos expresivos de la diversidad de ideas filosóficas y políticas que allí se manifestaban, así como de la vida madrileña y estudiantil. Estas caricaturas eran un ejercicio de divertimento, que animaba las conversaciones, discusiones y bromas de los paisanos. Desde el punto de vista técnico, se aprecia un avance en la organización compositiva y la habilidad caricaturesca. Por lo demás, Pérez Vidal resaltó la renovación temática de los dibujos, que incorporó novedades de aquellos años como la importancia del ferrocarril, los globos aerostáticos, la filosofía alemana y el librecambismo[4].

La tendencia de Galdós a hacer dibujos quedó ilustrada en los márgenes de los borradores de las novelas y en las pruebas de imprenta, donde aparecen bosquejos relacionados con temas que estaba tratando, composiciones geométricas, letras góticas y trazos diversos. Así, en las galeradas de *Fortunata y Jacinta* dibujó los muebles del comedor de su casa de Santander[5]. Con el paso de los años, la afición por el dibujo se transformó en un método de trabajo, que, según Sebastián Hernández, tenía sus raíces en la técnica *keepsake,* atenta a la reproducción de los aspectos de la naturaleza, los monumentos y la vida marinera que observó en sus viajes por España y Europa[6]. En este sentido, confesó Galdós a José María Carretero:

Para escribir me resulta [el arte gráfico] un complemento, porque antes de crear literariamente los personajes de mis obras, los dibujo con el lápiz, para tenerlos después delante mientras hablo de ellos. Es muy curioso. Tengo dibujados a lápiz todos los personajes que he creado[7].

Galdós cultivó también el diseño arquitectónico [▶ Fig. 23]. Mano a mano con el arquitecto Pérez de la Riva, perfiló las principales características de su casona *San Quintín* de Santander, la distribución de la finca y el mobiliario. Asimismo, en colaboración con el artista Arturo Mélida, elaboró los elementos decorativos. Su interés por el diseño haría que, al fallecer en 1904 su amigo José María de Pereda, tomase la iniciativa de diseñar su panteón, un sepulcro de un

FIGURA 23. Ilustración de un puente del llamado *Álbum arquitectónico* que atestigua los conocimientos de arquitectura de Galdós.

251

solo cuerpo, en el que se alzaba una columna con lucernario de líneas ojivales[8].

En las obras literarias de Galdós, como resaltó Alfieri, hay una evocación continua del arte pictórico, mediante referencias a obras famosas, retrato de personajes y comentarios de las tendencias artísticas de la época:

> Galdós muchas veces pinta a sus criaturas adoptando el punto de vista del retratista o del caricaturista y para realzar características físicas y morales de ellas las compara con retratos de pintores conocidos. Entre sus personajes aparecen artistas y coleccionistas de arte que al discutir sobre las pinturas emiten juicios que indican el gusto artístico de la época y el criterio estético del propio autor. Ningún escritor estuvo más en contacto con el mundo artístico de Madrid ni más al corriente de las tendencias del arte español que Galdós[9].

Su capacidad de observación y su técnica pictórica crearon un rico muestrario de detalles físicos, psicológicos y emocionales que enriquecieron los relatos. Con una técnica impresionista, dio pinceladas descriptivas de los anhelos y los desgarros de Araceli, Fortunata, *Garrote,* Isidora y Tito, que reflejaban la realidad social y personal de su tiempo. Así, Ramón Villaamil, protagonista de *Miau:*

> [...] era un hombre alto y seco, los ojos grandes y terroríficos, la piel amarilla, toda ella surcada por pliegues enormes en los cuales las rayas de sombra parecían manchas; las orejas transparentes, largas y pegadas al cráneo; la barba corta, rala y cerdosa, con las canas distribuidas caprichosamente, formando ráfagas blancas entre lo negro; el cráneo liso y de color de hueso desenterrado, como si acabara de recogerlo de un

osario para taparse con él los sesos. La robustez de la mandíbula, el grandor de la boca, la combinación de los tres colores negro, blanco y amarillo, dispuestos en rayas, la ferocidad de los ojos negros, inducían a comparar tal cara con la de un tigre viejo y tísico, que después de haberse lucido en las exhibiciones ambulantes de fieras, no conserva ya de su antigua belleza más que la pintorreada piel[10].

En *La de Bringas,* Galdós retrata de esta manera a Manuel del Pez, un burócrata oportunista sin escrúpulos:

Eran cincuenta años que parecían poco más de cuarenta; medio siglo decorado con patillas y bigote de oro oscuro con ligera mezcla de plata, limpio, reluciente, declarando en su brillo que se les consagraba un buen ratito en el tocador. Sus ojos eran españoles netos, de una dulzura y serenidad tales, que recordaban los que Murillo supo pintar interpretando a San José. Si Pez no se afeitara el mentón y en vez de levita llevara túnica y vara, sería la imagen viva del santo Patriarca, tal como nos la han transmitido los pintores… Cuando hablaba, se le oía con gusto, y él gustaba también de oírse, porque recorría con la mirada los rostros de los oyentes para sorprender el efecto que en ellos producía. Su lenguaje se había adaptado al estilo político creado entre nosotros por la prensa y la tribuna. Nutrido aquel ingenio en las propias fuentes de la amplificación, no acertaba a expresar ningún concepto en términos justos y precisos, sino que los daba siempre por triplicado[11].

Otra caracterización singular es la que Galdós hace de Carlos Marfori, amante de Isabel II, en *La de los tristes destinos:*

Entre tanta gente desmedrada y anémica, se destacaba la figura de Marfori por su recia complexión sanguínea y su tipo árabe, afeado por el grandor de la boca y el desarrollo del maxilar. Su prognatismo desvirtuaba la belleza de los ojos negros y de la figura garbosa, amenazada ya por la obesidad incipiente. Era impetuoso, autoritario, ejecutivo; su altanería ante los iguales tenía el atenuante de la educación exquisita que le había enseñado la finura y amabilidad. Estas prendas resplandecían en él en ocasiones normales, aun en el trato con los inferiores[12].

Las obras pictóricas de grandes artistas como Velázquez, Murillo, Ribera y Goya aparecen en diversas novelas galdosianas. *La carga de los mamelucos* y *Los fusilamientos del 3 de mayo* de Goya inspiraron el *episodio* en el que relató la rebelión del pueblo madrileño el 2 de mayo contra el ejército napoleónico. Por otra parte, Galdós describió a la familia de Carlos IV, a Isidoro Máiquez y a Leandro Fernández de Moratín a partir de los retratos realizados por el artista aragonés. El *Capricho 56,* denominado *Subir y bajar,* desvela algunos rasgos atribuidos a Manuel Godoy, valido de Carlos IV, como el ansia de medrar y el desenfreno. La crítica de Goya se fundamentó en dos elementos míticos: el antojo de la diosa Fortuna, que se complace en derribar a quien ella misma encumbra, y el castigo de Ícaro, precipitado al fondo del mar por desafiar los límites de su condición. Probablemente, el *capricho* y las informaciones de la historiografía contemporánea sirvieron a Galdós para dibujar el personaje de Godoy, el guardia de corps que llegó a ser *generalísimo* gracias al favor concedido por los reyes («subir») y que, tras el motín de Aranjuez, perdió todo su poder («bajar»)[13].

Aureliano Beruete, paisajista, doctor en Derecho e historiador del Arte, pintó en blanco y negro *Vista de Orbajosa,* lugar imaginario donde transcurre la novela *Doña Perfecta,* que reaparece años después en *La incógnita.* En ambas novelas, el paisaje y el arte adquieren cierto protagonismo. En *Doña Perfecta* se presenta el arte religioso como algo caduco y de mal gusto, y en *La incógnita* se defiende la nueva tendencia del arte contemporáneo. Para preparar la elaboración de *Ángel Guerra,* Galdós visitó la ciudad de Toledo acompañado por el pintor Ricardo Arredondo. En los paseos que dieron por la antigua ciudad castellana admiró su riqueza patrimonial, que desvelaba la importancia que había tenido en los tiempos modernos. La restauración de sus monumentos era imprescindible para preservar su significado histórico y artístico. En la novela *Lo prohibido,* el escritor defiende la pintura contemporánea. La protagonista tiene en su casa cuadros de Vicente Palmaroli, Martín Rico, Domingo Muñoz y Emilio Sala, algunos de los cuales poseía el propio escritor. En la novela *Tristana,* Horacio es un pintor romántico y bohemio, que utiliza correctamente el color, pero tiene problemas con el dibujo. A través de este personaje, Galdós realiza una crítica del romanticismo. Frente a la subjetividad idealista, propone la objetividad del naturalismo y el interés de captar los detalles de la vida real, el ambiente social y las costumbres. Sus concepciones literaria y artística son, así pues, concordantes. Con suma habilidad, Galdós utiliza múltiples espejos para captar la realidad y lograr «cuadros» naturalistas de su tiempo.

Durante muchos años Galdós desarrolló una importante labor de crítica de arte. En el periódico *La Nación* de Madrid, su escuela periodística, publicó entre 1866 y 1868 numerosos artículos en los que llamó la atención sobre las nuevas tendencias artísticas [▶ APÉNDICE: 1], las novedades de la Exposición Universal de París, las transformaciones urbanísticas de Madrid y las convocatorias de la Academia de Bellas Artes de San Fernando.

Galdós asistió a la Exposición Universal de París de 1867, la cual, como expresó en el *episodio La de los tristes destinos,* le dejó un recuerdo imborrable: «Hallábase París en los días febriles de la Ex-

FIGURA 24. Vista aérea de la Exposición Universal de 1867 en París. Grabado de Eugène Cicéri (1813-1890). El edificio central, que fue construido en apenas dos años por 26.000 trabajadores, tenía 490 metros de largo por 380 de ancho.

posición Universal, en que Francia hizo potente alarde de su industria, de su riqueza y mentalidad luminosa; eran los días de la gran apertura de los hospedajes; media Europa invadía París; la otra media hacía cola»[14]. La Exposición contó con 52.200 expositores de los principales países europeos y americanos. El Palacio de la Exposición era un inmenso edificio de más de 100.000 metros cuadrados, «construido en forma elíptica, con la más lógica y práctica distribución que pudiera imaginarse. Las líneas ovales guiaban al curioso en dirección de las materias expuestas; las radiales, en dirección de las naciones que exponían»[15] [▶ FIG. 24]. La Exposición ofrecía una variedad inmensa de atractivos, y respondía al doble ob-

jeto de estudiar y divertirse, que caracteriza a estos grandes certámenes. Entre las novedades que llamaron la atención del público destacaron un gigantesco cañón de la fábrica alemana Krupp y el
martinete de vapor de la fábrica suiza Creusot. La Exposición tuvo
unos diez millones de visitantes[16].

Galdós quedó muy descontento de la participación española:

> Aunque nos dé rubor el confesarlo, hicimos papel muy triste en el gran
> concierto universal de 1867. En la sección de Industria principalmen-
> te, el nombre español quedó bastante malparado, y en la de Productos
> agrícolas y químicos, donde con tanta ventaja podíamos habernos pre-
> sentado, hicimos poco, más que por falta de objetos, por sobra de ig-
> norancia y descuido; y porque nos falta, como hace notar oportuna-
> mente el Sr. Castro y Serrano, esa especial facultad de exhibición, que
> es una de las principales dotes del genio francés. La particular habili-
> dad en el ornato y en la distribución es tan esencial, cuando de un con-
> curso se trata, que sin ella, las cosas de más mérito, lo más rico y her-
> moso, queda postergado y oscurecido. Esto le ha sucedido a España.
> Su industria no hubiera nunca llamado grandemente la atención; pero
> en cambio, sus materias primas, sus materiales de artes liberales, sus
> objetos de historia del trabajo hubieran podido, si no rivalizar absolu-
> tamente con otros países, sostener sin embargo el nombre que debe
> tener como nación inteligente y activa[17].

Galdós publicó en *La Nación* un artículo monográfico sobre
«La pintura española en la Exposición Universal de París». A su juicio, la pintura «ofrecía tal vez una excepción feliz», ya que constituía una muestra «bella», pero presentaba tan solo unos treinta
cuadros y echaba en falta la participación de algunas figuras reco-
nocidas:

[Las obras] estaban en un recinto estrecho, con escasa luz y tan poco espacio, que apenas podía encontrarse el punto de vista de una composición, y resultaba trastornada la perspectiva y pálido o falseado el color. A esto se añadía una distribución muy mala, es decir, lienzos de gran dimensión colocados en la parte baja, y otros muy pequeños lindando con el friso; otros tan pegados al ángulo de la pieza, que para verlos era preciso acercarse demasiado a la pared, con peligro de estropear un marco o deteriorar una pintura.

Por si fuera poco, a juicio de Galdós la labor de los comisarios españoles había sido deficiente:

Si España hubiera llevado al Campo de Marte, como hemos dicho, lo mejor de las seis últimas exposiciones; si hubiera llevado sus grandes cuadros de historia y de religión, los paisajes de Haes, y lo mejor de Sanz, Fierros, Mercadé, Casado, y algo, aunque poco fuera de ese artista ignoto y casi legendario que se llama Fortuny, celebérrimo entre los pintores, y casi desconocido del público, tal vez hubiera podido aspirar al primer puesto entre las naciones que cultivan la pintura, y en el apoyo de sus grandes tradiciones artísticas, tal vez lo hubiera conseguido[18].

España quedó en sexto lugar en la consecución de premios, detrás de Francia, Gran Bretaña, Alemania, Austria e Italia.

Por otra parte, Galdós aprovechó la visita a París para ir al Museo del Louvre. Sus impresiones fueron recogidas en un artículo publicado en la *Revista del Movimiento Intelectual de Europa:* «Cuando voy al Museo real y me detengo a admirar el retrato de Lissa Giocondo, pintado por Leonardo da Vinci; el de Lucrecia Fede, obra maestra del Sarto, o el de la duquesa de Oxford, debido al pincel de Van Dick, no puedo resistir a la atracción que ejerce sobre mí aquella vida expresada con contornos y colores»[19].

Por lo demás, en sus paseos por la ciudad observó la profunda transformación urbanística que estaba desarrollando el prefecto Georges Haussmann en los bulevares, Malesherbes Magenta, Saint Germain y Saint Michel.

En otros artículos de *La Nación,* Galdós comentó la actualidad artística madrileña. Ofreció una visión crítica de los bocetos finalistas de la convocatoria de la Academia de Bellas Artes de San Fernando para pintar un cuadro sobre el tema *La conversión de San Pablo,* que ganó Rivera. A su juicio, el «severo clasicismo» y el desmesurado rigor académico estaban ahogando el despliegue de la creatividad y la libertad de los artistas[20].

Asimismo, el joven periodista analizó con interés las transformaciones urbanísticas que se estaban produciendo en Madrid a finales de los años sesenta: el derribo de la parte vieja de la calle de Preciados, la ampliación de la Plaza de Santa Ana, donde se encontraba el Teatro Español, y el desarrollo del nuevo barrio de Pozas, más allá de la calle Princesa, en los jardines de Moncloa. Allí se inauguró en 1868 la iglesia del Buen Suceso, del arquitecto Agustín Ortiz de Villajos, que a su juicio era «el rey de los templos de la capital de España». Destacó su planta octogonal de «hermosas proporciones», su elevada altura, sus bóvedas esbeltas, sus armazones de madera y sus figuras y detalles de yeso. En suma, un edificio pequeño y sencillo, que realzaba con discreción las formas arquitectónicas y que conciliaba adecuadamente los sentimientos religiosos y artísticos[21].

En el artículo «Imperfecciones», Galdós expresó las ideas estéticas que mantenía en aquel tiempo [▶ APÉNDICE: 1]. Retomando el debate sobre la belleza ideal y la real, manifestó que casi todas las obras artísticas tienen *imperfecciones,* esto es, rasgos que rompen la *perfección,* el canon académico establecido. Frente al ideal clásico, encarnado por Fidias, destacó la belleza expresiva de la *Gioconda* de Leonardo da Vinci, la *Lucrecia Fede* de Andrea del Sarto o la *Duquesa de Oxford* de Van Dyck, que había visto en el Museo del Louvre de París:

> No busquéis en los retratos citados un ideal: buscad una mujer, y si la encontráis bella, guardaos de medir las líneas de su rostro; desconfiad siempre del compás estético que aprecia por milímetros la hermosura. En los cuadros de Vinci, del Sarto y de Van Dick encontraréis que una boca grande, una nariz aplastada, un cuerpo bien nutrido, son bellísimos recursos de un arte individual y característico. Es que el alma se simboliza en un determinado accidente corporal, y el secreto de la pintura es encarnar en la desviación de una línea, en una protuberancia, en una depresión, los rasgos y movimientos de la gran fisonomía del espíritu.

A continuación examinó detenidamente las «bellas fealdades» de estos tres rostros, la boca grande y los carrillos abultados de *Mona Lisa,* que expresan «una bondad inefable, una inclinación a todo lo apacible y sereno»; la nariz algo aplastada y el rostro resplandeciente de *Lucrecia Fede,* expresión de la belleza; la *Duquesa de Oxford,* cuya obesidad no da una imagen de pesadez, sino de orgullo y esplendor.

> En resumen: ninguna de las tres es bella, rigurosamente hablando; pero merced a una imperfección, Lissa es linda, Lucrecia es bonita, y la de Oxford es guapa. Si el pincel clásico viniese a corregir estos tres lienzos, ¿qué resultaría? Borrad a la amada de Vinci su media pulgada más de boca, y queda convertida en una vulgarísima muchacha, más propia para cuidar niños que para inspirar a un artista. Quitad a la mujer de Andrés del Sarto la depresión de la nariz y se trueca en insig-

nificante y adocenada mozuela. Arrancad a la protectora de Van Dick unas cuantas lonjas de carne, y es… la portera de vuestra casa[22].

Años después, Galdós escribió en *La Prensa* de Buenos Aires varios artículos sobre las obras premiadas en las Exposiciones Nacionales de Bellas Artes de los años 1884, 1887 y 1890, en los que reconoció la mejora de la pintura española: «Desde 1860, en que pareció iniciarse el felicísimo renacimiento de la pintura española, puede decirse que cada uno de estos certámenes ha sido una gloriosa muestra de adelanto». De la Exposición Nacional de 1884 analizó las obras *Spoliarium* de Juan de Luna, *Los amantes de Teruel* de Antonio Muñoz, *La conversión de San Francisco de Borja* de José Moreno y *La última escena de Hamlet* de Salvador Sánchez, concluyendo con las obras de jóvenes dibujantes como Pellicer, Mestres y Mélida, que habían ilustrado sus *Episodios Nacionales*. Galdós mostró su disconformidad con la supremacía de la pintura histórica, promovida artificialmente por las Academias y las Administraciones públicas, y reclamó una mayor atención a la vida contemporánea.

En el artículo dedicado a la Exposición Nacional de 1887, Galdós ratificó el progreso de la pintura española. Entre las obras premiadas, analizó *Naumaquia en tiempos de Augusto* de Ricardo Villadas, *Visión del Coliseo* de José Benlliure, *La invasión de los bárbaros* de Ulpiano Checa, *La bendición de los campos en 1800* de Salvador Viniegra y *El entierro de Cristo* de Joaquín Sorolla, sorprendiéndole que el joven pintor valenciano no hubiera sido premiado. La última crónica de arte que Galdós escribió para *La Prensa* estuvo dedicada a la Exposición Nacional de 1890. Las obras presentadas certificaban la continuidad del proceso de mejora de la calidad artística. El hecho más relevante era la decadencia de la pintura histórica y el predominio de las temáticas contemporáneas[23].

En 1894 Galdós realizó diversos análisis sobre las tendencias de la arquitectura y la pintura, que posteriormente fueron reunidos por Ghiraldo en el libro *Arte y Crítica*. A su juicio, desde 1860 la pintura española había tenido una evolución favorable, alcanzando «una gloriosa muestra de adelanto»[24]. Desde el punto de vista territorial, valoró la fecundidad artística de Madrid, Barcelona, Sevilla y, sobre todo, Valencia. Destacó las obras de Antonio Gisbert, Román Sanz, Vicente Palmaroli, Dióscoro Puebla, Pablo Manzano, Pablo Gonzalvo, Lorenzo Vallés, Casado del Alisal, Benito Mercadé, Carlos de Haes, Rafael Monleón, Emilio Sala y Manuel Castellano. A su juicio, en el escenario pictórico español sobresalían, especialmente, Mariano Fortuny, Joaquín Sorolla, Juan Luna y Enrique Mélida.

Galdós expresó su predilección por la pintura realista, respetando la libertad creativa del artista:

Pintad la época presente, pintad vuestra época, lo que veis, lo que os rodea, lo que sentís. ¿No os dice nada el ejemplo de vuestros ilustres predecesores y maestros que siempre pintaron lo que veían, y que cuando pintaban historia, es decir, Biblia o Mitología, la modernizaban trayéndola a la *vulgaridad* de su tiempo? Tengo para mí que la llamada pintura histórica es un género artificialmente creado por las Academias, un arte puramente convencional, sin base natural, y por tanto llamado a perder su prestigio cuando desaparezcan las causas pedantescas que le han dado vida… Abandonen, pues, esta senda espinosa. Ha sido dado el numen al artista para que interprete la realidad bella, no para que ilustre la historia, añadiendo documentos pictóricos a los tesoros de los archivos. Vuelvan la espalda a la realidad *supuesta* o inducida y pongan los ojos en la visible y palpable, que esto hicieron el gran Velázquez, Rembrandt, Van Dick, y aun los idealistas Rafael y Murillo[25].

Galdós disfrutaba mucho con la música. En diversos periódicos y revistas publicó artículos sobre los estrenos de ópera del Teatro Real, que frecuentó desde sus años estudiantiles. Su afición a tocar el armonio, instrumento de teclado con un depósito de aire, que sustituía al órgano en los espacios familiares, ya fue observada por Emilia Pardo Bazán cuando le visitó en su casa madrileña. A finales de 1878 aprendió a tocar el piano y asistió al estudio de José de Aranguren, discípulo del compositor y musicólogo Hilarión Eslava, situado en la Plaza del Progreso. A veces, en la casona *San Quintín* de Santander, Galdós y su sobrino José interpretaban dúos de armonio y piano. Al escritor le gustaban especialmente las composiciones de Bach, Mozart, Haydn, Händel y Beethoven. La concepción musical influyó en la construcción de sus obras: «tracé y construí la ideal arquitectura de *Alma y vida* siguiendo, por espiritual atracción, el plan y los módulos de la composición beethoviana»[26]. Algunos de sus músicos favoritos, como Beethoven, aparecen en varias novelas, como *Gloria* o *La desheredada,* y en piezas teatrales como *Voluntad.*

Por lo demás, Galdós fue un coleccionista de obras de arte. A lo largo de su vida, se relacionó y colaboró con numerosos artistas, que le regalaron obras que tenía depositadas en sus casas de Madrid y Santander. La mayor amplitud que ofrecía *San Quintín* favoreció la instalación y custodia de la mayoría de ellas, entre las que destacaban el retrato personal que le hizo Sorolla, los cuadros de Rusiñol, Salas y Alfaro, la *Vista de Orbajosa* de Beruete o el busto de Vicente Bañull, los retratos fotográficos de Laurent y Bain, el crucifijo que le regaló el papa León XIII. A este rico patrimonio hay que sumar más de mil doscientos dibujos y acuarelas de Mélida, Arredondo, el propio Galdós y otros autores, así como los manuscritos de sus novelas y los libros de su biblioteca personal.

En suma, Galdós fue un escritor dotado de una gran sensibilidad artística, que canalizó a través de la literatura, la música, el teatro, el dibujo y el diseño. Su perspectiva literaria estaba estrechamente vinculada a su concepción artística. La labor que realizó como crítico de arte fue muy estimable. Mantuvo una buena relación con muchos artistas y se desenvolvió en el mundo del arte con agrado. Todas estas vivencias, como señala Peter A. Bly, las proyectó en los *Episodios Nacionales* y las novelas contemporáneas[27].

La vinculación de Galdós con Santander

A partir de 1871, Santander fue un espacio importante en la geografía vital galdosiana, estableciéndose una vinculación especial que perduró hasta el final de su vida. La primera visita de Galdós coincidió con la que realizó aquel mismo año Amadeo I. El monarca disfrutó de las tierras cantábricas, practicó la pesca y la natación y tuvo aventuras sentimentales con Adela, hija de Mariano José de Larra, la «dama de las patillas». Santander era uno de los destinos preferentes de veraneo de la burguesía madrileña. Galdós, que huía del calor y de la bulliciosa vida de la capital, vivió una experiencia santanderina satisfactoria gracias al agradable clima templado, el ambiente marinero y la actividad cultural. En los años siguientes regresó de nuevo, convirtiéndose en su lugar habitual de descanso veraniego. Del puerto de Santander partían los grandes buques de la Compañía Trasatlántica del marqués de Comillas, con destino a las principales capitales europeas, que el escritor utilizaría en varias ocasiones. Sus estancias fueron alentadas también por la amistad que trabó con Pereda, Escalante, Crespo y Estañi, con los que compartirá paseos junto al mar, tertulias y viajes por Cantabria. Pero, sobre todo, debió de ser importante la disposición de un marco de sosiego y reflexión, que le permitiría escribir ocho novelas, catorce *episodios* y once obras de teatro, entre los que se encuentran títulos tan notables como *Nazarín, El abuelo* y *Casandra*. También escribió en Santander artículos, discursos y prólogos, recogió notas históricas y realizó entrevistas, como la que llevó a cabo con Pedro Galán, inspirador del personaje Araceli del *episodio Trafalgar*. En *La Prensa* de Buenos Aires publicó artículos sobre la ciudad de Santander, José María de Pereda, la salida de jóvenes emigrantes y las explosiones del vapor *Cabo Machichaco*, que destruyeron parte de la ciudad y causaron numerosas víctimas. Desde Santander fue conociendo, con una guía en la mano, los lugares más interesantes de Cantabria. Así, a principios de septiembre de 1876, acompañado de Pereda y Crespo, recorrió Santillana del Mar, Alfoz de Lloredo, Comillas, San Vicente de la Barquera, Las Tinas, San Pedro de las Baheras, Panes, Las Gargantas, La Hermida y Potes. De regreso, pasaron por Treceño, Cabezón de la Sal y Casar de Periedo. Galdós anotó en un cuaderno sus impresiones sobre los pueblos, los paisajes y las gentes, y a partir de octubre las publicó en la *Revista de España* con el título «Cuarenta leguas por Cantabria»[1].

Al consolidarse sus estancias en Santander, en 1890 Galdós adquirió un terreno en el prado alto del Sardinero, con la finalidad de construir una residencia. La amistad con Pereda resultaría determinante, ya que, como le comentó, a propósito de la publicación de *Gloria*, «la presencia de usted en Santander en cada verano, va siendo una necesidad para mí, y eso que cada vez me parece verle más empeñado en matarme a pesadumbres»[2]. También lo sería la designación de su hermano Ignacio como gobernador militar de Santander, cargo que desempeñó entre los años 1879 y 1881, pasando después, por razones familiares, a ejercer el mismo cometido en Las Palmas. Su interés por vivir junto al mar manifestaba, como apunta Pérez Vidal, la necesidad de volver a sentir las vivencias marineras de su

FIGURA 25. Imagen de la residencia *San Quintín,* en Santander, donde se aprecia su gran huerta. Inaugurada en 1893, fue un lugar de encuentro de amigos e intelectuales que favoreció la creación literaria y el descanso veraniego.

infancia canaria. Quizá, por ello, tenía en *San Quintín,* nombre que dio a su residencia santanderina, una reproducción de un galeón del siglo XVII, que le regaló la cofradía de marineros canarios de San Telmo, y varios ejemplares del taclobo, molusco gigante del Pacífico, cuyas conchas utilizaba para ofrecer agua a las aves.

Aficionado al dibujo y a la arquitectura, Galdós plasmó en diversos bocetos las ideas que tenía sobre su futura casa, cuyo proyecto técnico encomendó a Casimiro Pérez de la Riva, arquitecto municipal, de acreditada experiencia. Mano a mano, fueron perfilando el proyecto y las sucesivas fases de desarrollo. Finalmente, *San Quintín* fue inaugurada en 1893 [▶ FIG. 25]. Era una casona de estilo ecléctico, con rasgos montañeses e indianos, construida con piedra, mampostería, ladrillo, hierro forjado y teja. La casa disponía de un sóta-

FIGURA 26. Reconstrucción del despacho de Benito Pérez Galdós en Santander. Casa-Museo Pérez Galdós, Las Palmas de Gran Canaria.

no, una planta baja y dos pisos. El tejado tenía dos claraboyas, una veleta y un pararrayos. Estaba rodeada por un jardín y una huerta, dotados de un pozo y un aljibe. El banco de azulejos del jardín se conserva todavía. La entrada principal a *San Quintín* estaba orientada hacia el norte. En la planta baja se encontraban el comedor, la cocina, el despacho y una galería que comunicaba con el exterior. El despacho estaba acondicionado para facilitar el trabajo del escritor [▶ FIG. 26]. Allí se encontraba la biblioteca, el retrato que le hizo Sorolla, fotografías dedicadas de Zola, Pardo Bazán, Sagasta, Cánovas y Menéndez Pelayo, un piano, un armonio y diversos objetos personales. Al fondo había un amplio ventanal de vidrios coloreados y la maqueta del galeón de la cofradía de San Telmo. En un cuarto cercano se guardaban en vitrinas las novelas, los manuscritos originales y las traducciones. En el primer piso había un estudio de dibujo y pintura, con retratos dedicados, fotografías, bronces y armas. La alcoba de Galdós tenía una cama de hierro, una mesilla de noche, un lavabo, una mecedora, un armario ropero y una librería. La torre, los balcones y las ventanas favorecían el aprovechamiento de la luz y las vistas del mar. En el tejado se instaló una cubierta de hierro forjado. La terraza tenía un mástil de señales para comunicarse con los barcos que circulaban por la bahía. El edificio tenía azulejos, cristaleras de colores y maderas de buena calidad, sugeridos por el artista Arturo Mélida, amigo de Galdós, que había ilustrado varios *Episodios Nacionales*. Mélida sería el autor del simbólico escudo que aparecía en la fachada de *San Quintín:* dos leones rampantes con el lema «Plus Ultra».

A Galdós le gustaba atender el jardín y la huerta, tarea que realizaba con la ayuda de su mayordomo y jardinero Manuel Rubín, antiguo carabinero del cuartel de La Magdalena, a quien contrató en 1899. El jardín tenía pinos, hortensias, madroños, álamos y laureles, y en la huerta se cultivaban remolachas, patatas, perales, tomates, manzanos y pimientos. Según escribió José de Cubas, Galdós había comentado a propósito de su jardín:

> ¿Preguntaba usted por mi última obra? Aquí la tiene usted: estas flores recién abiertas; aquella huerta que está a espaldas de la casa. Y con verdadero amor de creador nos fue enseñando la huerta y el jardín y haciéndonos la historia de sus moradores[3].

A Galdós siempre le gustaron los animales. En *San Quintín* tuvo gallinas, palomas, perros, gatos y cabras, sintiendo un afecto especial por la cordera *Mariucha*, los gansos *Rinconete y Cortadillo* y los perros *Polo, Tito, Secretario, Canario, Napoleón* y *Pablo*. Galdós le contó a Diego Montaner que admiraba la fidelidad de los perros. «Esta

casa mía —escribió a Teodosia Gandarias— tiene este año cuatro nidos de golondrinas, uno más que el año pasado. En mayo, los mal-
ditos pintores que estaban pintando la casa, derribaron dos de los
antiguos nidos. Las pobres avecillas tan buenas, leales y consecuen-
tes, no huyeron de este lugar»[4].

En septiembre de 1892 Galdós se instaló en *San Quintín* y comenzó a escribir *La loca de la casa*. Al igual que la residencia de Pío
Baroja en Vera del Bidasoa o la de Valle-Inclán en Cambados, *San
Quintín* se convirtió en su refugio, donde albergó su fondo biblio-
gráfico, sus manuscritos y sus cuadros, dibujos y acuarelas, obra de
acreditados artistas. La inauguración oficial de *San Quintín* se realizó
en la primavera de 1893 con la visita de un grupo de periodistas, escritores y amigos, encabezado por Pereda, que le había hecho un homenaje. Un artículo periodístico describió cómo era la casona y refi-
rió la existencia de una mascarilla de Voltaire, del libro *Le Socialisme
Contemporain* de Émile Laveleye y de una figura alada con el lema
«*Ars, Natura, Veritas*» [▶ Fig. 27]. Al día siguiente, el periódico *La
Atalaya,* vinculado al obispado, acusó a Galdós de masón y recomendó que no se leyeran sus obras por ser «impías, escépticas y contrarias
a la religión». El escritor, prudente, rehusó contestar a estas críticas.

Desde entonces, la vinculación de Galdós con Cantabria se fue acre-
centando. Allí comenzó su relación sentimental con Lorenza Cobián
y nació su hija María, escribió numerosas obras, protagonizó actos
políticos y asistió a estrenos teatrales. En aquella circunstancia consolidó su amistad con Pereda, Menéndez Pelayo, Estrañi y González
de Linares. Las personalidades de la cultura que pasaban por Santander
solían visitarle, como hicieron los escritores Azorín, Dicenta y Pérez
de Ayala, las actrices Concha Catalá, Margarita Xirgu y María Guerrero y otros [▶ Fig. 28].

FIGURA 27. «*Ars, Natura, Veritas*». Lema de la residencia *San Quintín* de Santander, revelador de la ideología y los valores del escritor.

Con mayor discreción le vieron los médicos Enrique Diego Madrazo, Manuel Tolosa y Gregorio Marañón, que atendían las incidencias de salud de la familia. Tolosa Latour era un médico de gran prestigio que inspiró el personaje galdosiano el doctor Miquis. Especializado en pediatría, fundó el Consejo Superior de Protección de la Infancia. Muy interesado por las artes, se casó con la actriz Elisa Mendoza. Cuando falleció, una multitudinaria manifestación de duelo reconoció su calidad humana y profesional. Asimismo, Galdós mantuvo una estrecha relación con el torero «Machaquito» y su hija Rafaelita, a quien profesaba un gran cariño. *El Bachiller Corchuelo* advirtió ese «don… de hacerse amar de los niños. Los niños todos le adoran», añadiendo que «por su ternura [hacia ellos], es digno de ser abuelo». Entre sus sobrinos, mantuvo una especial relación con José Hurtado de Mendoza, ingeniero agrónomo, pendiente del escritor, sobre todo, cuando comenzó a flaquear su salud[5].

FIGURA 28. Galdós con Margarita Xirgu y el director del periódico *El Cantábrico,* José Estrañi, en el jardín de *San Quintín* en torno a 1915.

En la etapa de activismo republicano, transcurrida entre 1907 y 1912, Santander adquirió un gran protagonismo. Galdós presidió numerosos actos políticos, en su casa se realizaron varias reuniones de la junta nacional de la Conjunción Republicano-Socialista y por allí pasaron importantes dirigentes políticos como Melquíades Álvarez, Pablo Iglesias, Rodrigo Soriano, Álvaro de Albornoz y el conde de Romanones. El escritor estableció una estrecha relación con el periodista José Estrañi, cuyas *cartas infernales* y *pacotillas* alcanzaron una gran popularidad. Director del periódico *El Cantábrico,* sus páginas publicaron artículos, discursos y relatos de Galdós. Estrañi fue un asiduo visitante de *San Quintín;* compartía con el escritor las ideas laicas y republicanas. Cuando la salud se lo impedía, Estrañi leía los mensajes de Galdós en los mítines, como la carta de protesta del 7 de junio de 1908 contra el proyecto de Ley sobre el terrorismo que pretendía aprobar el Gobierno Maura, que también sería difundida en el mitin celebrado en el Teatro de la Princesa de Madrid. En noviembre se lanzó desde Santander la campaña del bloque de izquierdas con un mitin protagonizado por Galdós y Melquíades Álvarez. El 21 de agosto de 1911 se reunió en *San Quintín* el Comité Nacional de la Conjunción Republicano-Socialista, que el escritor presidía. Asimismo, organizó allí una tertulia para pulsar la actualidad política, en la que participaron Estrañi, Esteban Polidura, José Ferrer, el coronel Aroca, Atilano Lamela y Policarpo Alemán, los cuales solían despedirle en la estación de tren de Santander cuando regresaba a Madrid, expresándole su afecto y su respaldo[6].

En suma, como ha señalado Benito Madariaga, *San Quintín* se convirtió en el destino veraniego anhelado por Galdós y su familia, el lugar de descanso, de encuentro con colegas y amigos, de disfrute de la música, las tertulias y el mar, de esparcimiento en su jardín y su huerta… *San Quintín* sería también punto de partida de viajes para conocer pueblos singulares, como relató en *Cuarenta Leguas por Cantabria,* así como los que realizó en la cercana Asturias, donde residían sus amigos *Clarín* y Palacio Valdés.

Las frecuentes estancias en Santander consolidaron la amistad de Galdós con Pereda y Menéndez Pelayo, expresión de suma tolerancia y respeto. Pereda tenía diez años más que él y veintitrés más que Menéndez Pelayo. A pesar de la diferencia de edad y de las divergencias ideológicas, su amistad prevaleció siempre. Pereda y Galdós compartían gustos literarios y leían con mucho interés las obras que producían. En la correspondencia cursada entre ellos, expresaron de forma afectuosa sus criterios literarios, políticos y religiosos, así como las circunstancias de su vida cotidiana. El 21 de febrero de 1897, en el discurso de contestación al ingreso de Pereda en la Real Academia Española, Galdós manifestó que la amistad que les unía había prevalecido siempre sobre sus desacuerdos políticos y religiosos y realizó algunas observaciones sobre la novela regionalista[7].

Menéndez Pelayo tenía un perfil cultural y político conservador. Apoyó al partido Unión Católica de Alejandro Pidal, situado a la derecha de Cánovas del Castillo, y sirvió al régimen de la Restauración y a la Iglesia católica. En su *Historia de los heterodoxos españoles* (1880-1882) realizó una apología de la España «católica a marchamartillo», «luz de Trento» y «martillo de herejes», como se decía en el epílogo. A Galdós lo incluyó en esta obra, haciéndole una dura crítica:

> Hoy en la novela el heterodoxo por excelencia, el enemigo implacable y frío del Catolicismo, no es ya un miliciano nacional, sino un narrador de altas dotes aunque las oscurezca el empeño de dar fin trascendental a sus obras. En Pérez Galdós vale, mucho más sin duda el novelista descriptivo de los *Episodios Nacionales,* el cantor del heroísmo de Zaragoza y de Gerona, que el infeliz teólogo de *Gloria* o de *La familia de León Roch*[8].

Estas opiniones fueron utilizadas por las autoridades eclesiásticas para combatir al novelista canario. Sin embargo, cuando el 7 de febrero de 1897 Menéndez Pelayo contestó al discurso que pronunció Galdós en su incorporación a la Real Academia Española, dejó patente la firmeza de su amistad, aludiendo a las novelas *Gloria* y *La familia de León Roch:*

> Yo mismo, en los hervores de mi juventud los ataqué con violenta saña, sin que por eso mi íntima amistad con el señor Galdós sufriese la menor quiebra. Más de una vez ha sido recordada, con intención poco benévola para el uno ni para el otro, aquella página mía. Con decir que no está en un libro de estética, sino en un libro de historia religiosa, creo haber dado bastante satisfacción al argumento. Aquello no es mi juicio literario sobre *Gloria,* sino la reprobación de su tendencia[9].

Las huellas de Santander y de Cantabria están presentes en los personajes, los pueblos y los ambientes descritos en las novelas galdosianas. *Doña Perfecta* se desarrolla en Orbajosa, ciudad tradicional con resonancias cantábricas, habitada por personas piadosas, orgullosas de sus antiguos fueros, que mostraban cierta xenofobia hacia todo lo que procedía de Madrid. La acción de *Gloria* transcurre en la imaginaria Ficóbriga, que tiene espacios y monumentos inspirados por Santillana del Mar, San Vicente de la Barquera, Comillas y Santander, como le confesó a Pereda. La novela *Marianela* se desarrolla en Villamojada, trasunto de Torrelavega. Al final, el narrador se refiere al sepulcro y al nombre de la fallecida, afirmando que perteneció a una de las familias más nobles y ricas de Cantabria. Por lo demás, en el *episodio Amadeo I* Galdós habla de la ciudad harinera de Santander, dedicada a la comercialización de ese producto básico, acarreado por bueyes tudancos. Esta abundancia de elementos de la vida de Cantabria en las obras de Galdós llevaría a afirmar a *El Eco Montañés,* en 1901, que el escritor es «casi nuestro»[10].

Durante el verano de 1904 Azorín realizó una visita a Galdós cuyas impresiones plasmó en su crónica *Veraneo sentimental. En San Quintín con el maestro Galdós.*

—Buenas tardes, don Benito. ¿Cómo está usted?
—¡Caramba Azorín! Yo estaba mirándole a usted entrar y no lo creía.

Azorín advirtió que el escritor estaba acompañado por su hermana Concha, «una mujer opulenta», por un periodista experto en arte antiguo y otro amigo. Se encontraba allí también Rubín, dedicado al cuidado del jardín y la huerta, cuyos cultivos describió de forma detallada: ocho cuadros de coles, pimientos, tomates, patatas, perales, fresones, un laurel y una malvarrosa. A la hora preceptiva se regaron las plantas y vio que se hacía una hoguera con ramas, yerbajos y objetos desechados. Conversaron sobre la singularidad de los pueblos castellanos, de Olmedo, Arévalo y Brihuega, de sus antiguas casonas, sus calles retorcidas y su ambiente tradicional, casi suspendido en el tiempo. La llegada de la noche llamó la atención del escritor alicantino: «Anochece en San Quintín: brilla una estrella, surca un balandro. Hay un reposo solemne... Todos callamos»[11].

En 1912 Francisco Escola publicó en el periódico *El País* el artículo «Galdós en el Sardinero», en el que reveló la actitud optimista del escritor, tanto en el plano personal como en el político, desmintiendo las noticias que decían que el escritor vivía sumido en la desolación: «El insigne y venerado Galdós estaba jovial, alegre... Su optimismo es franco». Afirmó que confiaba mucho en la labor de Melquíades Álvarez, de Pablo Iglesias, de la Conjunción Republicano-Socialista y, sobre todo, de «las organizaciones obreras, que trabajan con denuedo por su emancipación, y a las que el gran Galdós admira con fervor». En el plano cultural, destacó su interés por los trabajos preparatorios de la nueva temporada del Teatro Español de Madrid, cuya dirección artística había asumido recientemente[12].

El periódico *El Cantábrico,* dirigido por José Estrañi, como se ha señalado, mantuvo una estrecha vinculación con Galdós durante estos años, apoyó su trayectoria literaria y política y publicó artículos y discursos, así como notas informativas sobre sus actividades. *El Cantábrico* defendió la causa galdosiana y fue uno de los medios que apoyaron de forma decidida la campaña de presentación de su candidatura al premio Nobel, respaldada por más de quinientos escritores, periodistas y artistas, así como por dirigentes demócratas, republicanos y socialistas[13].

Al deteriorarse la salud de Galdós en la última etapa de su vida, las estancias en *San Quintín* le ayudaban a sobrellevar las molestias, como le confesó a Teodosia Gandarias:

> El mar con su brisa constante, con su cantar grave que todo lo dice sin decir nada, ayuda a nuestra reparación orgánica. Grande amigo de los melancólicos es el mar[14].

Los estrenos teatrales de *Marianela* en Santander y Torrelavega, en 1917, de acuerdo con la adaptación que hicieron los hermanos Álvarez Quintero, representaron la despedida de Galdós de Santander, ya que el doctor Marañón le prescribió una restricción rigurosa de los viajes. A partir de entonces, dejó de disfrutar las gratas vivencias de *San Quintín*. En 1919 su abogado y albacea José Alcaín recibió un poder para proceder a la venta de la casa. Su hija María, heredera de su patrimonio, intentó convertirlo en un Museo Galdosiano, pero las instituciones públicas no apoyaron el proyecto, pese a las gestiones realizadas por Miguel Artigas, José María de Cossío, Pedro Salinas y el arquitecto Elías Ortiz de la Torre. En 1934 los ayuntamientos de Segovia y Badajoz solicitaron la concesión de los medios económicos necesarios para la creación del Museo Galdosiano. A ellos se unieron los ayuntamientos de Madrid, Las Palmas, Lardero, Torrechiva, Luena del Cid, Zaragoza, Málaga y Benicarló, pero la inestabilidad política demoró la realización del proyecto. El Gobierno de la República decidió promoverlo, pero la rebelión militar del 17 de julio de 1936 lo dejó en suspenso.

Tras la guerra civil, el régimen de Franco no se interesó por el patrimonio de Galdós. Su consideración de escritor laico, demócrata y republicano prevaleció sobre su categoría literaria, siendo censurado en los medios educativos y culturales. La residencia *San Quintín* fue adquirida por un particular, que realizó una reforma completa del edificio y vendió todo su patrimonio, la biblioteca, los manuscritos, las traducciones, los cuadros, los dibujos y los objetos personales del escritor. Afortunadamente, en 1959 el Cabildo Insular de Gran Canaria inauguró en Las Palmas la Casa-Museo Pérez Galdós, que reunió, con la ayuda de la familia, muebles de las residencias de Madrid y Santander, así como aquellos libros, cuadros y objetos que pudieron ser recuperados. El catedrático de Literatura Alfonso Armas y el artista Santiago Santana realizaron el primer proyecto museográfico. En 2006 la Casa-Museo se amplió con nuevas dependencias de biblioteca y archivo, sala de exposiciones y conferencias y dependencias administrativas. Desde entonces ha realizado una labor cultural muy estimable. Lamentablemente, algunos valiosos elementos del patrimonio galdosiano terminaron en el extranjero, como el manuscrito de *Fortunata y Jacinta,* la gran novela de la literatura española, adquirido por la Universidad de Harvard. Tras la recuperación de la democracia en España, la obra literaria y la ejemplaridad cívica de Galdós han vuelto a ocupar el merecido lugar que les corresponde[15].

XII

La crisis de fin de siglo
y el regeneracionismo

La crisis de fin de siglo generó en la sociedad española un vivo sentimiento de decepción y fracaso, en el que confluyeron la pérdida de las últimas colonias, el agotamiento del régimen de la Restauración, la crisis del positivismo y la conciencia de decadencia. En esta circunstancia emergió con fuerza el *regeneracionismo,* con su propuesta de reconstrucción y modernización. La *Historia de España y de la civilización española* de Rafael Altamira, publicada en 1900, realizó una revisión historiográfica de la evolución española y mostró la solidez del proyecto regeneracionista.

La pérdida de las últimas colonias ultramarinas en 1898 fue el detonante de la crisis. La guerra de Cuba comenzó en 1895 con el *grito de Baire,* liderado por José Martí, Máximo Gómez y Antonio Maceo. El Gobierno de Cánovas del Castillo se dispuso a defender «la perla de las Antillas» con una gran movilización militar, que llevó a la isla caribeña a 100.000 soldados, dirigidos por el general Weyler. El conflicto se fue complicando a causa del clima tropical, las condiciones geográficas, las enfermedades y la táctica guerrillera de los rebeldes, apoyada por los campesinos. Weyler respondió a «la guerra con la guerra», practicando una estrategia de destrucción de cosechas y tierra quemada. Esta política fue aprovechada por el Gobierno de Estados Unidos para intervenir en el conflicto, proporcionando armamento a los rebeldes, mientras procedía a presionar diplomáticamente al Gobierno de España. En 1885 el norteamericano John Fiske había enunciado la doctrina del «destino manifiesto», una ideología imperialista que defendía el expansionismo territorial y económico de Estados Unidos. Cuba era el objetivo más inmediato y la prensa amarilla de Hearst y de Pulitzer calentaron el ambiente para preparar la intervención militar. La llegada del verano y las lluvias intensas ralentizaron la campaña, pero se multiplicaron las muertes de soldados españoles a causa del paludismo, las fiebres amarilla y tifoidea, la disentería y otras enfermedades.

El asesinato de Cánovas el 8 de agosto de 1897 cambió el escenario político. Sagasta accedió a la presidencia del Gobierno y se dispuso a modificar la estrategia militar. Para ello, cesó al general Weyler, designó al general Blanco como capitán general y planteó una solución política basada en la anulación de las medidas excepcionales, la concesión de un indulto y la ampliación de las competencias autonómicas. Pero la guerra continuó por la creciente intervención norteamericana y la intransigencia de los líderes independentistas. En los primeros meses de 1898, las tropas españolas se reagruparon en las principales plazas fuertes de la isla.

Entre tanto, en España la «prensa infame», como la calificó Pi y Margall, alentó el ardor guerrero para la defensa no de una colonia, sino de una parte muy querida de la patria. La diplomacia española solicitó la mediación de las potencias europeas, pero estas se inhibieron, ya que las relaciones internacionales estaban reguladas por «el derecho de la fuerza» o, como se decía en Estados Unidos, por «la política del bastonazo». El 29 de noviembre el Gobierno español aprobó una nueva Constitución para Cuba que disponía la creación de un Gobierno autonómico, un Parlamento propio y un Consejo de Administración dotado de amplias facultades. Ante la posibilidad de que estas medidas fuesen asumidas por los cubanos, el Gobierno norteamericano redobló su presión para comprar la isla por 300 millones de dólares, pero el Gobierno español rechazó la oferta. El 1 de enero se constituyó el nuevo Gobierno autonómico cubano. El presidente McKinley ordenó realizar una demostración de poder naval enviando a la flota norteamericana frente a las costas de la isla. Poco después, el 25 de enero, el viejo acorazado *Maine* entró en la bahía de La Habana. El 15 de febrero una explosión fortuita hundió el buque norteamericano. España ofreció un arbitraje internacional para dilucidar las causas del siniestro, pero el gobierno norteamericano lo rechazó y culpó a España. El 25 de abril el Congreso norteamericano declaró la guerra. Una ola de exacerbado patriotismo belicista se extendió por Estados Unidos y por España. Los «vivas» y los «mueras» se gritaron en los actos públicos organizados por unos y por otros. El obispo Maura alzó su voz contra los Estados Unidos, «una Nación de ayer, sin precedentes, sin historia ni abolengo, en cuyo improvisado escudo no campean otros timbres que los del vil metal y la fuerza bruta». Ante su declaración de guerra, «un grito de santa indignación se ha escapado de todos los pechos españoles y la Nación entera se ha levantado como un solo hombre para rechazar la cobarde e inicua agresión». Por tanto, afirmó el obispo de Orihuela:

España acepta el reto. España no teme ni vacila, porque va a la guerra con armas que ni se improvisan ni se compran. Va a la guerra con el valor heredado de cien generaciones de héroes, que con su proverbial hidalguía y serenidad y arrojo legendarios, escribieron las páginas más gloriosas de la Historia[1].

Las rogativas, las misas y las plegarias se multiplicaron aquellos días en las iglesias.

La guerra se desarrolló en tres escenarios: Cavite, Manila y Santiago. En Filipinas, España había mantenido su dominio con una fuerza militar reducida. En los años noventa surgió un movimiento independentista liderado por José Rizal, alentado, también, por Estados Unidos. El 30 de abril siete acorazados norteamericanos, dotados con ciento treinta y cuatro cañones, dirigidos por Dewey, entraron en la bahía de Manila. El almirante Montoro repelió el ataque con seis cruceros de madera y con sesenta cañones, apoyado por la artillería del fuerte Cavite. El desequilibrio de fuerzas resolvió la lucha al poco tiempo. A continuación, el general Merritt atacó Manila, logrando su rendición el 14 de agosto.

En Cuba, los seis navíos que integraban la escuadra española, al mando del almirante Cervera, llegaron a Santiago cuando se conoció la derrota de Cavite. La escuadra de Schiley bloqueó el entorno de Santiago. En tierra, la infantería norteamericana desembarcó en Guantánamo. Después, se unió a las tropas rebeldes de Calixto García para atacar Santiago, pero fueron repelidas. El capitán general Blanco ordenó al almirante Cervera que pasara a la ofensiva. Cervera alegó que, dada la superioridad de las fuerzas enemigas, la armada española sería destruida. En España la prensa belicista y las autoridades exigieron la lucha hasta la muerte. Blanco reiteró su orden a Cervera. El 3 de julio las naves españolas salieron al mar y fueron destrozadas completamente.

La operación imperialista norteamericana concluyó con la conquista de Puerto Rico, «la pequeña Antilla». El 25 de julio las tropas de Miles desembarcaron en Guánica, cerca de Ponce. Tras un paseo militar, el 12 de agosto se firmó el armisticio. Eugenio Montero y William Day negociaron el Tratado de París que puso fin a la guerra. Realmente, no existió negociación alguna, como denunció el propio

Montero, porque el tratado fue una mera imposición norteamericana. De acuerdo con las estipulaciones firmadas, España cedió a Estados Unidos Puerto Rico, Filipinas y la isla de Guam. Cuba alcanzó la independencia, pero, de acuerdo con la *enmienda Platt,* quedó sometida al «protectorado» de Estados Unidos.

La crisis de 1898 causó una fuerte conmoción en la sociedad española. La llegada de los soldados maltrechos a los puertos y las estaciones de tren visualizó la gravedad de la derrota. De un día a otro se pasó del triunfalismo al derrotismo, originándose un movimiento de reflexión sobre las causas de la decadencia de España, de su declive internacional y su incapacidad para atender las demandas democráticas. El antiguo esplendor de la época imperial concluía, dando paso a una etapa llena de incertidumbre. España era un país pobre y atrasado que se había alejado de las corrientes del pensamiento moderno, tenía un sistema económico obsoleto, ajeno a la revolución tecnológica e industrial, y parecía ser incapaz de afrontar los retos del futuro. Las voces críticas plantearon la necesidad de acometer una profunda *regeneración,* pero cada una la concebía de manera distinta. Los partidos liberales dinásticos preconizaron la mejora del funcionamiento del régimen y la estabilidad. La izquierda republicana y socialista postuló la educación de hombres nuevos, portadores de valores productivos y modernos, y la movilización popular. En este contexto, Francisco Silvela aludió a «la España sin pulso», Macías Picavea criticó la inoperancia de la monarquía y las Cortes, Joaquín Costa denunció la oligarquía y el caciquismo y Unamuno escribió un texto titulado *El marasmo actual de España.*

La denominada *generación del 98* estaba constituida por un grupo de escritores que denunciaron la crisis social, moral y política del fin de siglo. Según Azorín, estaba integrada por Unamuno, Valle-Inclán, Maeztu, Baroja, Benavente, Rubén Darío y él mismo. En 1935

Pedro Salinas incluyó también a los hermanos Machado. El *regeneracionismo* literario, según José-Carlos Mainer, se agrupó en torno a tres «antis»: el antimilitarismo, el anticaciquismo y el anticlericalismo, problemas responsables de los *males de la patria*[2]. El antimilitarismo añadió, a las antiguas protestas por el injusto sistema de reclutamiento militar, la decepción por la derrota colonial y el rechazo de la guerra de Marruecos, generándose una espiral que explotó en la Semana Trágica de Barcelona de 1909. Los testimonios antimilitaristas de Rodrigo Soriano, en *Moros y cristianos* (1894) y *¡Guerra, guerra al infiel marroquí!* (1922), y de Manuel Ciges, en *Entre la paz y la guerra* (1912), reflejaron este discurso. El anticaciquismo apareció en *Doña Perfecta* (1876), de Galdós, pero quien lo llevó al centro del debate fue Joaquín Costa con *Oligarquía y caciquismo* (1901). El anticlericalismo fue una consecuencia del desarrollo urbano y cultural que extendió la convicción de que la Iglesia católica realizaba una labor educativa y moral regresiva. José Canalejas lideró este movimiento cuando afirmó en el Congreso de los Diputados que había que «dar la batalla al clericalismo», pero el acontecimiento de mayor resonancia fue el estreno de *Electra* de Galdós, en 1901. La recepción literaria del antimilitarismo, el anticaciquismo y el anticlericalismo fue fecunda y dilatada, quedando plasmada en obras escritas durante aquellos años como *La moral de la derrota* (1900) de Luis Morote, *César o nada* (1910) de Pío Baroja, *Jarrapellejos* (1914) de Felipe Trigo, *Nuestro Padre San Daniel* (1930) de Gabriel Miró y *El jardín de los frailes* (1927) de Manuel Azaña.

La crisis de fin de siglo originó una inflexión en la literatura española que generó elementos de renovación y ruptura. Con la influencia de la filosofía de Schopenhauer y de Nietzsche, el canon literario se alejó del racionalismo y el naturalismo y se adentró en lo arracional y lo sombrío. En este contexto, la nueva generación de escritores se inclinó hacia el individualismo, el decadentismo y el modernismo, como quedó patente el 13 de febrero de 1901, cuando diversos representantes de la generación del 98 se concentraron ante la tumba de Mariano José de Larra. Estos cambios incidieron en los géneros literarios. El ensayo se convirtió en el vehículo de expresión predominante, produciendo títulos como *Idearium español* de Ángel Ganivet, *En torno al casticismo* de Unamuno y *Oligarquía y caciquismo* de Costa, que denunciaron la tendencia oligárquica de la vida política, los efectos perversos del caciquismo y la desigualdad de los ciudadanos ante la ley. La novela combinó el realismo de la generación anterior y el espiritualismo moderno, como se aprecia en *Tierra de campos* de Picavea, *El último patriota* de Nogales, *La ley del embudo* de Queral y *La voluntad* de Azorín.

La generación del 98 no constituía un grupo homogéneo. Los escritores de mayor edad (Costa, Mallada, Picavea y Queral) priorizaron la necesidad de impulsar reformas económicas, administrativas y políticas que resolvieran los problemas del país, mientras que los jóvenes (Azorín, Baroja, Maeztu y Blasco Ibáñez) defendieron una línea más radical que denunciaba las injusticias. Al poco tiempo, los principales portavoces del grupo cuestionaron su identidad y su existencia. A este propósito comentó Baroja:

Fue una generación excesivamente libresca. No supo, ni pudo vivir con cierta amplitud, porque era difícil en el ambiente mezquino en el que se encontraba. En general, sus individuos pertenecían en casi su totalidad a la pequeña burguesía, con pocos medios de fortuna[3].

En 1912 Azorín publicó cuatro artículos titulados «La generación del 98», en los que rechazó su existencia, que él mismo había acuñado:

Existe una cierta ilusión óptica referente a la moderna literatura española de crítica social y política; se cree generalmente que toda esa copiosa bibliografía «regeneradora», que todos esos trabajos formados bajo la obsesión del problema de España, han brotado a raíz del desastre colonial y como una consecuencia de él. Nada más erróneo; la literatura regeneradora, producida de 1898 hasta años después, no es sino una prolongación, una continuación lógica, coherente, de la crítica política y social que desde mucho antes de las guerras coloniales venía ejerciéndose. El desastre avivó, sí, el movimiento; pero la tendencia era ya antigua, ininterrumpida... No seríamos exactos si no dijéramos que el renacimiento literario de que hablamos no se inicia precisamente en 1898. Si la protesta se define en ese año, ya antes había comenzado a manifestarse... 1898, en suma, no ha hecho sino continuar el movimiento ideológico de la generación anterior; ha tenido el grito pasional de Echegaray, el espíritu corrosivo de Campoamor y el amor a la realidad de Galdós. Ha tenido todo eso; y la curiosidad mental por lo extranjero y el espectáculo del Desastre —fracaso de toda la política española— han avivado su sensibilidad y han puesto en ella una variante que antes no había en España[4].

Por lo demás, Unamuno ratificó en 1918 esta perspectiva:

Solo nos unían el tiempo y el lugar, y acaso un común dolor: la angustia de no respirar en aquella España que es la misma de hoy. El que partiéramos casi al mismo tiempo a raíz del desastre colonial no quiere decir que lo hiciéramos de acuerdo[5].

Concluye Cecilio Alonso:

En conjunto, esta aleatoria confluencia de talentos críticos, viejos y nuevos, parece responder a una situación arquetípica de relevo generacional en el amplio sector de progreso de origen republicano, librepensador o krausista, desplazado del poder desde 1874. En cualquier caso esta historia no acaba en el siglo XIX. Hacia 1900 está en plena ebullición[6].

Efectivamente, años más tarde, durante la Segunda República y la guerra, las contradicciones del grupo se acentuaron, como revelan las trayectorias ideológicas y políticas divergentes seguidas por Azorín, Maeztu, Unamuno, Baroja y Machado.

La presentación en 1901 de *Oligarquía y caciquismo, como la forma actual del gobierno de España: urgencia y modo de cambiarla,* de Joaquín Costa, tuvo una gran repercusión pública. Se trata de un informe elaborado en el Ateneo de Madrid, en el que participaron sesenta y una personalidades de todo el espectro ideológico. Según Costa, el sistema oligárquico y caciquil se articulaba a través de tres niveles: primero, los oligarcas, prohombres o notables que constituían la «plana mayor» del sistema político; a continuación, los caciques que ejercían el poder territorial, y, por último, el gobernador civil, que gestionaba el poder político-administrativo de la provincia. «A esto está rendida y postrada la Nación», concluía Costa[7]. Las decisiones políticas eran adoptadas por los dirigentes de los grandes partidos. El poder de los caciques se basaba en su riqueza económica, sus relaciones políticas y su capacidad para gestionar determinadas prestaciones de los Ayuntamientos y las Administraciones públicas necesarias para sus leales, como el arrendamiento de tierras, la concesión de créditos, la obtención de empleos, la atención sanitaria o determinada documentación. Estos favores podían tener también intereses colectivos, como la construcción de carreteras, la canalización de ríos o la concesión de subvenciones. Los alcaldes, los jueces, los guardias civiles y los sacerdotes colaboraban en el desenvolvimiento del sistema caciquil.

Los oligarcas y los caciques constituían la clase dirigente de los dos grandes partidos, el Conservador y el Liberal, que se turnaban en el poder, con la anuencia de la Corona. El *turno* se realizaba cada cierto tiempo mediante el sistema del *encasillado*. Antes de las elecciones, los dirigentes de los dos partidos se repartían los diputados correspondientes a cada provincia, determinando el resultado y haciendo efectivo su monopolio del poder. El sistema fue bastante funcional, aunque a veces se producían tensiones, porque el partido que quedaba en la oposición estaba excluido del manejo de los presupuestos, la designación de cargos y el reparto de prebendas. Según Costa, el régimen de la oligarquía y el caciquismo falsificaba la representación democrática y generaba corrupción. Ante esta situación, los españoles tenían que reaccionar, rompiendo las ataduras del sistema y estableciendo las bases para que España avanzara hacia el cambio y el progreso.

Alfonso Ortí ha calificado *Oligarquía y caciquismo* como «una dramatización ideológica de la crisis del liberalismo». Aplicando a los textos de Costa y de los demás informantes el método del psicoanálisis sociohistórico de Wilhelm Reich, Ortí afirma que constituyen una «expresión pluralista y contradictoria de la crisis emergente de la conciencia histórica de la burguesía ante un futuro cada vez más incierto». A su juicio, la interpretación psicoanalítica permite apreciar un lenguaje apasionado, unos adjetivos y unos matices reveladores de esa conciencia crítica. Logradas, a partir de 1890, conquistas como el sufragio universal y la libertad de asociación, reunión y expresión, no parecía que el país hubiera avanzado hacia una verdadera democracia. Costa era consciente de las profundas desigualdades sociales. Por ello demandaba una reforma agraria que mejorase las condiciones de vida de los campesinos. Según Ortí, la interrelación entre los reformistas y los escritores alentó la formulación del *regeneracionismo* de fin de siglo, movimiento autocrítico que rompe con las tendencias positivistas, aunque, poco después, se terminará integrando en el sistema[8].

En suma, el caciquismo fue un complejo procedimiento de intermediación y de patronazgo que se desarrolló en las áreas rurales tradicionales de los países mediterráneos. La debilidad del Estado y la carencia de servicios públicos fueron aprovechadas por los caciques para construir redes clientelares en los Ayuntamientos, las Diputaciones, los Gobiernos Civiles. Afirma Mainer:

> El mérito de Costa era haber convertido una corruptela política en un problema moral de dimensiones nacionales, donde tanto como las mañas de los caciques importaba la mansedumbre y la ignominia de quienes toleraban su dominación. De este modo, el caciquismo venía a ser el fiel termómetro de la enfermedad de España: de la brutalidad, la pusilanimidad, el atraso, la incultura y la inexistencia de un Estado digno de ese nombre[9].

Costa y Galdós mantuvieron una buena relación personal, como se advierte en las cartas que se intercambiaron entre 1901 y 1910. Nada más publicarse *Oligarquía y caciquismo,* Costa le envió a Galdós un ejemplar y le pidió que «lo ojeara una o dos horas». Galdós compartió su diagnóstico y sus propuestas de solución. Los intelectuales, pensaban los dos, tenían que movilizarse para romper la malla que frenaba el progreso de España.

Galdós siguió con interés los sucesos de Cuba. Su hermano Ignacio prestó servicios militares en la colonia durante muchos años, alcanzando el grado de general de brigada. Lamentó la pérdida de la isla, que tantas conexiones tenía con su tierra canaria, y responsabilizó al Gobierno de haber desarrollado una política errónea y de haber informado de forma deficiente[10]. En Santander, pudo contemplar el embarque de las tropas que iban a la guerra y el desembarco de los contingentes de repatriados, con el dolor de las heridas y el sentimiento de derrota. En aquella encrucijada, compartió los alegatos regeneracionistas, pero no perdió la serenidad, ni sintió la necesidad de alzar la voz, como advirtieron Marañón y Sagarra, porque desde los años setenta había defendido la necesidad de despertar a España del letargo. En el prólogo que escribió en 1901, en la tercera edición de *La Regenta* de *Clarín*, criticó el pesimismo paralizante que se había extendido por todas partes:

> El estado presente de nuestra cultura, incierto y un tanto enfermizo, con desalientos y suspicacias de enfermo de aprensión, nos impone la crítica afirmativa, consistente en hablar de lo que creemos bueno, guardándonos el juicio desfavorable de los errores, desaciertos y tonterías. Se ha ejercido tanto la crítica negativa en todos los órdenes, que por ella o quizás hemos llegado a la insana costumbre de creernos un pueblo de estériles, absolutamente inepto para todo… Para convencernos de que son ilusorios, no sería malo suspender la crítica negativa, dedicándonos todos, aunque ello parezca extraño, a infundir ánimos al enfermo, diciéndole: «Tu debilidad no es más que pereza, y tu anemia proviene del sedentarismo. Levántate y anda, tu naturaleza es fuerte: el miedo la engaña, sugiriéndole la desconfianza de sí misma, la idea errónea de que para nada sirves ya, y de que vives muriendo». Convendría, pues, que los censores displicentes se callarán por algún tiempo, dejando que alzasen la voz los que repartan el oxígeno, la alegría, la admiración, los que alientan todo esfuerzo útil, toda iniciativa fecunda, toda idea feliz, todo acierto artístico, o de cualquier orden que sea…[11].

En el artículo «Soñemos, alma, soñemos», que inauguró en noviembre de 1903 la revista *Alma Española* [▶ Fig. 29 y Apéndice: 15],

Galdós reiteró su denuncia del derrotismo y su convicción de priorizar la adopción de medidas que permitieran superar la crisis:

> El pesimismo que la España caduca nos predica para prepararnos a un deshonroso morir, ha generalizado una idea falsa. La catástrofe del 98 sugiere a muchos la idea de un inmenso bajón de la raza y de su energía. No hay tal bajón ni cosa que valga. Opongamos briosamente este propósito al furor de los ministerios de la muerte nacional, y declaremos que no nos matarán, aunque descarguen sobre nuestras cabezas los más fieros golpes; que no nos acabará tampoco el desprecio asfixiante; que no habrá malicia que nos inutilice, ni rayo que nos parta.

Añadió que la crisis podía ser superada promoviendo el desarrollo educativo y económico:

> Necesitamos instrucción para nuestros entencimientos y agua para nuestros campos. No queremos fealdad en ninguna parte, sino hermosura en nuestros campos para que en ellos podamos vivir y gozar de cuanto nos da la naturaleza… Procuremos, grandes y chicos, instruirnos y civilizarnos, persiguiendo las tinieblas… El cerebro español necesita más que otro alguno de limpiones enérgicos para que no queden huellas de las negruras heredadas o adquiridas en la infancia[12].

Algunos escritores jóvenes criticaron las ideas racionalistas y reformistas de Galdós. Trataban de construir su identidad cuestionando al maestro, a la principal referencia literaria, que, como destacó Trend, tanto había influido en ellos. Azorín, Baroja, Unamuno y Maeztu le dedicaron libros, reconociéndolo más de una vez como su «ilustre maestro». En el estreno de *Electra* le apoyaron de forma entusiasta. El 13 de marzo de 1901 el grupo de *Los Tres,* como le gus-

FIGURA 29. Cubierta de la primera entrega de la revista *Alma Española* (8/11/1903). Pese a su rimbombante título, *Alma Española* sirvió de vehículo de expresión de las ideas reformistas de la generación del 98.

taba denominarse, editó el primer número de la revista *Electra,* con el patrocinio de Galdós. Después, se fueron alejando y criticaron las limitaciones del realismo y su escasa autocrítica. Las nuevas tendencias filosóficas y estéticas europeas les llevaron hacia el individualismo, el simbolismo y el modernismo. De ahí su obsesión por el casticismo y su visión animista del paisaje castellano, recreada por las pinturas de El Greco, Zuloaga y Regoyos. Las divergencias se manifestaron también en el estilo literario, prevaleciendo un lenguaje sobrio, artístico y conciso, alejado de las formas de antaño. En todo caso, la relación de los jóvenes y el maestro fue oscilante. En 1912 Azorín reconoció la importante contribución que Galdós había realizado:

> La nueva generación de escritores debe a Galdós todo lo más íntimo y profundo de su ser: ha nacido y se ha desenvuelto en un medio intelectual creado por el novelista... La idealidad ha nacido del mismo conocimiento exacto, del mismo amor, de la misma simpatía por una realidad española, pobre, mísera, de labriegos infortunados, de millares y millares de conciudadanos nuestros que viven agobiados por el dolor y mueren en silencio. Galdós —como hemos dicho— ha realizado la obra de revelar a España a los españoles[13].

Durante la crisis de fin de siglo la literatura y las artes plásticas buscaron nuevos horizontes. La pintura rechazó los excesos del naturalismo y recuperó la mirada subjetiva que quería mostrar lo invisible, la fantasía y los sueños. El dramatismo de *El Cristo de la Sangre, Segoviano* y *Las brujas de San Millán*, de Ignacio Zuloaga, refleja la preocupación del artista por la vida española. Santiago Rusiñol, pintor, escritor y dramaturgo, autor de *La morfina, Patio azul* y *Jardín del Generalife,* expresó la nueva orientación simbolista. La *España negra* recoge las impresiones del viaje que realizaron en 1888 el poeta Émile Verhaeren y el pintor Darío Regoyos por el País Vasco, Navarra, Aragón, Madrid y Castilla. El relato de Verhaeren y las ilustraciones de Regoyos constituyen una crónica de la España primitiva, las corridas de toros, el control religioso, las viejas enlutadas y la pobreza. Una visión crítica de la realidad española, a la que aplicaron, sin paliativo alguno, el calificativo de *negra*. José Gutiérrez Solana, Julio Romero de Torres, Valentín y Ramón Zubiaurre y Antonio

Muñoz Degrain prosiguieron la exploración simbolista que preparó el camino de las vanguardias.

Una consecuencia de la crisis del 98 y la amenaza de otra rebelión carlista fue la reanudación por Galdós de los *Episodios Nacionales,* cuya tercera serie, dedicada al tramo que transcurre entre *Zumalacárregui* y *Bodas reales,* fue publicada entre 1898 y 1900. Para preparar *Zumalacárregui,* Galdós se desplazó a Navarra y al País Vasco, interesado en conocer sobre el terreno el entorno de la guerra y entrevistarse con personas que pudieran darle determinados testimonios. Como contó en sus *Memorias,* en Cegama se entrevistó con el sacerdote Miguel Zumalacárregui, sobrino del general carlista, que le enseñó la casa de la familia, en la que falleció el general a causa de las heridas de guerra. Al día siguiente, se desplazó a Azpeitia y visitó el monasterio de Lozoya, centro de la orden de los jesuitas. Desde allí se trasladó en diligencia a Bilbao. El 18 de marzo regresó a Madrid, cuando se vivía el momento álgido de la guerra de Cuba y Filipinas. Galdós se refugió en la escritura, ordenó las notas del viaje y comenzó a escribir *Zumalacárregui.* Al cabo de unos meses, el *episodio* fue impreso en el establecimiento de Viuda e Hijos de Tello. Los lectores lo acogieron muy bien, agotándose la primera edición al poco tiempo. Después, Galdós cambió de escenario y comenzó a redactar *Mendizábal,* el dirigente progresista que impulsó la desamortización. El protagonista, Fernando Calpena, es un señorito protegido por su familia, que desvela el clasismo de la sociedad, incapaz de acometer las exigencias de desarrollo que demandaba el país. Después, Galdós escribió los *episodios De Oñate a La Granja, Luchana, La campaña del Maestrazgo,* uno de los que más le gustaban, *La estafeta romántica, Vergara, Montes de Oca, Los ayacuchos* y *Bodas reales.* El 30 de noviembre Galdós recibió una carta de Unamuno en la que le manifestó su interés por estas obras: «La serie de episodios que ha emprendido usted me interesa muchísimo»[14]. Fue el comienzo de una prolongada correspondencia, que se interrumpió en 1905, cuando cada escritor siguió un camino diferente.

Tras una breve pausa, Galdós acometió la cuarta serie, desde *Las tormentas del 48* a *La de los tristes destinos,* publicada entre 1902 y 1907, coincidiendo con un intenso periodo de creación teatral, que alumbró *Alma y vida, Mariucha, Bárbara, Amor y ciencia* y la adaptación dramática de *El abuelo.* Valle-Inclán apreció que estos *episodios* daban paso a una etapa más coral, sin caudillos ni héroes populares:

> El maestro recuerda más sus novelas como *Lo prohibido* que sus episodios como *Trafalgar, Zaragoza, Juan Martín, Zumalacárregui, Luchana* y *Montes de Oca.* Acaso en *Las tormentas del 48* se inicia por primera vez la decadencia del alma nacional.

Valle-Inclán reconoció la categoría literaria de Galdós: «me inclino ante el maestro, que… crea la obra inmortal»[15].

El régimen de la Restauración superó sin grandes dificultades las consecuencias de la crisis de fin de siglo, pero los dos grandes partidos acusaron la falta de liderazgo y la incapacidad para impulsar la necesaria renovación. El 17 de mayo de 1902 el joven Alfonso XIII, cumplidos los dieciséis años, juró el acatamiento de la Constitución y fue proclamado rey de España. Un fastuoso desfile de caballos, bandas de música y carrozas acompañó al joven monarca desde el Palacio Real hasta el Congreso de los Diputados, atravesando a paso lento las principales calles de la capital, llenas de madrileños que no habían visto un espectáculo como este desde hacía mucho tiempo. Alfonso XIII nació siendo rey por la prematura muerte de su padre. Creció en un ambiente palatino aristocrático, militar y católico, alejado del pueblo, como señaló Fernando Soldevilla. Recibió una educación tradicional y castrense, que no le ayudó a presidir una monarquía parlamentaria moderna. La Constitución de 1875 le concedía amplias competencias: era el comandante de las fuerzas armadas, con facultades plenas para designar a los altos mandos militares y regular su funcionamiento; su persona era «sagrada e inviolable»; compartía el poder legislativo con las Cortes; tenía la facultad de designar al presidente del Gobierno y de nombrar y cesar a los ministros. Consciente de sus facultades, pronto manifestó su voluntad de ser un rey gobernante, dispuesto a intervenir directamente en la vida política.

El Gobierno presidido por Francisco Silvela en 1899 constituyó una oportunidad para impulsar la regeneración. Adoptó algunas medidas necesarias, como la creación del Ministerio de Instrucción Pública y Bellas Artes, la reducción del gasto público, la mejora de la fiscalidad, la limitación de la jornada laboral de mujeres y niños y la regulación de los accidentes de trabajo. Una oleada de protestas de comerciantes, regionalistas catalanes y republicanos provocó el cese de su mandato. En marzo de 1901 regresó al poder el viejo Sagasta. Se rodeó de nuevos dirigentes, como José Canalejas y el conde de Romanones, dispuestos a impulsar un amplio programa de reformas. Al cabo de año y medio, Sagasta, cuando advirtió la llegada de la muerte, abandonó el gabinete. Entre 1902 y 1905 se sucedieron cuatro Gobiernos conservadores, presididos por Raimundo Fernández Villaverde, Antonio Maura, Marcelo de Azcárraga y, otra vez, Fernández Villaverde. Fueron tres años inestables, en los que tan solo se celebró una convocatoria electoral y las Cortes apenas desarrollaron su actividad durante doce meses. Por ello se acuñó la expresión «crisis oriental», que aludía a la intervención del Palacio de Oriente en las sucesivas crisis de gobierno.

En el cambio de siglo se fueron extendiendo las manifestaciones contra los privilegios de la Iglesia. Grupos amotinados asaltaron colegios y residencias de los jesuitas en Aragón, Cataluña, Valencia y Andalucía. No se trataba de las sempiternas denuncias acerca de la inmoralidad de los sacerdotes, sino de un movimiento laico de escala europea que propugnaba la libertad de ideas y creencias, la separación del Estado y la Iglesia y la denuncia tanto del predominio de la Iglesia en la educación secundaria como del incremento del número de congregaciones religiosas, que entre los años 1875 y 1895 habían multiplicado por diez su personal. La jerarquía católica decidió dar la batalla al movimiento laico. Si la lucha se estaba librando en el campo político, como afirmó el cardenal Cascajares, «allá debemos ir todos para disputar palmo a palmo el terreno a la revolución»[16]. Esta estrategia fue bendecida por los obispos en diversos Congresos Católicos, que aprobaron la creación de círculos de obreros y de periódicos católicos y la realización de misiones, peregrinaciones y romerías en el espacio público. La cultura constituyó un ámbito prioritario de combate. Antolín López, obispo de Jaca, escribió *Los daños del libro* (1905), donde se recomendó que las parroquias publicaran listas de prohibiciones, que incluían obras de Zola, Galdós y Baroja. El jesuita Pedro Ladrón de Guevara, autor de *Novelistas malos y buenos* (1912), calificó la obra de Galdós de «innoble, falsa e insidiosa». Por otra parte, los sectores progresistas censuraron el apoyo que prestaban los Gobiernos conservadores a la Iglesia, en aquellos tiempos de penurias económicas. Estas circunstancias favorecieron el retorno al poder del Partido Liberal. José Canalejas lideró el proyecto de modernización educativa, política y cultural, alcanzando una gran notoriedad en 1899 cuando afirmó en el Congreso de los Diputados que «había que dar la batalla al clericalismo». Galdós compartía la necesidad de ir avanzando hacia una sociedad laica, tolerante y respetuosa. El debate saltó de la prensa a la calle, multiplicándose los actos y manifestaciones de los dos bandos[17].

FIGURA 30. Caricatura de Manuel Tovar (1875-1935) aparecida en la revista *Don Quijote* (2/5/1902) que representa, a la izquierda, a Galdós ensartando con una pluma —llamada Electra— a un cura y a una monja. Al respecto de la noche del estreno, explica Baroja en sus *Memorias:* «Comenzó el drama en medio de una gran expectación. El público temía que pasara algo. En uno de los momentos en que aparece un fantasma, Azorín me agarró del brazo, y vi que estaba conmovido. Cuando el joven ingeniero (Máximo) derriba a Pantoja, Maeztu, desde el paraíso, con voz tonante, dio un terrible grito de ¡Abajo los jesuitas!».

El estreno el 30 de enero de 1901 de la obra de teatro *Electra,* en el Teatro Español de Madrid, constituyó un gran acontecimiento [▶ FIGS. 30 y 20, pág. 235]. Galdós le pidió a María Guerrero que interpretase el papel protagonista, pero la actriz lo rechazó debido al ambiente polémico existente, haciéndose cargo la compañía del Teatro, en la que destacaban los actores Moreno, Fuentes y Valero. «No sé cómo —afirmó Baroja— que poco a poco se caldeó el ambiente y la mayoría de los escritores jóvenes nos dispusimos a defender la obra de Galdós con cierto entusiasmo»[18]. Dada la expectación creada, asistieron al estreno de la obra Canalejas, Menéndez Pelayo, Baroja, Azorín y Maeztu. Como se ha señalado, *Electra* planteó la confrontación entre la tutela religiosa del jesuita Pantoja y la libertad civil del ingeniero Máximo por el futuro de Electra, que ella resolvió imponiendo su voluntad de emanciparse y decidir su futuro en libertad. Galdós se inspiró en el «caso Ubao», hecho real que había originado unos meses atrás un gran debate. La joven Adelaida Ubao e Icaza abandonó su casa al fallecer su padre siguiendo los consejos de su confesor, el padre Cermeño, para ingresar en la congregación de las Esclavas del Corazón de Jesús, que dirigían los jesuitas. La madre denunció en el juzgado al padre Cermeño, acusándolo de arrancarle a su hija con el propósito de quitarle su herencia. El juzgado rechazó en primera instancia la reclamación de la madre, pero el pleito llegó hasta el Tribunal Supremo, donde se enfrentaron dos pesos pesados de la política, Nicolás Salmerón y Antonio Maura. Finalmente, el 24 de febrero el Supremo resolvió a favor de la madre, alegando que la joven era menor de edad para ingresar en la orden religiosa. Aquel mismo día, el juez recogió a la joven en el convento y la llevó a la casa de su familia.

Durante la representación de *Electra* el público aplaudió con entusiasmo las escenas más significativas y profirió gritos contra los jesuitas, los *luises* y los neocatólicos. Al finalizar, Galdós salió a hombros del teatro y fue llevado a su casa por numerosos asistentes a la representación que gritaban «¡Que viva don Benito!», «¡Que viva Pérez Galdós!».

El 13 de junio de 1901 falleció Leopoldo Alas, *Clarín,* cuando apenas tenía 49 años. La tuberculosis, incurable entonces, acabó con su vida. En los últimos meses, se encontraba muy exhausto. El médico Alfredo Martínez, sobrino suyo, permaneció a su lado, tratando de aliviar su dolor. Su féretro fue instalado en la Universidad de Oviedo. Al día siguiente fue enterrado por sus familiares y amigos en el cementerio de El Salvador. *Clarín* y Galdós mantuvieron una estrecha amistad durante un cuarto de siglo, como desvela su «larga y amabilísma correspondencia», como la calificó *Clarín*. Compartían ideas estéticas, literarias y cívicas. *Clarín* se convirtió en el adalid de la causa galdosiana. Poco antes de fallecer, escribió una crítica sobre la última serie de los *Episodios Nacionales,* en la que elogió el trabajo de su amigo: «Cada día se parece más Galdós a Cervantes por dentro»[19]. La admiración era compartida por ambos. En el prólogo que escribió para la tercera edición de *La Regenta,* en enero de aquel mismo año, Galdós afirmó que la novela de *Clarín* le había cautivado hondamente y que tenía «mucho que admirar, encanto de la imaginación por una parte, por otra recreo del pensamiento». A su juicio, *La Regenta,* «muestra feliz del Naturalismo restaurado», realizaba:

una descripción acertada de los más graves estados del alma humana… De mí sé decir que pocas obras he leído en que el interés profundo, la verdad de los caracteres y la viveza del lenguaje me hayan hecho olvidar tanto como en esta las dimensiones, terminando la lectura con el desconsuelo de no tener por delante otra derivación de los mismos sucesos y nueva salida o reencarnación de los propios personajes.

Por todo ello, concluyó reclamando el reconocimiento público del talento del autor:

la literatura oficial está en apremiante deuda con Leopoldo Alas. Esperando la reparación, toda España y las regiones de América que son nuestras por la lengua y la literatura, le tienen por personalidad de inmenso relieve y valía en el grupo final del siglo que se fue y de este que ahora empezamos, grupo de hombres de estudio, de hombres de paciencia y de hombres de inspiración, por el cual tiende nuestra raza a sacudir su pesimismo[20].

En la primavera de 1902 Galdós comenzó a escribir la cuarta serie de los *Episodios Nacionales,* con *Las tormentas del 48.* El protagonista es José García Fajardo, señorito castellano, de tendencia moderada, caprichoso y mujeriego. Después publicó *Los duendes de la camarilla,* excelente *episodio* cuya trama se desenvuelve a mediados del siglo. Lucila esconde al capitán Gracián, tras un fallido golpe revolucionario. Su idilio amoroso fue truncado por Domiciana, monja exclaustrada, que trabaja como agente de Palacio, la cual secuestra al capitán y lo envía a Puerto Rico. Tras esta adversidad, Lucila se refugia en un pueblo y se casa con un labrador acomodado, que representa el impulso que, a juicio del escritor, debía acometer la agricultura. Esta idea refleja la influencia de su sobrino, José Hurtado de Mendoza, ingeniero agrónomo, a quien llamaba cariñosamente «don Pepino». Hurtado era hijo de Carmen, hermana de Galdós, la persona a quien el escritor más cariño profesó. En sus últimos años mantuvo una estrecha relación con él, que se convirtió en su acompañante habitual, su confidente y su secretario. Marañón lo describió como una persona afectuosa, inteligente y modesta, que sentía devoción por su tío, a quien «seguía como su sombra». Los dos realizaron viajes a Alcalá de Henares, Aranjuez, La Granja, Segovia, Ávila y, sobre todo, Toledo, ciudad que les interesaba mucho. Cerca de allí se encontraba la finca «La Alberquilla», propiedad de Sergio de Novales, ingeniero agrónomo, compañero de Hurtado y diputado en el Congreso por el Partido Liberal. Novales admiraba al escritor y se

sentía muy satisfecho cuando lo acogía en su finca. Allí Galdós descansaba, leía, escribía y hacía excursiones a los pueblos toledanos. Seguramente escuchó conversaciones entre Novales y su sobrino sobre la botánica y la agricultura, en las que compartieron el potencial de la agricultura moderna, algo que plasmaría en diversas novelas. Galdós escribió artículos en *El Progreso Agrícola y Pecuario* en los que analizó las diferentes condiciones de vida existentes en el campo y la ciudad. En su artículo titulado «Rura» (1901) [▶ Fig. 31] reclamó que todos fuésemos un poco destripaterrones y en «¿Más paciencia?» (1904) defendió la transformación del campo, mejorando las comunicaciones, la seguridad y las oportunidades, como reclamaban los habitantes de las zonas rurales[21].

La revolución de julio (1904) es el *episodio* dedicado al golpe militar realizado por los generales Leopoldo O'Donnell y Francisco Serrano en 1854, conocido como *la Vicalvarada,* que liquidó la *Década Moderada* y dio paso al *Bienio Progresista,* liderado por los generales Espartero y O'Donnell. En este periodo convulso, Virginia de Socobio y su amor viven una aventura sentimental en la sierra pobre de Madrid.

Al mismo tiempo, Galdós continuó desarrollando la creación dramática y estrenó *Alma y vida,* el 9 de abril de 1902, en el Teatro Español de Madrid. Situada en la época de Carlos III, la rica hacendada Laura, duquesa de Ruydíaz, y Juan Pablo, joven revolucionario que lidera

◀ Figura 31. Imagen de Galdós en su tierra natal (hacia 1900). En diversos textos escritos durante esos años de debacle política y social, ya fuera en el prólogo a *La Regenta,* en «La España de hoy» o en «Rura», Galdós apelaba a la sociedad en su conjunto para que asumiera su parte de responsabilidad en la crisis del momento. Dice en «Rura» (1901): «Seamos un poco "destripaterrones" y conciliemos la vida urbana con la vida agrícola, aspirando a la suprema síntesis, que ha de alegrar nuestra existencia, restaurando la higiene cerebral, atenuando nuestro neurosismo, y haciéndonos más fuertes y al propio tiempo más religiosos, más dueños de la Naturaleza y menos accesibles a la duda y al escepticismo».

una rebelión de los vasallos, deciden promover cambios en la hacienda para procurar la felicidad de todos. El joven da *vida* a la generosa *alma*. La aparición de brujas moriscas complica sus buenas pretensiones. Alma fallece y el joven le pide al pueblo que la venere. La actriz Josefina Blanco, que poco después se casó con Valle-Inclán, realizó una interpretación sobresaliente. Poco después, el 16 de julio de 1903, se estrenó en el teatro Eldorado de Barcelona *Mariucha,* protagonizada por María Guerrero. Se trata de un drama regeneracionista que plantea la relación sentimental entre una marquesa y un joven dedicado al comercio de carbones, en la que el esfuerzo del trabajo prevalece sobre la condición nobiliaria. La superación de los anacronismos y la construcción de una nueva sociedad basada en el esfuerzo personal y el trabajo productivo serán los vectores de las nuevas obras galdosianas.

El 14 de febrero de 1904 fue estrenado *El abuelo,* adaptación de la novela homónima, en el Teatro Español de Madrid, con una brillante interpretación de Fernando Díaz de Mendoza. Como se ha señalado, el viejo conde de Albrit, tras la muerte de su hijo Rodrigo, regresa de América a su pueblo natal con el propósito de descubrir cuál de sus dos nietas, Dorotea y Leonor, es su heredera legítima. Finalmente, el abuelo supera los prejuicios nobiliarios y decide compartir el cariño con las dos jóvenes. Esta opción humana escandalizaría a los carlistas, acérrimos defensores del legitimismo aristocrático.

El quinto *episodio* de la cuarta serie fue *O'Donnell* (1904), que aborda el periodo que transcurre entre la revolución de 1854 y la alternancia en el poder de moderados y de unionistas durante los años sesenta. Galdós, con la perspectiva del tiempo, critica a los dirigentes de la Unión Liberal por su tendencia a realizar gestos triviales, su obsesión por los intereses materiales y su creación de redes clientelares, que precipitaron la crisis del reinado de Isabel II. Se dice en el *episodio:*

Fue O'Donnell una época, como lo fueron antes y después Espartero y Prim, y como estos, sus ideas crearon diversos hechos públicos y sus actos engendraron infinidad de manifestaciones particulares, que amasadas y conglomeradas adquieren en la sucesión de los días carácter de unidad histórica... O'Donnell es el rótulo de uno de los libros más extensos en que escribió sus apuntes del pasado siglo la esclarecida jamona doña Clío de Apolo, señora de circunstancias que se pasa la vida escudriñando las ajenas, para sacar de entre el montón de verdades que no pueden decirse, las poquitas que resisten el aire libre, y con ellas conjeturas razonables y mentiras de adobado rostro. Lleva Clío consigo, en un gran puchero, el colorete de la verosimilitud, y con pincel o brocha va dando sus toques allí donde son necesarios[22].

Aita Tettauen, sexto *episodio* de la serie, se publicó en 1905. Se trata de un alegato pacifista contra la guerra llevada a cabo por el general O'Donnell en Marruecos, en 1859 y 1860, durante el Gobierno de la Unión Liberal. Tras dos meses de maniobras, el ejército español tomó Tetuán y entabló conversaciones de paz con el sultán marroquí. La victoria de Wad Ras precipitó el final de la contienda, que concluyó el 26 de abril de 1860 con la firma del tratado del mismo nombre. El control de los dominios del norte de África quedó, así, reforzado. Algunos analistas han destacado el estudio que Galdós realizó de la lengua de los judíos sefarditas de origen español radicados en Grecia, Turquía, Egipto y Marruecos, hablada por los personajes de la novela, uniéndose a quienes defendían el restablecimiento de relaciones culturales con ellos.

En 1904 Galdós conoció a Teodosia Gandarias Landete, su compañera sentimental en la última etapa de su vida. Teodosia nació en 1863 en Guernica. Había estado casada con Ramón Periel, que tras fallecer en 1902 le dejó una modesta pensión de viudedad. Cuando conoció a Galdós tenía cuarenta y cuatro años. Las doscientas treinta y nueve cartas que se enviaron entre 1907 y 1915 ofrecen muchos detalles sobre sus trabajos, sus problemas de salud y su cariño. Teodosia era maestra y tenía un buen bagaje cultural. Algunos estudiosos la han visto reflejada en personajes galdosianos como Cinthia-Pascuala de *El Caballero encantado,* Athenaida de *La razón de la sinrazón* y Floriana de *La Primera República.* Las cartas desvelan la existencia de una excelente relación sentimental. En ellas aparecen muchas expresiones de cariño, de ilusiones compartidas y deseo de estar juntos:

> Adorada Teo, vaporosa y preciosa: he recibido ayer tu bella carta. A lo que dices añado yo que si no existiera el amor, el mundo sería una sosería insoportable. Por él vivimos, y de las bestias nos diferenciamos por la espiritualidad del amor[23].

A Galdós le gustaban su cordura y su capacidad literaria: «sabe expresar concisamente conceptos delicados y finezas del espíritu»; «tiene un gusto muy fino y un paladar exquisito para juzgar el fondo y la forma». Por eso le hacía llegar lo que escribía y le pedía su parecer: «estoy atareadísimo con esta doña Celia —comentó a propósito de *Alceste*—, afanado por llevártela concluida en borrador». El extenso epistolario cursado entre ellos revela aspectos interesantes del proceso de elaboración de las novelas y las obras teatrales, así como de la actualidad política. Por lo demás, pone de manifiesto que Galdós amó profundamente a Teodosia y que su cariño perduró hasta el final de sus vidas[24].

Entre tanto, los problemas de visión de Galdós se fueron acentuando. Por ello, siguiendo los consejos del doctor Alejandro San Martín, médico de la familia, en 1905 acudió a la consulta del doctor Manuel Márquez, catedrático de Oftalmología de la Facultad de Medicina de la Universidad de Madrid. Márquez observó que el escritor tenía una inflamación en el iris y que padecía unas incipientes cataratas. Le prescribió un tratamiento y le aconsejó realizar una operación en el momento oportuno.

El 6 de mayo de 1905 apareció el primer número de la revista *La República de las Letras*. El comité de redacción estaba encabezado por Galdós y Blasco Ibáñez, y contaba con excelentes escritores como Luis Morote, Pedro González y Rafael Urbano. En el editorial de presentación Galdós manifestó el deseo de que la revista fuese un foro constructivo, que contribuyera a agrandar el espacio literario y promoviera el conocimiento. Aquel mismo año, escribió un discurso en el que elogió la gran capacidad del joven dramaturgo Jacinto Benavente para la «creación de tipos de mujer». Galdós realizó una síntesis del significado de la mujer en el arte, así como de lo que representaba para él mismo, desde los amores más profundos hasta las relaciones menos importantes:

Sin mujeres no hay arte; como que en ellas está el principio y fundamento de toda expresión estética… Ellas son el encanto de la vida, el estímulo de las ambiciones grandes y pequeñas; origen son y manantial de donde proceden todas las virtudes. Debemos a la parte bella y débil de nuestro linaje los altos ejemplos de abnegación y de heroísmo… Obra de ellas son los más gloriosos triunfos del bien; obra nuestra las privadas desdichas y las públicas catástrofes. Es destino ineludible de ellas amar al hombre, y este debe consagrarles toda su inteligencia y su corazón entero[25].

El regreso del Partido Liberal al Gobierno no promovió la estabilidad política, ni la renovación demandada por amplios sectores ciudadanos. Entre 1905 y 1907 presidieron el Gobierno Montero Ríos, Moret, López Domínguez, otra vez Moret y el marqués de la Vega Armijo. Ningún Gobierno progresista ni conservador consiguió reforzar el sistema parlamentario, limitar el intervencionismo del Rey, anular la manipulación electoral, ni ampliar la base representativa de los partidos. A los problemas heredados del siglo XIX se añadieron la segunda guerra de Marruecos, el nacionalismo catalán, las protestas militares y la irrupción del movimiento obrero, complicándose el escenario político. El primer episodio de la crisis del régimen fue la Semana Trágica de Barcelona de 1909. El asesinato de José Canalejas en 1912 frustró las esperanzas de renovación. Después, el impacto económico, social y político de la primera Gran Guerra europea, manejado de forma deficiente por Gobiernos inestables, condujo a la huelga general revolucionaria de 1917, que, como afirman Julián Casanova y Carlos Gil, representó «un punto de no retorno en el camino hacia la descomposición final del régimen»[26].

Galdós siguió con atención este agitado proceso político, advirtiendo el agotamiento del régimen de la Restauración y comenzando a ver con claridad que la *cuestión social,* la mejora de la precaria situación de la mayoría de los españoles, tenía que afrontarse a través de la política. Para ello, participó en el proceso de convergencia del republicanismo y el socialismo, que consiguió movilizar a crecientes sectores de las clases media y trabajadora por la mejora de la educación pública, el reconocimiento de los derechos laborales y el avance hacia la democracia.

XIII

Conversaciones con la reina Isabel II

Galdós se desplazó a París para preparar la representación de la obra *Electra*. El terreno estaba abonado, gracias a los comentarios elogiosos que hicieron los corresponsales de *Le Temps* y *Le Siècle* del estreno en Madrid, que destacaron, además, el elevado número de ejemplares vendidos de la obra. El debate que promovió Pierre Waldeck-Rousseau, primer ministro de Francia, para frenar el crecimiento de las congregaciones religiosas favoreció la acogida. El periodista Becker publicó una entrevista a Galdós en *Le Siècle*. Aunque el escritor era escéptico sobre la acogida que los teatros parisinos hacían de las obras extranjeras, Paul Milliet, adaptador de la obra, comenzó a realizar gestiones con teatros, compañías y directores de escena para estrenarla en buenas condiciones. Por ello, le pidió a Galdós retratos de artistas, ilustraciones y decorados: «Los reproduciría —argumentó— en mi revista o en el suplemento de un gran periódico de París»[1].

Las negociaciones fueron satisfactorias y el estreno de *Electra* tuvo lugar el 21 de mayo de 1904 en el Théátre de la Porte Saint-Martin [▶ Fig. 32], lográndose, según Milliet, una excelente respuesta del público:

FIGURA 32. Escena del estreno de *Electra* en el Théâtre de la Porte Saint-Martin,
21 de mayo de 1904.

El estreno de Electra ha tenido lugar ayer por la noche, y el éxito ha
sido el mismo que en el ensayo general: caluroso, espontáneo, a veces
entusiasta. La interpretación es excelente. Solo elogios merece la dirección de la Porte Saint-Martin por la confianza que ha puesto en la
obra, y por el cuidado en llevarla a escena[2].

Electra alcanzó en París ciento ochenta y cinco representaciones
y después realizó una gira por los teatros de provincias.

El embajador Fernando León y Castillo, paisano y amigo de Galdós
desde su juventud, seguía las incidencias que se producían en el Pa-

lacio de Castilla, donde residía la anciana Isabel II. Cuando Alfonso XII comenzó su reinado, ella intentó regresar a Madrid, pero Cánovas del Castillo lo impidió para evitar que se reagrupara en torno a ella el viejo Partido Moderado y obstaculizara los primeros pasos del joven monarca. Dadas sus responsabilidades diplomáticas, León y Castillo siempre procuraba estar al tanto de la Reina, prestándole ayuda y organizando actividades que fueran de su agrado. Galdós había mantenido una posición crítica frente a la monarquía de los Borbones y preconizaba la necesidad de impulsar el cambio democrático. En 1898 había proseguido los *Episodios Nacionales,* continuando las obras que había escrito en los años setenta. Por ello, podía ser interesante escuchar a la Reina «contar cosas y menudencias de su reinado, haciendo la historia que suena, después de haber hecho la que palpita...»[3]. Galdós le planteó a Fernando León y Castillo la posibilidad de mantener una entrevista, a lo que este contestó que le parecía una buena idea y que estaba convencido de que cuando superasen los inevitables recelos harían buenas migas y mantendrían una conversación agradable[4].

El embajador se puso manos a la obra y le sugirió a Isabel II la realización de la entrevista. Ella reaccionó sorprendida:

—¿Galdós? ¿De qué puedo hablar con ese escritor que tiene unas ideas tan diferentes a las mías y a todo lo que represento?

—Bueno, Señora —respondió el embajador—, yo creo que puede ser interesante. Galdós ha mostrado un gran interés en mantener una conversación con Vuestra Majestad. Además, le conozco bien y puedo asegurarle que es una persona prudente.

—Pero en sus libros y sus artículos —insistió ella—, no me ha dejado bien parada...

—Es verdad, pero eso es una razón más para que os conozca mejor.

—Si tú lo dices… En todo caso, vienes con él y nos acompañas mientras conversamos, ¿de acuerdo?

—Será un placer, Majestad. Ya veréis como todo transcurre a su gusto.

El 11 de diciembre de 1902 León y Castillo envió una carta a Galdós confirmándole la celebración de la entrevista: «La Reina Isabel está encantada de cuanto de ella dices en tu libro *Narváez…* Me dijo además S.M., que con mucho gusto te recibirá y te dará todas las noticias publicables que tú le pidas sobre los sucesos de su reinado»[5]. Cuando el embajador le comunicó la fecha de la entrevista, Galdós se desplazó a París y se dirigió, acompañado por él, al Palacio de Castilla. La reina Isabel II los recibió de forma cordial, complacida por el interés del escritor en conocerla personalmente:

—Señora, le agradezco muchísimo que haya accedido a recibirme. Su testimonio tendrá un gran valor para mí.

—Bien, Galdós, bien, me agrada su interés. Le contaré muchas cosas, muchas: unas para que las escriba…, otras solo para que las conozca.

—Gracias, doña Isabel, cuente con toda mi discreción —le contestó, animándola a que le concediera su confianza.

—Vayamos hacia aquella sala —propuso ella, indicando con la mano la que se encontraba junto a la biblioteca—. Allí podremos conversar tranquilamente, sin que nadie nos moleste[6].

Galdós observó atentamente a la reina Isabel II. Era una anciana que acusaba de forma visible el paso de los años. Su pelo estaba completamente blanco. Tenía una mirada dulce y afectuosa que suscitaba ternura y que, a la vez, mostraba las adversidades que había padecido a lo largo de su vida. Aunque seguía teniendo una complexión gruesa, había adelgazado. Vestía un elegante traje de terciopelo azul que realzaba su prestancia. Caminaba con cierta fatiga, moviéndose a paso lento y trabajoso, apoyándose en un bonito bastón que le había regalado el rey Alfonso XII. Desvelaba sus problemas de salud, pero conservaba todavía cierta cordialidad y campechanía. Nada más acomodarse en la sala, comenzó a hablar sin parar. Los recelos parecían haberse superado. Se expresaba con un lenguaje claro, castizo y algo antiguo, entrecortado por los problemas de respiración causados por su bronquitis crónica. Sus ademanes eran nobles, comedidos y correctos. Isabel parecía, en suma, una mujer normal, no demasiado inteligente, agradable y dotada de una indudable calidad humana. Dejó escrito Galdós:

A los diez minutos de conversación ya se había roto, no diré el hielo, porque no lo había, sino el macizo de mi perplejidad ante la alteza jerárquica de aquella señora, que más grande me parecía por desgraciada que por reina. Me aventuraba yo a formular preguntas acerca de su infancia, y ella con vena jovial refería los incidentes cómicos, los patéticos con sencillez grave, a lo mejor su voz se entorpecía, su palabra buscaba un giro delicado, que dejaba entrever agravios prescritos, ya borrados por el perdón. Hablaba doña Isabel un lenguaje claro y castizo, usando con frecuencia los modismos más fluidos y corrientes del castellano viejo, sin asomos de acento extranjero, y sin que ninguna idea exótica asomase por entre el tejido espeso de españolas ideas… Eran sus ademanes nobles, sin la estirada distinción de la aristocracia modernizada, poco española, de rigidez inglesa, importadora de nuevas maneras… Contó pasajes saladísimos de su infancia, marcando el contraste entre sus travesuras y la bondadosa austeridad de Quintana y Argüelles[7].

La conversación continúa:

—Doña Isabel, ¿cómo recuerda los comienzos de su reinado? No puede decirse que lo tuviera fácil en unos años tan conflictivos como aquellos…

—Pues sí, fueron unos años verdaderamente emocionantes que viví de forma intensa, pero como usted dice fueron unos años difíciles en los que estuve expuesta a mil tropiezos, sin que nadie me aconsejara de forma conveniente y desinteresada. Los que podían hacerlo no sabían una palabra del arte del gobierno constitucional: eran cortesanos que solo entendían de etiqueta, y como se tratara de política no había quien les sacara del absolutismo. Los que eran ilustrados y sabían de constituciones y de todas esas cosas, no me aleccionaban sino en los casos que pudieran serles favorables a ellos, dejándome a oscuras si se trataba de algo que en mi buen conocimiento pudiera favorecer al contrario. ¿Qué había de hacer yo, jovencilla, reina a los trece años, sin ningún freno a mi voluntad, con todo el dinero a mano para mis antojos y para darme el gusto de favorecer a los necesitados, no viendo al lado mío más que a personas que se doblaban como cañas, ni oyendo más voces que las de la adulación, que me aturdían? ¿Qué podía hacer yo…? Póngase usted en mi caso.

—Indudablemente comenzó el ejercicio de su reinado en unas circunstancias muy complejas. ¿A qué atribuye la conflictividad de aquellos años?

—Eso es realmente difícil de contestar… Piense que entonces echó a andar el régimen liberal, que cambió la forma de hacer política, surgiendo los partidos, que pasaron a primer plano muchísimas cuestiones en las que carecíamos de experiencia…, pero si tuviera que destacar una causa señalaría, sin duda, la falta de acuerdo entre los principales partidos, la lucha que existía entre ellos[8].

Después de este comentario, reflexiona Galdós:

> En el curso de la conversación, para ella tan grata como para los
> que la escuchábamos, hacía con cuatro rasgos y una sencilla anécdota
> los retratos de Narváez, O'Donnell o Espartero, figuras para ella tan
> familiares que a veces le bastaba un calificativo para pintarlas magis-
> tralmente... Le oí referir su impresión, el 2 de febrero del 52, al ver
> aproximarse a ella la terrible figura del clérigo Merino, impresión más
> de sorpresa que de espanto... Algo dijo de la famosa escena con Oló-
> zaga en la cámara real en 1844, mas no con la puntualización de he-
> chos y claridad descriptiva que habrían sido tan gratas a quien enfilaba
> el oído para no perder nada de tan amenas historias..., dejando entre-
> ver una versión distinta de las dos que corrieron, favorable la una, ad-
> versa la otra a la pobrecita reina, que en la edad de las muñecas se veía
> en trances tan duros del juego político y constitucional, regidora de
> todo un pueblo, entre partidos fieros, implacables y pasiones desbor-
> dadas[9].

Isabel II manifestó a lo largo de la conversación, según el escritor, una ingenua visión matriarcal de la vida española. A su juicio,
España era una gran familia, la familia de los españoles, y ella, la Reina, la madre de todos, a quienes debía tratar con cariño y velar por
su futuro:

> La nación era para ella una familia, propiamente la familia grande, que
> por su propia ilimitación permite que se le den y se le tomen todas las
> confianzas. En el trato con los españoles no acentuaba sino muy dis-
> cretamente las diferencias de categoría, como si obligada se creyese a
> extender la majestad suya, y dar con ella cierto agasajo a todos los de
> la casa nacional[10].

Isabel manifestó varias veces su «corazón todo español», su «amor maternal», su compromiso con los españoles, pero en la práctica no correlacionó su alta responsabilidad política con la labor de los Gobiernos para procurar el bienestar de los ciudadanos y la atención de los desfavorecidos. Galdós quiso profundizar en algunos episodios polémicos del reinado, como la designación del Gobierno *relámpago* de Cleonard, ejemplo significativo de la lamentable intervención de las camarillas palatinas, pero ella eludió el asunto tratándolo de forma superficial y generosa:

—Señora, ¿por qué firmó la designación del polémico Gobierno Cleonard, contra el que todo el mundo se opuso y que tan solo existió durante unas horas?

—¡Caramba, Galdós, ustedes los escritores lo quieren saber todo! Sí, ciertamente aquel cambio de Gobierno fue una equivocación, pero al siguiente día todo quedó arreglado… Mire, este me aconsejaba una cosa, aquel otra y luego venía un tercero que me decía: ni aquello ni esto debes hacer, sino lo de más allá… Pónganse ustedes en mi caso, caballeros, diecinueve años y metida en un laberinto por el cual tenía que andar palpando las paredes, pues no había luz que me guiara. Si alguno me encendía una luz, enseguida venía otro y me la apagaba.

—La verdad es que su entorno no le ayudó mucho. Pero, ¿y la monja Patrocinio, doña Isabel? ¿No intervino en este caso de forma desafortunada?

—No, no… Sor Patrocinio era una mujer muy buena, era una santa y no se metía en política, ni en cosas del Gobierno. Intervino, sí, en asuntos de familia para que mi marido y yo hiciéramos las paces, pero nada más. La gente desocupada inventó mil catálogos que han corrido por toda España y por el mundo que carecen de fundamento.

—Y esa pretensión suya de que se reconciliase con Francisco de Asís, ¿no tenía la intencionalidad de reforzar su posición en Palacio y en la política?

—No…, yo no lo veo así. Sor Patrocinio era una religiosa y tan solo se ocupaba de nuestra relación matrimonial, del entendimiento de la familia y de nuestro comportamiento cristiano[11].

Galdós, que tanta documentación había consultado en la preparación de sus novelas, se recreaba

oyendo el encantador murmullo de la historia viva, fresca, brotando de su nativo manantial. Doña Isabel, animándose con el renovar de viejas memorias, a cada instante tomaba más gusto a sus cuentos, por el propio sabor de ellos y por la conciencia que tenía la narradora de su gracioso contar. Verdad es que de los asuntos que iban saliendo, ella escogía los de su conveniencia y de mayor agrado, desechando los que la molestaban o los que por tener espinas no podían pasar sin dolor de su pensamiento a sus labios.

El escritor apreció que, después del tiempo transcurrido, Isabel seguía sin conocer de forma clara su función institucional como Reina, su cometido de acuerdo con los preceptos constitucionales, algo que le había deparado numerosos problemas:

¿Verdad, Señora —pensó sin atreverse a decirlo— que en la mente de Vuestra Majestad no entró jamás la idea de España?… ¿Verdad que criaron a Vuestra Majestad en la persuasión de que podía hacer cuanto se le antojara, y quitar y poner gobernantes como si cambiase de ropa? ¿No confió la Reina demasiado en el amor de su pueblo y en la protección divina, dos cosas ¡ay! sujetas a inesperadas y lastimosas quiebras?[12].

A medida que la conversación fue avanzando, Galdós planteó las preguntas que le interesaban, aquellas que podían ofrecerle informaciones o matices para futuras novelas, y, finalmente, le pidió que hiciera un balance sobre el reinado:

—Doña Isabel, con la perspectiva de los años que han transcurrido, ¿cómo valora la labor que realizó al frente de la Corona?

—Mire Galdós, yo tengo todos los defectos de la raza, lo reconozco, pero también alguna de sus virtudes…

—Sin duda, pero ¿qué opinión le merecen las críticas que durante todo este tiempo se han realizado?

—Sé que lo he hecho mal, muy mal, y no quiero ni debo rebelarme contra las críticas acerbas que se han formulado a mi reinado, pero —prosiguió con la voz entrecortada— no ha sido mía toda la culpa, no toda…

—¡También hubo cosas buenas en su reinado, Majestad, y muchas! —tercó el embajador Fernando León de forma indulgente—. El país consiguió un crecimiento importante gracias al desarrollo económico y la expansión de los ferrocarriles, con sus consecuencias provechosas para la comunicación y el transporte; la Nación se engrandeció con la difusión de la cultura y las artes, con las victorias militares en la guerra de África y tantos otros logros que no existían al comienzo de su reinado y que cuando finalizó quedaron para el disfrute y bienestar de todos…

—Ya, Fernando, es cierto, pero hay más, mucho más que pudo hacerse —lamentó ella asumiendo las críticas— y que no se hizo. Ha faltado tiempo, ha faltado espacio… Yo quiero, he querido siempre el bien del pueblo español. El querer lo tiene una en el corazón, pero ¿y el poder?, ¿dónde está?… Solo Dios manda el poder cuando nos conviene… Yo he querido… Pero, el no poder ¿ha dependido de mí o de los demás? Esta es mi duda[13].

Después de dos largas conversaciones, llegó el momento de la despedida, tal como relató el propio Galdós:

> La reina, que deseaba moverse y andar, salió al salón apoyada en su báculo. Fue aquella, mi postrera visita y la última vez que la vi. Vestía un traje holgón de terciopelo azul; su paso era lento y trabajoso. En el salón nos despidió, repitiendo fórmulas tiernas de amistad que prodigaba con singular encanto. Su rostro venerable, su mirada dulce y afectuosa persistieron largo tiempo en mi memoria[14].

Cuando regresó a Madrid, Galdós recordó la entrañable acogida que Isabel II le había dispensado en el Palacio de Castilla, su encanto personal, su visión sobre la gestión institucional que había realizado y sus expresiones de desaliento. La verdad es que la imagen que tenía de ella había cambiado radicalmente. Revisó los hitos esenciales de su reinado y recapituló sobre los aspectos que causaron su *triste destino*. A su juicio, tres circunstancias habían condicionado de forma decisiva su vida: su deficiente formación, su desafortunado matrimonio con Francisco de Asís de Borbón y la inexistencia a su lado de un político de categoría que le hubiera ayudado a desempeñar las funciones reales. Isabel estaba dotada de cualidades personales que no fueron desarrolladas y potenciadas de forma conveniente durante su etapa formativa. La mayoría de los defectos que se le atribuían eran consecuencia de «la descuidada educación y la indisciplina, que pudieron ser corregidos, si en la infancia hubiera tenido Isabel a su lado personas de inflexible poder educativo y si en la época de formación moral la asistiese un corrector dulce, un maestro de voluntad que le enseñara las funciones de soberana constitucional y fortificara su conciencia vacilante y sin aplomo»[15]. El único intento serio para prepararla como futura Reina constitucional fue llevado a cabo por Argüelles y Quintana, pero el golpe militar de Narváez acabó con él, dejándola en manos de aristócratas ultraconservadoras como la marquesa de Santa Cruz. Así, Isabel se vio obligada a ejercer su alta responsabilidad cuando apenas tenía trece años y solo contaba con un elemental bagaje formativo. Luego, los intereses espurios de las camarillas palatinas y la enconada lucha entre las diversas fuerzas políticas dificultaron el ejercicio de su labor. La expulsión de Olózaga, la ruptura de su relación con Serrano, el ministerio *relámpago* de Cleonard, las dimisiones de Narváez y el golpe de O'Donnell de 1854 fueron claros ejemplos de su deficiente gestión. Además, el entorno palatino no le prestó el asesoramiento que necesitaba y contribuyó, en suma, a que presidiera durante veinticinco años los destinos de España sin conocer los cometidos legales y políticos de su alta responsabilidad, provocando numerosos problemas políticos y deteriorando la consolidación del régimen liberal.

La segunda circunstancia que influyó de forma decisiva fue lo que Galdós calificó como el «enorme desacierto de las bodas reales», que impidió a Isabel II tener un marido adecuado.

Reformaba yo la Historia, y hacía del reinado de Isabel, con la misma Isabel, no con otra, un reinado de bienandanzas. Las bellas cualidades de la soberana las dejaba como eran… y los defectos reducíalos a lo más mínimo, casi a la nada, bajo la acción dulce de un matrimonio dictado por la razón y fortificado por el mutuo cariño. Casaba yo a la reina de España con un príncipe ideal, escogido entre los mejores de Europa, y como esto que digo es imaginación o más bien sueño, no estoy obligado a decir el nombre, y lo designaba solo con la socorrida fórmula teórica de Equis. Equis daba su mano a Isabel, a despecho de Palmerston y de Guizot, y casados se quedaban, quisiéranlo o no las entrometidas matronas Inglaterra y Francia[16].

El matrimonio de Isabel y Francisco de Asís fue, efectivamente, una grave equivocación, que ella sufrió como mujer y como Reina durante toda su vida. El principal responsable fue Luis Felipe de Francia, que lo impuso con el propósito de controlar España, sin importarle las consecuencias que depararía. También lo fueron María Cristina, su madre, cómplice de los franceses, para salvaguardar sus negocios particulares, y el Gobierno español, que mostró una debilidad inaceptable, renunciando a defender el derecho de la joven Reina a elegir libremente a su marido. Isabel protestó, gritó y se rebeló con todas sus fuerzas contra este desafuero, pero sufrió el brutal acoso de los dirigentes conservadores y eclesiásticos, los cuales finalmente torcieron su voluntad, obligándola a aceptar a un marido homosexual que su corazón rechazaba. Desde entonces el entramado de intereses políticos y económicos condicionó de una forma directa sus relaciones amorosas, con el único propósito de aprovecharse de ella. Isabel, como cualquier mujer, quería tener cariño, estabilidad, formar una familia... Pero la política y las supuestas razones de Estado irrumpieron una y otra vez en su vida sentimental, impidiéndole tener un buen marido y condenándola a la inestabilidad afectiva, el desamor y la soledad. En torno a la vida privada de Isabel siempre hubo demasiado ruido. Su marido Francisco de Asís aprovechó todo tipo de circunstancias para chantajearla y conseguir dinero. Por otra parte, los carlistas y los republicanos difundieron numerosos bulos y calumnias para desacreditarla y provocar la crisis de la dinastía. Isabel no fue una santa, ni una persona ejemplar, pero la mayor parte de los escritos que criticaron su vida sentimental, a veces con una ferocidad extrema, la discriminó por ser mujer. Ningún rey español ha recibido un tratamiento parecido, y los que tuvieron una vida extramatrimonial activa fueron disculpados con los argumentos más peregrinos. Las varas de medir el comportamiento de los hombres y las mujeres han sido muy desiguales[17].

El tercer factor que provocó el *triste destino* de Isabel II fue, para Galdós, la inexistencia a su lado de un político eficiente, que le hubiera ayudado a ejercer bien sus responsabilidades:

Para que Isabel ejerciera notablemente su soberanía constitucional, elegiría yo entre todos los hombres políticos que hemos tenido desde aquellas calendas a Don Antonio Cánovas, no como era en el 46, un mozuelo sin experiencia, sino como fue después en la madurez de su laboriosa vida política. Con el Cánovas de 1876, puesto treinta años atrás en la serie histórica, transmutación admisible en la ley del ensueño, no había miedo de que a espaldas de los gobiernos visibles trabajasen en las sombras palatinas las camarillas enmascaradas, apartando de su dirección recta las resoluciones de gobierno. Cánovas (y quien sueña Cánovas, puede soñar Prim o Sagasta, aunque estos habrían sido más útiles en días posteriores del reinado), hubiera hecho de la servidumbre de palacio lo que debía ser; habría cortado toda comunicación con monjitas extáticas y capellanes traviesos, suprimiendo con solo un gesto la milagrería y embusteras santidades que así desdoraban el altar como el trono... Pues este estadista ideal, que he llamado Cánovas, porque los talentos y el rigor de este hombre de nuestro tiempo parécenme los más adecuados para inaugurar un reinado eficaz es otra Equis que, con la del rey, completa la vida privada y política de Isabel II[18].

El balance del reinado de Isabel II resultó, por todo ello, negativo. Su debilidad ante las maniobras económicas y políticas de las «camarillas» que se desenvolvían en el Palacio Real fue injustificable. La revolución de 1854 le dio un aviso, pero no comprendió las exigencias de renovación cívica y democrática y continuó apoyando a gobiernos que estaban cada vez más alejados de la ciudadanía. Para

Galdós, un error grave fue «la desheredación de los progresistas. Invitados estos al juego constitucional y sacadas sus ánimas del Purgatorio del ayuno crónico, habrían dado a la patria grandes hombres, y, sin duda, nueva Equis de esclarecido brillo en nuestra Historia…»[19]. El monopolio conservador marginó del sistema político a las fuerzas progresistas y demócratas, con lo que el régimen no pudo canalizar la diversidad de realidades y expectativas sociales. Como se ha indicado, Isabel II no supo situarse por encima de la lucha partidaria para ejercer una función arbitral, moderadora y canalizadora del pluralismo político y, con el paso del tiempo, se convirtió en el principal obstáculo de la renovación democrática que reclamaba la mayoría de los españoles. Por eso estalló la revolución de 1868 y se vio obligada a sufrir el destierro[20].

El 9 de abril de 1904 Galdós conoció el fallecimiento de Isabel II a través de Fernando León y Castillo. En los últimos tiempos sus problemas de salud se habían agravado. Sufría una fuerte gripe, complicada con la bronquitis crónica que padecía. Su hija Eulalia y el doctor Dieulafoy se encontraban cerca de ella. A finales de marzo, el embajador la visitó y sacó una mala impresión de su enfermedad:

Conveleciente aún de un ataque gripal, tuve el honor de ser recibido por Su Majestad. Recibiome la Reina muy abrigada, cubriendo su cuerpo con un recio mantón. Al poco rato, vinieron a anunciar la llegada de la Emperatriz Eugenia. Rápidamente la reina Isabel despojose del abrigo, que estimaba solo utilizable en presencia de familiares y de las personas de confianza; abandonó el bastón con que ayudaba siempre la torpeza senil de sus movimientos al andar, y adelantose hasta la escalera para recibir con toda la posible etiqueta palatina a la augusta visitante… Los saludos cambiáronse, prologados y afectuosos, entre ambas, en el rellano superior de la escalera, donde hacíase sentir el cambio de temperatura. Con discreto modo hice notar a la reina que no era prudente en su estado continuar allí y entró con la emperatriz en un salón, sin que por el momento al hecho se le concediese importancia. Desgraciadamente, la tuvo. Sobrevino la recaída, luego la gravedad, poco después la muerte[21].

En los primeros días de abril su enfermedad se agravó de forma irremediable. «*L'auguste malade* —comunicó alarmado el intendente Haltmann— *s'épuisait de fatigue et d'imsomnie, de manque d'appétit*». Eulalia avisó a sus hermanas Isabel y Paz, que se desplazaron a toda prisa hasta el Palacio de Castilla. Hacía treinta años que las tres no se reunían en la residencia en la que habían vivido durante su infancia. Con Paz vino su marido Luis Fernando de Baviera, que era médico, lo cual representó un alivio. Pero el acusado proceso broncopulmonar que Isabel padecía continuó agravándose, provocándole, como señaló el último parte médico, «una inapetencia persistente que le hizo perder fuerzas y la redujo a un estado de visible y notoria debilidad»[22]. El 9 de abril, a primeras horas de la mañana, la anciana Reina expiró.

Carlos de Borbón, príncipe de Asturias, se desplazó a París, en representación del rey Alfonso XIII, para trasladar oficialmente los restos de Isabel II. El presidente de Francia ordenó que fuese despedida con todos los honores. El ilustre cortejo funerario, custodiado por un regimiento de Dragones al trote de sus caballos, atravesó L'Étoile y descendió por los Campos Elíseos hasta la estación de Orsay, que estaba cubierta de negro en señal de luto. Muchos parisinos acudieron a darle el último adiós. El 15 de abril, el tren que traía los restos llegó a la estación del Norte de Madrid. Al día siguiente, la Reina fue enterrada en el Panteón Real del Monasterio de El Escorial,

FIGURA 33. El 15 de abril de 1904 llegó a Madrid, procedente de París, el ataúd con los restos de Isabel II. El cuerpo fue trasladado a la mañana siguiente al monasterio de El Escorial, donde recibió sepultura en la Cripta Real, conocida también como el Panteón de los Reyes.

entre su padre Fernando VII y su hijo Alfonso XII [▶ Fig. 33]. El funeral fue presidido por el ministro de Justicia, Joaquín Sánchez Toca, siendo muy comentada la ausencia de su nieto Alfonso XIII, que aquel mismo día realizaba una visita a Cataluña. Los medios de comunicación apenas difundieron la noticia. Para la mayoría de los españoles Isabel II formaba parte de un pasado lejano. Galdós rememoró sus recientes conversaciones con Isabel y le dedicó unas emotivas palabras:

> El reinado de Isabel se irá borrando de la memoria y los males que trajo y así los bienes que produjo, pasarán sin dejar rastro. La pobre Reina, tan fervorosamente amada en su niñez, esperanza y alegría del pueblo, emblema de la libertad, después hollada, escarnecida y arrojada del reino, baja al sepulcro sin que su muerte avive los entusiasmos ni los odios de otros días. Se juzgará su reinado con crítica severa: en él se verá el origen y embrión de no pocos vicios de nuestra política; pero nadie niega ni desconoce la inmensa ternura de aquella alma ingenua, indolente, fácil a la piedad, al perdón, a la caridad, como incapaz de toda resolución tenaz y vigorosa. Doña Isabel vivió en perpetua infancia y el mayor de sus infortunios fue haber nacido Reina y llevar en su mano la dirección moral de un pueblo, pesada obligación para tan tierna mano. Fue generosa, olvidó las injurias, hizo todo el bien que pudo en la concesión de mercedes y de beneficios materiales; se reveló por un altruismo desenfrenado, y llevaba en el fondo de su espíritu un germen de compasión impulsiva, en cierto modo relacionado con la idea socialista, porque de él procedía su afán de distribuir todos los bienes de que podía disponer y de acudir a donde quiera que una necesidad grande o pequeña la llamaba. Era una gran revolucionaria inconsciente, que hubiera repartido los tesoros del mundo, sin que en su mano los tuviera, buscando una equidad soñada y una justicia que aún se esconde en las vaguedades del tiempo futuro… Descanse y sueñe en paz[23].

Galdós desarrolló a principios del siglo xx una intensa actividad literaria y cultural. La crisis del 98 y el debate regeneracionista alentaron la continuación de los *Episodios Nacionales,* publicándose las veintiséis novelas que integraron las tres últimas series. En estos escritos, como se ha señalado, se aprecia un desplazamiento desde el positivismo y el realismo hacia el análisis psicológico y la voluntad personal, que, a juicio de Galdós, eran los motores de la transformación social. Asimismo, se aprecia el empuje de hombres y mujeres dispuestos a promover la regeneración y la democratización de España a través de la educación, el trabajo y el compromiso cívico[24].

En 1907 Galdós publicó *La de los tristes destinos,* la décima y última novela de la cuarta serie de los *episodios.* Su título hace referencia a la reina Isabel II, a los movimientos revolucionarios que pusieron fin a su reinado y a su exilio. El relato se desarrolla entre 1866 y 1868, en los escenarios de Madrid, Bayona, París, Londres, Cádiz y Alcolea. El protagonista es Santiago Ibero, joven luchador por el cambio democrático, que participa en varios pronunciamientos: «ya sabes que mi destino es correr, navegar por mares y caminos, y salir al encuentro de las cosas más grandes que vienen… Para mí no hay mayor gloria que servir a la Causa… A donde vaya Prim, voy yo»[25]. En una de sus aventuras, conoce en El Cabañal (Valencia) a Teresa Villaescusa, una mujer bella, algo mayor que él, que ha tenido relaciones con varios hombres. Las acciones subversivas llevan a Ibero a la cárcel. Cuando recupera la libertad, intenta eludir la persecución policial huyendo a Francia en tren. En su huida se encuentra de nuevo con Teresa, quien le manifiesta su amor, y deciden proseguir su andadura juntos: «Vámonos, huyamos…, ocultémonos donde no tengamos más compañía que nuestra felicidad»[26].

La de los tristes destinos narra el desmoronamiento del reinado de Isabel II y la consolidación del movimiento revolucionario. «En

Ostende se han reunido las cabezas de la revolución, los progresistas y demócratas condenados a muerte en garrote vil por el Gobierno de la camarilla... Pues han acordado tirar patas arriba todo lo existente y convocar Cortes Constituyentes para que decidan lo que ha de venir después»[27]. El escritor trata con cierta benevolencia a la Reina, presentándola como una mujer bondadosa, carente de criterio, manejada por varias camarillas, que no tenía consciencia de la profunda crisis que padecía el país. Beramendi considera que su inclinación hacia el conservadurismo la había conducido al abismo. El escritor pasó con discreción por encima de su azarosa vida sentimental, pero, en cambio, llamó la atención sobre la deficiente formación que estaba recibiendo el príncipe Alfonso. «Sus maestros —afirma Beramendi— le enseñan a ignorar, y cuanto más adelantan en sus lecciones, más adelanta el niño en el arte de no saber nada»[28]. A su juicio, el inmovilismo del régimen conducía de forma imparable hacia el cambio democrático: «Hay que desentumecer, hay que sanear, hay que penetrar en Palacio con un largo plumero y quitar las telarañas que ha tejido en los altos y los bajos rincones el genio teocrático...»[29].

En Bayona, Chaves tienta a Ibero con la promesa de alcanzar la gloria y le incita «a coger de nuevo las armas por la causa santísima de la Libertad». Tras recibir el apoyo de Teresa, se une a las fuerzas de Moriones que van a realizar un pronunciamiento en Aragón. Al fracasar la operación, Ibero marcha a París y después a Londres, donde se relaciona con Sagasta, Ruiz Zorrilla y Prim. Junto a ellos, participa en el pronunciamiento de Cádiz y la batalla de Alcolea, que dieron el triunfo a la revolución. Pero en pleno ambiente revolucionario y festivo, Ibero se desentiende de los grandes acontecimientos históricos, busca a su amada y se encuentra con ella en San Sebastián.

Isabel II, «abandonada por los que la llevaron a la perdición», partió hacia el exilio:

En Hendaya formaron los Ingenieros en el andén, y con rápido paso los revistó la Reina, del brazo del Rey; llevándose el pañuelo a los ojos, saludaba con ligera inclinación de cabeza. La infeliz Señora tuvo en aquel instante el momento más amargo de su tránsito a tierra extranjera. Sin volver atrás la vista, penetró en el tren francés[30].

En aquel contexto, Galdós destacó el triunfo del amor de Ibero y Teresa por encima de los prejuicios. Afirma ibero:

Doña Isabel no volverá, ni nosotros tampoco… Ella, destronada, sale huyendo de la Libertad, y hacia la Libertad corremos nosotros. A ella la despiden con lástima; a nosotros nadie nos despide; nos despedimos nosotros mismos diciéndonos: corred, jóvenes, en persecución de vuestros alegres destinos…. Adiós, *España con honra*[31].

FIGURA 34. Galdós junto al dramaturgo Joaquín Dicenta [centro] y al gran crítico literario Francisco Navarro Ledesma [izquierda] (hacia 1895).

XIV

El compromiso demócrata y republicano

A principios del siglo xx Galdós era muy consciente de los cambios que se estaban operando en la sociedad española. El régimen de la Restauración se mostraba incapaz de asumir las demandas ciudadanas y la monarquía, aliada a los poderes tradicionales, era un obstáculo para avanzar hacia la democracia. Así, las ideas y los valores que proyectó en sus obras literarias le acercaron a la izquierda y al republicanismo.

Un hito de este proceso, como se ha comentado en el capítulo 9 dedicado al teatro galdosiano, fue el estreno en Madrid de la obra teatral *Electra,* el 30 de enero del año 1901. Galdós respondió a la presión del Vaticano sobre las instituciones españolas y a la llegada de numerosas congregaciones religiosas expulsadas de Francia, criticando los privilegios de la Iglesia católica y su influencia regresiva en la vida comunitaria. El teatro constituía un instrumento idóneo para hacer pedagogía y transmitir a los ciudadanos criterios morales y cívicos. Así, la representación de *Electra* en las principales ciudades españolas alcanzó una gran resonancia. La línea crítica contra «la petrificación teocrática» prosiguió en las obras *Casandra* y *Cánovas.*

El 1 de marzo de 1906 Galdós conoció el fallecimiento en Polanco de José María de Pereda, a causa de un derrame cerebral. Fue un duro golpe, dada la amistad que habían mantenido durante varias décadas. El sentimiento de pesar se agrandó por la muerte de su hermano Ignacio. En aquel tiempo, Galdós estrechó su relación con su hija María, que tenía quince años. Las cartas que se enviaron desvelan la existencia de una relación afectuosa: «Tu padre que te quiere —decía una de ellas— y te manda muchos cariños»[1]. María cursó estudios en un centro de la Asociación para la Enseñanza de la Mujer, proyecto creado por Fernando de Castro, dotado de un moderno plan de estudios orientado a la formación de la mujer y su incorporación al mundo del trabajo. Una de las compañeras de María era la nieta del dirigente republicano Francisco Pi y Margall. Galdós estuvo al tanto de su hija cuando Lorenza Cobián, la madre de esta, comenzó a padecer trastornos mentales, que condujeron el 25 de julio de 1906 a su suicidio, en las dependencias del Gobierno Civil de Madrid. El escritor le pidió a Dolores, hermana de Lorenza, que se hiciera cargo de María: «No repare usted en sacrificios porque yo atenderé a todo»[2]. María prosiguió su desarrollo formativo y personal y en 1910 se casó con Juan Verde, con el que tuvo dos hijos, Rafael y Benito.

Entre tanto, Galdós prosiguió el desarrollo de los *Episodios Nacionales,* con la publicación de *Prim* (1906), *La de los tristes destinos* (1907) y *España trágica* (1909). Como se ha comentado, *La de los tristes destinos* narra la última etapa del reinado de Isabel II, describiendo su progresivo deterioro. La gestión de los Gobiernos de O'Donnell y de Narváez sale malparada, por su incapacidad para canalizar las demandas democráticas. Santiago Ibero, protagonista principal, participó en los movimientos revolucionarios que culminaron en el pronunciamiento militar de Cádiz y la batalla de Alcolea, que dieron el triunfo a la revolución *Gloriosa* de 1868. Al final, el autor, a través de los personajes Ibero y Teresa, resalta el triunfo del amor, la búsqueda de la libertad y la derrota de los prejuicios morales. Por lo demás, en el *episodio* se resalta la importancia del ferrocarril, símbolo de la modernidad:

¡Oh Ferrocarril del Norte, venturoso escape hacia el mundo europeo, divina brecha para la civilización!… Él lleva y trae la vida, el pensamiento, la materia pesada y la ilusión aérea; conduce los negocios, la diplomacia, las almas inquietas de los laborantes políticos y las almas sedientas de los recién casados; comunica lo viejo con lo nuevo, transporta el afán artístico y la curiosidad arqueológica; a los españoles, lleva gozosos a refrigerarse en el aire mundial y a los europeos trae a nuestro ambiente un eco ardoroso, apasionado[3].

Los *episodios España trágica* y *Prim* transcurren en las coordenadas históricas del *Sexenio Democrático*. Ambos recrean el movimiento impulsado por el general Prim, dirigente dispuesto a terminar, según el escritor, con los *obstáculos tradicionales* que frenaban el avance de España: los Borbones y la Iglesia católica. Santiago Ibero abandona a su familia con el propósito de integrarse en el ejército de Prim, pero no podrá hacerlo porque el general había partido hacia México para castigar los atropellos perpetrados por el Gobierno de Benito Juárez a ciudadanos españoles, ingleses y franceses. Así, Santiago entra en contacto en Madrid con personajes conocidos por el lector, como Leoncio Ansúrez, pero, por diversas circunstancias, termina en la cárcel. La búsqueda de Ibero por su padre permite mostrar el panorama político de aquellos años, cuyos principales hitos fueron la revolución de 1868, el asesinato de Prim y las divergencias políticas:

El Rey ha llegado, y yo… me muero —se lamenta el general—. ¡Triste síntesis de la vida de España en aquellos turbados años! ¡Tanta energía y acción tan formidables concluidas en un cruce irónico del triunfo y la muerte!… Las últimas claridades de un día velado y lacrimógeno se despidieron del aposento amarillo en el que acababa sus horas el que unió su nombre a la más amada idea del siglo: *Prim Libertad*[4].

El proyecto democrático de Prim, plasmado en los principios de la Constitución de 1869, dejó una profunda huella en Galdós y siempre lo consideró una referencia necesaria para la modernización de España.

A partir de entonces, Galdós fue dando pasos hacia la política activa. El movimiento republicano trataba de consolidar nuevos liderazgos y ampliar su proyección ciudadana. En 1893 la tendencia progresista de Ruiz Zorrilla, la unitaria de Salmerón y la federalista de Pi y Margall constituyeron la Unión Republicana, que logró buenos resultados electorales en las grandes ciudades. Sin embargo, al poco tiempo rebrotaron los problemas de liderazgo y las discrepancias. Tras el fallecimiento de Ruiz Zorrilla, Castelar y Pi y Margall, en 1903, el anciano Salmerón volvió a relanzar la Unión Republicana, con un programa mínimo basado en las conquistas de la Constitución de 1869. Los republicanos consiguieron buenos resultados electorales, alcanzando en Madrid el 60 por ciento de los votos. En esta circunstancia, fue emergiendo una nueva generación que promovió dos tendencias políticas diferentes: por un lado, el republicanismo moderado, representado por Melquíades Álvarez, poco condicionado por la memoria histórica, que priorizaba la atención de los problemas educativos y sociales, la democratización del régimen y la renovación de la vía parlamentaria; y por otro, el republicanismo radical, representado por Alejandro Lerroux, «el Emperador del Paralelo», orientado hacia la vía revolucionaria y la acción populista.

Fernando Lozano, *Demófilo,* y otros dirigentes republicanos pensaron que Galdós podía favorecer la unión del republicanismo y aumentar su tirón electoral. En plena madurez, Galdós compartía la parte sustancial del programa republicano: su preocupación por el desarrollo educativo, la secularización de la vida pública y la modernización democrática, todo ello impregnado de un nítido contenido ético y cívico. También era consciente de que, si daba este paso, tendría consecuencias personales.

En otoño de 1906 el diputado Julio Burell propuso la organización de un Homenaje Nacional a Galdós, que fue respaldado por Luis Morote, Rodrigo Soriano, Eduardo Marquina y los medios de comunicación progresistas. La iniciativa fue apoyada por diferentes sectores, pero el Gobierno se mantuvo al margen. La vuelta de Antonio Maura al poder en 1907, con Juan de la Cierva al frente del Ministerio de Gobernación, anunció un giro conservador y una política favorable a la Iglesia. En aquella situación crítica, el 6 de abril de 1907 Galdós dio un paso al frente, anunció su compromiso con el republicanismo y aceptó formar parte de la candidatura por Madrid al Congreso de los Diputados. En una *carta abierta* dirigida a Alfredo Vicenti, director de *El Liberal,* explicó los motivos de su decisión:

A los que me preguntan la razón de haberme acogido al ideal republicano, les doy esta sincera contestación: tiempo hacía que mis sentimientos monárquicos estaban amortiguados; se extinguieron absolutamente cuando la Ley de Asociaciones planteó en pobres términos el capital problema español; cuando vimos claramente que el régimen se obstinaba en fundamentar su existencia en la petrificación teocrática. Después de esto, que implicaba la cesión parcial de la soberanía, no quedaba ya ninguna esperanza. ¡Adiós ensueños de regeneración, adiós anhelos de laicismo y cultura! El término de aquella controversia sobre la ley Dávila fue condenarnos a vivir adormecidos en el regazo frailuno, fue añadir a las innumerables tiranías que padecemos el aterrador caciquismo eclesiástico… Es una vergüenza no ser europeo más que por la geografía, por la ópera italiana y por el uso desenfrenado de los automóviles. Las deserciones del campo monárquico no tendrán fin: los desaciertos de la oligarquía serán acicate contra la timidez; sus provocaciones, latigazos contra la pereza.

Galdós declaró su amor al pueblo de Madrid, expresado en los treinta y cinco años de *trato espiritual* que había tenido con él. Su paso a la política estaba motivado por el sentimiento patriótico que «encontramos a todas horas en el corazón del pueblo». Y prosiguió:

> Jamás iría adonde la política ha venido a ser, no ya un oficio, sino una carrerita de las más cómodas, fáciles y lucrativas, constituyendo una clase, o más bien un familión vivaracho y de buen apetito que nos conduce y nos pastorea como a un dócil rebaño. Voy adonde la política es función elemental de ciudadanía con austeras obligaciones y ningún provecho, vida de abnegación sin más recompensa que los serenos goces que nos produce el cumplimiento del deber… Sin tregua combatiremos la barbarie clerical hasta desarmarla de sus viejas argucias; no descansaremos hasta desbravar y allanar el terreno en el que debe cimentarse la enseñanza luminosa, con base científica, indispensable para la crianza de las generaciones fecundas; haremos frente a los desafueros del ya desvergonzado caciquismo, a los desmanes de la arbitrariedad enmascarada de justicia, a las burlas que diariamente se hacen a nuestros derechos y franquicias a costa de tanta sangre arrebatadas al absolutismo[5].

El 18 de abril, en la recta final de la campaña electoral, Galdós pronunció un discurso ante los republicanos madrileños en el Casino de Pontejos, en el que manifestó que los anhelos regeneracionistas a favor del laicismo, la democracia y la cultura no podían realizarse en un régimen que se había entregado a la reacción. Planteó la existencia de dos Españas: la España del «triste rebaño monárquico», empantanado en «el páramo de la oligarquía», en «la ruina y el marasmo», y la España del pueblo, de nuevo en pie, «con todo el espíritu de libertad y reivindicación que palpita en nuestra historia, desde Viriato hasta Prim». Los obstáculos que tenían que superar procedían de la herencia que habían dejado Carlos IV, Fernando VII y Carlos María Isidro, «seres maléficos» que habían entorpecido «toda tentativa cultural; pusieron vallas al progreso, encenagaron la instrucción del pueblo, opusieron a la libertad el absolutismo descarnado o su hipócrita variante del gobierno personal; desataron la furibunda teocracia, unas veces a la luz del día, otras solapadamente, con disfraz de artificios constitucionales». Sus cadáveres seguían saliendo de sus tumbas para visitarnos. Por ello, Galdós pide que sean enterrados de una vez para siempre, poniendo sobre su tumba «el mármol en que están grabadas nuestras Constituciones y nuestros derechos, encima la grandeza infinita de la conciencia libre y encima de todo la mano tremenda, justiciera, de la República Española»[6].

En las elecciones celebradas el 21 de abril de 1907, el Partido Conservador consiguió una mayoría de 253 escaños, frente a los 78 del Partido Liberal y algo menos de la oposición republicana. Galdós obtuvo en la circunscripción de Madrid 16.790 votos, la mayoría de los emitidos, pero el escrutinio oficial le situó por debajo del candidato conservador. Republicanos y liberales se quejaron del fraude electoral perpetrado por el ministro De la Cierva. Unos días después, con motivo de la movilización obrera del 1.º de mayo, Galdós tomó la palabra para afirmar que la atención de las cuestiones sociales tenía que ser prioritaria. Elogió «el progreso admirable del proletariado en la inteligencia, la cultura y la organización» y pidió a los empresarios que apartaran de su seno al «elemento estéril y holgazán, consumidor de los más saneados provechos de la tierra y la industria». Galdós propugnó la alianza transversal de los trabajadores, los profesionales de la cultura y la burguesía progresista para avanzar hacia un porvenir en el que estuvieran «armónicamente conectadas las tres ruedas de la actividad humana: Arte, Capital, Trabajo»[7].

Galdós participó en las iniciativas parlamentarias llevadas a cabo por el grupo republicano, dejando que los diputados de mayor oficio político asumieran el protagonismo. Su capacidad como escritor se plasmó en la palabra escrita, la tribuna y los medios de comunicación, en los que reiteró las ideas nucleares de su discurso político. En esta etapa, Galdós estrechó su relación con políticos, escritores y periodistas republicanos como Gumersindo de Azcárate, Melquíades Álvarez, Vicente Blasco Ibáñez, Jacinto Picón, Nicolás Estévanez, Francisco Navarro Ledesma, Joaquín Dicenta, Roberto Castrovido, Hermenegildo Giner de los Ríos, Eusebio Blasco y Juan Macías [▶ Fig. 34, pág. 330].

Gumersindo de Azcárate (1848-1917) fue un importante intelectual republicano. Catedrático de Derecho Político, escribió *El selfgovernment y la monarquía doctrinaria* (1887) y *El régimen parlamentario en la práctica* (1885). Representó a León en el Congreso de los Diputados entre 1886 y 1916. Asimismo, desarrolló una importante labor en la Institución Libre de Enseñanza y el Instituto de Reformas Sociales. Galdós admiraba su sólida formación, su integridad moral y su moderación política. Melquíades Álvarez (1864-1936) era el principal referente de la nueva generación republicana que ponía el foco en la resolución de los problemas de los españoles. A Galdós le gustaba que le acompañara en los mítines por su inteligencia, su carisma y su capacidad oratoria. Por lo demás, la relación entre Galdós y Blasco Ibáñez (1867-1928) aunó los asuntos literarios y los políticos. *La barraca* (1898), *Entre naranjos* (1900) y *Cañas y barro* (1902) dieron una gran popularidad al escritor valenciano, que reconoció su deuda con el realismo galdosiano. Activo republicano desde su juventud, compartía con su «maestro» y «amigo» la denuncia de las injusticias y los privilegios de la Iglesia.

La revista *La República de las Letras,* dirigida por Blasco Ibáñez, publicó el 22 de julio de 1907 un *Homenaje* a Galdós, en el que participaron más de sesenta escritores, entre quienes estaban Azorín, Pardo Bazán, Echegaray, Unamuno, Antonio Machado y D'Ors, que destacaron la calidad de la obra galdosiana. El propio Antonio Machado afirmó:

> No es solo Galdós el más fecundo de los novelistas españoles, es además el más fuerte, el más creador, el más original entre los maestros de su tiempo… Sus *Episodios Nacionales,* cuyo último volumen acaba de publicar, asombran por la cantidad de vida que contienen. Observador de nuestras costumbres, despreocupado de toda intención literaria, nos da en sus novelas una imagen muy justa de las gentes de nuestra tierra, y sin seguir la huella de ninguno de los grandes maestros españoles, conquista entre ellos un puesto eminente. No iguala a Dickens en el arte de apuntar el detalle, pero lo supera en la visión sintética y creadora que se apodera del carácter. Es humorista sin pretenderlo y cuanto escribe revela un corazón bondadoso, exento de esa vanidad moral tan corrosiva, que designa a los hombres su color de adoctrinados. Su obra es grande y simpática. Admiro vivamente a Pérez Galdós[8].

Antonio Maura intentó realizar al frente del Gobierno una «revolución desde arriba», ampliando las bases sociales del régimen, sin poner en peligro su supervivencia, y acometiendo «las obras necesarias para remediar el descrédito en el que han caído las palabras». Tras las elecciones de 1907, pasaron por el Congreso de los Diputados más de doscientas iniciativas legislativas. El núcleo del proyecto maurista se basaba en tres reformas: la justicia municipal, el sistema electoral y la administración municipal. En el ámbito social, la creación del Instituto Nacional de Previsión, los Consejos de Conciliación y Arbitraje y la Ley de Huelgas trataron de reducir la conflictividad y el «egoísmo de clase». Pero estas medidas, tan necesarias, no llegaron a desarrollarse. Años después, Antonio Machado recordaría el fracaso del proyecto maurista de revolución desde arriba, «desde el ápice de la cucaña», caracterizándolo como «un reino de sombras empedrado de buenas intenciones», de sombras que fueron «vagas esperanzas de España»[9].

En la primavera de 1908 Maura presentó en el Congreso de los Diputados la *Ley sobre la Represión del Terrorismo,* que pretendía terminar con los atentados anarquistas pero que contemplaba medidas extraordinarias que podían restringir las libertades de expresión y de asociación y las actividades de periódicos y de partidos, prescribiendo órdenes de destierro, penas de prisión y otras medidas represivas. Toda la izquierda, la liberal, la republicana y la socialista, se movilizó al grito *Contra Maura y su obra.* El 28 de mayo se celebró un mitin en el Teatro de la Princesa de Madrid, organizado por el *trust* de periódicos progresistas *El Liberal, El Imparcial* y *El Heraldo de Madrid,* que tuvo una gran repercusión pública. Intervinieron Galdós, Moret, Canalejas, Sol Ortega, Álvarez y Azcárate. El mitin se abrió con unas palabras de Galdós, en las que afirmó que se sumaba al «séquito de la España liberal, que ahora, tras larga y sombría somnolencia se nos presenta de nuevo en su ser majestuoso, avanzando para cortar el paso a las demasías del despotismo». Este resurgimiento, a su juicio, hacía revivir las esperanzas. En la parte central de su alocución, Galdós se dirigió al león que acompaña a la Madre patria:

Tú que fuiste siempre el emblema del valor, de la gloria militar y de la gloria artística; tú que fuiste el Cid, el Fuero Juzgo, la Reconquista,

Cervantes, la espada y las letras, no olvides que en el giro de los tiempos has venido a ser la ciudadanía, los derechos del pueblo, el equilibrio de los poderes que constituyen la Nación.

El pueblo demandaba libertad de pensamiento y de conciencia, cultura, trabajo y equilibrio económico. «Ninguno de los aquí presentes —concluyó— dejará de sentir en sus almas una secreta voz que reproduzca, sin ninguna variante, un concepto del primer estadista del siglo XIX, del glorioso, del inmortal Prim: ¡Radicales, a defenderse!»[10]. Miguel Moya resumió las conclusiones de los intervinientes destacando el amplio respaldo de la protesta contra el proyecto de Ley del terrorismo, la unidad de la oposición frente a este atentado jurídico y la defensa de los principios democráticos. La campaña de mítines se extendió por Barcelona, San Sebastián, Valencia y las principales ciudades, constituyendo el primer paso de la convergencia de las diversas formaciones de izquierda[11].

Entre 1908 y 1912 Galdós desarrolló una intensa actividad política, vivida con pasión y con algunos sinsabores. Cuando participaba en los mítines solía ocupar la presidencia, siendo distinguido con los calificativos de «gran» y «respetado» escritor, que «en la edad madura y cubierto de gloria» se había lanzado a «la vida política, soportando las fatigas de la lucha con el brío de la juventud». En los mítines, Galdós solía comenzar sus intervenciones haciendo un elogio de la ciudad; después, relataba la lucha que habían mantenido el absolutismo y el liberalismo, y a continuación desarrollaba las ideas nucleares de su discurso político: el agotamiento del régimen de la Restauración, el alejamiento de las Cortes de la mayoría ciudadana, el autoritarismo gubernamental, la denuncia de los privilegios de la Iglesia, el rechazo de la guerra de Marruecos, el desarrollo educativo y la necesidad de impulsar un cambio democrático fundamentado en valores cívicos y éticos.

Galdós utilizaba en los discursos un lenguaje directo, con rasgos retóricos y populistas. Así, se dirigía a «este país desengañado y engañado a cada instante», «al fiero y digno león español» que se alzaba ante las injusticias, al «triste rebaño monárquico», a la alianza entre la Iglesia y la oligarquía, «a quien no sabremos cómo nombrar, pues no podríamos decir si es española o papal, si es un sindicato jesuítico o una cofradía financiera», a la disyuntiva de «arrollar al clericalismo o perecer bajo sus pisadas», a la «España que pide agua y le dan hiel y vinagre», a la prioridad de «la escuela y el taller», a «las dos Españas, la de la muerte y la vida», y a «la mano justiciera de la República española».

Entre tanto, Galdós prosiguió los *Episodios Nacionales* con la publicación de *España sin rey,* que narra el convulso escenario abierto por la dimisión de Amadeo I, las divergencias entre demócratas y republicanos y la crisis del proceso revolucionario. En este *episodio* Fernanda Ibero, símbolo de la España digna, se enamora del diputado Juan Urriés, rico y guapo, que se burla de ella y se relaciona con Nicéfora, hija bastarda de un noble carlista, símbolo de la vieja España. En el desenlace de la trama, Fernanda, desesperada, atraviesa con la espada a Nicéfora.

Ante la pérdida de visión, los problemas de salud y la reducción de su capacidad de trabajo, Galdós contrató en calidad de secretario personal a Pablo Nougués, a quien conoció en los círculos republicanos. «Don Pablífero», como le llamaba de forma afectuosa, se convirtió en un valioso asistente que recogía sus dictados, haciendo uso de la taquigrafía, atendía la correspondencia, buscaba documentación y corregía las pruebas de imprenta. En el ámbito familiar, cabe resaltar la construcción por su sobrino José Hurtado de Mendoza de un chalet de estilo neomudéjar en el número 5 de la calle Hilarión Eslava, en el barrio de Argüelles. Allí se mudó la familia Galdós en 1911. La nueva vivienda tenía dos plantas y azotea. Llamaban la atención su fachada de ladrillo, las almenas y las celosías, de estilo parecido a las escuelas construidas unos años antes por el filántropo Lucas Aguirre frente a los jardines del Retiro. Por lo demás, al concluir los estudios de licenciatura de Medicina, Gregorio Marañón se convirtió en el médico de la familia y estableció con el escritor una estrecha relación de confianza.

En 1908 Galdós realizó dos alocuciones al pueblo de Madrid, con motivo de la conmemoración del primer centenario del levantamiento del 2 de mayo de 1808. En un tiempo en el que había rebrotado la *cuestión regional,* Galdós afirmó que Madrid había dado ejemplo de «patriótica fiereza», de «espontaneidad y de bravura». El alzamiento contra el ejército francés fue obra de todas las clases sociales, «fundidas en maravillosa mezcla de jerarquías en el común tipo popular, ejército y pueblo, con doble y mancomunada iniciativa, que realizó el acto prodigioso que la historia nos transmitió». El heroísmo de Madrid, Gerona, el Bruch, Zaragoza y Bailén se ganó la gratitud de España y del mundo. Galdós terminó su alocución pidiendo a las instituciones que conmemorasen el centenario de una manera digna. En una segunda alocución, acentuó el tono crítico, porque advertía que los medios oficiales mostraban poco interés en realizar una conmemoración adecuada, encerrándola «en moldes y formulismos arcaicos», en «la marchita magnificencia del viejo sistema: etiqueta y responso». Con la esfinge marmórea del centenario, Galdós estableció un diálogo para tratar de verificar si pervivía el sentimiento patriótico y tenía la fuerza necesaria para «promover actos fecundos…, para fundar… las edificaciones futuras y seguir viviendo, seguir creando»[12].

En el mes de noviembre, el *bloque liberal,* integrado por los progresistas, los demócratas y los republicanos, inició en Santander una campaña de mítines de censura contra la actuación del Gobierno. José Estrañi leyó un mensaje de Galdós, en el que manifestó su apoyo a la alianza, que tenía la finalidad de salvaguardar los principios democráticos y de alejar para siempre la acción teocrática de la esfera política:

> Porque no se trata ya tan solo de defender los principios democráticos, base de las sociedades modernas, sino de salvarlos del horroroso diluvio reaccionario y clerical que arrecia furiosamente cada día y acaba por ahogarnos a todos y arrasar derechos, hogares y personas… Nuestros anhelos, nobles amigos, son eliminar para siempre la acción teocrática de la esfera pública, extinguir el miedo religioso y alejar del suelo patrio los poderes exóticos y nada espirituales que vienen a dirigir nuestra política, a embobar nuestras almas, para encarnarse en nuestros cuerpos y hacerse dueños de toda la vida española, y a trincar con dura garra la enseñanza pública, para moldear a su imagen las generaciones venideras[13].

Durante el mes de diciembre, el *bloque liberal* prosiguió la campaña en las principales ciudades españolas, agitando los sentimientos democráticos. En Granada, Federico García Lorca sintió una viva impresión cuando escuchó a Galdós:

> Por eso yo recuerdo con ternura a aquel hombre maravilloso, a aquel gran maestro del pueblo, don Benito Pérez Galdós, a quien yo vi de niño en los mítines sacar unas cuartillas y leerlas, teniendo como tenía la voz más verdadera y profunda de España. Y eran aquellas cuartillas lo más verdadero, lo más nítido, lo exacto, al lado de las *engoladuras* y de las otras voces llenas de bigotes y manos con sortijas, que derramaban los oradores en la balumba ruidosa del mitin[14].

La campaña de la oposición se calentó tras el enfrentamiento parlamentario habido entre Sol Ortega y Maura a propósito de la gestión del Canal de Isabel II de Madrid. Sol Ortega acusó al Gobierno de inmoralidad, por la colisión producida entre los intereses públicos y los privados, a lo que Maura replicó que la crítica del diputado republicano no la suscribía nadie. En un ambiente tenso, los republicanos convocaron una manifestación el 28 de marzo en Madrid, para que la opinión pública expresara su parecer. La respuesta fue multitudinaria, participando, según la *España Nueva,* más de ciento cincuenta mil personas. Presidida por Galdós, Sol Ortega y Azcárate, la manifestación transcurrió por el paseo del Prado, Recoletos y la Castellana, hasta el monumento de Emilio Castelar, donde Sol Ortega se dirigió a los participantes para reclamar la exigencia de moralidad pública. Unos días después, Galdós remitió al Gobierno Civil una solicitud de autorización para celebrar una «romería nacional» en las orillas del río Manzanares, con el propósito de festejar el éxito de la manifestación y de protestar contra la política del Gobierno Maura. La convocatoria congregó a millares de madrileños, que vitorearon a Galdós, Sol Ortega y Soriano.

El 2 de mayo se celebraron elecciones municipales. Los republicanos alcanzaron buenos resultados en Madrid, Barcelona y Valencia. El mitin celebrado el 16 de mayo, en el Frontón Central de Madrid, para festejar el éxito fue abierto con una alocución de Galdós, leída por Menéndez Pallarés [▶ Fig. 36, págs. 358-359]. El escritor relacionó los resultados electorales con el clamor del rechazo a Maura. A su juicio, la llegada de la hora de los republicanos era inminente. La España oficial monárquica estaba enferma, afectada por un proceso de consunción. Ante el vacío que iba a producirse, los republicanos tenían que prepararse para actuar:

Estáis en los comienzos de la obra patriótica… Mientras marchéis organizados moral y físicamente hacia el ideal republicano, fácil es que se produzca la consunción y el acabamiento de las cosas caducas, dejando en derredor vuestro un enorme vacío. Preparaos para llenar este vacío con presteza gallarda, heroica si fuera menester. Restaurad la historia de España restableciendo el augusto, el santo principio de la soberanía popular[15].

Entre tanto, la guerra de Marruecos pasó al primer plano político. El dominio español en el norte de África fue establecido por el acuerdo suscrito con Francia en 1904 y la Conferencia de Algeciras de 1906. España mantenía un pequeño espacio de influencia en la zona montañosa del Rif, cuyo interés radicaba, tras la pérdida de las colonias americanas, en una cuestión de prestigio. A partir de 1909 las cabilas magrebíes comenzaron a producir altercados en torno a las minas explotadas cerca de Melilla. El 9 de junio un ataque rifeño causó seis muertos. El Gobierno envió refuerzos militares para proteger Melilla y asegurar «la policía de frontera». Los socialistas organizaron una campaña contra la guerra, denunciando la movilización de soldados de la clase trabajadora, porque los adinerados se libraban mediante el pago de una tasa, al tiempo que atribuían el conflicto a los intereses económicos de los propietarios de las minas. A partir del 14 de julio comenzaron en el puerto de Barcelona los incidentes contra el embarque de las tropas, que se reprodujeron en las estaciones de tren de las grandes ciudades. Las noticias que llegaban de Marruecos demostraban que el conflicto era más grave de lo que el Gobierno decía. El día 27 se produjo la masacre del Barranco del Lobo: una columna española fue rodeada por tropas enemigas, causando ciento cincuenta muertos y más de mil heridos. El PSOE y la UGT convocaron una huelga general para el 2 de agosto, pero a partir del 26 de julio los acontecimientos se precipitaron en la capital catalana, comenzando la Semana Trágica. Las calles se llenaron de barricadas y se multiplicaron los motines, los enfrentamientos, los asaltos a tranvías y comercios y los incendios de iglesias, conventos y colegios católicos [▶ Fig. 35]. El Ejército recuperó el control de la situación al cabo de cinco días, practicando una dura represión que se saldó con ciento ocho muertos y varios centenares de heridos. Los incidentes de Barcelona se extendieron por otras ciudades. El día 28 el Gobierno declaró el estado de excepción en toda España y arrestó a más de mil líderes políticos y sindicales, abrió procesos jurídicos militares, clausuró las Casas del Pueblo y estableció la censura de prensa. Diecisiete procesos sumarísimos decretaron la pena de muerte a los acusados, de los que serían ejecutados cinco. El principal símbolo de la represión fue Francisco Ferrer, pedagogo anarquista, fundador de *La Escuela Moderna*. Cuando el 13 de octubre Ferrer fue ejecutado en Montjüich, el clamor de ¡Maura no! se extendió por España y las capitales europeas[16].

Ante estos acontecimientos, Galdós desplegó una intensa actividad política y periodística, censurando la represión y la guerra. El 22 de septiembre los diputados republicanos difundieron un manifiesto en el que responsabilizaron al Gobierno de la situación, reclamaron el inmediato restablecimiento de las garantías constitucionales y convocaron la actuación conjunta de toda la oposición democrática. El 26 de septiembre y el 6 de octubre Galdós publicó una alocución dirigida «Al pueblo español» [▶ Apéndice: 16], animado por su patriotismo. «Ha llegado el momento —proclamó— de que los sordos oigan, que los distraídos atiendan y que los mudos hablen». El pueblo español tenía que movilizarse para contener los desmanes del Gobierno y censurar…

las insensateces de los que trajeron la guerra del Rif… Que la Nación hable, que la Nación actúe, que la Nación se levante, en el sentido de vigorosa erección de su autoridad… No estorbaremos a la justicia,

347

FIGURA 35. Tranvía volcado en las calles de Barcelona durante los sucesos
de la Semana Trágica del verano de 1909.

sino a la desenfrenada arbitrariedad y al furor vengativo. No temamos
que nos llamen anarquistas o anarquizantes, que esta resucitada inquisición ha descubierto el ardid de tostar a los hombres en la llamarada
de la calumnia. Ya nos han dividido en dos castas: buenos y malos. No
nos turbemos ante esta inmensa ironía… Ya es tiempo de que acabe
tanta degradación… Los republicanos serán los primeros que acudan
a levantar un fuerte muro entre España y el abismo[17].

El escritor concluyó su intervención proponiendo la formación
de un nuevo Gobierno que dijera la verdad sobre la guerra y pusiera
fin a la represión: «La paz de una y otra parte no puede venir sino por
la labor prudente de otras cabezas y de otras manos».

Las palabras del escritor tuvieron un gran eco ciudadano[18].
El 21 de octubre Alfonso XIII forzó la dimisión de Antonio Maura

y encargó a Segismundo Moret la formación de un nuevo Gobierno de orientación liberal que pacificara la convulsa vida política y ciudadana.

Galdós defendió la necesidad de articular la alianza de los republicanos y los socialistas para incrementar su proyección política, aunque era consciente de las reticencias que existían en unos y otros. Pablo Iglesias, líder histórico del socialismo, había rechazado siempre la alianza, porque a su juicio podía desnaturalizar la política de clase obrera. En cambio, Jaime Vera, Antonio García Quejido e Indalecio Prieto la defendían, pero se encontraban en minoría. La postura de Iglesias había conducido al socialismo a una posición marginal, que contrastaba con la amplia representación parlamentaria que tenían los socialistas alemanes y franceses. Por otra parte, en el sector republicano moderado de Melquíades Álvarez se prefería la alianza con la izquierda liberal. La oposición al Gobierno de Maura y las consecuencias de la Semana Trágica acercaron las posiciones. Así, tras el verano de 1909, una comisión negociadora integrada por Galdós, Azcárate, Iglesias, Tomás Romero y Aniceto Llorente estableció las bases de la Conjunción Republicano-Socialista, que designó a Galdós presidente. El 7 de noviembre se presentó la Conjunción en el Frontón Jai-Alai de Madrid, en un mitin al que asistieron más de doce mil personas. Las intervenciones tuvieron un tono moderado, que resaltó la importancia del acuerdo.

Galdós manifestó su satisfacción:

> El feliz concierto de republicanos y socialistas para defender la libertad, la ciudadanía y la cultura… Reunidos en un solo haz, la fuerza resultante hará retemblar de alegría el suelo de la Patria y nos dará la eficacia política incontrastable que piden y reclaman todas las voces varoniles de esta sociedad ansiosa de entrar de lleno en la armonía mundial.

La Conjunción debía favorecer la incorporación gradual de las «clases neutras», como se llamaba a la gente alejada de la política[19]. Pablo Iglesias, por su parte, pidió una República que garantizase la «libertad y el derecho». Una armonía aparente reunió a casi todos los republicanos y socialistas, incluso a los radicales de Lerroux, que se adhirieron por carta. Desde entonces, Galdós desarrolló una labor de representación y coordinación en el seno del Comité Ejecutivo de la Conjunción, comentando a este propósito:

> Entonces funcionaba ya la Conjunción y la formábamos Tomás Romero y yo, como diputados de la minoría republicana; Pablo Iglesias y Mora por los socialistas; dos amigos del doctor Esquerdo, Carande y Cabañas, por los progresistas; Pi y Arsuaga y Félix de la Torre, en representación de los federales; y Joaquín Dicenta, por la minoría republicana del Ayuntamiento. Las reuniones las celebrábamos unas veces en la casa de Tomás Romero y otras en la mía[20].

En este contexto, Galdós y Pablo Iglesias se vieron con bastante frecuencia y compartieron la dirección de las actividades de la Conjunción. Galdós admiraba la austeridad, la tenacidad y la honestidad del dirigente socialista y este valoraba la categoría literaria del escritor y su esfuerzo político. Galdós conocía la afición de Iglesias al teatro y su asistencia a las representaciones de *La de San Quintín, Electra* y *Casandra*. En una reunión, le regaló los últimos *episodios* publicados.

Las primeras actuaciones de la Conjunción se dirigieron a desarrollar su estructura territorial, elaborar un programa político mínimo, coordinar la acción parlamentaria, crear un sistema de información y propaganda y realizar actos de movilización popular. Galdós promovió el diálogo y la cohesión de las diversas fuerzas políticas, amplió el núcleo dirigente con la incorporación de algunos políticos con experiencia, como el periodista Rodrigo Soriano, líder de los radicales madrileños, y suavizó las tensiones originadas por Lerroux, Sol Ortega y otros líderes de la izquierda[21]. Las elecciones municipales del 12 de diciembre mostraron las ventajas de la Conjunción. En el mitin preelectoral, celebrado el 9 de diciembre en Madrid, Galdós expresó su confianza en el triunfo de la izquierda: «Si atendéis al bullicio de la opinión, oiréis las campanas que ya repican, celebrando nuestra victoria»[22]. Republicanos y socialistas vencieron en las principales ciudades, accediendo al poder de los Ayuntamientos, lo cual incrementó su proyección institucional y ciudadana.

A principios de 1910 el Gobierno Moret entró en crisis por la falta de consenso dentro del Partido Liberal sobre su gestión. Los jefes de las facciones rivales intrigaron en Palacio y provocaron *la crisis del miércoles de ceniza,* que llevó a la presidencia del Gobierno a José Canalejas, líder de la tendencia liberal democrática. Canalejas presidió el Gobierno entre 1910 y 1912, haciendo gala de una firme resolución y de un proyecto de cambio democrático. Entre las medidas que impulsó destacan la mejora de las condiciones laborales de los trabajadores y las mujeres, la negociación colectiva y la seguridad social. La Ley de Mancomunidades Provinciales, cuya elaboración puso en marcha, representaba el primer paso para la descentralización territorial. Defendió la preeminencia del poder civil y la separación del Estado y la Iglesia católica. La llamada *Ley del Candado* prohibió la entrada en España de nuevas congregaciones religiosas hasta que una disposición posterior resolviera el asunto de forma definitiva. Por lo demás, atendió antiguas demandas populares como la Ley de Servicio Militar Obligatorio y la supresión del impuesto de consumos.

Todas estas circunstancias políticas y sociales impregnaron las novelas, las obras teatrales y las parábolas fantásticas que conformaron las últimas obras de Galdós. Durante el verano comenzó a escribir *El caballero encantado,* novela que combina la fábula, la lección histórica y la crítica social: «Es fantástica —comentó a Teodosia— porque en ella pasan cosas que no son de la vida real, cosas disparatadas y de orden sobrenatural; pero en el fondo hay realidad o realismo y una pintura que yo creo justa de la vida social, tal como la estamos viendo y tocando»[23]. Tarsis, marqués de Mudarra, cuando alcanza la mayoría de edad malgasta sus bienes viajando por Europa. Símbolo de la frivolidad, la holganza y la decadencia, al regresar a España tiene problemas económicos. Se casa con Cintia, bella mujer colombiana. Por un asombroso fenómeno, Tarsis se transforma en Gil, un peón de labranza que trabaja de sol a sol para sobrevivir de forma precaria. En sus andanzas por los pueblos castellanos, Gil-Tarsis será labriego, pastor y cantero. Galdós hechiza a Tarsis, según Casalduero:

para que abra sus ojos y vea, para que se ponga en contacto con el pueblo español y con España, para que atraviese los campos desiertos que él cree campiñas, las tierras de ruinas que cree pobladas de palacios; para que hable con el labriego, a quien desconoce, y se convenza de que no es su enemigo, ni un vago, de que trabaja todo lo que puede y con toda lealtad. Para que se convenza de que la causa de la decadencia está en sí mismo, y que para salir de ella tiene que trabajar con energía[24].

En este viaje expiatorio, Tarsis practica el lema «conocer la realidad, saber callar» y sufre las duras condiciones de los trabajadores, como «enseñanza o castigo de mis enormes desaciertos». En Matalebreras conoce a Pascuala, maestra de escuela, en la que por arte de magia se ha transformado Cintia. Gil y Pascuala viven diversas peripecias laborales, administrativas y penales, hasta que aprenden la lección ofrecida por «la ciencia compendiosa del vivir patrio» y vuelven a recuperar su identidad. Su hijo Héspero encarnará la esperanza de la nueva sociedad solidaria. Galdós proyecta en la novela las ideas que preconizaba durante aquella etapa: la importancia de la labor de los maestros, la necesidad de impulsar la reforma agraria, la revalorización del trabajo productivo y la justicia social. Por otra parte, realiza experimentos narrativos, utilizando el *yo trascendido,* gracias a un proceso de simbolización, apoyado en referencias mitológicas de las culturas occidentales y orientales[25]. *El caballero encantado* fue la última obra que Galdós escribió personalmente, a lápiz, con trazos amplios e inseguros.

El 28 de febrero de 1910 se estrenó en el Teatro Español de Madrid la obra *Casandra,* adaptación de la novela homónima escrita unos años antes. Como se ha comentado, Casandra defiende los derechos de su familia dando muerte a Juana de Samaniego, encarnación del autoritarismo y el clericalismo, que decide modificar el testamento de su marido para entregar la fortuna a una congregación católica, privando a los sobrinos de su legítima herencia. Al final de la obra, el poder opresor de Samaniego es liquidado por la violencia justiciera practicada por Casandra: «¡He matado a la hidra que asolaba a la tierra! ¡Respira, Humanidad!». Esta alusión a la hidra conecta con lo manifestado por Galdós en su prólogo al libro *Vulgarizaciones históricas* de Ricardo Fuente, donde afirmó que la llamada hidra revolucionaria que tanto asustaba a los burgueses era, en rigor, hija de otras alimañas dañinas, albergadas en los huecos del Trono y del Altar, dos muebles de compleja estructura, que favorecían la cría de monstruos inhumanos. Así, la hidra desarrapada provenía directamente de otras hidras elegantes, de buenos modales y finas maneras, que habían asolado el mundo[26].

El estreno de *Casandra* tuvo una gran resonancia cultural y política. El público aplaudió con entusiasmo las principales escenas, obligando a Galdós a salir al escenario varias veces. Cuando finalizó la representación, varios centenares de actores, periodistas y aficionados vitorearon al escritor y lo acompañaron por las calles de Madrid hasta su casa, mostrando su adhesión a su labor literaria y política. Joaquín Costa, Unamuno y Pérez de Ayala elogiaron la obra, destacando la lucha que planteaba entre el clericalismo y la razón, la renovación social y las deplorables prácticas de captación de herencias que llevaban a cabo «los gestores de la bienaventuranza»[27].

Al acentuarse los problemas de visión, Galdós se vio obligado a dictar a Pablo Nougués parte del *episodio Amadeo I,* limitándose su capacidad expresiva. En este *episodio* se ofrecen detalles autobiográficos de sus ocupaciones en Madrid y de algunas mujeres con las que se relacionó, descritas de forma criptográfica. Asimismo, el autor critica a la Iglesia y al carlismo, muestra simpatía por el proyecto progresista de Ruiz Zorrilla y aparecen personajes fantásticos, como la Madre Mariana, todo ello mezclando ficción, historia y vivencias personales. El personaje principal es Tito Liviano, escritor, tenorio y republicano. Mariclío, musa de la Historia, procura que Tito tenga una adecuada percepción de la realidad histórica de su tiempo. Galdós relata la entrada en Madrid de Amadeo de Saboya para ser coronado rey de España, su asistencia apesadumbrado a las exequias del general Prim, su principal valedor, la inestabilidad política del *Sexenio Democrático,* la reanudación de la guerra carlista y el proceso que condujo a la Primera República, acontecimientos que el escritor vivió en primera línea. Así describe Mariclío aquella compleja situación política:

Mal andan allá arriba. Ministros y Rey han rivalizado en torpezas. Al Rey le disculpo. Sagastinos y zorrillistas le traen mareado con sus necias enemistades por un quítame allá esas pajas. Los 191 votos que dieron la corona a la casa de Saboya, ¿qué se hicieron? Hanse dividido en dos bandos; viven tirándose a la cabeza todos los trastos de la Constitución. Como don Amadeo no se imponga a esta tropa, ya puede preparar sus equipajes…[28].

Entre tanto, Galdós retomó la actividad política, participando en un mitin celebrado en el Gran Frontón de Valladolid el 27 de marzo, cuando se representaba *Casandra* en el Teatro Calderón. El escritor criticó la actuación gubernamental y la forma de hacer política de los dirigentes conservadores, denunciando «el artificio de vanidades y ficciones que hoy nos rige, todo endeblez, pompas aparatosas, mentiras enfáticas y corrupción manifiesta de la vida nacional». Afirmó que la representación de las Cortes, «en su mayor parte, no es hechura de la voluntad nacional», ya que las elecciones eran manipuladas de forma sistemática, practicándose «una prestidigitación indecorosa». Ante el imparable deslome del régimen, el ideal republicano tenía que fortalecerse, y para ello era imprescindible reforzar la unidad de republicanos y socialistas. Galdós convocó a los castellanos a luchar por el cambio democrático con «un valor indomable y una abnegación sin límites». Al final de su intervención destacó el ejemplo de los comuneros en los albores de los tiempos modernos: «Sepan nuestros enemigos que no venimos hoy a llorar la muerte de los comuneros. Venimos a cantar su redención. ¡Revivid, comuneros de Castilla!»[29]. El 14 de abril Canalejas disolvió las Cortes y convocó elecciones. El 31 de abril se celebró en Madrid el mitin de presentación de la candidatura de la Conjunción, integrada por Galdós, Pablo Iglesias, José María Esquerdo, Rodrigo Soriano, Joaquín Pi y Arsuaga y Moreno Salillas. Galdós destacó la importancia de la unidad de acción de la izquierda, indispensable para vencer a los viejos partidos, y enunció las líneas del programa electoral suscrito por republicanos y socialistas: la amnistía de los presos políticos y sociales, con la correspondiente revisión de los procesos de la Semana Trágica, la libertad de enseñanza, el servicio militar obligatorio y la supremacía del poder civil, derogando la Ley de Jurisdicciones. Las elecciones del 8 de mayo constituyeron un éxito de la Conjunción en Madrid, Barcelona, Bilbao, Sevilla y otras ciudades importantes. Galdós fue votado en Madrid por 42.247 electores y Pablo Iglesias por 40.696. El Ministerio de la Gobernación, siguiendo la práctica habitual, manipuló los resultados y concedió la mayoría de los diputados al partido del Gobierno, asignando a la Conjunción tan solo 41 escaños.

El 15 de mayo la Conjunción celebró su triunfo electoral en un mitin convocado en el Frontón Central de Madrid [▶ Fig. 36]. Galdós afirmó que la victoria lograda anunciaba el declive del sentimiento monárquico. Republicanos y socialistas acudían al Congreso de los Diputados con un programa definido que contenía las demandas populares, mientras que los partidos monárquicos presentaban una composición fragmentada y contradictoria, que chocaría «entre sí con el fragor del escándalo y la ruina». Galdós advirtió la importancia de la llegada de los socialistas al parlamento: «con Pablo Iglesias entrará en el Congreso el espíritu de solidaridad internacional que labora por la dignidad y el bienestar de los trabajadores»[30]. Por su parte, el líder obrero compartió la importancia de la alianza de la izquierda para promover iniciativas legislativas favorables a los trabajadores, pero esta labor institucional tenía que ser reforzada con el «comicio popular», las movilizaciones en la calle, donde estaba el verdadero movimiento revolucionario. Los discursos concluyeron con un «grandioso final», tal como lo calificó *El Liberal* en su crónica del acto: el Orfeón Socialista, integrado por varios centenares de cantantes, cantó de forma vibrante *La Internacional,* mientras se agitaban las banderas de los partidos participantes.

El 21 de junio Galdós realizó unas declaraciones al periodista Enrique González, *El Bachiller Corchuelo,* para la revista *Por Esos Mundos,* que tuvieron un gran eco. El periodista destacó la ejemplaridad de Galdós, dedicado a la actividad política «con el fervor de los veinte años y el desinterés de un mártir», y su firme compromiso:

Es muy cómodo decir: la política, ¡qué asco!, como pretexto para no intervenir en ella… Pues yo no he tenido inconveniente en bajar al barro sin miedo a que me manche. El absentismo político es la muerte de los pueblos… El que por asco se aleja de la política no merece ser hombre, ni ser libre.

En el curso de la entrevista, Galdós se quejó de las desavenencias de los dirigentes republicanos, que ponían en peligro su trabajo político:

Cada día estoy más descorazonado…. Ha habido días que pensé en meterme en casa y no ocuparme de la política. Pero lo he pensado mejor. Voy a irme con Pablo Iglesias. Él y su partido son lo único serio, disciplinado y admirable que hay en la España política[31].

El 28 de junio los dirigentes de la Conjunción Republicano-Socialista, encabezados por Galdós, hicieron un llamamiento a los liberales, los republicanos y los socialistas para que se manifestaran el 3 de julio en las principales ciudades con el fin de exigir la supremacía del poder civil, la secularización de la vida del Estado y la libertad de conciencia: «¡Ciudadanos que amáis la libertad, el progreso y la cultura! —concluyó el llamamiento— ¡Acudid a quebrantar, primero y a romper, después, las ligaduras teocráticas que nos estorban el paso hacia las esferas donde hallaremos el aire sano de la libertad y la voz vivificante de la civilización!»[32].

A principios de 1911 Galdós elaboró el *episodio La Primera República*, realizando un nuevo alarde de su capacidad literaria. La obra narra el accidentado desarrollo de la primera experiencia republicana, desestabilizada por las guerras cubana y carlista, la rebelión cantonal y el acoso de la derecha. El escritor recurre a personajes creados en el *episodio*

FIGURA 36. Mitin de la Conjunción Republicano-Socialista celebrado en el Frontón Central de Madrid el 15 de mayo de 1910 para proclamar el triunfo electoral (fotografías publicadas en el diario *Nuevo Mundo*, 19/05/191 y 09/6/1910): [arriba] Melquíades Álvarez se dirige a los asistentes; en la tribuna, sentados, están Benito Pérez Galdós, el Dr. Esquerdo y Pablo Iglesias; [derecha, arriba] interviene el Dr. José María Esquerdo, representante del Partido Progresista (en el centro de la imagen, sentado, Pablo Iglesias, y a su derecha Benito Pérez Galdós); [derecha, abajo] Pablo Nougués lee unas cuartillas de Benito Pérez Galdós, que se encuentra en el centro de la imagen junto a Pablo Iglesias.

anterior, el periodista Tito Liviano, que realiza la función de narrador, y Mariclío, personificación de Mariana, símbolo de la Libertad, la Nación y la República. Mariclío le anuncia a Tito el advenimiento de la Segunda República, cuando las nuevas generaciones del pueblo realicen una acción política eficiente y responsable. Pero la definitiva, añade, no será la Segunda República, sino la Tercera: «Ya llegará la ocasión. Ello será cuando estos caballeros, todavía un poco inocentes, den el segundo golpe...; más seguro será cuando den el tercero»[33].

Galdós criticó las rivalidades de los dirigentes republicanos, sus discursos retóricos y su carencia de realismo político. A su juicio, la rebelión cantonalista constituyó el compendio de los errores republicanos. El rechazo de la violencia siempre fue uno de sus principios esenciales. Por lo demás, algunos galdosistas han advertido en Tito ciertos rasgos de la personalidad bondadosa del escritor, como puede apreciarse en estas palabras del personaje:

> Es que en mi ser domina el corazón, el amor a la humanidad, el desvivirme por el bien ajeno, antes que por el propio. Confúndese en mi alma, con este sentimiento, otro de la misma calidad y estirpe y es la adoración por la belleza. Soy un bienhechor y un enamorado... Pienso que el bueno no puede ser totalmente bueno, si no ama[34].

Durante la primavera de 1911 el ambiente político volvió a caldearse. El retorno de la guerra de Marruecos, la cuestión religiosa y las huelgas obreras complicaron la gestión del Gobierno Canalejas. Las manifestaciones anticlericales de los demócratas fueron replicadas con movilizaciones de los católicos. Así, la procesión de clausura del Congreso Eucarístico de Madrid, que finalizó en la capilla del Palacio Real, contó con la participación, cirio en mano, de altas autoridades del Estado como Alfonso XIII, la mesa de las Cortes, el Tribunal Supremo, la Capitanía General, las Diputaciones y los Ayuntamientos. Por otra parte, la huelga general, declarada por el PSOE y la UGT, alentó las protestas obreras, produciéndose incidentes que culminaron en Cullera con la proclamación de la República y la muerte de tres funcionarios. La Conjunción endureció su oposición al Gobierno, tratando de sobrepasarlo por la izquierda. Galdós participó de numerosas movilizaciones, en las que expresó su rechazo de la guerra, la reclamación del servicio militar obligatorio, la denuncia de los privilegios de la Iglesia, la mejora de las condiciones laborales de los trabajadores, el desarrollo educativo y el apoyo a la República de Portugal recién proclamada. Durante el verano, la Conjunción intensificó su campaña contra la guerra, organizando numerosos mítines, que se iniciaron el 25 de junio en el Frontón Jai-Alai de Madrid. Galdós, convaleciente de su reciente operación de la vista, denunció con duras palabras la situación:

Las aventuras peligrosas cuya eficacia nadie ha podido determinar y que solo sirven para dilapidar la ya mermada potencia económica de nuestra nación y para derrochar sin fruto visible la sangre de nuestro proletariado, el primero en el sacrificio, el último en la recompensa… Quiero que mis hijos vivan, trabajen y prosperen, único medio de que hagan una patria fuerte y dichosa. Antes de intentar conquistas en suelo extraño habéis de conquistar el suelo propio para la cultura y el derecho, para la justicia y la libertad[35].

Poco después, en Santander, reiteró que lo que España realmente necesitaba era paz, no guerra, «para reconstruirse interiormente por el trabajo, en el sosiego fecundo de una paz verdadera». Según Galdós, el progreso de las naciones no provenía del choque de las armas, sino «luchando tenazmente en la escuela y en el taller, en lo hondo de las minas y en lo alto de las regiones donde el pensamiento se ilumina con la luz de la ciencia»[36]. El 31 de diciembre Galdós manifestó que la guerra estaba «fuera de toda ley» y exigió la rectificación de la política del Gobierno. Asimismo, enunció las propuestas que la Conjunción sometía a votación en los mítines: 1) finalización honrosa de la guerra y regreso de las tropas; 2) condena de la política de expansión territorial en Marruecos; 3) reducción de los presupuestos de los ministerios de Guerra y Marina y cumplimiento del servicio militar obligatorio; 4) política efectiva de desarrollo económico y cultural de España[37]. Canalejas actuó con firmeza frente a los huelguistas porque consideraba que el mantenimiento del orden era imprescindible para proseguir su programa de reformas. El Comité Nacional de la Conjunción, reunido en la casa de Galdós de Santander, envió una carta de protesta en la que manifestó que el «movimiento societario» tenía «la exclusiva finalidad de conseguir reivindicaciones peculiares de la clase trabajadora», condenó la «inhumana represión» practicada, rechazó las nuevas operaciones militares y exigió la apertura de las Cortes y el restablecimiento de las garantías constitucionales[38].

Entre tanto, la salud de Galdós comenzó a deteriorarse, acentuándose sus problemas de visión y de movilidad. La ajetreada vida que llevaba en Madrid le producía un «horrible desgaste nervioso y cerebral», que procuraba aliviar en los meses de verano en su residencia de Santander y en el cercano balneario de Puente Viesgo. La actividad literaria y la relación sentimental con Teodosia Gandarias le ayudaban a sobrellevar las adversidades, como revelan los testimonios de su correspondencia.

El proceso de bifurcación que se estaba produciendo en las filas del republicanismo fracturó el 12 de junio al grupo parlamentario de la Conjunción Republicano-Socialista, creándose una minoría independiente liderada por Melquíades Álvarez y Gumersindo de Azcárate. La división de los dirigentes republicanos, la ruptura de la Conjunción y los problemas de salud hicieron que Galdós tomara la decisión, el 23 de octubre de 1911, de abandonar la política activa y concentrar sus menguadas fuerzas en la creación literaria. En la primavera siguiente, el republicanismo moderado creó el Partido Reformista. Galdós, que apreciaba mucho a Melquíades Álvarez, apoyó la gestación de la nueva formación que prometía impulsar un liberalismo democrático moderno. Además, valoró el interés que había suscitado entre jóvenes intelectuales, científicos y artistas como Ortega y Gasset, Azaña, Fernando de los Ríos, Zulueta, García Morente, Gustavo Pittaluga, Pedro Salinas y Américo Castro. El programa del Partido Reformista, como ha resumido Ángel Bahamonde, se articulaba en cuatro puntos: el desarrollo cultural, de acuerdo con los postulados de la Institución Libre de Enseñanza, la secularización del Estado y la libertad de cultos, la independencia y la supremacía del poder civil y la intervención del Estado en cuestiones económicas, fiscales y sociales. Un planteamiento doctrinal regeneracionista y modernizador que coincidía con el que Galdós había defendido siempre[39].

El acto fundacional del Partido Reformista tuvo lugar el 7 de abril de 1912 en el Palacio de las Industrias y las Artes de Madrid. Galdós envió un mensaje de apoyo en el que volvió a defender la alianza de republicanos y socialistas:

> Alejado de la acción política, aunque sin apartar el pensamiento de la idea republicana y de la grandeza que precisa dar a la Conjunción, entiendo que los republicanos deben organizarse y disciplinarse, creando una fuerza tan poderosa como la de nuestros leales colaboradores y aliados los socialistas… Con el empuje de la doble falange republicana y la colaboración socialista, tendremos en la Conjunción el ariete for-

midable cuyo funcionamiento espera con ansia el país más desdichado que hoy existe en el mundo[40].

Por su parte, Álvarez justificó la creación del partido por la imposibilidad de mantener la cohesión del movimiento republicano, una vez consolidado el Partido Radical de Lerroux, criticó a la monarquía, «principal obstáculo con que tropieza España para su prosperidad futura», y reivindicó la vigencia del proyecto político de la revolución de 1868.

El 28 de julio Galdós ocupó la presidencia de honor en un mitin organizado en Santander por el Partido Reformista. Pablo Nougués leyó su mensaje, en el que definió a la izquierda como un conjunto de fuerzas diversas que tenían que cooperar fraternalmente, conjugando la diversidad y la cohesión, para proseguir la «magna obra nacional emprendida por la Conjunción Republicano-Socialista». Por lo demás, expresó su confianza en el advenimiento de la Segunda República: «De mí he de decir que, al mismo tiempo que mis ojos vuelven a ver la luz, renace esplendente en mi espíritu la imagen de la Segunda República española, amaestrada por el tiempo»[41]. Galdós respaldó de forma testimonial el proceso de configuración del Partido Reformista. En el acto celebrado el 22 de octubre, en el Hotel Palace de Madrid, envió una carta en la que manifestó su deseo de «seguir hoy y mañana consagrado por entero a mi actividad literaria» y ratificó su compromiso con la libertad de conciencia, los derechos humanos y la democracia[42].

En una conversación mantenida con Antón del Olmet y Arturo García Carraffa, preparatoria de la monografía que iban a dedicar a Galdós en la colección *Los grandes españoles*, editada en 1912, el escritor expresó su rechazo de los políticos que actuaban sin convicciones éticas: «Jamás iría yo adonde la política ha venido a ser, no ya un oficio, sino una carrerita de las más cómodas, fáciles y lucrativas, constituyendo una clase, o más bien un familión vivaracho y de buen apetito que nos conduce y pastorea como a un fácil rebaño». Por otra parte, manifestó su confianza en el movimiento socialista:

—¿Qué predice usted para el porvenir?

—¿Qué preveo? Que todo seguirá lo mismo, que volverán Maura, Canalejas, que los republicanos no podrán hacer lo que sinceramente desean, y que así seguiremos viviendo hasta que…

—¿Hasta cuándo, don Benito?

—Hasta que en el campo socialista sobrevengan acontecimientos hondos, imprevistos, extraordinarios.

—Entonces, ¿cree usted en el socialismo?

—Sí. Sobre todo en la idea. Me parece sincera, sincerísima. Es la última palabra en la cuestión social.

Hizo una pausa el gran escritor. Luego, extendiendo profética una de sus manos venerables, dijo en voz baja: ¡El socialismo!, por ahí es por donde llega la aurora[43].

La actividad democrática de Galdós incidió de una forma determinante en la última etapa de su vida y su obra. Joaquín Casalduero expresó su admiración por su compromiso cívico y ético: «Cuando está en el ápice de su fama; cuando todo le aconseja someterse a la sociedad y poder así recoger el fruto material merecido de su labor, entonces, íntegro como siempre, tiene que rechazar la paz y olvidar sus privados intereses, entregándose a la lucha para el pueblo y por el pueblo». Galdós sabía que sacrificaba su bienestar espiritual y económico, que iba a convertirse en el blanco de las críticas de la derecha, pero prefirió seguir los dictados de su conciencia. «Se separó de la monarquía —concluye Casalduero— porque vio que esta solo quería la esclavitud moral y material de España»[44].

En esta misma línea, Víctor Fuentes ha resaltado la ejemplaridad de su comportamiento cultural y político:

> El ejemplo de Galdós, que a los 64 años de edad y en la cúspide de su gloria literaria, asume la responsabilidad o el compromiso político, sigue siendo en nuestros días un ejemplo vivo. Supo ver con lucidez lo que tantos de nuestros escritores españoles y latinoamericanos de este siglo han visto después que él: que en determinada coyuntura histórica la tarea del escritor debe o puede ir más allá de escribir cuentos, novelas, poesía o teatro, aunque también sea importante seguir haciendo esto.

A su juicio, esta motivación política se proyectó en las creaciones literarias que realizó durante estos años, en las que muestra «un riquísimo [y tremendo] panorama de pensamientos, sentimientos, emociones, lenguajes, gestos, imágenes, comportamientos, espacios sociales: testimonio de carne y sangre viva de la lucha a muerte, protagonizada en aquellas fechas por las dos Españas. Y sobre el horizonte del campo de batalla, la visión utópica basada en la igualdad, la libertad y la fraternidad entre los seres humanos»[45].

El 12 de noviembre de 1912 el anarquista Manuel Pardiñas asesinó al presidente Canalejas. Pardiñas tenía el propósito de atentar contra Alfonso XIII, pero se encontró a Canalejas en la Puerta del Sol contemplando las novedades bibliográficas expuestas en el escaparate de la Librería San Martín. Esta acción criminal liquidó uno de los proyectos de renovación democrática más ambiciosos del siglo XX. A partir de entonces, el régimen de la Restauración agudizó su crisis, convirtiéndose, como afirmó Galdós, en «un armatoste de ruinas apuntaladas»[46].

XV

Los últimos años

Galdós tuvo una vejez lúcida en la que prosiguió su actividad literaria, gozando del respeto y el reconocimiento de la mayoría de los españoles. Pese al elevado número de libros que escribió, la cicatería de los editores y la carencia de un sistema adecuado de protección social hicieron que viviera sus últimos años con dificultades económicas. Al acentuarse los problemas de visión, el 21 de mayo de 1911 el doctor Márquez le operó la catarata del ojo izquierdo. En el curso de la operación se produjo una luxación del cristalino y, probablemente, un glaucoma. El resultado no fue positivo y el escritor perdió la visión del ojo. Un año después, Márquez operó la catarata del ojo derecho. En esta ocasión las cosas fueron mejor y, transcurrido el proceso de recuperación, el escritor superó el «oscurantismo», como afirmó irónicamente, y la visión se fue normalizando. Lamentablemente, pasado cierto tiempo, comenzó a empeorar[1]. En el *episodio Cánovas,* el escritor describió la ceguera de Tito Livio de una forma tan minuciosa, que probablemente relató las sensaciones que había tenido:

Después de Semana Santa empecé a notar que mi vista se nublaba; sentía como arenilla en los ojos… Al propio tiempo crecía la fotofobia, y ni aun amparando mis ojos con gafas negras érame posible resistir la viveza de la luz en plena calle. Fue menester reducir los paseos a la hora crepuscular, motivo mayor de tristeza y abatimiento. Siguieron a estos dolores en las sienes, vascularización en la córnea, y que perdía su brillo, tomando según me dijeron, un aspecto mate, sanguíneo. Fortalecido por mi paciencia, de la que hice acopio exuberante, cargaba mi cruz y con ella recorría el largo camino de la vida hora tras hora, semana tras semana. Recluso en mi habitación, sumido en intensa oscuridad, yo no distinguía los días de las noches, ni un día de otro, ni apreciaba el principio y fin de cada semana. Era para mí el tiempo un concepto indiviso, una extensión sin grados ni dobleces… Compadecedme ahora más que nunca, piadosos lectores, pues encontrábame ya en el periodo más doloroso y tétrico de mi largo padecer. Mi ceguera llegó a ser absoluta… Mi existencia no era más que una sombra encerrada en ancha caverna, que ya me parecía roja, ya de un tinte violáceo surcado de ráfagas verdes. En tal estado llegué a perder, según he podido después apreciar, la conciencia de la realidad[2].

Por otra parte, Galdós solía tener neuralgias, dolores reumáticos y problemas estomacales. A su familia le preocupaba la falta de estabilidad y la inseguridad que mostraba al caminar. Apoyándose en el brazo de Pablo Nougués, de Victoriano Moreno o Francisco Menéndez, y sirviéndose de su grueso bastón, no renunciaba a los paseos que tanto apreciaba. «No puede escribir por sí mismo sus libros —comentó Azorín—, los dicta… Es un anciano alto, recio, un poco encorvado; viste sencillamente; cubre su cabeza un sombrero blanco, redondo, un poco grasiento»[3]. El gradual deterioro de la visión dificultó su trabajo de escritor, llevándole a decir, con profunda amargura, en 1915, que lamentablemente había perdido el don de la literatura. El apoyo y el afecto de su sobrino José, de su médico Gregorio Marañón, de su secretario Pablo Nougués y de sus amigos Rafael de

Mesa, Serafín y Joaquín Álvarez Quintero, Ramón Pérez de Ayala, Roberto Castrovido, Victorio Macho, Marciano Zurita, Emiliano Ramírez, Diego San José, José de Lara y Luis Doreste, que participaban en las tertulias de su casa, le ayudaron a sobrellevar la adversidad. Y cuando las fuerzas se lo permitían, volvía a retomar la actividad literaria, escribiendo obras en las que mostraba su deseo de construir una España mejor. Al joven argentino Alberto Ghiraldo, que se ganó su confianza, le encomendó la recogida y publicación de sus escritos dispersos, los diez tomos que integrarían las *Obras inéditas* y la *Crónica de Madrid,* que salieron a luz entre 1923 y 1933.

A principios de 1912 Benavente, Ramón y Cajal, Echegaray, Sellés, Picón y Romanones promovieron la candidatura de Galdós al premio Nobel de Literatura, que concedía la Academia de las Bellas Letras de Suecia. La iniciativa fue respaldada por *El País, El Liberal, El Cantábrico* y otros periódicos progresistas. A su juicio, la categoría literaria de Galdós, el elevado número de obras publicadas y el amplio reconocimiento internacional justificaban sobradamente la concesión del premio. Además, su dotación económica, 140.000 coronas, equivalentes a unas 200.000 pesetas, haría posible que el escritor viviera sus últimos años con cierta holgura. A mediados de febrero la candidatura fue presentada en la cancillería de Suecia en Madrid, avalada con la firma de más de quinientos escritores, periodistas y artistas. En cualquier país europeo, una figura literaria de la categoría de Galdós habría contado con un amplio respaldo, pero la derecha conservadora aprovechó la ocasión para castigar el compromiso democrático del escritor. Los neocatólicos lanzaron la candidatura alternativa de Marcelino Menéndez Pelayo y crearon una imagen de disenso, plasmada de forma llamativa en las posiciones contrapuestas defendidas por la Real Academia de Medicina y la Real Academia Española, que apoyaron, respectivamente, a

Galdós y a Menéndez Pelayo. *La Época, El Correo Español* y *El Diario Montañés* descalificaron de forma agresiva la candidatura de Galdós. *La Época* le tachó de ser un autor de «novelas revolucionarias», que habían manchado el suelo de sangre[4]. Como ha señalado Ortiz-Armengol, la Academia Sueca encargó el preceptivo informe sobre Galdós a Göran Björkman, quien procedió a resumir la vida y obra del escritor, sin destacar sus méritos de forma apropiada. Pero el hecho decisivo que hizo decaer las posibilidades de Galdós fue la activa campaña promovida por las autoridades conservadoras y eclesiásticas, que se materializó, según Erik A. Karlfeldt, en el envío de miles de telegramas y cartas a la Academia Sueca que rechazaban la concesión del premio Nobel. Ante esta situación, la Academia Sueca optó por concederlo al alemán Gerhart Hauptmann[5]. Unamuno conoció a través del bibliotecario de la Academia Sueca la operación desplegada contra el escritor canario, la cual le pareció vergonzosa. En esta misma línea, Benavente censuró «el lamentable espectáculo de nuestras divisiones y de nuestras intolerancias»[6].

Galdós sobrellevó estas adversidades, lamentando la acritud de sus adversarios. El 25 de agosto Francisco Escola publicó en *El País* el artículo «Galdós en el Sardinero», en el que mostraba la actitud optimista del escritor, tanto en el plano personal como en el político: «El insigne y venerado Galdós estaba jovial, alegre… Su optimismo es franco». Le contó que había retomado los *Episodios Nacionales* con el que había dedicado a *Cánovas,* listo ya para la imprenta. El ejercicio de la dirección artística del Teatro Español de Madrid le resultaba muy sugerente. En el plano político, Galdós confiaba mucho en la labor de Melquíades Álvarez y de Pablo Iglesias, mostrando su admiración por «las organizaciones obreras, que trabajan con denuedo por su emancipación»[7].

Entre tanto Galdós prosiguió su trabajo literario, ya que, como comentó Unamuno, era «un jornalero de las Letras». Sus ideas y sus valores se proyectaron en sus últimas novelas y obras de teatro. *Cáno-*

vas, publicado en 1912, fue su último *Episodio Nacional.* Tenía previsto escribir cuatro más, dedicados a Sagasta, que inició y no pudo concluir, Alfonso XII, las colonias perdidas y la Reina regente, pero su deteriorada salud se lo impidió. La acción narrativa de *Cánovas* transcurre entre los años 1868 y 1881. Aborda el golpe del general Martínez Campos, la consolidación del régimen de la Restauración y la alternancia en el poder entre los conservadores de Cánovas y los progresistas de Sagasta. En el *episodio* no se realiza una biografía, ni un retrato literario del dirigente conservador. La trama está protagonizada por personajes de los anteriores *episodios.* Tito Liviano, caricatura del historiador romano y *alter ego* del autor, es un observador atento y desencantado de la realidad política. Mariclío, *Madre augusta,* guía sus pasos para que pueda comprender las claves de la convulsa historia española. Tito, como el propio Galdós, está afectado por una pérdida de la visión que dificulta su autonomía personal. La novela traza una visión crítica del régimen de la Restauración y sus dirigentes:

> Los dos partidos que se han concordado para turnar pacíficamente en el Poder, son dos manadas de hombres que no aspiran más que a pastar en el Presupuesto. Carecen de ideales, ningún fin elevado les mueve, no mejorarán en lo más mínimo las condiciones de vida de esta infeliz raza, pobrísima y analfabeta[8].

La actividad política se ha convertido en una comedia teatral de apariencias y trampas, alejada de los intereses ciudadanos. Además, se denuncia la alianza del altar y el trono, el clientelismo y la corrupción, empleando, a veces, una sutil ironía:

> En la persona de usted, padre Garrido, reverenciamos a la milicia cristiana, a quien el Altísimo otorga el mandato de gobernar a los pueblos

y conducirlos a la eterna gloria. Ya nuestra España es de ustedes. Aquí no reina Alfonso XII, sino el bendito San Ignacio, que a mi parecer está en cielo a la izquierda del Dios Padre… Los españoles somos católicos borregos, y solo aspiramos a ser conducidos por el cayado jesuítico hacia los feraces campos de la ignorancia… Nos postramos, pues, ante el negro cíngulo y rendimos acatamiento al dulcísimo yugo con que se nos oprime *ad majorem Dei gloriam*[9].

El *episodio* relata el abandono definitivo por la burguesía del impulso reformista y su sumisión a los poderosos [▶ APÉNDICE: 14]. Así, los señoritos burgueses son considerados la «plaga de la levita y la chistera» y la «carcoma del país». En suma, como ha señalado Vicente Llorens, *Cánovas* muestra el bloqueo de los procesos de cambio y la parálisis de la vida pública, que conduciría a la crisis de fin de siglo:

Anticipándose a Ortega, Galdós en *Cánovas* (1912) caracteriza la política de la Restauración como «una política de inercia, de ficciones y de fórmulas mentirosas». El pensamiento de Cánovas lo cree dirigido a «sofocar la tragedia nacional, conteniendo las energías étnicas dentro de la forma lírica, para que la pobre España viva mansamente hasta que lleguen días más propicios». Y si Unamuno se había referido al «marasmo» nacional, Galdós habla de «la vacuidad histórica que caracterizó aquellas décadas»[10].

Al final del *episodio,* el escritor cede la palabra a la Madre patria para pedir la movilización de los españoles por la defensa de sus derechos:

Los políticos se constituirán en casta, dividiéndose hipócritas en dos bandos igualmente dinásticos e igualmente estériles, sin otro móvil que tejer y destejer la jerga de sus provechos particulares en el telar bu-

rocrático. No harán nada fecundo; no crearán una Nación; no remediarán la esterilidad de las estepas castellanas y extremeñas; no suavizarán el malestar de las clases proletarias. Fomentarán la artillería antes
que las escuelas, las pompas regias antes que las vías comerciales y los
menesteres de la grande y pequeña industria. Y por último, hijo mío,
verás si vives que acabarán por poner la enseñanza, la riqueza, el poder
civil, y hasta la independencia nacional, en manos de lo que llamáis
vuestra Santa Madre Iglesia. Alarmante es la palabra Revolución. Pero
si no inventáis otra menos aterradora, no tendréis más remedio que
usarla los que no queráis morir de la honda caquexia que invade el
cansado cuerpo de tu Nación. Declaraos revolucionarios, díscolos si os
parece mejor esta palabra, contumaces en la rebeldía. En la situación a
que llegaréis andando los años, el ideal revolucionario, la actitud indómita si queréis, constituirán el único síntoma de vida. Siga el lenguaje
de los bobos llamando paz a lo que en realidad es consunción y acabamiento... Sed constantes en la protesta...[11].

En 1913 el Ateneo de Madrid volvió a proponer la candidatura
de Galdós al premio Nobel. Pérez de Ayala, Echegaray, Picón y Borrás impulsaron la nueva propuesta, destacando «la fertilidad creado-
ra del escritor». Fue apoyada, también, por jóvenes escritores de reconocido talento como Juan Ramón Jiménez, Pedro Salinas, Jorge
Guillén y José Moreno Villa. La designación de Erik Axel Karlfeldt
como secretario permanente de la Academia sueca alentó expectativas favorables, pero, finalmente, el premio fue concedido al poeta,
novelista y dramaturgo indio Rabindranath Tagore, primer laureado
que no pertenecía a ningún país europeo.

En esta circunstancia, Benavente, Dicenta, Bueno y Répite plantearon la necesidad de resolver la situación económica de Galdós,
que a los 71 años, y aquejado de problemas de salud, se veía forzado

a trabajar todos los días para subsistir de forma precaria. «Su ancianidad desamparada —afirmó Benavente— no es una necesidad suya: es un deber nuestro»[12]. A tal efecto, en marzo de 1914 se constituyó una junta para la promoción del Homenaje Nacional, constituida por Echegaray, Benavente, Dato, Romanones, Melquíades Álvarez, el duque de Alba y otras personalidades, que impulsó diversas iniciativas, entre las cuales figuraba la realización de una suscripción popular de aportaciones económicas.

Entre tanto, Galdós decidió concurrir a las elecciones generales celebradas en mayo por el distrito de Las Palmas de Gran Canaria, última oportunidad para defender sus ideas democráticas. «Mi querido Fernando —escribió a su amigo León y Castillo—, aunque mi mala salud y la pérdida gradual de mi vista me piden descanso y alejamiento de la política, no he podido resistir el requerimiento cariñoso de nuestros paisanos, que me han hecho el honor de incluirme en la candidatura de Las Palmas»[13]. Galdós obtuvo un gran respaldo electoral, siendo elegido diputado por 15.303 votos, el 70 por ciento de los electores. Una de sus preocupaciones en el Congreso fue la creación de un instituto público de segunda enseñanza en Las Palmas[14]. Los conservadores criticaron la actividad política del escritor y dejaron de apoyar su Homenaje Nacional. A consecuencia de ello, las aportaciones económicas solo alcanzaron 101.694 pesetas, una cantidad muy inferior a la prevista.

En 1915 Galdós publicó su última novela, *La razón de la sinrazón,* título cervantino que narra una «fábula teatral absolutamente inverosímil», escrita al dictado, porque casi no veía. Transcurre en la imaginaria ciudad de Ursaria, de trazos madrileños, donde los demonios y las brujas imponen el caos de la sinrazón y el despropósito. Así, Alejandro, marqués de Rodas, terrateniente y político, se arruina, mientras que los tramposos se enriquecen. Atenaida, maestra de escuela, símbolo de la serenidad, la razón y la justicia, saca a Alejandro del «pantano de las mentiras y las convenciones sociales» y lo lleva hacia el buen camino, «que consiste en cultivar la tierra para extraer los elementos de la vida, y cultivar los cerebros vírgenes, plantel de las inteligencias que en su madurez han de ser redentoras»[15]. José-Carlos Mainer ha incluido a Atenaida en «toda esa galería de Madres-Esposas-Hermanas en que Galdós quiso emplazar la regeneración biológica, moral y espiritual de su país»[16]. Por lo demás, Antonio Cao ha resaltado la visión de futuro optimista del veterano escritor en esta obra postrera: «Galdós, al igual que Verdi, que Goya, que Cervantes —tan presente a lo largo de toda la obra partiendo del título mismo— nos ofrece en los años avanzados de su vida una propuesta optimista y generosa, quiere creer en la salvación de la sociedad, de España, y espera una revolución magnánima, no cruenta, armónica»[17].

El 11 de julio de 1915 Azorín sintetizó en un artículo publicado en la revista *Blanco y Negro* el significado de la obra galdosiana: «Libertad, progreso, independencia intelectual, lucha contra el prejuicio, formas innovadoras del vivir, conciencia grande y humana del amor…, todos estos son los temas que se respiran en la obra del maestro»[18]. Aquel mismo verano Galdós le confesó en Santander a Barrio y Bravo las dificultades que tenía para continuar realizando su trabajo: «No puedo, no puedo hacer apenas nada con estos dichosos ojos, que son mis tiranos. Lo que yo quisiera hacer he de aplazarlo forzosamente, no sé hasta cuándo. Ahora tengo que contentarme con dictar cosas cortas»[19]. Asimismo, declaró en una entrevista publicada en *La Esfera* que para poder vivir no tenía más remedio que dictar todos los días durante cuatro o cinco horas los nuevos escritos que estaba perfilando [▶ FIG. 37]. Y para colmo, no podía disfrutar de su afición a la pintura, tocar el armonio ni pasear a gusto.

FIGURA 37. Entrevista a Galdós en *La Esfera* (1/17/1914), una de las publicaciones que apoyó la candidatura al premio Nobel. En el texto que introduce la entrevista se lee: «Pasos lentos y arrastrados se acercan… Es el patriarca, el maestro, el padre espiritual de todos los escritores jóvenes… ¡Don Benito!… De su fortaleza de roble, no conserva más que el recio esqueleto, agobiado por el peso de sus setenta años y de trabajo. El gabán, hecho cuando su cuerpo estaba más pujado, le cuelga de los hombros como de una percha. Casi cieguecito, con sus gafas negras, andando con lentitud y adelantando instintivamente la mano derecha antes de dar el paso: con su gabancete deshilachado por los bolsillos y por las mangas, con su gorrilla gris y su cabello largo y acaracolado por el cuello. D. Benito, el maestro, el pensador, el abuelo, nos ha dado la visión horrible del menesteroso… ¡Y nuestra tristeza ha sido profundísima!…».

Estas circunstancias llevaron a Ramón Pérez de Ayala y a otros escritores a volver a proponer la candidatura de Galdós al premio Nobel. Tras el comienzo de la Gran Guerra europea, la Academia Sueca lo había suspendido, pero ahora parecía dispuesta a concederlo. Por otra parte, los promotores creían que entonces no se produciría en España la penosa imagen de disenso. En el proceso de selección llevado a cabo por la Academia Sueca, la candidatura de Galdós fue defendida por el académico Harald Hjärne. Tras el correspondiente debate, Galdós logró la mayoría de los votos de la Comisión de Selección, pero, finalmente, la Academia Sueca decidió suspender otra vez la concesión del premio. El reconocimiento literario de Galdós por esta entidad ya no se haría efectivo nunca.

El 2 de febrero de 1916 Galdós estrenó en el Teatro Lara de Madrid *El tacaño Salomón,* comedia de dos actos que relata los afanes de Pelegrín para socorrer a personas que viven en la miseria. Salomón llega a Madrid para encontrarse con él, de parte de Donato, su hermano emigrado a Buenos Aires, que ha logrado hacer una fortuna. Salomón le aconseja que controle su generosidad y administre bien su dinero. El fallecimiento de Donato enriquece a Pelegrín, que decide invertir el patrimonio en la preparación de una vida mejor para todos. *El tacaño Salomón* constituye, en suma, un elogio de la generosidad y la solidaridad. Dice Casalduero al respecto:

> Galdós corona su Obra con el sueño de una utopía, que no es solo deseo de amor, sino trascendente necesidad de realización del Ideal. Para que el Ideal y la Justicia reinen no hay que acudir al político, al hombre de acción; es necesario y basta, que un hombre la sueñe. Galdós no vive enfrente de su Obra, sino dentro de su Obra, en la cual la Sociedad es feliz, y la Historia, vencedora del tiempo, vive su contenido esencial[20].

El 2 de mayo de 1916 Pérez de Ayala pronunció en la Sociedad *El Sitio* de Bilbao la conferencia «El liberalismo y *La loca de la casa*», que rendía homenaje a Galdós, «el más grande español de nuestros días». Pérez de Ayala consideró a Galdós y a Cervantes:

> la encarnación del espíritu liberal, aquel que sabe mirar y comprender, porque consiste en mirar al lobo con ojos de lobo, y a la oveja con alma de oveja; a Monipodio con criterio de Monipodio y no de golilla; en ver en don Quijote un cofrade de nuestra misma orden de andantesca caballería; en contemplar a Sancho con ojos de Sancho, y a Maritornes como ella se veía en el espejo... Otro tanto diremos de los personajes galdosianos. Habréis oído alguna vez que Pantoja o doña Juana Samaniego son simpáticos, que tienen razón. ¡Naturalmente que son simpáticos y que están cargados de razón, si se pone uno en su caso! Como que en Galdós no hay monstruos, ni los hay en Cervantes, ni los hay en la creación... En esto se asemejan el novelista y el dramaturgo a Dios. El espíritu liberal y la facultad creadora vienen a ser una misma cosa[21].

Aquel mismo año la revista *La Esfera* le encargó a Galdós que escribiera unas memorias. Con la visión bastante reducida, procedió a dictar lo que serían las *Memorias de un desmemoriado:* «Ahora, memoria mía, no te apartes de mí, que, o mucho me engaño, o necesitaré tu asistencia en mi afanoso vagar», afirmó cuando intentaba recordar uno de sus viajes. *Memorias de un desmemoriado* constituye un relato autobiográfico que concluye en 1901. En ellas cuenta de forma fluida y nostálgica las principales vivencias que habitaban en su memoria, sus años de formación, sus relaciones con los amigos, los viajes europeos, los comentarios sobre algunas obras y los acontecimientos políticos más relevantes, eludiendo, como siempre hizo, los asuntos privados. Para Yolanda Arencibia las *Memorias* son:

un documento seudo-novelesco que recorre casi «a vista de pájaro», hechos diversos de autobiografía y acontecimientos con ella relacionados, desde los años de la llegada del autor a Madrid hasta 1901 o 1902. De la lectura de ese texto, un lector interesado podría extraer no pocas notas acerca del carácter del que las escribe, de sus capacidades personales, de sus gustos o aficiones…, de esos pequeños detalles que configuran una personalidad. Pero nada se registra en ellas de índole privada; ninguna justificación personal; ningún detalle íntimamente autobiográfico. El título, *Memorias de un desmemoriado,* es elocuente[22].

El comienzo de la Gran Guerra europea en 1914, en la que España adoptó una posición neutral, originó en la opinión pública un vivo debate. Los «germanófilos» consideraban que Alemania y Austria-Hungría representaban el orden, la autoridad y la fuerza, mientras que los «aliadófilos» entendían que Francia y Gran Bretaña encarnaban el derecho, la libertad y la razón. La bandera «germanófila» fue enarbolada por Alfonso XIII, los mandos militares, la aristocracia, la alta burguesía, el clero y el maurismo, mientras que la «aliadófila» lo fue por los intelectuales, los profesionales de clase media, los republicanos y los socialistas. Galdós se involucró en la polémica y firmó el *Manifiesto de la Liga Antigermánica de España,* dado a conocer el 18 de enero de 1917 por la revista *España.* El manifiesto fue suscrito también por Pérez de Ayala, Antonio Machado, Palacio Valdés, Unamuno, Américo Castro, Melquíades Álvarez, Azcárate, Azaña y otros escritores, políticos y artistas. «La Liga Antigermánica —decían— viene a dar batalla a los enemigos intestinos de España, a los que se están sirviendo de la terrible tragedia europea para desviar al pueblo español de la única ruta de sus libertades, de sus intereses y de su seguridad internacional». El 18 de febrero la Liga Antigermánica eligió por unanimidad a Galdós presidente de honor de la entidad. En el curso de la guerra, el escritor realizó varias manifestaciones sobre el conflicto. Así, el 21 de septiembre de 1918 publicó en la revista *Los Aliados* el artículo «Las campañas aliadófilas», en el que afirmó que Francia e Inglaterra defendían «la causa de la justicia y la libertad». «Lo que de Alemania se ha hecho insoportable —prosiguió— es el ansia dominadora, la aspiración absurda y egoísta de la hegemonía universal y, sobre todo, el profundo desprecio que se siente allí hacia todo lo que no es alemán»[23]. La censura gubernamental mutiló varios fragmentos del artículo, originándose una gran polémica. El periódico *El Sol* denunció el atropello y se sumó a la convocatoria promovida por diversos medios progresistas para realizar un homenaje a Galdós, Unamuno y Cavia, víctimas de los desafueros del Gobierno. El acto se celebró el 13 de octubre en el Hotel Palace de Madrid. Fue presidido por Galdós, Unamuno y Cavia, junto a Melquíades Álvarez, el doctor Simarro, Leopoldo Romeo, Felipe Sassone, Enrique Gómez, Carlos Micó y Antonio de Lezama. El salón-comedor del hotel estaba abarrotado por políticos, escritores y artistas. Unamuno leyó un mensaje de Galdós en el que denunció la censura de prensa, defendió la causa de los países aliados y manifestó su convicción en «la llegada al final del viaje, a la meta de nuestro ideal de paz en la igualdad y la justicia». *La Esfera* destacaría en su editorial el compromiso de Galdós, que, pese a su precaria salud, seguía compareciendo en actos públicos para defender las libertades cívicas: «Detrás de sus pupilas muertas hay la deslumbradora visión de la España venidera y más dentro, más honda, la otra *rembranesca* visión de la España heroica y tumultuaria del siglo xx»[24].

En 1918 el joven escultor Victorio Macho, amigo de Galdós, a quien llamaba de forma afectuosa *abuelo,* comenzó a realizar una escultura suya en piedra blanca de Lérida: «La mejor demostración de cariño que yo le puedo hacer, es que su estatua sea una obra de arte digna de

Figura 38. Benito Pérez Galdós y el escultor Victorio Macho ante el monumento dedicado al escritor en los jardines del Retiro, 1918.

usted»[25]. Para sufragar los gastos, los hermanos Álvarez Quintero, Edmundo González, José Francés, Emiliano Ramírez y Marciano Zurita constituyeron la junta promotora del proyecto, que abrió una suscripción popular. El Ayuntamiento de Madrid, la Asociación de la Prensa, el Círculo de Bellas Artes, la Real Academia Española y el Casino de Madrid realizaron aportaciones para cubrir los primeros gastos. Concluida la obra, el monumento de homenaje a Galdós fue inaugurado el 20 de enero de 1919 en la Rosaleda de los jardines del Retiro de Madrid, al lado del paseo de Coches. La escultura tiene unas dimensiones de 2,10 × 1,13 × 2,20 metros [▶ Fig. 38]. Muestra al escritor sentado, con la mirada al frente, las manos entrecruzadas y una manta sobre sus piernas. El acto de inauguración estuvo presidido por Luis Garrido, alcalde de Madrid, y contó con la participación de Ramón Pérez de

Ayala, José Francos Rodríguez, el doctor Tolosa Latour, Emiliano Ramírez, José Francés, Diego San José y varios centenares de escritores, periodistas y artistas. La banda municipal interpretó las versiones musicales de las obras *Cádiz, Gerona* y *Zaragoza*. El alcalde y los hermanos Quintero descubrieron el monumento, cubierto con la bandera española. Serafín Álvarez Quintero tomó la palabra en nombre de la comisión promotora para expresar la satisfacción por la inauguración de la escultura que reconocía la relevancia del escritor. Después, el alcalde resaltó el compromiso de Galdós con los madrileños:

> Como alcalde de Madrid recibo en nombre del pueblo la reliquia sagrada de esta obra de arte, que habrá de ser admirada por las generaciones presentes y venideras… No he de hablar de nuestro Galdós como patriarca de las letras, sino como madrileño y madrileñista. Nadie como él describió esa calle de Toledo, y nadie como él ha amado tanto al pueblo de Madrid.

Casi ciego, Galdós escuchó emocionado los discursos pronunciados en aquella fría mañana madrileña. Al final, cuando pudo acercarse a la escultura y la palpó con sus manos, mostró su satisfacción: «¡Magnífica!, amigo Macho. ¡Y cómo se parece a mí!». Aquel fue uno de los últimos días felices que vivió el escritor, rodeado por sus familiares y amigos. La emotividad del acto contrastó con la distancia del poder, ya que ni el rey Alfonso XIII ni el presidente del Gobierno comparecieron en él[26]. Años después, Victorio Macho realizó una segunda escultura en honor a su amigo Galdós, ya fallecido. En esta ocasión, después de esculpirla en su taller de Las Vistillas, el propio escultor se encargó de trasladarla hasta Las Palmas en un largo viaje de tres días en barco de vapor que partió desde el puerto de Cádiz [▶ Fig. 39].

FIGURA 39. Segundo monumento de Victorio Macho a Benito Pérez Galdós (hacia 1924). La escultura fue situada en el antiguo muelle de Las Palmas (San Telmo). Debido a la erosión causada por las sales marinas sobre la piedra, tuvo que retirarse de su emplazamiento original. En la actualidad se conserva en la Casa-Museo Pérez Galdós en Las Palmas de Gran Canaria.

Unos días después, Emilia Pardo Bazán, amiga de Galdós, se sumó al homenaje publicando en el periódico *ABC* el artículo «Estatua en vida». La escritora elogió la iniciativa de levantar una estatua a Galdós en vida, en un país que solía honrar a los muertos. La estatua expresaba el reconocimiento de «la genial pluma» de quien, a su juicio, era «el novelista del siglo». Afirmó que la crisis del 98 conmovió profundamente al escritor canario, reafirmando la vocación regeneracionista que había manifestado en sus obras. Galdós había mostrado mejor que ningún escritor de su tiempo la esencia de la sociedad y la cultura españolas:

> Es el novelista que más España ha puesto en sus ficciones; el que ha profundizado nuestra psicología y limpiado con amor reverente los artísticos hierros tomados de orín de las tradiciones nacionales. Bástale para inmortalizar su memoria, porque se buscase España en él, cuando se aprenda a estimar la originalidad y espontaneidad que la distinguen entre todas las naciones, y que Galdós supo mostrar de realce[27].

Al agravarse los problemas de salud, el 14 de marzo de 1919 Galdós otorgó testamento ante el notario Felipe Rodríguez Valdés. En él, ratificó el reconocimiento testamentario realizado en 1910 de su hija María y la declaró heredera de sus bienes, cuyo inventario ofrecía el siguiente detalle: 100 pesetas en efectivo, en cuentas corrientes; 400 pesetas, como estimación del valor de su mobiliario; 15.000 pesetas, como valoración de la biblioteca y de los manuscritos, excepto *Marianela,* que Galdós había regalado a Gregorio Marañón, y *Gloria,* a Tomás de Lara. La finca de *San Quintín* estaba valorada en 125.000 pesetas. Los derechos de autor correspondientes a sus novelas y obras teatrales fueron tasados en una cifra estimada de 65.000 pesetas. El documento notarial reconocía deudas por importe de 34.325 pesetas. Galdós asignó a Francisco Menéndez, su leal Paco, un legado de 5.000 pesetas y a Teodosia Gandarias, su compañera sentimental, una pensión vitalicia de 250 pesetas mensuales[28].

En el crepúsculo de su vida Galdós seguía con atención la actualidad de la vida española. Con los amigos que le visitaban comentaba las novedades políticas y culturales. Su diagnóstico sobre el agotamiento del régimen de la Restauración parecía hacerse efectivo, ante la inca-

FIGURA 40. Galdós, anciano, en su residencia *San Quintín* (hacia 1915). En 1919 Galdós vendió la finca debido a sus dificultades para viajar.

pacidad de los partidos monárquicos de canalizar las demandas democráticas. Por otra parte, no dudaba en sumarse a peticiones formuladas por intelectuales a las autoridades, como la que realizaron para solicitar la reposición de los jóvenes oficiales alumnos de la Escuela Superior de la Guerra que habían sido expulsados del Ejército por una sentencia injusta.

El 13 de octubre la salud de Galdós sufrió un empeoramiento a consecuencia de una crisis de uremia que le causó trastornos cerebrales, circulatorios y digestivos. A partir del 20 de diciembre el deterioro fue irreversible. La uremia le produjo varias hemorragias gástricas. Su inteligencia, apagada por la enfermedad, recobraba la lucidez de cuando en cuando. Las vivencias infantiles brotaron de su memoria, entonando antiguas canciones canarias: «Juntas las manos, cerrados los ojos, el maestro retornaba a los días iniciales y el niño jugaba cerca del lecho del moribundo», escribió Ortega Munilla, tras una visita. El 2 de enero una fuerte subida de tensión le llevó al borde de la muerte.

El 31 de diciembre falleció Teodosia Gandarias, su compañera sentimental, a causa de una bronconeumonía. Al día siguiente el periódico *El País* hizo pública la enfermedad del escritor:

Galdós está enfermo. Vive sin poder abandonar el lecho desde el mes de agosto. El médico, señor Marañón, prohíbe que le visite gente que no sea la habitual en servirle y cuidarle. Su sobrino don José Hurtado de Mendoza, que le cuida como cuidó a su madre, hermana del «tío Benito», evita en lo posible toda impresión desagradable o excesiva por la emoción[29].

En la madrugada del 4 de enero, a las tres y media, los familiares de Galdós escucharon un grito desgarrado que procedía de su habitación. Fueron corriendo y observaron que el escritor intentaba incorporarse de la cama, llevándose las manos a la garganta, como si se ahogara. Poco después se desplomó con la boca contraída y expiró. En los últimos momentos de su vida le acompañaron su hija María, su marido Juan Verde, su sobrino José, su secretario Rafael Mesa, Rafaela González y Victoriano Moreno. «La muerte ha dejado impresa su huella en el rostro de Galdós —comentó el periódico *ABC*—, en el que aparece un supremo rictus de dolor»[30].

El Gobierno, «interpretando de consuno el sentimiento público», emitió un decreto que concedía honores póstumos a Galdós:

> Como representación del Estado, anhela dar ante la Nación la más alta prueba de respeto y de consideración al gran novelista, que ha sido una de las más preclaras glorias de su tiempo y a la vez honor excelso de la patria. A esta manifestación de sentimiento nacional se asocian todas las Academias y Centros de cultura, demostrando con su presencia el egregio lugar que ocupó el ilustre muerto y que ocupará siempre[31].

La capilla mortuoria fue instalada a las siete y media de la mañana en el Patio de Cristales del Ayuntamiento de Madrid. En el centro, sobre un túmulo de madera, rodeado de candelabros dorados, se hallaba el féretro de caoba, con tapa de cristal, que contenía el cuerpo del escritor. Al fondo se instalaron doce banderas españolas. Ocho guardias municipales y cuatro maceros, uniformados de gala, realizaban la guardia de honor. Las Reales Academias, Universidades y Ateneos culturales depositaron coronas de flores. A partir de aquella hora, la Plaza de la Villa se abarrotó de madrileños que deseaban despedirse de Galdós. El presidente Manuel Allendesalazar y cinco ministros se personaron en el Ayuntamiento para expresar sus condolencias a la familia. También lo hicieron Emilia Pardo Bazán, Jacinto Benavente, José Echegaray, Ramón Pérez de Ayala, el maestro Bretón y otros amigos del escritor.

A las tres y cuarto de la tarde el féretro fue sacado a hombros por Rafael de Mesa, Pedro Coriabarría, Gerardo Peñarrubia, Juan Medialdea y otras personas próximas al finado. La comitiva desfiló lentamente por las calles del centro de Madrid, precedida de una sección de la Guardia Municipal montada, a la que seguían la banda municipal y cinco coches con coronas de flores [▶ Fig. 41]. Después marchaba el coche fúnebre, tirado por seis caballos, rodeado por representantes del Ayuntamiento, la Diputación y diversas sociedades culturales. Del coche mortuorio pendían seis cintas, llevadas por José Serrán, en representación del Ayuntamiento, Serafín Álvarez-Quintero, por la Sociedad de Autores, José Francos Rodríguez, por la Asociación de la Prensa, Leopoldo Matos, por el Congreso de los Diputados, Jacinto Octavio Picón, por la Real Academia de Bellas Artes, y Antonio Madrigal, por las Sociedades Obreras. El duelo estaba presidido por el Gobierno en pleno, el presidente del Congreso de los Diputados, representantes del Cabildo de Gran Canaria y de la Diputación y el Ayuntamiento de Madrid. Por la familia presidieron el duelo Juan Verde, hijo político del escritor, y su sobrino José Hurtado de Mendoza. Más de veinticinco mil personas presenciaron el paso de la comitiva y muchas se unieron a ella. El desfile por las calles del centro era impresionante. En la calle Mayor resonaban solemnes los compases de la marcha fúnebre del *Ocaso de los dioses,* interpretada por la banda municipal, cuando irrumpió la voz de un joven, gritando ¡Viva Galdós! «El vítor —comentó *El Liberal*— encontró eco en el gentío, que respondió [unánime] a aquella manifestación inesperada y sencilla, que tan bien traducía la proclamación de la inmortalidad del hombre excelso»[32]. Al entrar en la calle de Alcalá, desde uno de los balcones del Hotel París, la actriz Margarita Xirgu, temblorosa y deshecha en llanto, arrojó flores sobre el féretro. En la Plaza de la Independencia se despidió el duelo oficial, desfilando ante el féretro miles de madrileños. Como afirmó Joaquín Casalduero, «el pueblo de Madrid, instintivamente, sintió que algo suyo desaparecía»[33]. La comitiva prosiguió después por la calle de Alcalá hasta el cementerio de la Almudena, presidida por el ministro de Instrucción Pública, por José Francos Rodríguez, el alcalde Garrido, varios concejales y dirigentes del PSOE y la UGT. A las cinco y media se procedió a dar sepultura a los restos de Galdós en una tumba de granito de dos cuerpos, que sobresalía del suelo medio metro y estaba rodeada de árboles. La llave del féretro fue entregada a José Hurtado de Mendoza, representante de la familia. Cuando salían de la Almudena, la oscuridad de aquella fría noche de invierno caía sobre Madrid[34].

Al mediodía se procedió a la apertura ante notario del testamento de Galdós. María Pérez-Galdós emitió una nota de prensa manifestando su agradecimiento:

> Apenas repuesta, en lo que es posible humanamente, del abatimiento producido en mi espíritu por el doloroso trance, que acaba de pasar con la pérdida de mi llorado padre, el gran Galdós, el primer impulso de mi ánimo y de mi pensamiento ha sido el de la más profunda gratitud al nobilísimo pueblo español... Sirva, por tanto, este mensaje humildísimo para expresar los sentimientos más intensos de mi corazón agradecido, ya que por imposibilidad material no pueda contestar, como quisiera hacerlo especialmente, a la multitud de cartas y telefonemas recibidos de todas las provincias de España[35].

Tras el fallecimiento del escritor se multiplicaron las manifestaciones de reconocimiento de su categoría humana y literaria. «Madrileños —afirmó el alcalde Garrido—, ha muerto Galdós, el genio

Figura 41. Traslado de los restos mortales de Benito Pérez Galdós, a su paso por la Puerta del Sol, desde la Casa de la Villa, donde los visitantes pudieron rendirle homenaje, hasta el cementerio de la Almudena, en el que recibió sepultura en la tarde del 5 de enero de 1920.

que llenó de gloria la literatura de su tiempo con asombrosas creaciones de su pluma. Con sus libros honró a su patria, con su vida se honró a sí mismo»[36]. José Ortega y Gasset contrastó la fría actitud mostrada por las autoridades y el sentimiento de pesar expresado por el pueblo madrileño:

La España oficial, fría, seca, protocolaria, ha estado ausente en la unánime demostración de pena provocada por la muerte de Galdós. La visita del ministro de Instrucción Pública, no basta. El pueblo, con su fina y certera perspicacia, ha advertido esa ausencia en la casa del glorioso maestro, en las listas de pésame, donde han firmado ya los hijos espirituales de don Benito, los legítimos descendientes de la duquesa

de Amaranta, de Gabrielillo Araceli, de Solita, de Misericordia y el Doctor Centeno. Estos hombres y estas mujeres de España no podían faltar en el homenaje al patriarca[37].

Azorín manifestó que Galdós había contribuido a crear una conciencia nacional, ya que había dado vida a España con sus ciudades, sus pueblos, sus monumentos y sus paisajes, y años después lo relacionó con Miguel de Cervantes:

Los dos, el antiguo y el moderno, han transitado los caminos de España; los dos han convivido con los populares; los dos influyen al lector sosiego y confianza; los dos escriben sencillo[38].

Los testimonios de condolencia aparecidos en los periódicos y las revistas fueron muy numerosos. «Ha muerto el maestro… —lamentó *El Noticiero Universal*—. El día de hoy es un día de luto para España. Acaba de desaparecer la más indiscutible de nuestras figuras, la figura más sobresaliente, el maestro de tres generaciones, el artista en cuyas obras se refleja toda el alma de España»[39]. «Don Benito ha muerto —informó *El País*—. ¡Viva Galdós! Ha muerto el hombre, viva el escritor; vivirá en sus obras mientras viva el mundo…»[40]. «Don Benito —afirmó *El Socialista*— no era solamente un genio de la Literatura, no era solo el novelista y el dramaturgo: era un gran corazón, era un alma siempre dispuesta a acoger los grandes ideales de justicia y de libertad… Nosotros amamos a don Benito y seguiremos amando su memoria, porque fue un gran trabajador que puso siempre sus facultades al servicio de la elevación moral del pueblo»[41].

Galdós, contemporáneo nuestro

Benito Pérez Galdós es el mejor escritor de la España contemporánea. Autor fecundo, sus novelas, sus obras dramáticas y sus artículos periodísticos fueron muy bien acogidos por los lectores y multiplicaron el público de la cultura y las artes.

Su dedicación a la literatura fue una vocación y una misión cultural y social. Consideró que la cultura no debía ser un privilegio de unos pocos, sino un bien esencial para promover el conocimiento y la reflexión, ofreciendo a los lectores las claves para transformar la sociedad. El novelista —afirmó— «tiene la misión de reflejar esta turbación honda, esta lucha incesante de principios y de hechos que constituye el maravilloso drama de la vida actual». El compromiso cultural, tal como lo concebía Francisco Giner de los Ríos, impregnó todo su quehacer literario.

La obra galdosiana contiene una gran calidad literaria. Los *Episodios Nacionales* ofrecen una excelente visión de la historia española del siglo XIX. Como destacó Antonio Machado, muestran una riqueza de relatos, interpretaciones y detalles que ayudan a comprender aquel tiempo convulso. «Sus novelas —escribió Mesonero Romanos— tienen más vida y enseñanza ejemplar que muchas historias».

«De este remolino ensangrentado que es la vida española en el siglo XIX —añadió María Zambrano—, lo que Galdós nos da es… la vida misma… Nos da la vida del español anónimo, el mundo de lo doméstico en su calidad de cimiento de lo histórico, de sujeto real de la historia». Los *episodios* constituyen, por lo demás, una búsqueda de la identidad española, de los vectores que podían impulsar el progreso de España.

Esta misma orientación, con un enfoque más literario, fue desarrollada en las *novelas contemporáneas,* que situaron a Galdós, como afirma Germán Gullón, en «el vértice de la modernidad». Quizá, su mayor contribución fue la rica galería de personajes creados en *Fortunata y Jacinta, Misericordia, El abuelo* y otras obras, que viven en unas circunstancias familiares, unas coordenadas históricas y unas realidades sociales y políticas dotadas de verdad, de credibilidad, porque descubren las entrañas de los españoles de su tiempo. Por lo demás, las obras dramáticas manifiestan el deseo del escritor de comunicarse con el público, de hacer pedagogía y transmitir criterios éticos y cívicos.

La obra literaria y el comportamiento personal de Galdós, como señaló Rosa Regás, tienen plena coherencia. Galdós no dio la espalda a la sociedad, como otros escritores, se involucró activamente en la denuncia del atraso, el fanatismo y la intolerancia y defendió el desarrollo educativo, la libertad y el laicismo. En su etapa de madurez se comprometió activamente con el cambio democrático y el republicanismo y expresó su convicción en la llegada al final del viaje que tenía como destino la igualdad y la justicia.

El legado literario galdosiano tiene una gran riqueza. Fomentar su lectura y su conocimiento debería ser prioritario, sobre todo en los centros educativos, para que los jóvenes tengan la oportunidad de descubrir su singular estilo narrativo, su lenguaje irónico y subversivo, su exuberante galería de personajes, así como la documentación de la vida ciudadana, las mentalidades y las circunstancias de aquellos tiempos.

Algunos defienden la falacia de que la sociedad actual no tiene nada que ver con el pasado, que constituye una realidad nueva desvinculada de la historia inmediata. Se equivocan completamente. Hoy, en el siglo XXI, las ideas y los valores que Galdós defendió en los libros, la tribuna y los periódicos están plenamente vigentes. La tolerancia, la democracia, la justicia, el laicismo, la emancipación de la mujer, la crítica de la corrupción y la exigencia de políticos honestos continúan siendo hoy prioridades para construir una sociedad más habitable y más digna. Por ello, Galdós es contemporáneo nuestro.

Apéndice de textos
de Benito Pérez Galdós

Índice del apéndice de textos

1. «Imperfecciones», artículo de crítica de arte (1868)
2. «Observaciones sobre la novela contemporánea en España», artículo de crítica literaria (1870)
3. Carta de Galdós a Clarín (1885)
4. «Discurso de ingreso en la RAE» (1897)
5. *La Fontana de Oro*, novela (1871)
6. *Fortunata y Jacinta*, novela (1887)
7. *Miau*, novela (1888)
8. *Torquemada en la hoguera*, novela (1889)
9. *Tristana*, novela (1892)
10. *Misericordia*, novela (1897)
11. *Trafalgar*, Episodio Nacional (1873)
12. *Bailén*, Episodio Nacional (1873)
13. *La campaña del Maestrazgo*, Episodio Nacional (1899)
14. *Cánovas*, Episodio Nacional (1912)
15. «Soñemos, alma, soñemos», artículo político (1903)
16. «Al pueblo español», discurso político (1909)

1. «Imperfecciones», artículo de crítica de arte (1868) [Aparecido en *La Nación,* n.º 125, 16 de mayo de 1868]

Cuando voy al Museo real y me detengo a admirar el retrato de Lissa Giocondo, pintado por Leonardo da Vinci; el de Lucrecia Fede, obra maestra del Sarto o el de la duquesa de Oxford, debido al pincel de Van Dick, no puedo resistir a la atracción que ejerce sobre mí aquella vida expresada con contornos y colores…

Todos contemplan estas tres bellezas tan expresivas, tan elocuentes en su mirada, tan airosas y gallardas en su porte. Y sin embargo, ninguna de las tres es bella en el sentido clásico de esta palabra. Lejos de ser correctas, alguna de sus facciones se desvía señaladamente del prototipo tradicional. Mona Lissa tiene la boca de un tamaño más que regular; la nariz de Lucrecia Fede es un poco aplastada y angulosa; la duquesa, cuya edad frisa en los cuarenta, tiene un talle que no peca de sutil y una frente estrecha guarnecida de rizos tan poco abundantes que parece pueden contarse uno a uno los cabellos. La florentina tiene la boca suficiente para ser fea; la mujer del pintor de Francisco I está a punto de ser chata; la protectora de Van Dick tiene la corpulencia y los años suficientes para ser… una buena mujer.

1. «Imperfecciones», artículo de crítica de arte (1868)

Miradlas bien. Convengamos en que tienen sus defectillos; y a pesar de todo, estas tres caras que no hubieran suministrado a Fidias una pequeña porción del ideal griego son tres magníficos ejemplares de la belleza femenina, de una belleza mundana y convencional, si se quiere, pero belleza al fin. Esto consiste en que a los ojos de estas figuras se asoma un alma, y la belleza griega no tiene alma, a pesar de sus admirables condiciones artísticas. En la mujer que ha pintado un florentino, veréis siempre una mujer; en la que esculpe Fidias no hallaréis más que una estatua. Hermosos contornos, pureza de dibujo, armonía, proporciones, soltura, gracia, suavidad, luz; grandes prodigios de plasticidad y de forma; pero dentro de todo esto no hay más que un mineral tallado, el barro inerte y frío...

No busquéis en los retratos citados un ideal: buscad una mujer, y si la encontráis bella, guardaos de medir las líneas de su rostro; desconfiad siempre del compás estético que aprecia por milímetros la hermosura.

En los cuadros de Vinci, del Sarto y de Van Dick encontraréis que una boca grande, una nariz aplastada, un cuerpo bien nutrido, son bellísimos recursos de un arte individual y característico. Es que el alma se simboliza en un determinado accidente corporal, y el secreto de la pintura es encarnar en la desviación de una línea, en una protuberancia, en una depresión, los rasgos y movimientos de la gran fisonomía del espíritu.

Examinemos las bellas fealdades de estos tres rostros pintados. Mirad a Mona Lissa: su boca, que tiene media pulgada más de lo que marcan los tratados de anatomía pictórica, expresa una bondad inefable, una inclinación a todo lo apacible y sereno; esta boca está limitada por dos contracciones perfectamente simétricas, dispuestas allí para una continua y grata sonrisa. Los carrillos, abultados por estas contracciones, se repliegan bajo los ojos rasgueando los párpados con gracia infinita, velando el resplandor de la mirada que no oculta nada ni sabe fingir. Estas dos contracciones realzan y determinan la barba, que se redondea suavemente, confundiendo sus líneas inferiores con el arco de la garganta, bastante ancho, poco clásico si se quiere, pero divino. La expansión del óvalo parece que da serenidad a la frente, esbeltez al cuello, reposo a toda la figura: los cabellos partidos y trenzados con sencillez, los brazos cruzados con modestia; el velo, el traje, el tocado, todo armoniza con la expresión de aquella boca, a la cual la bondad y la dicha han añadido una media pulgada encantadora. Entre sus labios finos habrá resonado el beso furtivo, pero la mentira jamás. Ahora bien, ¿de dónde proviene tanta belleza? No lo dudéis; de aquellos milímetros más de boca.

Pasemos a Lucrecia Fede. Hemos dicho que su nariz era un poco aplastada. Esta depresión hace adivinar un aliento rápido y enérgico. Se ve que aquella nariz, hinchada lateralmente, aspira con ansia un aire cálido que va a agitar un organismo nada frío. Sus ojos participan de la combustión interior y el seno se abulta y se deprime, obedeciendo a los agitados movimientos de la oculta víscera que bebe el aire por aquella nariz ávida de recoger todas las emanaciones amorosas y todos los perfumes de la naturaleza. El rostro resplandece: siempre vemos algo de luz allí donde creemos que hay calor. La mirada es perspicaz, sutil, vaga, licenciosa tal vez; y la boca, verdadera boca italiana, se abre para decir: *Ite, caldi sospiri, all freddo core.* Todo es bello: frente, seno, cabellos, barba, hombros, cintura. Todo corresponde a la fatigosa y ardiente respiración que vivifica una naturaleza apasionada. ¿De dónde proviene tanta belleza? No lo dudéis: de la depresión de la nariz.

Pasemos a la duquesa de Oxford. Hemos dicho que era más obesa de lo que el arte griego permite; pero esta obesidad no es pesadez y crasitud, es magnificencia y esplendor. Sí; que aquella cargazón muscular pertenece a una pasta finísima con que la hermosura modela sus creaciones más escogidas: el busto de la duquesa está hecho de esa carne fina, pastosa, diáfana y sin asperezas que pudiéramos llamar carne de Paros: ¡Tal es su apariencia y pulimento!

Me dirán que allí ha habido abluciones cotidianas con la eficaz *Lustomnia regeneratriz;* pero eso ¿qué importa? La duquesa es arrogante, majestuosa: mira con una expresión de orgullo que justifica la redondez de su persona; la limitada frente y la escasa cabellera que la circunda son gracias que contribuyen a la belleza del conjunto. Es verdad que en su mirada no resplandece un sentimiento puro; pero en ella brilla la astucia cortesana, la diplomacia de salón y la malignidad aristocrática de una gran dama. Su principal atractivo es un aire de majestad e independencia que subyuga y domina al espectador: ¿quién no se muestra fascinado ante aquella idealización de un quintal? ¿Quién no desea obedecer el mandato formulado apenas por el semblante de la imperiosa divinidad? ¡Sorprendente duquesa! ¿Y en dónde creéis que está el secreto de esa beldad majestuosa y despótica? Precisamente en esas libras de humanidad que le sobran.

En resumen: ninguna de las tres es bella, rigurosamente hablando; pero merced a una imperfección, Lissa es linda, Lucrecia es bonita, y la de Oxford es guapa. Si el pincel clásico viniese a corregir estos tres lienzos, ¿qué resultaría? Borrad a la amada de Vinci su media pulgada más de boca y queda convertida en una vulgarísima muchacha, más propia para cuidar niños que para inspirar a un artista. Quitad a la mujer de Andrés del Sarto la depresión de la nariz y se trueca en insignificante y adocenada mozuela. Arrancad a la protectora de Van Dick unas cuantas lonjas de carne, y es... la portera de vuestra casa.

2. «Observaciones sobre la novela contemporánea en España», artículo de crítica literaria (1870) [Aparecido en la *Revista de España,* vol. 15, n.º 57, 1870]

I

El gran defecto de la mayor parte de nuestros novelistas es el haber utilizado elementos extraños, convencionales, impuestos por la moda, prescindiendo por completo de los que la sociedad nacional y coetánea les ofrece con extraordinaria abundancia. Por eso no tenemos novela; la mayor parte de las obras que con pretensiones de tales alimentan la curiosidad insaciable de un público frívolo en demasía, tienen una vida efímera determinada solo por la primera lectura de unos cuantos millares de personas, que únicamente buscan en el libro una distracción fugaz o un pasajero deleite. Es imposible que en país alguno ni en ninguna época se haga un ensayo más triste y de peor éxito, que el que los españoles hacen de algunos años a esta parte para tener novela. En vano algunos editores diligentes han acometido la empresa con ardor, empleando en ello todos los recursos de la industria librera; en vano las Revistas y las publicaciones periódicas más acreditadas, han tratado de estimular a la juventud, prefiriendo algunas obras muy débiles de escritores nuestros, a las extranjeras, relativamente muy buenas; en vano la Academia ofrece un premio pecuniario y honorífico a una buena novela de costumbres. Todo es inútil…

Las personas dadas a la investigación explican esto diciendo: los españoles somos poco observadores y carecemos por lo tanto de la principal virtud para la creación de la novela moderna… Examinando la cualidad de la observación en nuestros escritores, veremos que Cervantes, la más grande personalidad producida por esta tierra, la poseía en tal alto grado, que de seguro no se hallará en antiguos ni modernos quien le aventaje, ni aun le iguale. Y en otra manifestación del arte, ¿qué fue Velázquez sino el más grande de los observadores, el pintor que mejor ha visto y ha expresado mejor la naturaleza? La aptitud existe en nuestra raza, pero, sin duda, esta degeneración lamentable en que vivimos, nos la eclipsa y sofoca… Hay además el gran inconveniente de las circunstancias tristísimas de la literatura considerada como profesión. Domina en nuestros pobres literatos un pesimismo horrible. Hablarles de escribir obras serias y concienzudas de puro interés literario, es hablarles del otro mundo. Todos ellos andan a salto de mata, de periódico en periódico, en busca del necesario sustento, que encuentran rara vez; y la mayor recompensa y el mejor término de sus fatigas es penetrar en una oficina, panteón de toda gloria española. Todos reposan su cabeza cargada de laureles sobre un expediente; y el infeliz que no acepta esta solución, y se empeña a ser literato a secas, viviendo de la pluma, bien podría ser canonizado como uno de los más dignos mártires que han probado las amarguras de la vida en este valle de lágrimas.

Entre tanto, por más que digan, aquí se lee mucho, y se lee de todo, política, literatura, poesía, artes, ciencias, y sobre todo, novela. Pero esta gente que lee, estos españoles que gustan de comprar una novela y la devoran de cabo a rabo, estimando de todo corazón al ingenio que tal cosa produjo, se abastece en un mercado especial. El pedido de este lector especialísimo es lo que determina la índole de la novela. Él la pide a su gusto, la ensaya, da el patrón y la medida; y es preciso servirle. Aquí tenemos explicado el fenómeno, es decir, la sustitución de la novela nacional de pura observación, por esa otra convencional y sin carácter, género que cultiva cualquiera, peste nacida en Francia, y que se ha difundido con la pasmosa rapidez de todos los males contagiosos. El público ha dicho: «Quiero traidores pálidos y de mirada siniestra, modistas angelicales, meretrices con aureola, duquesas averiadas, jorobados románticos, adulterios, extremos de amor y de odio», y le han dado todo esto… En cambio cuando leemos las admirables obras de arte que produjo Cervantes y hoy hace Carlos Dickens, decimos: «¡Qué verdadero es esto! Parece cosa de la vida, tal o cual personaje parece que le hemos conocido». Los apasionados de Velázquez se han familiarizado de tal modo con los seres creados por aquel grande artista, que creen haberlos conocido y tratado, y se les antoja que van Esopo, Menipo y el Bobo de Coria andando por esas calles mano a mano con todo el mundo.

II

En la novela de impresiones y de movimiento, destinada solo a la distracción y deleite de cierta clase de personas, se ha hecho aquí cuanto había que hacer, inundar la Península de una plaga desastrosa, haciendo esas emisiones de papel impreso, que son hoy la gran conquista del comercio editorial. La entrega, que bajo el punto de vista económico es una maravilla, es cosa terrible para el arte… No ha absorbido todo el público la clase de novelas de que hemos hablado. Siempre hay un pequeño número de lectores para los ensayos que en otros géneros se han hecho. También aquí se ha intentado crear una novela de salón; pero es una planta esta difícil de aclimatar. Verdad es, que por lo general, valen poco las producciones de esta clase, que no son sino imitaciones muy pálidas y muy mal hechas de la literatura francesa de *boudoir*. A esto contribuye en gran parte el afrancesamiento de nuestra alta sociedad, que ha perdido todos los rasgos característicos. Ya desde principios del siglo pasado, la reforma de la etiqueta, la venida de los Borbones, la irrupción de la moda francesa, comenzaron a desnaturalizar nuestra aristocracia… Por lo demás, los amantes de lo pintoresco y lo característico encontrarán a esta aristocracia un poco vulgar: la adopción del ritual francés para todas sus ceremonias, el continuo uso de aquella lengua y de sus fórmulas de cortesía, la afición, mejor dicho, el delirio por los viajes elegantes ha rematado esta obra de nivelación, asimilando a todos los nobles de la tierra. Por eso la novela de salón, de una tendencia puramente elegante y de *sport*, es entre nosotros una flor exótica y de efímera existencia. Además, el círculo de la alta sociedad es estrecho; nos interesa poco lo que hace esa buena gente allá en sus encantados retiros… La novela, el más complejo, el más múltiple de los géneros literarios, necesita un círculo más vasto que el que le ofrece una sola jerarquía, ya muy poco caracterizada; se asfixia encerrada en la perfumada atmósfera de los salones, y necesita otra amplísima y dilatada, donde respire y se agite todo el cuerpo social.

La novela popular es la que únicamente ha sido cultivada con algún provecho, sin duda por las tradiciones de nuestra novela picaresca, cuyos caracteres y estilo están grabados en la mente de todos. Es más fácil retratar al pueblo, porque su colorido es más vivo, su carácter más acentuado, sus costumbres más singulares, y su habla más propia para dar gracia y variedad al estilo… El pueblo de Madrid es hoy muy poco conocido: se le estudia poco, y sin duda el que quisiera expresarlo con fidelidad y gracia, hallaría enormes inconvenientes y necesitaría un estudio directo y al natural, sumamente enojoso…

III

Pero la clase media, la más olvidada por nuestros novelistas, es el gran modelo, la fuente inagotable. Ella es hoy la base del orden social: ella asume por su iniciativa y por su inteligencia la soberanía de las naciones y en ella está el hombre del siglo xix con sus virtudes y sus vicios, su noble e insaciable aspiración, su afán de reformas, su actividad pasmosa. La novela moderna de costumbres ha de ser la expresión de cuanto bueno y malo existe en el fondo de esa clase, de la incesante agitación que la elabora, de ese empeño que manifiesta por encontrar ciertos ideales y resolver ciertos problemas que preocupan a todos, y conocer el origen y el remedio de ciertos males que turban las familias. La grande aspiración del arte literario en nuestro tiempo es dar forma a todo esto.

Hay quien dice que la clase media en España no tiene los caracteres y el distintivo necesarios para determinar la aparición de la novela de costumbres. Dicen que nuestra sociedad no tiene hoy la vitalidad necesaria para servir de modelo a un gran teatro como el del siglo xvii, ni es suficientemente original para engendrar un periodo literario como el de la moderna novela inglesa. Esto no es exacto. La sociedad actual, representada en la clase media, aparte de los elementos artísticos que necesariamente ofrece siempre lo inmutable del corazón humano y los ordinarios sucesos de la vida, tiene también en el momento actual, y según la especial manera de ser con que la conocemos, grandes condiciones de originalidad, de colorido, de forma.

Basta mirar con alguna atención el mundo que nos rodea para comprender esta verdad. Esa clase es la que determina el movimiento político, la que administra, la que enseña, la que discute, la que da al mundo los grandes innovadores y los grandes libertinos, los ambiciosos de genio y las ridículas vanidades: ella determina el movimiento comercial, una de las grandes manifestaciones de nuestro siglo, y la que posee la clave de los intereses, elemento poderoso de la vida actual, que da origen en las relaciones humanas a tantos dramas y tan raras peripecias. En la vida exterior se muestra con estos caracteres marcadísimos, por ser ella el alma de la política y el comercio, elementos de progreso, que no por serlo en sumo grado han dejado de fomentar dos grandes vicios en la sociedad, la ambición desmedida y el positivismo. Al mismo tiempo, en la vida doméstica, ¡qué vasto cuadro ofrece esta clase, constantemente preocupada por la organización de la familia! Descuella en primer lugar el problema religioso, que perturba los hogares y ofrece contradicciones que asustan; porque mientras en una parte la falta de creencias afloja o rompe los lazos morales y civiles que forman la familia, en otras produce los mismos efectos el fanatismo y las costumbres devotas. Al mismo tiempo se observan con pavor los estragos del vicio especialmente desorganizador de la familia, el adulterio, y se duda si esto ha de ser remediado por la solución religiosa, la moral pura, o simplemente por una reforma civil. Sabemos que no es el novelista el que ha decidir directamente estas graves cuestiones, pero sí tiene la misión de reflejar esta turbación honda, esta lucha incesante de principios y hechos que constituye el maravilloso drama de la vida actual.

3. Carta de Galdós a *Clarín*, 6 de abril de 1885 [Publicada en «Sesenta y seis cartas de Galdós a Clarín», Alan E. Smith y Jesús Rubio, pp. 142-145, 2005-2006]

Mi querido *Clarín:*

Conste ante todo que recibí su carta (sin fecha) en que acusaba recibo de la mía, hablándole de la *Regenta*. Le contesto con mucho retraso porque las ocupaciones que he tenido y tengo no me han dejado tiempo para nada, ni aún para esto, que es tan grato. Pero voy a cumplir lo ofrecido, aprovechando para este fin crítico la experiencia de los errores propios, que es la eficaz. Y como en su novela tengo tanto y tanto que alabar, voy a empezar por lo que en ella he visto que me ha parecido de calidad inferior a lo demás. Dos defectos grandes noto en la obra, la preocupación de la lujuria y las dimensiones. Bien se me alcanza que toda la vida humana, como la tierra so-

3. Carta de Galdós a Clarín, 6 de abril de 1885

bre sus polos, gira sobre el pivote del acto de la reproducción de la especie; pero así como en la vida no aparece este sino en ciertas determinadas ocasiones, porque la cultura lo disimula y como que quiere aparentar otra cosa, el libro debe, a mi juicio, ofrecer una veladura semejante. Y crea V. que es de mucho más efecto en el arte disimular el papel principalísimo que la fornicación hace en el mundo, que patentizarlo con tanta sinceridad. Hay en la obra de V. demasiada lascivia, y por esto [los] que no tendrían más remedio que confesar que les ha gustado, no lo hacen, gozosos de encontrar un terreno en que apoyarse. En cuanto al tamaño, le diré que, reconociendo que la obra peca de larga, me vería yo muy apurado si me dijeran: «pues quite V. lo que crea que sobra». Esa es la cosa, que no se puede quitar nada, y no obstante la obra es excesivamente extensa. No es un error de ejecución la causa de este defecto (y lo llamo así, quizás con impropiedad), sino de concepción. V. demuestra en esta obra condiciones excepcionales para encontrar la impresión del natural por procedimientos de intensidad antes que por los de extensión. Pero V. ha visto demasiado, ha querido pintar todo lo que ve, y vaciarlo en una sola obra. Está V. pletórico, no encuentra los límites de su fecundidad, tanto más grande cuanto más tardía, y no ha querido reservar nada para otra vez. Vea V. cómo, al ponerle defectos, le elogio sin querer y como las imperfecciones de la obra son resultado de sus grandes dotes. Una de las cosas que más me han encantado en *La Regenta* es la gracia, la flexibilidad con que V. ha sabido encontrar el lenguaje que debe hablar cada personaje. La sátira fina que de esto se desprende (sátira que en cierto modo viene a ser crítica literaria) es deliciosa. Hay allí un saber popular, un modo de decir fielmente cogido del natural. Lo llamaría yo a esto: el folklore de la gente que no es pueblo. En los caracteres es principalmente donde V. ha hecho sus proezas más señaladas. Entre ellos los hay pero de primer orden que no sé dónde iría yo a buscarle semejante, al menos entre lo que aquí se ha hecho. No me ocupo ahora de la Regenta y del Magistral, a quienes dejo intactos hasta conocer el segundo tomo. Lo único que anticipo es que el segundo me gusta más que la primera, aunque esta también me gusta, y mucho. Le digo a V. que D. Saturnino Bermúdez es de lo que no hay, y lo mismo digo de Ripamilán, Glocester y toda la cleriguicia cate-dralesca. Las intrigas de aquel mundo catedralesco están tan bien, que me parecía, cuando lo leí, estar viendo los tipos y sucesos que en otro tiempo vi y gocé en la catedral de mi tierra. También allí había un Ripamilán y otros tipos que V. ha sacado. Digno de gran alabanza es el valor con que V. ha pin-tado a esa canalla, y si no tuviera V. otros méritos, este le bastaría. Admirable es todo lo que pasa en la iglesia y sacristía, y en la torre y panteón. Su Visita y Obdulia son tipos lindísimos. Fuera de aquel temperamento de gatas en Enero, me entusiasman esos dos personajes, tan de pueblo, y tan humanos. En la historia particular de la Regenta, tomándola *ab ovo*, creo que ha pues-to V. demasiadas cosas. Cuando las cosas se particularizan tanto es preciso dedicar al personaje un libro entero. En aquella larga vida hay cosas que me gustan mucho, otras no. El incidente de la barca es sumamente feliz y boni-tísimo, pero las consecuencias que el público maldiciente saca de él, no me parecen bien. No es común en la vida que la malicia humana sea tan extre-mada y saque así las cosas de quicio. No me convence aquella infantil ca-lumnia. No paso tampoco el aya. Puede que algunas sean así; pero será muy rara. El tipo de las institutrices es por lo común de muy distinto modo. Lo que sí me gusta es el padre y las tías de Doña Ana, más aquel que estas. En todo lo demás hay cosas admirables al lado de otras que no lo son tanto por querer V. bordar demasiado, y acumular bellezas; afán propio de jóvenes que por mucho tiempo han estado con tanta cosa buena dentro del cuerpo sin decidirse a pedir la palabra. El d. Víctor Quintanar me gusta; pero este ca-rácter flaquea no por su carácter propiamente tal sino por su carrera u ofi-cio; quiero decir que Dn. Víctor me parece *[tachadura]* no me parece un tipo firme cuando considero que ha pasado toda la vida en las enseñanzas morales que da la magistradura. Es imposible que un hombre que ha estado en tratos tan íntimos con la miseria y debilidades humanas, sea tonto y no vea el peligro que tiene al lado con su mujer guapa, de 27 años, y un poco levantada de cascos. La inocencia de este señor no se compadece con su ofi-cio, que es oficio de experiencia y de estudios de la malicia humana. Hubie-ra sido d. Víctor albéitar o músico o danzante, y estaría muy bien; pero tener tales candideces un hombre que ha sentenciado a muerte a grandes criminales, que ha visto las pasiones retratadas en los incidentes de mil pleitos… esto no pasa! —No he visto nunca en novelas españolas un elegante tan bien hecho como el d. Álvaro de Mesía. Es completo, tipo admirable en su ligereza y corrupción provinciana. Pues, el marquesito de Vegallana también es hermosísimo, y lo mismo digo de todos los tipos de aquel admirable casino, lo mejor de la novela como cuadro de costumbres, aunque en ella haya otras cosas que como concepción le sean superiores. Las escenas en el palacio de Vegallana son preciosas, aunque en ellas hay mucho incitativo melindre, que dijo el manchego. Pero *[tachado:* la gran escena] el capítulo de la confesión y los que le siguen, cuando Doña Ana va a pasear sus pensamientos, me parecen de una belleza incomparable, así como en otro orden, también tengo que poner sobre mi cabeza la escena deliciosa, episódica, pero interesantísima de la comida en casa de la Marquesa. Francamente, amigo, he visto pocas veces, quizás no lo haya visto nunca, manejar treinta o más personajes con la desenvoltura que lo hace V. atendiendo a todos, y formando con las inflexiones de cada uno un conjunto admirable. Y voy a la madre del Magistral. Este personaje seduce por el relieve que V. le ha dado, por ese claro oscuro a lo Españoleto que se observa en él desde que aparece.

Me parece que esta figura es más grandiosa qué verdadera. Se va un poco del lado romántico, lo cual no es defecto, ni mucho menos. Me satisfaría por completo si no hubiera en tal figura algunos detalles que me parecen poco maternos como por ejemplo, aquello de ponerle criadas guapas al hijo cura, para que no se vaya a j… fuera de casa. Esto podrá ocurrir; pero hay pocas madres que hagan esto, quizás no haya ninguna, pero hay que confesar que este rasgo y otros más verosímiles hacen de esta figura una cosa en que es fuerza reconocer cierta grandeza. Quizás sea que ha puesto V. en ella lo que me atrevo a llamar la humanidad total y no la particular. En fin, por no meterme en honduras, diré a V. que con este tipo de la madre de D. Fermín me pasa una cosa *[tachada:* particular] rara, y es que sin acabarme de satisfacer, me le quito el sombrero, y es que hay allí algo grande

412

de que no me sé dar cuenta todavía. Espero al segundo tomo. Cuando lo vea le hablaré del Magistral. Me parece que le he mareado a V. bastante. Lo que he dicho es dictado por la sinceridad, esa joya excelente, que se tiene guardada dentro en cien estuches, y que no se debe sacar sino para los amigos a quienes se estima de veras, y para aquellos que por la misma excelencia y superioridad de sus dotes han de saber apreciarla. Muchas cosas más podría decir de la Regenta, pero bastante incienso le he echado a V. ya, y demasiado sabe V. que lo vale. Cuando nos veamos hablaremos más.

Y doy punto. Como donde menos se piensa entra una vanidad, a mí me [ha] entrado ahora la de crítico, con esta epístola, que, sépalo V, me ha costado mucho trabajo. Por eso sentiría que se perdiera. Espero que me acuse V. recibo de ella, para saber que ha llegado a sus manos.

Largué el 1.er tomo de *Lo prohibido*. No quiero que V. ni ninguno de mis amigos lo lea hasta que estén los dos tomos. Estoy concluyendo de corregir el 2.º, que saldrá este mes. Le mandaré los dos. Me parece que no resulta. Como cuando corregimos una obra, llegamos a no tener idea de lo que es, hoy por hoy, mi cabeza está llena de las peores impresiones respecto a este libro, *[tachado: Pero lo]* Lo que sea lo dirán los que lo lean. Creo que el asunto no es malo; pero la ejecución no corresponde al asunto. Sin embargo, he hecho lo que he podido, y no lo he dejado hasta que no me he convencido que no podía más. Me falta espacio para hablar de Sotileza y José. ¡Bueno ha sido el año! En esta brillante temporada novelesca, yo soy el que hará la triste figura, lo estoy viendo. Su amigo que le quiere y admira.

B. P. Galdós

4. «Discurso de ingreso en la RAE» (1897)

Señores académicos: Cuantos recibieron aquí honores semejantes a los que os dignáis tributarme en esta solemnidad, habrán de fijo sentido menos turbación que yo ante el deber de disertar sobre un tema literario digno de vosotros y de esta ilustre casa. Ordenan la cortesía y la costumbre que al ingresar en esta, que bien puedo llamar orden suprema de las Letras, se hagan pruebas de aptitudes críticas y de sólidos conocimientos en las varias materias del Arte, que cultiváis con tanta gloria. Pero el que en la ocasión presente habéis traído a vuestro seno, con sufragio en que se ha de ver siempre más benevolencia que justicia, ha consagrado su vida entera a cultivar lo anecdótico y narrativo, y por efecto de las deformaciones que produce en nuestro ser el uso exclusivo de una facultad y su forzado desarrollo a expensas de otras, se encuentra privado casi en absoluto de aptitudes críticas, y no le obedecen las ideas ni la palabra cuando trata de aplicarlas al arduo examen de los peregrinos ingenios que ilustraron en nuestra nación y en las extrañas la Poesía, el Drama o la Novela. La inmensa labor de los siglos que fueron, y ha sido sentenciada por el tiempo y la opinión humana; la labor de nuestros contemporáneos, más difícil de sentenciar en el viciado ambiente de esta atmósfera de disputas que autores y críticos respiramos, sobrecogen igualmente el ánimo del que os habla, balanceándolo entre el respeto y el pavor...

Imagen de la vida es la Novela, y el arte de componerla estriba en reproducir los caracteres humanos, las pasiones, las debilidades, lo grande y lo pequeño, las almas y las fisonomías, todo lo espiritual y lo físico que nos constituye y nos rodea, y el lenguaje, que es la marca de raza, y las viviendas, que son el signo de familia, y la vestidura, que diseña los últimos trazos externos de la personalidad: todo esto sin olvidar que debe existir perfecto fiel de balanza entre la exactitud y la belleza de la reproducción. Se puede tratar de la Novela de dos maneras: o estudiando la imagen representada por el artista, que es lo mismo que examinar cuantas novelas enriquecen la literatura de uno y otro país, o estudiar la vida misma, de donde el artista saca las ficciones que nos instruyen y embelesan. La sociedad presente como materia novelable, es el punto sobre el cual me propongo aventurar ante vosotros algunas opiniones. En vez de mirar a los libros y a sus autores inmediatos, miro al autor supremo que los inspira, por no decir que los engendra, y que después de la transmutación que la materia creada sufre en nuestras manos, vuelve a recogerla en las suyas para juzgarla; al autor inicial de la obra artística, el público, la grey humana, a quien no vacilo en llamar vulgo, dando a esta palabra la acepción de muchedumbre alineada en un nivel medio de ideas y sentimientos; al vulgo, sí, materia primera y última de toda labor artística, porque él, como humanidad, nos da las pasiones, los caracteres, el lenguaje, y después, como público, nos pide cuentas de aquellos elementos que nos ofreció para componer con materiales artísticos su propia imagen: de modo que empezando por ser nuestro modelo, acaba por ser nuestro juez... Examinando las condiciones del medio social en que vivimos como generador de la obra literaria, lo primero que se advierte en la muchedumbre a la que pertenecemos, es la relajación de todo principio de unidad. Las grandes y potentes energías de cohesión social no son ya lo que fueron; ni es fácil prever qué fuerzas sustituirán a las perdidas en la dirección y gobierno de la familia humana...

Las disgregaciones de la vida política son el eco más próximo de ese terrible rompan filas que suena de un extremo a otro del ejército social, como voz de pánico que clama a la desbandada... De lo que vagamente y con mi natural torpeza de expresión indico, resulta, en la esfera del Arte, que se desvanecen, perdiendo vida y color, los caracteres genéricos que simbolizaban grupos capitales de la familia humana. Hasta los rostros humanos no son ya lo que eran, aunque parezca absurdo decirlo... Mientras la nivelación se realiza, el Arte nos ofrece un fenómeno extraño que demuestra la inconsistencia de las ideas en el mundo presente. En otras épocas, los cambios de opinión literaria se verificaban en lapsos de tiempo de larga duración, con la lentitud majestuosa de todo crecimiento histórico. Aun en la generación que ha precedido a la nuestra, vimos la evolución romántica durar el tiempo necesario para producir multitud de obras vigorosas; y al marcarse el cambio de las ideas estéticas, las formas literarias que sucedieron al romanticismo tardaron en presentarse con vida, y vivieron luego años y más años, que hoy nos parecerían siglos, dada la rapidez con que se transforman ahora nuestros gustos. Hemos llegado a unos tiempos en que la opinión estética, ese ritmo social, harto parecido al flujo y reflujo de los mares, determina sus mudanzas con tan caprichosa prontitud, que si un autor deja transcurrir dos o tres años entre el imaginar y el imprimir su obra, podría resultarle envejecida el día en que viera la luz. Porque si en el orden científico la rapidez con que se suceden los inventos o las aplicaciones de los agentes físicos hace que los asombros de hoy sean vulgaridades mañana, y que todo prodigioso descubrimiento sea pronto obscurecido por nuevas maravillas de la mecánica y de la industria, del mismo modo, en el orden literario parece que es ley la volubilidad de la opinión estética, y de continuo la vemos pasar ante nuestros ojos, fugaz y antojadiza, como las modas de vestir. Y así, en brevísimo tiempo, saltamos del idealismo nebuloso a los extremos de la naturalidad: hoy amamos el detalle menudo, mañana las líneas amplias y vigorosas; tan pronto vemos fuente de belleza en la sequedad filosófica mal aprendida, como en las ardientes creencias heredadas.

En resumen: la misma confusión evolutiva que advertimos en la sociedad, primera materia del Arte novelesco, se nos traduce en este por la indecisión de sus ideales, por lo variable de sus formas, por la timidez con que acometen los asuntos profundamente humanos; y cuando la sociedad se nos convierte en público, es decir, cuando después de haber sido inspiradora del Arte lo contempla con ojos de juez, nos manifiesta la misma inseguridad en sus opiniones, de donde resulta que no andan menos desconcertados los críticos que los autores. Pero no creáis que de lo expuesto intentaré sacar una deducción pesimista, afirmando que esta descomposición social ha de traer días de anemia y de muerte para el Arte narrativo. Cierto que la falta de unidades de organización nos va sustrayendo los caracteres genéricos, tipos que la sociedad misma nos daba bosquejados, cual si trajeran ya la primera mano de la labor artística. Pero a medida que se borra la caracterización general de cosas y personas, quedan más descarnados los modelos humanos, y en ellos debe el novelista estudiar la vida, para obtener frutos de un Arte supremo y durable. La crítica sagaz no puede menos de reconocer que cuando las ideas y sentimientos de una sociedad se manifiestan en categorías muy determinadas, parece que los caracteres vienen ya a la región del Arte tocados de cierto amaneramiento o convencionalismo. Es que, al descomponerse las categorías, caen de golpe los antifaces, apareciendo las caras en su castiza verdad. Perdemos los tipos, pero el hombre se nos revela mejor y el Arte se avalora solo con dar a los seres imaginarios vida más humana que social. Y nadie desconoce que, trabajando con materiales puramente humanos, el esfuerzo del ingenio para expresar la vida ha de ser más grande y su labor más honda y difícil, como es de mayor empeño la representación plástica del desnudo que la de una figura cargada de ropajes, por ceñidos que sean. Y al compás de la dificultad crece, sin duda, el valor de los engendros del Arte, que si en las épocas de potentes principios de unidad resplandece con vivísimo destello de sentido social, en los días azarosos de transición y de evolución puede y debe ser profundamente humano.

Encuéntrome al llegar a este punto con que las ideas que voy expresando, sin ninguna arrogancia dogmática me llevan a una afirmación que algunos podrían creer falsa y paradójica, a saber: que la falta de principios, de unidad, favorece el florecimiento literario; afirmación que en buena lógica destruiría la leyenda de los llamados Siglos de Oro en esta y la otra literatura. Ello es que la historia literaria general no nos permite sostener de una manera absoluta que la divina Poesía y artes congéneres prosperen más lozanamente en las épocas de unidad que en las épocas de confusión. Quizás podría comprobarse lo contrario después de investigar con criterio penetrante la vida de los pueblos, haciendo más caso de la documentación privada que de los relatos de la vieja Historia, comúnmente artificiosa y recompuesta. Esta narradora enfática y algo tocada del delirio de grandezas, nos habla con tenaz preferencia de los altos poderes del Estado, de guerras, intrigas y privanzas, de los casamientos y querellas entre familias de reyes y príncipes, dejando en la penumbra las profundísimas emociones que agitan el alma social. Teniendo esto en cuenta, no creo dislate asegurar que en los llamados Siglos de Oro hay no poco de aparato oficial o ficción palatina; hechura de cronistas asalariados o de historiadores de oficio, más atentos a la composición de su arte, que a reproducir la interna verdad política.

No dan valor sino a las que son o aparecen ser acciones culminantes, y descuidan, como asunto prosaico y baladí, el verdadero sentir y pensar de los pueblos. Bien sé que esta es materia para un examen lento, y si yo intentara desentrañarla, incurriría en mi propia censura, por lanzarme a trabajos para cuyo empeño he declarado mi ineptitud en las primeras cláusulas de este discurso.

Con paciencia y libros a mano todo se prueba, y yo intentaría demostrar lo que antes indiqué, si más fuerza que mis deseos no tuviera mi incapacidad para compulsar textos antiguos y modernos. Dejo, pues, a otros que diluciden este punto, y concluyo diciendo que el presente estado social, con toda su confusión y nerviosas inquietudes, no ha sido estéril para la novela en España, y que tal vez la misma confusión y desconcierto han favorecido el desarrollo de tan hermoso arte. No podemos prever hasta dónde llegará la presente descomposición. Pero sí puede afirmarse que la literatura narrativa no ha de perderse porque mueran o se transformen los antiguos organismos sociales. Quizás aparezcan formas nuevas, quizás obras de extraordinario poder y belleza, que sirvan de anuncio a los ideales futuros o de despedida a los pasados, como el Quijote es el adiós del mundo caballeresco. Sea lo que quiera, el ingenio humano vive en todos los ambientes, y lo mismo da sus flores en los pórticos alegres de flamante arquitectura, que en las tristes y desoladas ruinas. He dicho.

5. *La Fontana de Oro,* novela, capítulo XLI (1871)

—Señor, esta noche —dijo— es la noche de la redención. ¡Dios quiera, en su altísima justicia, que nuestra empresa llegue a feliz término! Yo así lo espero; confío mucho en el valor de los que están encargados del negocio. Señor, Vuestra Majestad recobrará sus divinos atributos, usurpados por una turba de habladores sin honor ni nobleza. España va a despertar. ¡Ay de aquellos que sean sorprendidos en el error, cuando la Patria sacuda su letargo, abra los ojos y vea...!

Fernando no contestó: había inclinado la cabeza y parecía muy meditabundo. La luz de una lujosa lámpara le iluminaba completamente el rostro, aquel rostro execrable, que, para mayor desventura nuestra, reprodujeron infinidad de artistas, desde Goya hasta Madrazo. Es terrible la infinita abundancia de retratos de aquella cara repulsiva que nos legó su reinado. España está infestada de efigies de Fernando VII, ya en estampa, ya en lienzo. Esa cara no se parece a la de tirano alguno, como Fernando no se parece a ningún tirano. Es la suya la más antipática de las fisonomías, así como es su carácter el más vil que ha podido caber en un ser humano. Estupenda nariz, que, sin ser deforme, como la del conde-duque de Olivares; ni larga, como la de Cicerón; ni gruesa, como la de Quevedo; ni tosca, como la de Luis XI, era más fea que todas estas, formaba el más importante rasgo de su rostro, bastante lleno, abultado en la parte inferior y colocado en un cuerpo de buenas proporciones. La vanidad austríaca no hubiera puesto su boca prominente debajo de la nariz borbónica, símbolo de doblez, con más acierto y simetría que como estaba en la cara de Fernando VII. Dos patillas muy negras y pequeñas le adornaban los carrillos, y sus pelos, erizados a un lado y otro, parecían puestos allí para darle la apariencia de un tigre en caso de que su carácter cobarde le permitiera dejar de ser chacal. Eran sus ojos grandes y muy negros, adornados con pobladísimas cejas que los sombreaban, dándoles una apariencia por demás siniestra y hosca.

Respecto a su carácter, ¿qué diremos? Este hombre nos hirió demasiado, nos abofeteó demasiado para que podamos olvidarle. Fernando VII fue el monstruo más execrable que ha abortado el derecho divino. Como hombre, reunía todo lo malo que cabe en nuestra naturaleza; como rey, resumió en sí cuanto de flaco y torpe pueda caber en la potestad real. La Revolución de 1812, primera convulsión de esta lucha de cincuenta años, que aún dura y tal vez durará mucho más, trató de abatir la tiranía de aquel demonio, y en sus dos tentativas no lo consiguió. La Revolución hubiera abatido a Nerón, a Felipe II, y no abatió a Fernando VII. Es porque este hombre no luchó nunca frente a frente con sus enemigos, ni les dio campo. No fue nuestro tirano descarado y descubiertamente abominable: fue un histrión que hubiera sido ridículo a no tratarse del engaño de un pueblo. Nos engañó desde niño, cuando fraguando una conspiración contra un favorito aborrecido, muy superior a Fernando por su inteligencia, adquirió una popularidad que pronto pagó España con la sangre de sus mejores hijos. Fernando fue mal hijo: conspiró contra su padre, Carlos IV, cuya imbecilidad no disminuía el valor de su benevolencia; conspiró contra el Trono que debía heredar más tarde, y aun amenazó la vida del que le dio el ser. Después se arrastró a los pies de Napoleón como un pordiosero, mientras España entera sostenía por él una lucha que asombró al mundo. Al volver del destierro, pagó los esfuerzos de los que él llamaba sus vasallos con la más fría ingratitud, con la más necia arrogancia, con la anulación de todos los derechos proclamados por los constituyentes de Cádiz, con el destierro o la muerte de los españoles más esclarecidos; encendió de nuevo las hogueras de la Inquisición; se rodeó de hombres soeces, despreciables e ignorantes, que influían en los destinos públicos, como hubiera podido influir Aranda en las decisiones de Carlos III; persiguió la virtud, el saber, el valor; dio abrigo a la necedad, a la doblez, a la cobardía, las tres fases de su carácter. Restablecido, a pesar suyo, el Sistema constitucional, tascó el freno, disimuló como él sabía disimular, guardando el veneno de su rabia, devorando su propio despecho, encubriendo sus intentos con palabras que nunca pronunció antes sin risa o encono. Lo que es capaz de tramar un ser de estos, tan hipócritas como cobardes, se comprende por lo que tramó Fernando en aquellos tres años, desde las mil facciones y complots realistas, alimentadas por él, hasta el complot final de los Cien Mil Hijos de San Luis, que Francia mandó al Trocadero. Así recobró lo que en su jerga real llamaba él sus derechos, inaugurando los diez años de fusilamientos y persecuciones en que la figura de Tadeo Calomarde apareció al lado de Fernando, como Caifás al lado de Pilato. El pacto sangriento de estos dos monstruos terminó en 1823, en que Dios arrancó de la tierra el alma del Rey y entregó su cuerpo a los sótanos del Escorial, donde aún creemos que no ha acabado de pudrirse.

Pero con este fin no acabaron nuestras desdichas. Fernando VII nos dejó una herencia peor que él mismo, si es posible: nos dejó a su hermano y a su hija, que encendieron espantosa guerra. Aquel Rey, que había engañado a su padre, a sus maestros, a sus amigos, a sus ministros, a sus partidarios, a sus enemigos, a sus cuatro esposas, a sus hermanos, a su Pueblo, a sus aliados, a todo el mundo, engañó también a la misma muerte, que creyó hacernos felices librándonos de semejante diablo. El rastro de miseria y escándalo no ha terminado aún entre nosotros.

6. *Fortunata y Jacinta,* novela, parte II: 7, 5 (1887)

Fortunata determinó volverse a su casa, pues tenía algo que hacer en ella, y repitiéndole a Papitos las varias disposiciones dictadas por la autócrata en el momento de su segunda salida, se puso el mantón y cogió calle. No tenía prisa y se fue a dar un paseíto, recreándose en la hermosura del día, y dando vueltas a su pensamiento, que estaba como el Tío Vivo, dale que le darás, y torna y vira… Iba despacio por la calle de Santa Engracia y se detuvo un instante en una tienda a comprar dátiles, que le gustaban mucho. Siguiendo luego su vagabundo camino, saboreaba el placer íntimo de la libertad, de estar sola y suelta siquiera poco tiempo. La idea de poder ir a donde gustase la excitaba haciendo circular su sangre con más viveza. Tradújose esta disposición de ánimo en un sentimiento filantrópico, pues toda la calderilla que tenía la iba dando a los pobres que encontraba, que no eran pocos… Y anda que andarás vino a hacerse la consideración de que no sentía malditas ganas de meterse en su casa. ¿Qué iba ella a hacer en su casa? Nada. Conveníale sacudirse, tomar el aire. Bastante esclavitud había tenido dentro de las Micaelas. ¡Qué gusto poder coger de punta a punta una calle tan larga como la de Santa Engracia! El principal goce del paseo era ir solita, libre. Ni Maxi, ni doña Lupe, ni Patricia, ni nadie podían contarle los pasos, ni vigilarla, ni detenerla. Se hubiera ido así… sabe Dios hasta dónde. Miraba todo con la curiosidad alborozada que las cosas más insignificantes inspiran a la persona salida de un largo cautiverio. Su pensamiento se gallardeaba en aquella dulce libertad, recreándose con sus propias ideas. ¡Qué bonita, *verbigracia,* era la vida sin cuidados, al lado de personas que la quieren a una y a quien una quiere!... Fijose en las casas del barrio de las Virtudes, pues las habitaciones de los pobres le inspiraban siempre cariñoso interés. Las mujeres mal vestidas que salían a las puertas y los chicos derrotados y sucios que jugaban en la calle atraían sus miradas, porque la existencia tranquila, aunque fuese oscura y con estrecheces, le causaba envidia. Semejante vida no podía ser para ella, porque estaba fuera de su centro natural. Había nacido para menestrala; no le importaba trabajar *como el obispo* con tal de poseer lo que por suyo tenía. Pero alguien la sacó de aquel su primer molde para lanzarla a vida distinta; después la trajeron y la llevaron diferentes manos. Y por fin otras manos empeñáronse en convertirla en señora. La ponían en un convento para moldearla de nuevo; después la casaban... y tira y dale. Figurábase ser una muñeca viva, con la cual jugaba una entidad invisible, desconocida, y a la cual no sabía dar nombre.

Ocurriole si no tendría ella *pecho* alguna vez, quería decir iniciativa..., si no haría alguna vez lo que le saliera *de entre sí.* Embebecida en esta cavilación llegó al Campo de Guardias, junto al Depósito. Había allí muchos sillares, y sentándose en uno de ellos empezó a comer dátiles. Siempre que arrojaba un hueso parecía que lanzaba a la inmensidad del pensar general una idea suya, calentita, como se arroja la chispa al montón de paja para que arda.

«Todo va al revés para mí... Dios no me hace caso. Cuidado que me pone las cosas mal... El hombre que quise, ¿por qué no era un triste albañil? Pues no; había de ser señorito rico, para que me engañara y no se pudiera casar conmigo... Luego, lo natural era que yo le aborreciera... pues no señor; sale siempre la mala, sale que le quiero más... Luego, lo natural era que me dejara en paz y así se me pasaría esto, pues no señor, la mala otra vez; me anda rondando y me tiene armada una trampa... También era natural que ninguna persona decente se quisiera casar conmigo; pues no señor, sale Maxi y... ¡tras!, me pone en el disparadero de casarme; y nada, cuando apenas lo pienso, bendición al canto... ¿Pero es verdad que estoy casada yo?...»

7. *Miau,* novela, capítulo XLIV (1888)

Al llegar cerca de las Capuchinas, vio que la alegre banda desaparecía por la calle de Juan de Dios. Oyó carcajadas de las desenvueltas muchachas, y juramentos y voquibles de los hombres. Mirando con tristeza y envidia el grupo: «¡Oh dichosa edad de la despreocupación y del *qué se me da a mí!* Dios os la prolongue. Haced todos los disparates que se os ocurran, jóvenes, y pecad todo lo que podáis, y reíos del mundo y sus incumbencias, antes que os llegue la negra y caigáis en la horrible esclavitud del pan de cada día y de la posición social».

Al decir esto, todas sus ideas accesorias e incidentales se desvanecieron, dejando campar sola y dominante la idea constitutiva de su lamentable estado psicológico. «Debe de ser tarde, Ramón. Apresúrate a ponerte punto final. Dios lo dispone». De aquí pasó al recuerdo de Luis, de quien tan cerca estaba, pues el anciano había entrado en la calle de los Reyes. Parose frente a la casa de Cabrera, y mirando hacia el segundo, soltó en el embozo de su capa estas expresiones: «Luisín, niño mío, tú, lo más puro y lo más noble de la familia, digno hijo de tu madre, a quien voy a ver pronto, ¿qué tal te encuentras con esos señores? ¿Extrañas la casa? Tranquilízate, que ya te irás acostumbrando a ellos; son buenas personas, tienen mucho arreglo, gastan poco, te criarán bien, harán de ti un hombre. No te pese haber venido. Haz caso de mí que te quiero tanto, y hasta me dan ganas de rezarte, porque tú eres un santo en flor, y te han de canonizar... como si lo viera. Por tu boca inocente se me confirmó lo que ya se me había revelado... y yo que aún dudaba, desde que te oí, ya no dudé más. Adiós, chiquillo celestial; tu abuelito te bendice... mejor sería decirte que te pide la bendición, porque eres un santito, y el día que cantes misa, verás, verás qué alegría hay en el Cielo... y en la tierra... Adiós, tengo prisa... Duérmete, y si eres desgraciado y alguien te quita tu libertad, ¿sabes lo que haces?, pues te largas de aquí... hay mil maneras... y ya sabes dónde me tienes... Siempre tuyo...».

Esto último lo dijo andando hacia la Plaza de San Marcial con reposado continente, como hombre que vuelve a su casa sin prisa, cumplidos los deberes de la jornada. Encontrose de nuevo en los vertederos de la Montaña, en lugares a donde no llega el alumbrado público, y los altibajos del terreno poníanle en peligro de dar con su cuerpo en tierra antes de sazón. Por fin se detuvo en el corte de un terraplén reciente, en cuyo movedizo talud no se podía aventurar nadie sin hundirse hasta la rodilla, amén del peligro de rodar al fondo invisible. Al detenerse, asaltole una idea desconsoladora, fruto de aquella costumbre de ponerse en lo peor y hacer cálculos pesimistas. «Ahora que veo cercano el término de mi esclavitud y mi entrada en la Gloria Eterna, la maldita suerte me va a jugar otra mala pasada. Va a resultar (sacando el arma), que este condenado instrumento falla... y me quedo vivo a medio morir, que es lo peor que puede pasarme, porque me recogerán y me llevarán otra vez con las condenadas *Miaus*... ¡Qué desgraciado soy! Y sucederá lo que temo... como si lo viera... Basta que yo desee una cosa, para que suceda la contraria... ¿Quiero suprimirme? Pues la perra suerte lo arreglará de modo que siga viviendo».

Pero el procedimiento lógico que tan buenos resultados le diera en su vida, el sistema aquel de imaginar el reverso del deseo para que el deseo se realizase, le inspiró estos pensamientos: «Me figuraré que voy a errar el jeringado tiro, y como me lo imagine bien, con obstinación sostenida de la mente, el tirito saldrá... ¡Siempre la contraria! Con que a ello... Me imagino que no voy a quedar muerto, y que me llevarán a mi casa... ¡Jesús! Otra vez Pura y Milagros, y mi hija, con sus salidas de pie de banco, y aquella miseria, aquel pordioseo constante... y vuelta al pretender, a importunar a los amigos... Como si lo viera: este cochino revólver no sirve para nada. ¿Me engañó aquel armero indecente de la calle de Alcalá?... Probémoslo, a ver... pero de hecho me quedo vivo... solo que... por lo que pueda suceder, me encomiendo a Dios y a San Luisito Cadalso, mi adorado santín... y... Nada, nada, este chisme no vale... ¿Apostamos a que falla el tiro? ¡Ay! Antipáticas *Miaus*, ¡cómo os vais a reír de mí!... Ahora, ahora... ¿a que no sale?».

Retumbó el disparo en la soledad de aquel abandonado y tenebroso lugar; Villaamil, dando terrible salto, hincó la cabeza en la movediza tierra, y rodó seco hacia el abismo, sin que el conocimiento le durase más que el tiempo necesario para poder decir: «Pues… sí…».

8. *Torquemada en la hoguera,* novela, capítulo II (1889)

Torquemada no era de esos usureros que se pasan la vida multiplicando caudales por el gustazo platónico de poseerlos, que viven sórdidamente para no gastarlos, y al morirse quisieran, o bien llevárselos consigo a la tierra, o esconderlos donde alma viviente no los pueda encontrar. No; D. Francisco habría sido así en otra época; pero no pudo eximirse de la influencia de esta segunda mitad del siglo XIX, que casi ha hecho una religión de las materialidades decorosas de la existencia. Aquellos avaros de antiguo cuño, que afanaban riquezas y vivían como mendigos y se morían como perros en un camastro lleno de pulgas y de billetes de Banco metidos entre la paja, eran los místicos o metafísicos de la usura; su egoísmo se sutilizaba en la idea pura del negocio; adoraban la santísima, la inefable cantidad, sacrificando a ella su material existencia, las necesidades del cuerpo y de la vida, como el místico lo pospone todo a la absorbente idea de salvarse. Viviendo el *Peor* en una época que arranca de la desamortización, sufrió, sin comprenderlo, la metamorfosis que ha desnaturalizado la usura metafísica, convirtiéndolo en positivista, y si bien es cierto, como lo acredita la Historia, que desde el 51 al 68, su verdadera época de aprendizaje, andaba muy mal trajeado y con afectación de pobreza, la cara y las manos sin lavar, rascándose a cada instante en brazos y piernas, cual si llevase miseria; el sombrero con grasa, la capa deshilachada; si bien consta también en las crónicas de la vecindad que en su casa se comía de vigilia casi todo el año y que la señora salía a sus negocios con una toquilla agujereada y unas botas viejas de su marido, no es menos cierto que alrededor del 70 la casa estaba ya en otro pie; que mi doña Silvia se ponía muy maja en ciertos días; que don Francisco se mudaba de camisa más de una vez por quincena; que en la comida había menos carnero que vaca y los domingos se añadía al cocido un despojito de gallina; que aquello de judías a todo pasto y algunos días pan seco y salchicha cruda fue pasando a la historia; que el estofado de contra apareció en determinadas fechas por las noches, y también pescados, sobre todo en tiempo de blandura, que iban baratos; que se iniciaron en aquella mesa las chuletas de ternera y la cabeza de cerdo, salada en casa por el propio Torquemada, el cual era un famoso salador, que, en suma y para no cansar, la familia toda empezaba a tratarse como Dios manda.

Pues en los últimos años de doña Silvia, la transformación acentuose más. Por aquella época cató la familia los colchones de muelles; Torquemada empezó a usar chistera de cincuenta reales; disfrutaba dos capas, una muy buena, con embozos colorados; los hijos iban bien apañaditos; Rufina tenía un lavabo de los de mírame y no me toques, con jofaina y jarro de cristal azul, que no se usaba nunca por no estropearlo; doña Silvia se engalanó con un abrigo de pieles que parecían de conejo, y dejaba bizca a toda la calle de Tudescos y callejón del Perro cuando salía con la visita guarnecida de abalorio; en fin, que pasito a paso y a codazo limpio, se habían ido metiendo en la clase media, en nuestra bonachona clase media, toda necesidades y pretensiones, y que crece tanto, tanto, ¡ay dolor!, que nos estamos quedando sin pueblo.

9. *Tristana,* novela, capítulo 1 (1892)

En el populoso barrio de Chamberí, más cerca del Depósito de Aguas que de Cuatro Caminos, vivía, no ha muchos años, un hidalgo de buena estampa y nombre peregrino; no aposentado en casa solariega, pues por allí no las hubo nunca, sino en plebeyo cuarto de alquiler de los baratitos, con ruidoso vecindario de taberna, merendero, cabrería y estrecho patio interior de habitaciones numeradas. La primera vez que tuve conocimiento de tal personaje y pude observar su catadura militar de antiguo cuño, algo así como una reminiscencia pictórica de los tercios viejos de Flandes, dijéronme que se llamaba *don Lope de Sosa,* nombre que trasciende al polvo de los teatros o a romance de los que traen los librillos de retórica; y, en efecto, nombrábanle así algunos amigos maleantes; pero él respondía por D. Lope Garrido. Andando el tiempo, supe que la partida de bautismo rezaba *D. Juan López Garrido,* resultando que aquel sonoro *D. Lope* era composición del caballero, como un precioso afeite aplicado a embellecer la personalidad; y tan bien caía en su cara enjuta, de líneas firmes y nobles, tan buen acomodo hacía el nombre con la espigada tiesura del cuerpo, con la nariz de caballete, con su despejada frente y sus ojos vivísimos, con el mostacho entrecano y la perilla corta, tiesa y provocativa, que el sujeto no se podía llamar de otra manera. O había que matarle o decirle D. Lope.

La edad del buen hidalgo, según la cuenta que hacía cuando de esto se trataba, era una cifra tan imposible de averiguar como la hora de un reloj descompuesto, cuyas manecillas se obstinaran en no moverse. Se había plantado en los cuarenta y nueve, como si el terror instintivo de los cincuenta le detuviese en aquel temido lindero del medio siglo; pero ni Dios mismo, con todo su poder, le podía quitar los cincuenta y siete, que no por bien conservados eran menos efectivos. Vestía con toda la pulcritud y esmero que su corta hacienda le permitía, siempre de chistera bien planchada, buena capa en invierno, en todo tiempo guantes obscuros, elegante bastón en verano y trajes más propios de la edad verde que de la madura. Fue D. Lope Garrido, dicho sea para hacer boca, gran estratégico en lides de amor, y se preciaba de haber asaltado más torres de virtud y rendido más plazas de honestidad que pelos tenía en la cabeza. Ya gastado y para poco, no podía desmentir la pícara afición, y siempre que tropezaba con mujeres bonitas, o aunque no fueran bonitas, se ponía en facha, y sin mala intención les dirigía miradas expresivas, que más tenían en verdad de paternales que de maliciosas, como si con ellas dijera: «¡De buena habéis escapado, pobrecitas! Agradeced a Dios el no haber nacido veinte años antes. Precaveos contra los que hoy sean lo que yo fui, aunque, si me apuran, me atreveré a decir que no hay en estos tiempos quien me iguale. Ya no salen jóvenes, ni menos galanes, ni hombres que sepan su obligación al lado de una buena moza».

9. *Tristana*, novela, capítulo 1 (1892)

Sin ninguna ocupación profesional, el buen D. Lope, que había gozado en mejores tiempos de una regular fortuna, y no poseía ya más que un usufructo en la provincia de Toledo, cobrado a tirones y con mermas lastimosas, se pasaba la vida en ociosas y placenteras tertulias de casino, consagrando también metódicamente algunos ratos a visitas de amigos, a trincas de café y a otros centros, o más bien rincones, de esparcimiento, que no hay para qué nombrar ahora. Vivía en lugar tan excéntrico por la sola razón de la baratura de las casas, que aun con la gabela del tranvía, salen por muy poco en aquella zona, amén del despejo, de la ventilación y de los horizontes risueños que allí se disfrutan. No era ya Garrido trasnochador; se ponía en planta a punto de las ocho, y en afeitarse y acicalarse, pues cuidaba de su persona con esmero y lentitudes de hombre de mundo, se pasaban dos horitas. A la calle hasta la una, hora infalible del almuerzo frugal. Después de este, calle otra vez, hasta la comida, entre siete y ocho, no menos sobria que el almuerzo, algunos días con escaseces no bien disimuladas por las artes de cocina más elementales. Lo que principalmente debe hacerse constar es que si D. Lope era todo afabilidad y cortesía fuera de casa y en las tertulias cafeteriles o casinescas a que concurría, en su domicilio sabía hermanar las palabras atentas y familiares con la autoridad de amo indiscutible.

Con él vivían dos mujeres, criada la una, señorita en el nombre la otra, confundiéndose ambas en la cocina y en los rudos menesteres de la casa, sin distinción de jerarquías, con perfecto y fraternal compañerismo, determinado más bien por la humillación de la señora que por ínfulas de la criada. Llamábase esta Saturna, alta y seca, de ojos negros, un poco hombruna, y por su viudez reciente vestía de luto riguroso. Habiendo perdido a su marido, albañil que se cayó del andamio en las obras del Banco, pudo colocar a su hijo en el Hospicio, y se puso a servir, tocándole para estreno la casa de D. Lope, que no era ciertamente una provincia de los reinos de Jauja. La otra, que a ciertas horas tomaríais por sirvienta y a otras no, pues se sentaba a la mesa del señor y le tuteaba con familiar llaneza, era joven, bonitilla, esbelta, de una blancura casi inverosímil de puro alabastrina; las mejillas sin color, los negros ojos más notables por lo vivarachos y luminosos que

428

por lo grandes; las cejas increíbles, como indicadas en arco con la punta de finísimo pincel; pequeñuela y roja la boquirrita, de labios un tanto gruesos, orondos, reventando de sangre, cual si contuvieran toda la que en el rostro faltaba; los dientes, menudos, pedacitos de cuajado cristal; castaño el cabello y no muy copioso, brillante como torzales de seda y recogido con gracioso revoltijo en la coronilla. Pero lo más característico en tan singular criatura era que parecía toda ella un puro armiño y el espíritu de la pulcritud, pues ni aun rebajándose a las más groseras faenas domésticas se manchaba. Sus manos, de una forma perfecta, ¡qué manos!, tenían misteriosa virtud, como su cuerpo y ropa, para poder decir a las capas inferiores del mundo físico: *la vostra miseria non mi tange.* Llevaba en toda su persona la impresión de un aseo intrínseco, elemental, superior y anterior a cualquier contacto de cosa desaseada o impura. De trapillo, zorro en mano, el polvo y la basura la respetaban; y cuando se acicalaba y se ponía su bata morada con rosetones blancos, el moño arribita, traspasado con horquillas de dorada cabeza, resultaba una fiel imagen de dama japonesa de alto copete. ¿Pero qué más, si toda ella parecía de papel, de ese papel plástico, caliente y vivo en que aquellos inspirados orientales representan lo divino y lo humano, lo cómico tirando a grave, y lo grave que hace reír? De papel nítido era su rostro blanco mate, de papel su vestido, de papel sus finísimas, torneadas, incomparables manos.

Falta explicar el parentesco de Tristana, que por este nombre respondía la mozuela bonita, con el gran D. Lope, jefe y señor de aquel cotarro, al cual no será justo dar el nombre de familia. En el vecindario, y entre las contadas personas que allí recalaban de visita, o por fisgonear, versiones había para todos los gustos. Por temporadas dominaban estas o las otras opiniones sobre punto tan importante; en un lapso de dos o tres meses se creyó como el Evangelio que la señorita era sobrina del señorón. Apuntó pronto, generalizándose con rapidez, la tendencia a conceptuarla hija, y orejas hubo en la vecindad que la oyeron decir *papá,* como las muñecas que hablan. Sopló un nuevo vientecillo de opinión, y ya la tenéis legítima y auténtica señora de Garrido. Pasado algún tiempo, ni rastros quedaban de estas vanas conjeturas, y Tristana, en opinión del vulgo circunvecino, no era hija, ni sobrina, ni esposa, ni nada del gran D. Lope; no era nada y lo era todo, pues le pertenecía como una petaca, un mueble o una prenda de ropa, sin que nadie se la pudiera disputar; ¡y ella parecía tan resignada a ser petaca, y siempre petaca…!

10. *Misericordia,* novela, capítulo XL (1897)

Las adversidades se estrellaban ya en el corazón de Benina, como las vagas olas en el robusto cantil. Rompíanse con estruendo, se quebraban, se deshacían en blancas espumas, y nada más. Rechazada por la familia que había sustentado en días tristísimos de miseria y dolores sin cuento, no tardó en rehacerse de la profunda turbación que ingratitud tan notoria le produjo; su conciencia le dio inefables consuelos: miró la vida desde la altura en que su desprecio de la humana vanidad la ponía; vio en ridícula pequeñez a los seres que la rodeaban, y su espíritu se hizo fuerte y grande. Había alcanzado glorioso triunfo; sentíase victoriosa, después de haber perdido la batalla en el terreno material. Mas las satisfacciones íntimas de la victoria no la privaron de su don de gobierno, y atenta a las cosas materiales, acudió, al poco rato de apartarse de Juliana, a resolver lo más urgente en lo que a la vida corporal de ambos se refería. Era indispensable buscar albergue; después trataría de curar a Mordejai de su sarna o lo que fuese, pues abandonarle en tan lastimoso estado no lo haría por nada de este mundo, aunque ella se viera contagiada del asqueroso mal. Dirigiose con él a Santa Casilda, y hallando desocupado el cuartito que antes ocupó el moro con la Petra, lo tomó. Felizmente, la borracha se había ido con Diega a vivir en la Cava de San Miguel, detrás de la Escalerilla. Instalados en aquel escondrijo, que no carecía de comodidades, lo primero que hizo la anciana alcarreña fue traer agua, toda el agua que pudo, y lavarse bien y jabonarse el cuerpo; costumbre antigua en ella, que siempre que podía practicaba en casa de Doña Francisca. Luego se vistió de limpio. El bienestar que el aseo y la frescura daban a su cuerpo, se confundía en cierto modo con el descanso de su conciencia, en la cual también sentía algo como absoluta limpieza y frescor confortante.

Dedicose luego al arreglo de la casa, y con el poquito dinero que tenía hizo su compra, y le preparó a Mordejai una buena comida. Pensaba llevarlo a la consulta al día siguiente, y así se lo dijo, mostrándose el ciego conforme en todo con lo que la voluntad de ella quisiese determinar. Mientras comían, le entretuvo y alentó con esperanzas y palabras dulces, ofreciéndole ir, como él deseaba, a Jerusalén o un poquito más allá, en cuanto recobrara la salud. Mientras no se le quitara el sarpullo, no había que pensar en viajes. Se estarían quietos, él en casa, ella saliendo a pedir sola todos los días para ver de sacar con qué vivir, que seguramente Dios no les dejaría morir de hambre. Tan contento se puso el ciego con el plan concebido y propuesto por su inteligente amiga, y con sus afectuosas expresiones, que rompió a cantar la melopea arábiga que ya le oyó Benina en el vertedero; pero como al huir de la pedrea había perdido el guitarrillo, no pudo acompañarse del son de aquel tosco instrumento. Después propuso a su compañera que echase el sahumerio, y ella lo hizo de buena gana, pues el humazo saneaba y aromatizaba la pobre habitación.

Salieron al día siguiente para la consulta; pero como les designaran para esta una hora de la tarde, entretuvieron la primera mitad del día pordioseando en varias calles, siempre con mucho cuidado de los guindillas, por no caer nuevamente en poder de los que echan el lazo a los mendigos, cual si fueran perros, para llevarlos al depósito, donde como a perros les tratan. Debe decirse que el ingrato proceder de Doña Paca no despertaba en Nina odio ni mala voluntad, y que la conformidad de esta con la ingratitud no le quitaba las ganas de ver a la infeliz señora, a quien entrañablemente quería, como compañera de amarguras en tantos años. Ansiaba verla, aunque fuese de lejos, y llevada de esta querencia, se llegó a la calle de la Lechuga para atisbar a distancia discreta si la familia estaba en vías de mudanza, o se había mudado ya. ¡Qué a tiempo llegó! Hallábase en la puerta el carro, y los mozos metían trastos en él con la bárbara presteza que emplean en esta operación. Desde su atalaya reconoció Benina los muebles decrépitos, derrengados, y no pudo reprimir su emoción al verlos. Eran casi suyos, parte de su existencia, y en ellos veía, como en un espejo, la imagen de sus penas y alegrías; pensaba que si se acercase, los pobres trastos habían de decirle algo, o que llorarían con ella. Pero lo que la impresionó vivamente fue ver salir por el portal a Doña Paca y a Obdulia, con Polidura y Juliana, como si se fueran a la casa nueva, mientras las criadas elegantes se quedaban en la antigua, disponiendo la recogida y transporte de las menudencias, y de toda la morralla casera.

«¡Pobre señora mía! —dijo al ciego en cuanto se reunió con él—. La quiero como hermana, porque juntas hemos pasado muchas penas. Yo era todo para ella, y ella todo para mí. Me perdonaba mis faltas, y yo le perdonaba las suyas... ¡Qué triste va, quizás pensando en lo mal que se ha portado con la Nina! Parece que está peor del reúma, por lo que cojea, y su cara es de no haber comido en cuatro días. Yo la traía en palmitas, yo la engañaba con buena sombra, ocultándole nuestra miseria, y poniendo mi cara en vergüenza por darle de comer conforme a lo que era su gusto y costumbre... En fin, lo pasado, como dijo el otro, pasó. Vámonos, Almudena, vámonos de aquí, y quiera Dios que te pongas bueno pronto para tomar el caminito a Jerusalén, que no me asusta ya por lejos. Andando, andando, hijo, se llega de una parte del mundo a otra, y si por un lado sacamos el provecho de tomar el aire y de ver cosas nuevas, por otro sacamos la certeza de que todo es lo mismo, y que las partes del mundo son, un suponer, como el mundo en junto; quiere decirse, que en donde quiera que vivan los hombres, o verbigracia, mujeres, habrá ingratitud, egoísmo, y unos que manden a los otros y les cojan la voluntad. Por lo que debemos hacer lo que nos manda la conciencia, y dejar que se peleen aquellos por un hueso, como los perros; los otros por un juguete, como los niños, o estos por mangonear, como los mayores, y no reñir con nadie, y tomar lo que Dios nos ponga delante, como los pájaros... Vámonos hacia el Hospital, y no te pongas triste.

Turbada y confusa, Nina se escondió en un portal, para ver sin ser vista. ¡Qué desmejorada encontró a Doña Francisca! Llevaba un vestido nuevo; pero de tan nefanda hechura, como cortado y cosido de prisa, que parecía la pobre señora vestida de limosna. Cubría su cabeza con un manto, y Obdulia ostentaba un sombrerote con disformes ringorrangos y plumas. Andaba Doña Paca lentamente, la vista fija en el suelo, abrumada, melancólica, como si la llevaran entre guardias civiles. La *niña* reía, charlando con Polidura. Detrás iba Juliana *arreándolos* a todos, y mandándoles que fueran de prisa por el camino que les marcaba. No le faltaba más que el palo para parecerse a los que en vísperas de Navidad conducen por las calles las manadas de pavos. ¡Cómo se clareaba el despotismo hasta en sus menores movimientos! Doña Paca era la res humilde que va a donde la llevan, aunque sea al matadero; Juliana el pastor que guía y conduce. Desaparecieron en la Plaza Mayor, por la calle de Botoneras… Benina dio algunos pasos para ver el triste ganado, y cuando lo perdió de vista, se limpió las lágrimas que inundaban su rostro.

11. *Trafalgar,* Episodio Nacional (primera serie), capítulo XXIII (1873)

La lancha se dirigió… ¿a dónde? Ni el mismo Marcial sabía a dónde nos dirigíamos. La obscuridad era tan fuerte, que perdimos de vista las demás lanchas, y las luces del navío *Pince* se desvanecieron tras la niebla, como si un soplo las hubiera extinguido. Las olas eran tan gruesas, y el vendaval tan recio, que la débil embarcación avanzaba muy poco, y gracias a una hábil dirección no zozobró más de una vez. Todos callábamos, y los más fijaban una triste mirada en el sitio donde se suponía que nuestros compañeros abandonados luchaban en aquel instante con la muerte en espantosa agonía. No acabó aquella travesía sin hacer, conforme a mi costumbre, algunas reflexiones, que bien puedo aventurarme a llamar filosóficas. Alguien se reirá de un filósofo de catorce años; pero yo no me turbaré ante las burlas, y tendré el atrevimiento de escribir aquí mis reflexiones de entonces. Los niños también suelen pensar grandes cosas; y en aquella ocasión, ante aquel espectáculo, ¿qué cerebro, como no fuera el de un idiota, podría permanecer en calma?... «El número de heridos a bordo del *San Juan* era tan considerable, que nos transportaron a otros barcos suyos o prisioneros. A mí me tocó pasar a este, que ha sido de los más maltratados; pero ellos cuentan poderlo remolcar a Gibraltar antes que ningún otro, ya que no pueden llevarse al *Trinidad*, el mayor y el más apetecido de nuestros navíos».

Aquí terminó Malespina, el cual fue oído con viva atención durante el relato de lo que había presenciado. Por lo que oí, pude comprender que a bordo de cada navío había ocurrido una tragedia tan espantosa como la que yo mismo había presenciado, y dije para mí:

«¡Cuánto desastre, Santo Dios, causado por las torpezas de un solo hombre!». Y aunque yo era entonces un chiquillo, recuerdo que pensé lo siguiente: «Un hombre tonto no es capaz de hacer en ningún momento de su vida los disparates que hacen a veces las naciones dirigidas por centenares de hombres de talento».

12. *Bailén*, **Episodio Nacional (primera serie), capítulo VIII (1873)**

Allí supimos que eran las del general Ligier-Belair, que iban a auxiliar al destacamento de Santa Cruz de Mudela, sorprendido y derrotado el día anterior por los habitantes de esta villa. En la de Manzanares reinaba gran desasosiego, y una vez que los franceses desaparecieron, ocupábanse todos en armarse para acudir a auxiliar a los de Valdepeñas, punto donde se creía próximo un reñido combate. Dormimos en Manzanares y al siguiente día, no encontrando ni cabalgaduras ni carro alguno, partimos a pie para la venta de la Consolación, donde nos detuvimos a oír las estupendas nuevas que allí se referían.

Transitaban constantemente por el camino paisanos armados con escopetas y garrotes, todos muy decididos, y según la muchedumbre de gente que acudía hacia Valdepeñas, en Manzanares y en los pueblos vecinos de Membrilla y La Solana, no debían quedar más que las mujeres y los niños, porque hasta algunos inútiles viejos acudían a la guerra. Por último, resolvimos asistir nosotros también al espectáculo que se preparaba en la vecina villa, y poniéndonos en marcha, pronto recorrimos las dos leguas de camino llano. Mucho antes de llegar divisamos una gran columna de negro humo que el viento difundía al cielo. La villa de Valdepeñas ardía por los cuatro costados.

Apretando el paso, oímos ya cerca del pueblo prolongado rumor de voces, algunos tiros de fusil, pero no descargas de artillería. Bien pronto nos fue imposible seguir por el arrecife, porque la retaguardia francesa nos lo impedía, y siguiendo el ejemplo de los demás paisanos, nos apartamos del camino, corriendo por entre las viñas y sembrados, sin poder acercarnos a la villa. En esto vimos que la caballería francesa se retiraba del pueblo, ocupando el llano que hay a la izquierda, y al mismo tiempo el incendio tomaba tales proporciones que Valdepeñas parecía un inmenso horno. Los gritos, los quejidos, las imprecaciones que salían de aquel infierno llenaban de espanto el ánimo más esforzado.

Al punto comprendimos que el interior del pueblo se defendía heroicamente y que el plan de los franceses consistía en apoderarse de los extremos, incendiando todas las casas que no pudieran ocupar. De vez en cuando un estruendo espantoso indicaba que alguno de los endebles edificios de adobes había venido al suelo, y el polvo se confundía en los aires con el humo. Los escombros sofocaban momentáneamente el fuego; pero este surgía con más fuerza, cundiendo a las casas inmediatas. Al fin pareció que todo iba a cesar y, según dijeron los que estaban cerca, habían salido de la villa algunos hombres a conferenciar con el general francés. Mucho tiempo debieron durar las conferencias porque no vimos que estos se retiraran ni que concluyese el ruido y algazara en el interior; pero al cabo de un largo rato un movimiento general de la multitud nos indicó que algo importante ocurría. En efecto, los franceses, replegando sus caballos en la calzada, retrocedían hacia Manzanares.

13. *La campaña del Maestrazgo,* **Episodio Nacional (tercera serie), capítulo VII (1899)**

No habrá ya paz en la tierra de España. ¿Sabe usted lo que dijo Cabrera cuando supo la muerte de su madre? Mirando a las cumbres que cercan a Valderrobles, dijo que la sangre subiría hasta las cimas más altas. Y va subiendo, va subiendo… Para no cansar a usted, Sr. Don Beltrán, le diré que mis campañas desde entonces no han sido más que una cacería infatigable. En multitud de encuentros me he visto, todos encarnizados: estuve en las acciones de La Jana y de Toga, al mando de Buil; allí tuvimos la suerte de derrotar al Serrador. En Ulldecona, cuando Iriarte dio una tremenda paliza al Organista y a Llangostera, también tuve la honra de encontrarme. Marchas penosas, hambres y trabajos mil he pasado; peleando sin cesar, no veo que el aspecto de la guerra cambie. Siempre es lo mismo: las ventajas de hoy son el descalabro de mañana. Si una columna vence aquí, otra sucumbe dos leguas más allá. Se les echa de un valle, y aparecen en otro. Creyérase que salen de debajo de las piedras, y que la sangre de tantas víctimas, caliente y rabiosa, aun después de derramada, engendra facciosos en los bosques, en los charcos de los barrancos, en los escombros de las masadas destruidas. Esto no es guerra, digo yo: es un duelo feroz, nunca suspendido. Nogueras conoce el terreno, pero le falta cabeza. Borso tiene intención, pero no domina el suelo. Sin darse de ello cuenta, conduce sus tropas por el camino más largo. No encuentra nunca al cabecilla que busca, sino a otro que le sale inesperadamente por retaguardia, cuando no le salen dos. Así no acabamos nunca. Si no traen un ejército muy grande para ocupar todas las posiciones y pueblos de importancia, a la defensiva, tapándoles los boquetes y pasadizos para sus correrías, matándoles de hambre y provocándoles a que se enzarcen unos con otros, tenemos guerra para un siglo. Yo me doy a pensar en esto, y digo: «¿Por qué combatimos?». Ahondando en el asunto, encuentro que no hay razón para esta carnicería. ¡La Libertad, la Religión!… ¡Si de una y otra tenemos dosis sobrada! ¿No le parece a usted?… ¡Los derechos de la Reina, los de D. Carlos! Cuando me pongo a desentrañar la filosofía de esta guerra, no puedo menos de echarme a reír… y riéndome y pensando, acabo por convencerme de que todos estamos locos. ¿Cree usted que a Cabrera le importan algo los derechos de Su Majestad varón? ¿Y a los de acá los derechos de Su Majestad hembra?… Creo que se lucha por la dominación, y nada más, por el mando, por el mangoneo, por ver quién reparte el pedazo de pan, el puñado de garbanzos y el medio vaso de vino que corresponde a cada español… ¿No opina usted lo mismo?

14. *Cánovas,* Episodio Nacional (quinta serie), capítulo XXVIII (1912)

Después de justificar este doble socorro, enumerándome las privaciones y agobios que había yo de sufrir si me conservaba incorruptible y puro en medio del general positivismo, la Madre exponía su pensamiento acerca del porvenir de España en la forma elocuente y profética que traslado a mis buenos lectores:

«Hijo mío: cuando a fines del 74 te anuncié en una breve carta el suceso de Sagunto, anticipé la idea de que la Restauración inauguraba *los tiempos bobos,* los tiempos de mi ociosidad y de vuestra laxitud enfermiza. La sentencia de mi buen amigo Montesquieu, *dichoso el pueblo cuya Historia es fastidiosa,* resulta profunda sabiduría o necedad de marca mayor, según el pueblo y ocasión a que se aplique. Reconozco que en los países definitivamente constituidos, la presencia mía es casi un estorbo, y yo me entrego muy tranquila al descanso que me imponen mis fatigas seculares. Pero en esta tierra tuya, donde hasta el respirar es todavía un escabroso problema, en este solar desgraciado en que aún no habéis podido llevar a las Leyes ni siquiera la libertad del pensar y del creer, no me resigno al tristísimo papel de una sombra vana, sin otra realidad que la de estar pintada en los techos del Ateneo y de las Academias.

»La paz, hijo mío, es don del cielo, como·han dicho muy bien poetas y oradores, cuando significa el reposo de un pueblo que supo robustecer y afianzar su existencia fisiológica y moral, completándola con todos los vínculos y relaciones del vivir colectivo. Pero la paz es un mal si representa la pereza de una raza, y su incapacidad para dar práctica solución a los fundamentales empeños del comer y del pensar. Los *tiempos bobos* que te anuncié has de verlos desarrollarse en años y lustros de atonía, de lenta parálisis, que os llevará a la consunción y a la muerte.

»Los políticos se constituirán en casta, dividiéndose hipócritas en dos bandos igualmente dinásticos e igualmente estériles, sin otro móvil que tejer y destejer la jerga de sus provechos particulares en el telar burocrático. No harán nada fecundo; no crearán una Nación; no remediarán la esterilidad de las estepas castellanas y extremeñas; no suavizarán el malestar de las clases proletarias. Fomentarán la artillería antes que las escuelas, las pompas regias antes que las vías comerciales y los menesteres de la grande y pequeña industria. Y por último, hijo mío, verás si vives que acabarán por poner la enseñanza, la riqueza, el poder civil y, hasta la independencia nacional, en manos de lo que llamáis vuestra Santa Madre Iglesia. Alarmante es la palabra Revolución. Pero si no inventáis otra menos aterradora, no tendréis más remedio que usarla los que no queráis morir de la honda caquexia que invade el cansado cuerpo de tu Nación. Declaraos revolucionarios, díscolos si os parece mejor esta palabra, contumaces en la rebeldía. En la situación a que llegaréis andando los años, el ideal revolucionario, la actitud indómita si queréis, constituirán el único síntoma de vida. Siga el lenguaje de los bobos llamando paz a lo que en realidad es consunción y acabamiento… Sed constantes en la protesta, sed viriles, románticos, y mientras no venzáis a la muerte, no os ocupéis de Mariclío… Yo, que ya me siento demasiado clásica, me aburro… me duermo…».

15. «Soñemos, alma, soñemos», artículo político (1903) [Aparecido en *Alma Española,* 8 de noviembre de 1903]

Aprendamos, con lento estudio, a conocer lo que está muerto y lo que está vivo en el alma nuestra, en el alma española. Aprendámoslo aplicando el oído al palpitar de estos enojos que reclaman justicia, equidad, orden, medios de existencia. Apliquemos todos los sentidos a la observación de los estímulos que apenas nacen se convierten en fuerzas, de los desconsuelos que derivan lentamente hacia la esperanza, de la gestación que actúa en los senos del arte, de la industria, de la ciencia… Observemos cómo el pensamiento trata de buscar los resortes rudimentarios de la acción, y cómo la acción tantea su primer gesto, su primer paso.

Al examinar lo que caducó y lo que germina en el alma nuestra, observemos la triste ventaja que da la tradición a las ideas y formas de la vieja España. Las diputamos muertas, y vemos que no acaban de morirse. Las enterramos y se escapan de sus mal cerradas tumbas. Cuando menos se piensa, salen por ahí cadáveres que nos increpan con voz estertorosa, y arremeten con brío y dureza de huesos sin carne contra todo lo que vive, contra lo que quiere vivir: defendámonos. Respetando lo que la tradición tenga de respetable, rechacemos el espíritu mortuorio que en buena parte de la Nación prevalece aún, «dilettantismo» del morir y de toda destrucción. Tengamos propósito firme de adquirir vida robusta y de creer con todo el vigor y salud que podamos. Declaremos que es innoble y fea cosa el vivir con media vida, y procuremos arrojar del alma todo resabio ascético. Ninguna falta nos hacen sufrimientos ni martirios que no vengan de la Naturaleza por ley superior a nuestra voluntad. Lo primero que tiene que hacer el alma remozada es penetrarse bien de la necesidad de evitar a su cuerpo los enflaquecimientos y desmayos producidos por ayunos voluntarios o forzosos. Detestamos el frío y la desnudez; anhelamos el bienestar, el cómodo arreglo de todas nuestras horas, así las de faena como las de descanso. Creemos que la pobreza es un mal y una injusticia, y la combatiremos dentro de la estricta ley del «tuyo y mío». Trabajaremos metódicamente con el despabilado pensamiento, o con las manos hábiles, atentos siempre a que esta pacienzuda labor nos lleve a poseer cuanto es necesario para una vida modesta y feliz, con todo lo que la sostiene y vigoriza, con todo lo que la recrea y embellece. Opongamos briosamente este propósito al furor de los ministros de la muerte nacional, y declaremos que no nos matarán aunque descarguen sobre nuestras cabezas los más fieros golpes; que no nos acabará tampoco el desprecio asfixiante; que no habrá malicia que nos inutilice ni rayo que nos parta. De todas las especies de muerte que traiga contra nosotros el amojamado esperpento de las viejas rutinas, resucitaremos. El pesimismo que la España caduca nos predica para prepararnos a un deshonroso morir, ha generalizado una idea falsa. La catástrofe del 98 sugiere a muchos la idea de un inmenso bajón de la raza y de su energía. No hay tal bajón ni cosa que lo valga. Mirando un poco hacia lo pasado, veremos que, con catástrofe o sin ella, los últimos cincuenta años del siglo anterior marcan un progreso de incalculable significación, progreso puramente espiritual escondido en la vaguedad de las costumbres. Después del 54 y del 68, consumadas las revoluciones que solo alteraban la superficie de las cosas, el ser doméstico, digámoslo así, de nuestra raza, pobre y ociosa, sin trabajo interior ni política internacional, se caracterizaba por la delegación de toda vitalidad en manos del Estado. El Estado hacía y deshacía la existencia general. La sociedad descansaba en él para el sostenimiento de su consistencia orgánica, y el individuo le pedía la nutrición, el hogar y hasta la luz… Pues de entonces acá, en el lento correr de los días de la Revolución de Septiembre, del reinado de D. Amadeo, de la efímera República, de la Restauración y Regencia, se ha determinado una transformación radical, que ya vieron los despabilados, y ahora empiezan a ver los ciegos. Va siendo general la idea de que se puede vivir sin abonarse por medio de una credencial a los comederos del Estado: de este se espera muy poco en el sentido de abrir caminos anchos y nuevos a los negocios, a la industria y a las artes. El país se ha mirado en el espejo de su conciencia, horrorizándose de verse compuesto de un rebaño de analfabetos conducido a la miseria por otro rebaño de abogados. Del Estado se espera cada día menos; cada día más del esfuerzo de las colectividades, de la perseverancia y agudeza del individuo. Detrás, o más bien debajo de la vida entera del Estado, alienta otra vida que remusga y crece, y adquiere savia en las capas internas. En cincuenta años, es incalculable el número de los que han aprendido a subsistir sin acercar sus labios a las que un tiempo fueron lozanas ubres, y hoy cuelgan flácidas: los españoles han crecido; comen, ya no maman. Aceptamos al Estado como administrador de lo nuestro, como regulador de la vida de relación; ya no lo queremos como principio vital, ni como fondista y posadero, ni menos como nodriza. ¿No es esto un gran progreso, el mayor que puede imaginarse?

Debajo de esta corteza del mundo oficial, en la cual campan y camparán por mucho tiempo figuras de pura, quizás necesaria representación, y la comparsa vistosa de políticos profesionales, existe una capa viva, en ignición creciente, que es el ser de la nación, realzado, con débil empuje todavía, por la virtud de sus propios intentos y ambiciones, vida inicial, rudimentaria, pero con un poder de crecimiento que pasma. Un día y otro la vemos tirar hacia arriba, dejando asomar por diferentes partes la variedad y hermosura de sus formas recién creadas. Entre estas formas podemos señalar las más próximas: el esfuerzo de la ciencia agrícola para sobreponerse a las prácticas rutinarias, la flamante industria en pequeñas y grandes manifestaciones, el arte que pretende acomodar las formas arcaicas al pensar amplio y al sentir generoso; señalamos también las más lejanas, que son la libre conciencia, el respeto, la disciplina, el orden mismo, la vieja espada que los tiempos pasados legan a los futuros. No quiera Dios que esta capa de formación nueva en parte somera, en parte profunda, suba por súbita erupción. Subirá por alzamientos parciales y consecutivos del terreno, sin sacudidas violentas, para sustituir al suelo polvoroso y resquebrajado en que tiene su secular asiento en nuestro país.

Entre lo mucho que nos traen las nuevas formaciones de terreno, descuellan dos aspiraciones grandes, que han de ser las primeras que busquen la encarnación de la realidad. Necesitamos instrucción para nuestros entendimientos, y agua para nuestros campos. La superficie de esta porción de Europa que habitamos no es bella en todas sus partes, y es necesario que lo sea. Estimulan al amor las gracias y el sonrosado color de un rostro bello. No es fácil que amemos a una patria que nos muestra su cuerpo y semblante cubiertos de lacras lastimosas, y afeados por la sequedad y aspereza de la epidermis. Una nación europea no puede ofrecer a las miradas del mundo, en pleno siglo XX, el espectáculo de las estepas desnudas que dan idea de la ancianidad trémula, pecosa y cubierta de harapos. Preciso es desencantar el viejo terruño, dándole con las aguas corrientes, la frescura, amenidad y alegría de la juventud: preciso es vivificar la tierra, dándole sangre y alma, y vistiéndola de las naturales galas de la agricultura. No queremos nada que sea imagen del yermo solitario, ni tristeza ni sequedad de calaveras mondas. En nombre del bienestar público y de la belleza, inundemos las estepas áridas. No queremos fealdad en ninguna parte, sino hermosura que nos enamore de nuestros campos, para que en ellos podamos vivir y gozar de cuanto da la Naturaleza: lozanos plantíos, risueños bosques, deliciosas alquerías, donde hallemos el ejercicio sano y la paz del alma. Un país reconcentrado en poblaciones oscuras y pestilentes es un enfermo de congestión crónica. La vida se estanca, la sangre no circula, y el tedio urbano, grave dolencia, estimula todos los vicios.

Como el agua a los campos, es necesaria la educación a nuestros secos y endurecidos entendimientos. Han dicho que no deseamos instruirnos, puesto que no pedimos la instrucción con el ansia del hambriento que quiere pan. La instrucción no se pide de otro modo que por la voz, o mejor, por los signos de la ignorancia. El ignorante es un niño, y el niño no pide más que el pecho, si es chiquitín, o los juguetes, si es grandullón. Aguardar, para la educación de la criatura, a que esta diga «llévenme a la escuela que tengo muchas ganas de ser sabio», es fiar nuestros planes a la infinita pachorra de la eternidad. Si así lo hiciéramos, demostraríamos que los grandes somos tan cerriles como los pequeños.

Procuremos grandes y chicos instruirnos y civilizarnos, persiguiendo las tinieblas que el que menos y el que más llevan dentro de su caletre. El cerebro español necesita más que otro alguno de limpiones enérgicos para que no quede huella de las negruras heredadas o adquiridas en la infancia... Seamos modestos, y aprendamos a no estirar la pierna de nuestras iniciativas más allá de lo que alcanza la sábana de nuestras facultades. Hagamos cada cual, dentro de la propia esfera, lo que sepamos y podamos: el que pueda mucho, mucho; poquito el que poquito pueda, y el que no pueda nada, o casi nada, estese callado y circunspecto viendo la labor de los demás. Acostumbrémonos a rematar cumplidamente, con plena conciencia, todo lo que emprendamos; no dejemos a medias lo que reclama el acabamiento de todas sus partes para ser un conjunto orgánico, lógico, eficaz, y conservémonos dentro de la esfera propia, aunque sea de las secundarias, sin intentar colarnos en las superiores, que ya tienen sus legítimos ocupantes. Cada cual en su puesto, cada cual en su obligación, con el propósito de cumplirla estrictamente, será la redención única y posible, poniendo sobre todo, el anhelo, la convicción firme de un vivir honrado y dichoso, en perfecta concordancia con el bienestar y la honradez de los demás.

¿Es esto soñar? ¡Desgraciado el pueblo que no tiene algún ensueño constitutivo y crónico, norma para la realidad, jalón plantado en las lejanías de su camino!

16. «Al pueblo español», discurso político (1909) [Aparecido en *El País* y *España Nueva,* 6 de octubre de 1909, y en *El Liberal,* 7 de octubre de 1909]

Ha llegado el momento de que los sordos oigan, de que los distraídos atiendan, de que los mudos hablen. El que esto escribe, teniéndose por el más mudo de los hombres, se atreve a sacar del pecho viva voz y arrojarla como piedra en el charco, en la dormida superficie de la nación española, para que esta rompa el estupor medroso con que contempla los destinos de política y guerra que la llevan a insondables precipicios.

Hablo sin que nadie me lo mande, y respondo sin que nadie me lo pregunte, por irresistible impulso de mi conciencia y exaltación de mi fe en el porvenir de la patria, sin invocar otro título ni otro fuero que el fuero y título de español, porque esto basta y sobra para opinar públicamente en días oscuros. Ni aún tomaré el nombre y razones del partido político a que pertenezco. Quiero subirme adonde pueda encontrar la máxima extensión de auditorio.

Bien sé que no tengo autoridad, sé también que en este caso no la necesito. Un sentimiento inefable, la grave aflicción ante los males presentes y ante los que dejan entrever lo sombríos horizontes me habilitan para decir a mis conciudadanos lo que estimo verdadero y saludable, y lo digo sin temor y sin reserva. Mi patriotismo es de puro manantial de roca, intenso, desinteresado, y con él no se mezcla ningún móvil de ambición… Forzoso es que alguien, sea quien fuere, clame ante la faz atónita del pueblo español incitándole a contener enérgicamente las insensateces de los que trajeron la guerra del Rif, sin saber lo que traían, que la desarrollaron y extendieron atropelladamente, tropezando con la tragedia y levantándose con arrestos heroicos, que un día proclaman alegrías de paz y al siguiente nos llaman a mayor guerra, y ahora, arrastrados de la fatalidad, se ven en el forzoso compromiso de agrandar la acción ofensiva con amplitudes desproporcionadas, que no tendrán cabida en el marco modestísimo de nuestro estado financiero y militar. Los inventores de estas descomunales aventuras no cuentan con el agotamiento del acervo nacional en sangre y recursos, y comprometen gravemente al Ejército de la Patria, animoso, sufrido, dotado de un extraordinario vigor físico y moral…

Me determino a lanzar estas voces para dulcificar el amargor de la pasividad en que vivimos, condenado y sufriendo, maldiciendo y callando. A este Limbo de estúpida somnolencia nos ha traído la acción jesuítica, que de algunos años acá viene depositando sobre el alma española el plomo de la indiferencia, de la inhibición y del egoísmo… Todo lo fían, todo lo esperan de la función parlamentaria, sin considerar que el Gobierno, ya en estado de delirio furioso, tratará de sustraer a las minorías la función parlamentaria, siempre que aquellas no le lleven al Congreso y Senado los precisos acomodos para asegurarle la irresponsabilidad y un año más, por lo menos, de orgía dictatorial…

Que la Nación hable, que la Nación actúe, que la Nación se levante, en el sentido de vigorosa erección de su autoridad; que no pida al Gobierno lo que este, enredado en la maraña de sus desaciertos, no pueda dar ya; verdad en las informaciones de la guerra; orden, serenidad y juicio de sus acuerdos políticos y militares. Juzgando con benevolencia las intenciones, puede decirse que el Gobierno quiere hacer las cosas derechas y le salen torcidas. En él hay un caso de epilepsia larvada. Lo que España debe pedir a sus actuales gobernantes es que se ausenten del trajín de los asuntos públicos y, tras los daños causados, reparen sus yerros, que si lo hicieran con el rosario no habrá ninguno con número bastante de cuentas para llegar al fin. Si se viera la nación en el duro trance de mayores sacrificios, líbrela Dios de dar a estos hombres ni el valor ni una gota de sangre y de una triste peseta. Póngase estos preciosos dones en manos distintas de las que nos han tejido esta envoltura funeraria. La desaforada aventura de la guerra del Rif y las enormidades de Barcelona, reclaman enmienda urgente. La paz de una y otra parte no puede venir sino por la labor prudente de otras cabezas y de otras manos. ¡Ay de España si no tuviera entre sus hijos cabezas y manos que sepan poner fin a males tan fieros!

Me lanzo a esta temeraria invocación esperando a que respondan todos los españoles de juicio sereno y gallarda voluntad, sin distinción de partidos, sin distinción de doctrinas y afectos, siempre que entre estos resplandezca el amor de la patria, así los que hacen vida pública como los que viven apartados de ella, lo mismo los que saborean todos los goces de la vida que los que solo han conocido penas y sufrimientos, los que sirven a la nación en esferas civiles y militares, o en los extensísimos campos del arte y de las letras, de la ciencia, del comercio y de la industria. Revístanse de la invulnerable personalidad de ciudadanos españoles, proclamen su derecho al sentir político, al opinar y al pedir imperiosamente las reparaciones del derecho, la paz honrosa, el despejo de las horrendas nubes que cierran el camino a nuestras ansias de buen gobierno, de bienestar y de cultura.

Unidos todos, encaminemos hacia su término la guerra del Rif, añadiendo al fulgor de las armas la lucidez de los entendimientos en cuanto se relacione con la política internacional. Apaguemos de un soplo los cirios verdes que alumbran el siniestro Santo Oficio, llamado por mal nombre Defensa Social, vergüenza de España y escándalo del siglo, y pongamos fin a las persecuciones inicuas, al enjuiciamiento caprichoso, a los destierros y vejámenes con ultraje a la Humanidad y desprecio de los derechos más sagrados. No estorbemos a la justicia, sino a la desenfrenada arbitrariedad y al furor vengativo. No temamos que nos llamen anarquistas o anarquizantes, que esta resucitada Inquisición ha descubierto el ardid de tostar a los hombres en las llamaradas de la calumnia. Ya nos han dividido en dos castas: buenos y malos. No nos turbemos ante esta inmensa ironía. Rellenemos las filas de los malos que burla burlando, a la ida contra el enemigo, seremos más, y a la vuelta los mejores.

Ya es tiempo de que se acabe tanta degradación y el infamante imperio de la mayor barbarie política que hemos sufrido desde el aborrecido Fernando VII.

Aunque solo hablo como español, entiendo que mis últimas palabras han de ser para mis correligionarios, que ninguna excitación necesitan para demostrar en todo caso su acendrado patriotismo. Los republicanos serán los primeros que acudan a levantar un fuerte muro entre España y el abismo.

Cronología

Año	Hitos históricos y culturales	Vida, obra y compromiso
1843	Regencia de Espartero. Proclamación de la mayoría de edad de Isabel II. Publicación de *Cuentos de Navidad* de Dickens.	Nacimiento de Benito Pérez Galdós en Las Palmas de Gran Canaria.
1844	Gobierno de Narváez. Década moderada. Estreno de *Don Juan Tenorio* de Zorrilla.	
1845	Constitución española de 1845.	
1847	Instalación del alumbrado de gas en Madrid.	
1848	Segunda guerra carlista. *Manifiesto Comunista* de Marx y Engels.	
1853	*La Traviata* de Verdi.	Estudios en el Colegio de San Agustín.
1854	Pronunciamiento militar «La Vicalvarada». Bienio Progresista.	
1856	Servicio de suministro de agua a Madrid del Canal de Lozoya.	
1857	Ley General de Instrucción Pública.	
1858	Gobierno unionista *largo* de O'Donnell.	
1859	Guerra de Marruecos.	

Año	Hitos históricos y culturales	Vida, obra y compromiso
1861	López de Ayala estrena *El tanto por ciento*.	Primeros artículos periodísticos. Relato *Un viaje redondo por el bachiller Sansón Carrasco*.
1862	Urbanización de la Puerta del Sol. Víctor Hugo publica *Los miserables*.	Poema *La Emilianada*. Artículos en *El Ómnibus*. Bachiller de Artes en el Instituto de La Laguna y llegada a Madrid.
1863		Iniciación de los estudios de Derecho.
1865	Noche de San Daniel. *Tristán e Isolda* de Wagner.	Artículos periodísticos en *La Nación*. Visita a la Exposición Universal de París.
1866	Pacto de Ostende. *Crimen y castigo* de Dostoievski. Pronunciamiento de los artilleros del cuartel de San Gil.	
1868	Revolución democrática liderada por Prim. Creación de la sección española de la AIT.	Viaje a París. Lectura de las obras de Balzac.
1869	*Guerra y paz* de Tolstói.	Cronista parlamentario en el periódico *Las Cortes*.
1870	Elección de Amadeo I como rey de España. Asesinato de Prim.	Director del periódico *El Debate*. «Observaciones sobre la novela contemporánea en España».
1871	*La fortuna de los Rougón* de Zola. *Rimas y leyendas* de Bécquer. *El origen del hombre* de Darwin.	Publicación de *La sombra, El audaz. Historia de un radical de antaño* y *La Fontana de Oro*.
1872	Tercera guerra carlista.	Director de la *Revista de España*.
1873	Primera República española. *Ana Karenina* de Tolstói.	*Episodios Nacionales*, primera serie.
1874	Restauración de los Borbones con Alfonso XII.	*Episodios Nacionales*, segunda serie.
1875		Continuación de la segunda serie de los *Episodios Nacionales*.

Año	Hitos históricos y culturales	Vida, obra y compromiso
1876	Constitución española de 1876. Fundación de la Institución Libre de Enseñanza.	Publicación de *Doña Perfecta* y la primera parte de *Gloria*.
1877	Aprobación del Código Civil.	Publicación completa de *Gloria*.
1878	Paz de Zanjón en Cuba.	Publicación de *Marianela* y *La familia de León Roch*.
1879	Fundación del PSOE. *Casa de muñecas* de Ibsen.	
1881	Legalización de las asociaciones obreras. Alumbrado eléctrico de las calles de Madrid. *Historia de los heterodoxos españoles* de Menéndez Pelayo.	Publicación de *La desheredada*.
1882	*La cuestión palpitante* de Emilia Pardo Bazán. Creación de la Comisión de Reformas Sociales.	Publicación de *El amigo Manso*.
1883	*Germinal* de Zola.	Publicación de *El doctor Centeno*. Relación con Emilia Pardo Bazán. Homenaje Nacional a Galdós. Colaboración en el periódico *La Prensa* de Buenos Aires.
1884	*La Regenta* de *Clarín*. Inauguración de la nueva sede del Ateneo de Madrid.	Publicación de *Tormento* y *La de Bringas*.
1885	Fallecimiento de Alfonso XII. Regencia de María Cristina. Gobierno de Sagasta.	Publicación de *Lo prohibido*.
1886	Nacimiento de Alfonso XIII.	Diputado al Congreso por Guayama, Puerto Rico.
1887		Publicación de *Fortunata y Jacinta*.
1888		Publicación de *Miau*. Visita a la Exposición Universal de Barcelona.

449

Año	Hitos históricos y culturales	Vida, obra y compromiso
1889	Biografía de Galdós realizada por *Clarín*. Revista *La España Moderna* promovida por Lázaro Galdiano.	Nombramiento como académico de la RAE. Publicación de *Realidad, La incógnita* y *Torquemada en la hoguera*.
1890	Ley de Sufragio Universal masculino.	Artículo sobre el Primero de Mayo.
1891	Encíclica *Rerum novarum* de León XIII. *El retrato de Dorian Gray* de Wilde.	Nacimiento de María Pérez-Galdós Covián. Publicación de *Ángel Guerra*.
1892		Estreno teatral de *Realidad* y publicación de *Tristana* y *La loca de la casa*.
1893	Éxito electoral de la Unión Republicana.	Estreno de *Gerona* y publicación de *Torquemada en la cruz*.
1894	*Sinfonía del nuevo mundo* de Dvorak. *Arroz y tartana* de Blasco Ibáñez.	Estreno de *La de San Quintín*. Publicación de *Torquemada en el purgatorio*.
1895	*En torno al casticismo*, de Unamuno.	Estreno de *Voluntad*. Publicación de *Torquemada y San Pedro, Nazarín* y *Halma*. Concesión de la Cruz de Carlos III y de Caballero de la Orden de Isabel la Católica.
1897	Asesinato de Cánovas. *Idearium* de Ganivet.	Publicación de *Misericordia* y *El abuelo*. Recuperación de los derechos de edición de sus obras. Discurso de ingreso en la RAE.
1898	Pérdida de Cuba, Puerto Rico y Filipinas. Literatura del *desastre*.	Continuación de los *Episodios Nacionales*, con su tercera serie.
1899	El laboratorio Bayer patenta la aspirina.	
1900	Legislación sobre el trabajo de mujeres y niños. Creación del Ministerio de Instrucción Pública y Bellas Artes. *Tosca* de Puccini.	

Año	Hitos históricos y culturales	Vida, obra y compromiso
1901	Fallecimiento de *Clarín*. *Oligarquía y caciquismo* de Costa.	Estreno de *Electra*. Prólogo a la tercera edición de *La Regenta* de Clarín.
1902	Inicio del reinado de Alfonso XIII. Valle-Inclán publica *Sonata de otoño*. *Amor y pedagogía* de Unamuno.	Comienzo de la cuarta serie de los *Episodios Nacionales*. Estreno de *Alma y vida*.
1903	Muerte de Sagasta. Primer número del periódico *ABC*. Huelga minera en Vizcaya que derivó en huelga general.	
1904	Echegaray recibe el premio Nobel de Literatura.	Estreno de *El abuelo*.
1905	*Teorías de la relatividad* de Einstein.	Estreno de *Amor y ciencia*.
1906	Conferencia de Algeciras. Concesión a Ramón y Cajal del Premio Nobel de Medicina.	Relación sentimental con Teodosia Gandarias.
1907	Creación de la Junta de Ampliación de Estudios. *Los intereses creados* de Benavente.	Incorporación de Galdós al movimiento republicano.
1908		Comienzo de la quinta serie de los *Episodios Nacionales*.
1909	Semana Trágica de Barcelona. Celebración del Día Internacional de la Mujer Trabajadora.	Publicación de *El caballero encantado*. Presidente de la Conjunción Republicano-Socialista.
1910	Gobierno de Canalejas. Creación de la Residencia de Estudiantes. *A.M.D.G.* de Pérez de Ayala.	Elección de diputado al Congreso por Madrid. Estreno de *Casandra*.
1912	Asesinato de José Canalejas. Creación del Partido Reformista. Machado publica *Campos de Castilla*.	Publicación de *Cánovas*, último *Episodio Nacional*. Se acentúan sus problemas de visión.
1913	*Clásicos y modernos* de Azorín. *En busca del tiempo perdido* de Proust.	Estreno de *Celia en los infiernos*.

Año	Hitos históricos y culturales	Vida, obra y compromiso
1914	Primera Guerra Mundial; España se declara neutral. Fundación de La Liga de Educación Política de España. *Platero y yo* de Juan Ramón Jiménez	Estreno de *Alceste*. Diputado republicano al Congreso por Las Palmas.
1915	Primer número de la revista *España*, fundada y dirigida por José Ortega y Gasset.	Estreno de *Sor Simona*. Publicación de *La razón de la sinrazón*.
1916	Aparición del periódico *El Sol*.	Estreno de *El tacaño Salomón*.
1917	Huelga general en España. Revolución bolchevique en Rusia.	
1918		Estreno de *Santa Juana de Castilla*. Homenaje a Galdós, Unamuno y Cavia, denunciando la censura de prensa.
1919	Aprobación de los estatutos de la Sociedad de Naciones. Decreto que establece la jornada laboral de ocho horas. Inauguración de la primera línea del metro de Madrid.	Inauguración del monumento de homenaje a Galdós en Madrid.
1920	Creación del Ministerio de Trabajo. Se intensifica la guerra de Marruecos. *Luces de bohemia* de Valle-Inclán.	Fallecimiento de Galdós.

Notas

I. Los primeros destellos

[1] Arencibia, Y. (2015b): «La tierra de Galdós», en *Revista Isidora de estudios galdosianos,* n.º 29, Madrid, pp. 279-280.

[2] Vid. Bernal, A. M., y Macías, A. M. (2007): «Canarias. 1400-1936. El modelo de crecimiento en perspectiva histórica», en *Economía e Insularidad (siglos XVIV-XX),* Santa Cruz de Tenerife, Universidad de La Laguna, pp. 11-52.

[3] Armas Ayala, A. (1989): *Galdós, lectura de una vida,* Santa Cruz de Tenerife, Caja General de Ahorros de Canarias, p. 24.

[4] Pérez Galdós, B. (1915-1916): *Memorias de un desmemoriado,* El Nadir, Valencia, 2011, p. 12.

[5] Alas, L., *Clarín* (1889): *Estudio crítico-biográfico de Benito Pérez Galdós,* Est. Tip. de Ricardo Fe, Madrid, p. 12.

[6] Cfr. Ruiz de la Serna, E., y Cruz, S. (1973): *Prehistoria y protohistoria de Benito Pérez Galdós. Contribución a una biografía,* Las Palmas, Ediciones del Excmo. Cabildo Insular de Gran Canaria; y Pérez Vidal, J. (1979): *Canarias en Galdós,* Ediciones del Excmo. Cabildo Insular de Gran Canaria, Las Palmas.

[7] Pérez Galdós, B. (1888): *Miau,* Alianza Editorial, Madrid, 2018, p. 44.

[8] Pérez Galdós, B. (1883): *El doctor Centeno,* Alianza Editorial, Madrid, 2012, p. 233.

[9] Pérez Galdós, B. (1876): *Doña Perfecta,* Alianza Editorial, Madrid, 2017, p. 267.

[10] Arencibia, Y. (2005): «El Colegio que formó a Galdós o la pedagogía progresista en Gran Canaria», en *Revista Isidora,* n.º 1, Madrid, p. 94.

[11] Pérez Galdós, B. (1873): *La Corte de Carlos IV,* Alianza Editorial, Madrid, 2016, p. 35.

[12] Pérez Vidal, J. (1979): ob. cit., pp. 209-210.

[13] Berkowitz, H. Ch. (1936): «Los destellos juveniles de Benito Pérez Galdós», en *El Museo Canario,* año IV, n.º 8, 1936, p. 12. La principal contribución de Berkowitz al conoci-

miento de Galdós fue su obra *Benito Pérez Galdós. Spanish Liberal Crusader,* Madison, Univ. of Wisconsin Press, 1948.

[14] Armas Ayala, A. (1989): ob. cit., pp. 40-67.

[15] Arencibia, Y. (2005): art. cit., p. 286.

[16] Vid. Arencibia, Y. (2015a): «Benito Pérez Galdós, o el arte de la pintura», en *Revista Isidora,* n.º 29, Madrid, pp. 244-245.

[17] Pérez Vidal, J. (1979): ob. cit., pp. 232-235.

[18] Vid. Arencibia, Y. (2015a): ob. cit., pp. 244-245.

[19] Vid. Ortiz-Armengol, P. (2000): *Vida de Galdós,* Crítica, Barcelona, p. 41.

[20] Sobre las principales circunstancias de la etapa canaria de Galdós, cfr.: Pérez Vidal, J. (1979): ob. cit.; Armas, A. (1989): ob. cit.; Arencibia, Y. (2005): art. cit., y (2015b): art. cit.

II. Descubriendo Madrid

[1] Jover, J. M. (1981): «Introducción a *La era isabelina y el Sexenio Democrático (1834/1874)»,* en José María Jover Zamora (dir.): *Historia de España,* vol. XXXIV, Espasa-Calpe, Madrid, 1981, p. XV.

[2] Pérez Galdós, B. (1884): *Tormento,* Alianza Editorial, Madrid, 2017, pp. 244-245.

[3] Alas, L., *Clarín* (1889): ob. cit., p. 17.

[4] Pérez Galdós, B. (1915-1916): *Memorias de un desmemoriado,* ed. cit., p. 12.

[5] Bravo-Villasante, C. (1988): *Galdós,* Mondadori, Madrid, p. 17.

[6] Ayala, F. (1978): *Galdós en su tiempo,* Universidad Internacional Menéndez Pelayo, Santander, p. 10.

[7] Ribbans, G.; Montesinos, J. F., y Gilman, S. (1982): «En torno a *Fortunata y Jacinta»,* en *Historia y crítica de la literatura española,* coord. por Francisco Rico, vol. 5, t. 1 (Romanticismo y Realismo; coord. por Iris M. Zavala), Crítica, Barcelona, p. 521.

[8] Pérez Galdós, B. (1881): *La desheredada,* Alianza Editorial, Madrid, 2018, p. 92.

[9] *Ibid.,* p. 45.

[10] Bravo-Villasante, C. (1988): ob. cit., p. 17.

[11] Cit. en Bravo-Villasante, C. (1988): ob. cit., pp. 193-194.

[12] Cit. en Shoemaker, W. H. (1973): «¿Cómo era Galdós?», en *Anales Galdosianos,* n.º 8, p. 6.

[13] Cit. en Bravo-Villasante, C. (1988): ob. cit., p. 15.

[14] González Fiol, E. *(El Bachiller Corchuelo):* «Nuestros grandes prestigios. Don Benito Pérez Galdós. Confesiones de su vida y de su obra», en la revista *Por Esos Mundos,* XXI, julio, 1910, p. 39.

[15] Cit. en Ortiz-Armengol, P. (2000): ob. cit., p. 63.

[16] Pérez Galdós, B. (1897): *Misericordia,* Alianza Editorial, Madrid, 2016, p. 98.

[17] Cit. Armas Ayala, A. (1989): ob. cit., p. 24.

[18] Arencibia, Y. (2015b): art. cit., p. 288.

[19] Pérez Vidal, J. (1979): ob. cit., pp. 204-211.

[20] Pérez Galdós, B. (1897): *Misericordia,* ed. cit., p. 283.

[21] Jover, J. M.; Gómez-Ferrer, G. y Fusi, J. P. (2007): *España: sociedad, política y civilización. Siglos XIX y XX,* Debate, Madrid, p. 207.

[22] Pérez Galdós, B. (1881): *La desheredada,* ed. cit., p. 425.

[23] Peers, A. (1973): *Historia del movimiento romántico español,* vol. II, Gredos, Madrid, p. 436.

[24] Pérez Galdós, B. (1897): *Misericordia,* ed. cit., p. 136. Vid. Francisco Cánovas (2005): *La reina del triste destino,* Corona Borealis, Madrid, pp. 183-202.

[25] Cit. en Ortiz-Armengol, P. (2000): ob. cit., p. 64.

[26] Pérez Galdós, B. (1906): *Prim,* Alianza Editorial, Madrid, 2007, pp. 84 y ss. Olmos, V. (2018): *Ágora de la libertad. Historia del Ateneo de Madrid,* t. I, Ulises, Valencina de la Concepción, 2018.

[27] Pérez Galdós, B. (1915-1916): *Memorias de un desmemoriado,* ed. cit., pp. 12-13.

[28] Ayala, F. (1978): ob. cit., pp. 7-8.

[29] Alas, L., *Clarín* (1889): ob. cit., p. 21.

III. El ocaso del régimen isabelino

[1] Vid. Cánovas, F. (1982): *El Partido Moderado,* Centro de Estudios Constitucionales, Madrid, y «Los partidos políticos en la era isabelina», en *La era isabelina y el Sexenio Democrático (1834/1874),* José María Jover Zamora (dir.): *Historia de España,* vol. XXXIV, Espasa-Calpe, Madrid, 1981.

[2] Artículos de Galdós en *La Nación;* vid. Estébanez, D. (1982): «Evolución política de Galdós y su repercusión en la obra literaria», en *Anales Galdosianos,* n.º 17, p. 9.

[3] Pérez Galdós, B. (1900): *Bodas reales,* Alianza Editorial, Madrid, 2006, pp. 17-18.

[4] Pérez Galdós, B. (1900): *Bodas reales,* ed. cit., p. 34.

[5] Lafuente, M. (1885): *Historia General de España,* vol. XXII, Montaner y Simón, Barcelona, p. 293.

[6] *La Democracia,* 25 de febrero de 1865.

[7] Rodgers, E. (2007-2008): «Galdós, Castelar y "la noche de San Daniel"», en *Anales Galdosianos,* n.º 42-43, pp. 92 y ss.

[8] Pérez Galdós, B. (1906): *Prim,* ed. cit., p. 89.

[9] Vid. Pérez Galdós, B. (1915-1916): *Memorias de un desmemoriado,* ed. cit., p. 12.

[10] *La Nación,* 23 de abril de 1965.

[11] Pérez Galdós, B. (1906): *Prim,* ed. cit., p. 98.

[12] *La Nación,* 11 de mayo de 1865.

[13] Shoemaker, W. H. (1972): *Los artículos de Galdós en La Nación. 1865-1866,* Ínsula, Madrid, p. 14.

[14] Bravo-Villasante, C. (1988): ob. cit., p. 28.

[15] *La Nación,* 18 de marzo de 1865.

[16] Cit. en Estébanez, D. (1982): art. cit., p. 10.

[17] *Revista de la Semana* en *La Nación,* 29 de marzo de 1868.

[18] Amor del Olmo, R. (2005): «Teatro bufo, parodia y sátira», en *Revista Isidora,* n.º 24, p. 83.

[19] Bravo-Villasante, C. (1988): ob. cit., p. 33.

[20] Palomo, P. (1988): «El periodismo en Galdós», en *Madrid en Galdós, Galdós en Madrid,* Consejería de Cultura de la Comunidad de Madrid, Madrid, pp. 223-230.

[21] Pérez Galdós, B. (1915-1916): *Memorias de un desmemoriado,* ed. cit., pp. 12-13.

[22] Pérez Galdós, B. (1907): *La de los tristes destinos,* Alianza Editorial, Madrid, 2019, pp. 11 y 16.

[23] Alas, L., *Clarín* (1889): ob. cit., p. 32.

[24] Alas, L., *Clarín* (1991): *Galdós, novelista,* edición e introducción de Adolfo Sotelo Vázquez, PPU, Barcelona, p. 21.

[25] Cit. En Rubio, J., y Smith, A. E. (2005-2006): «Sesenta y seis Cartas de Clarín a Galdós» (ed. lit.), en *Anales Galdosianos,* n.º 40-41, p. 103. [La cita en latín es de Virgilio, *Bucólicas,* Égloga I: «protegido bajo un haya» (Nota del Editor).]

[26] Vid. Gullón, G. (1877): «*La sombra,* novela de suspense y novela fantástica», en *Actas del I Congreso Internacional de Estudios Galdosianos,* Cabildo de Gran Canaria, Las Palmas, pp. 351-356.

[27] Pérez Galdós, B. (1915-1916): *Memorias de un desmemoriado,* ed. cit., pp. 14-15.

[28] *Ibid.,* p. 16.

[29] *Ibid.,* p. 16.

[30] Carta de Galdós a *Clarín,* cit. en Bravo-Villasante, C. (1988): ob. cit., p. 30.

IV. La revolución democrática de 1868 y el surgimiento de la novela moderna

[1] *Gaceta de Madrid,* 3 de octubre de 1868. Vid. Cánovas, F. (2005): ob. cit., pp. 7-15.

[2] *Ibid.,* p. 15.

[3] Pérez Galdós, B. (1915-1916): *Memorias de un desmemoriado,* ed. cit., p. 19.

[4] Pérez Galdós, B. (1908): *España sin rey,* Alianza Editorial, Madrid, 2009, p. 119.

[5] Vid. Estébanez, D. (1882): art. cit., p. 16.

[6] *Ibid.,* p. 17.

[7] Olmet, L. A. del, y García Carraffa, A. (1912): *Galdós,* Imprenta Alrededor del Mundo, Madrid, p. 37.

[8] Vid. Armas Ayala, A. (1989): ob. cit., pp. 158 y ss.

[9] Vid. García Pinacho, P. (2002): *La prensa como fuente y subtema de los Episodios Nacionales de Benito Pérez Galdós,* Universidad Complutense, Madrid, pp. 161-172.

[10] Alonso, C. (2009): «Imágenes de Galdós en la prensa entre dos siglos», en *Actas del VIII Congreso Internacional Galdosiano,* Casa-Museo Pérez Galdós, Las Palmas de Gran Canaria, 2009, pp. 66 y ss.

[11] Ávila, J. (2001): «La ironía de la decepción histórica», en *Anales Galdosianos,* n.º 36, p. 41.

[12] *Ibid.,* p. 47.

[13] Alas, L., *Clarín* (1881): «El libre examen y la literatura presente», en *Solos de Clarín,* Alfredo de Carlos Hierro, Madrid, pp. 51-63.

[14] Vid. Bonet, L. (ed.) (1972): *Benito Pérez Galdós. Ensayos de crítica literaria,* Península, Barcelona, pp. 115-132.

[15] Vid. López-Morillas, J. (1973): *Krausismo: estética y literatura. Antología,* Labor, Barcelona, p. 114.

[16] Lissorgues, Y. (2002): «El hombre y la sociedad contemporánea como materia novelable», en *La Restauración, II,* José María Jover Zamora (dir.): *Historia de España,* vol. XXXVI, Espasa-Calpe, Madrid, p. 434.

[17] Vid. Correa, G. (1964): «Pérez Galdós y su concepción del novelar», en *Thesaurus del Instituto Cervantes,* tomo IV, n.º 1, pp. 99-105. Gullón, G. (2009): «Galdós, novelador del mundo presente», monografía de la *Revista Isidora,* n.º 25, Madrid, pp. 10 y ss.

[18] Cit. en Bravo-Villasante, C. (1988): ob. cit., p. 91.

[19] Pérez Galdós, B. (1871): *La Fontana de Oro,* Alianza Editorial, Madrid, 2014, p. 442.

[20] Alas, L., *Clarín* (1889): ob. cit., p. 26.

[21] Pérez Vidal, J. (1987): *Galdós. Años de aprendizaje en Madrid. 1862-1868,* Vicepresidencia del Gobierno de Canarias, Las Palmas de Gran Canaria, pp. 220-222.

[22] Pérez Galdós, B. (1871): *El audaz., Historia de un radical de antaño,* Imprenta de José Noguera, Madrid, p. 25.

[23] Bravo-Villasante, C. (1988): ob. cit., p. 51.

[24] Vid. Alas, L., *Clarín* (1889): ob. cit., p. 24; y Bravo-Villasante, C: (2012): *28 cartas de Galdós a Pereda,* Biblioteca Virtual Miguel de Cervantes, Alicante.

[25] Pérez Galdós, B. (1915-1916): *Memorias de un desmemoriado,* ed. cit., p. 25.

[26] Alas, L., *Clarín* (1889): ob. cit., p. 28.

V. Retrato de la sociedad madrileña

[1] Cit. en Bravo-Villasante, C. (1988): ob. cit., p. 116.

[2] Alas, L., *Clarín* (1889): ob. cit., p. 27.

[3] Carr, R. (1970): *España, 1808-1939,* Ariel, Barcelona, pp. 197 y ss.

[4] Vid. Pérez Galdós, B. (1870): «Don Ramón de la Cruz y su época», en *Revista de España,* n.º 6, vol. XVII, 20 de noviembre de 1870, pp. 200-227.

[5] Vid. Pérez Galdós, B. (1871): *El audaz. Historia de un radical de antaño,* ed. cit., p. 65.

[6] Cit. En Oleza, J. (2002): *Galdós y la ideología burguesa: de la identificación a la crisis,* Biblioteca Virtual Miguel de Cervantes, Alicante, p. 99.

[7] Pérez Galdós, B. (1894): *Torquemada en el purgatorio,* en *Las novelas de Torquemada,* Alianza Editorial, Madrid, 2014, p. 488.

[8] Pérez Galdós, B. (1886-1887): *Fortunata y Jacinta, I,* Alianza Editorial, Madrid, 2015, t. 1, p. 135.

⁹ Pérez Galdós, B. (1923): «Fisonomías sociales», en *Obras Inéditas,* Renacimiento, Madrid, p. 122.

¹⁰ *Ibid.,* p. 97.

¹¹ Cánovas, F. (1981): ob. cit., pp. 247 y ss.

¹² Pérez Galdós, B. (1881): *La desheredada,* ed. cit., p. 154.

¹³ Vid. Estébanez, D. (1982): art. cit., p. 9.

¹⁴ Pérez Galdós, B. (1884): *La de Bringas,* Alianza Editorial, Madrid, 2015, p. 77.

¹⁵ Discurso pronunciado por Galdós el 1 de julio de 2009. *El Tribuno,* La Palmas de Gran Canaria, 24 de junio de 2009.

¹⁶ Vid. Estébanez, D. (1982): art. cit., p. 9.

¹⁷ Pérez Galdós, B. (1870): «Observaciones sobre la novela contemporánea», en *Revista de España,* vol. XV, n.º 57, pp. 162 y ss.

¹⁸ Pérez Galdós, B. (1886-1887): *Fortunata y Jacinta, I,* ed. cit., t. 1, p. 50.

¹⁹ Pérez Galdós, B. (1898): *Mendizabal,* Alianza Editorial, Madrid, 2010, p. 91.

²⁰ Pérez Galdós, B. (1881): *La desheredada,* ed. cit., p. 159.

²¹ Cit. en Bonet, L. (ed.) (1972): ob. cit., p. 184.

²² Pérez Galdós, B. (1906): *Prim,* ed. cit., p. 33.

²³ Lissorgues, Y. (2002): ob. cit., pp. 430 y ss.

²⁴ Cit. en Bravo-Villasante (1988): ob. cit., pp. 45-46.

²⁵ Zambrano, M. (1960): *La España de Galdós,* Taurus, Madrid, p. 209.

²⁶ Gullón, G. (2005): «Benito Pérez Galdós: el hombre tras el escritor», en *Revista Isidora,* n.º 1, p. 16.

²⁷ Sainz de Robles, F. (1943): «Galdós y sus criaturas madrileñas», en *La Provincia,* 14 de enero de 1943.

²⁸ Pérez Galdós, B. (1912): *Cánovas,* Alianza Editorial, Madrid, 2018, pp. 228 y ss.

VI. La época de la Restauración

¹ Arenal, C. (2000): «La mujer del porvenir», en *Obras Completas,* Atlas, Madrid, pp. 114-117.

² Pérez Galdós, B. (1915): Conferencia inaugural del ciclo «Guía Espiritual de España», 28 de marzo de 1915, Ateneo de Madrid, Sucesores de Hernando, Madrid, pp. 247 y ss.

³ Pérez Galdós, B. (1883): *El doctor Centeno,* ed. cit., p. 261.

⁴ Vid. Lida, D. (1967): «Sobre el "krausismo" de Galdós», en *Anales Galdosianos,* n.º 2, pp. 1-20.

⁵ Jover, J. M.; Gómez-Ferrer, G., y Fusi, J. P. (2007): ob. cit., pp. 412-418.

⁶ Raquejo, T. (2018): «La pintura decimonónica», en *Historia del arte, IV: El mundo contemporáneo,* Juan Antonio Ramírez (dir.), Alianza Editorial, Madrid, p. 91.

⁷ Pérez Galdós, B. (1881): *La desheredada,* ed. cit., p. 202.

⁸ Pérez Galdós, B. (1882): *El amigo Manso,* Alianza Editorial, Madrid, 2018, p. 118. [Cursivas en el original.]

[9] Pérez Galdós, B. (1886-1887): *Fortunata y Jacinta, III,* ed. cit., t. 2, p. 15. Vid. Blanco Aguinaga, C. (1994): «De vencedores y vencidos en la Restauración, según las novelas contemporáneas de Galdós», en *Anales Galdosianos,* n.º 29-30, pp. 16-46.

[10] Pérez Galdós, B. (1908): Conmemoración del cuarenta aniversario de la revolución de 1868, Santander, *El Liberal,* 29 de septiembre de 1908.

[11] Ayala, Á. (1989): «Galdós y Mesonero Romanos», en *Centenario de «Fortunata y Jacinta»,* Facultad de Ciencias de la Información, Universidad Complutense de Madrid, pp. 121 y ss.

[12] Alonso, C. (2006): «Tópicos y otros vestigios periodísticos galdosianos entre 1882 y 1901», en *Revista Isidora,* n.º 2, p. 106.

[13] Pérez Galdós, B. (1915-1916): *Memorias de un desmemoriado,* ed. cit., p. 26.

[14] Pérez Galdós, B. (1876): *Doña Perfecta,* ed. cit., p. 25.

[15] *Ibid.,* p. 105.

[16] Cit. En Rubio, J., y Smith, A. E. (2005-2006): ob. cit., p. 96. Vid. Earl Varey, J. (1982): «Doña Perfecta: motivos y actitudes», en *Historia y crítica de la literatura española,* vol. 5, t. 1, ob. cit., pp. 491-496.

[17] Kronik, J. W. (1990): *Historia de la literatura española, II,* Gredos, Madrid, p. 999. Alonso, C. (2010): *Hacia una literatura nacional 1800-1900,* vol. 5 de *Historia de la literatura española,* Crítica, Barcelona, pp. 526-528.

[18] *Ibid.,* ob. cit., p. 528.

[19] Alas, L., *Clarín* (1889): ob. cit., p. 29.

[20] Bravo-Villasante, C. (1988): ob. cit., pp. 65-66.

[21] Rubio, J., y Smith, A. E. (2005-2006): ob. cit., p. 97.

[22] Carta de Pereda a Galdós, cursada el 9 de febrero de 1877. Vid. Ortega, S. (1964): «Cartas a Galdós», en *Revista de Occidente,* Madrid, pp. 47-50.

[23] Vid. Bravo-Villasante, C. (2012): art. cit., p. 23.

[24] Menéndez Pelayo, M.; Pereda, J. M., y Pérez Galdós, B.: *Discursos leídos ante la Real Academia Española en las recepciones públicas del 7 y el 21 de febrero de 1897,* Tello, Madrid, 1897, p. 154. Cit. en Bonet, L. (1972): ob. cit., cap. «José María Pereda, escritor».

[25] Pérez Galdós, B. (1878): *La familia de León Roch,* Alianza Editorial, Madrid, 2004, p. 22.

[26] *Ibid.,* p. 488.

[27] Rubio, J., y Smith, A. E. (2005-2006): art. cit., pp. 71 y 99.

[28] Alas, L., *Clarín* (1889): ob. cit., p. 32.

[29] Shoemaker, William H. (1973): art. cit., p. 17.

[30] Cit. en Herrera, M. (2006): *Consideraciones sobre la ceguera de Galdós,* Real Sociedad Económica de Amigos del País de Gran Canaria, Las Palmas, p. 19.

[31] Cit. en Mainer, J.-C. (2010): *Modernidad y nacionalismo 1900-1939,* vol. 6 de *Historia de la literatura española,* Crítica, Barcelona, p. 95.

[32] Cit. en Ortiz-Armengol, P. (2000): ob. cit., p. 179.

[33] Bravo-Villasante, C. (1988): ob. cit., p. 98.

[34] Cit. Bonet, L. (1972): ob. cit., p. 81.

[35] Olmet, L. A. del, y García Carraffa, A. (1912): ob. cit. Vid. Ortiz-Armengol, P. (2000): ob. cit., p. 42.

[36] Alas, L., *Clarín* (1889): ob. cit., p. 37.

[37] Carta de 10 de marzo de 1887, reproducida en Pardo Bazán. E. (2015): *Miquiño mío. Cartas a Galdós,* Isabel Parreño y Juan Manuel Hernández (eds.), Turner, Madrid.

[38] *Ibid.,* carta de 26 de febrero de 1889.

[39] *Ibid.,* carta de 28 de septiembre de 1889.

[40] Pérez Galdós, B. (1892): *Tristana,* Alianza Editorial, Madrid, 2011, p. 69.

[41] Vid. Ortiz-Armengol, P. (2000): ob. cit., p. 366.

[42] Herrera, M. (2009): *Amores, amoríos y rumores en la vida de Galdós,* Biblioteca Virtual Miguel de Cervantes, Alicante.

[43] Cit. Ortiz-Armengol, P. (2000): ob. cit., p. 244.

[44] Alas, L., *Clarín* (1889): ob. cit., p. 39.

[45] Carta de 2 de marzo de 1884. Vid. Ortiz-Armengol, P. (2000): ob. cit., p. 223.

[46] Pérez Galdós, B. (1915-1916): *Memorias de un desmemoriado,* ed. cit., p. 38.

[47] *Ibid.,* pp. 38-39.

[48] *Ibid.,* p. 43.

[49] Solicitud presentada al presidente de la RAE el 6 de diciembre de 1888.

[50] Vid. Ortiz-Armengol, P. (2000): ob. cit., pp. 344-347.

[51] Pérez Galdós, B. (1897): *Discursos leídos en la Real Academia Española,* 7 de febrero de 1897, Viuda e Hijos de Tello, Madrid, p. 8.

[52] *Ibid.,* p. 16.

[53] Discurso de contestación de Menéndez Pelayo, *ibid.,* pp. 20 y ss.

VII. Los *Episodios Nacionales*

[1] Pérez Galdós, B. (1908): *España sin rey,* Alianza Editorial, Madrid, 2009, p. 7.

[2] Hinterhäuser, H., y Gullón, R. (1982): «Historia y novela de los Episodios Nacionales», en *Historia y crítica de la literatura española,* vol. 5, t. 1, ob. cit., pp. 548-552.

[3] Zambrano, M. (1960): ob. cit., pp. 34 y 126.

[4] Bravo-Villasante, C. (1988): ob. cit., p. 46.

[5] Pérez Galdós, B. (1873): *Trafalgar,* Alianza Editorial, Madrid, 2018, p. 97.

[6] Cit. Bravo-Villasante, C. (1988): ob. cit., pp. 44-45.

[7] *Ibid.,* p. 41.

[8] Casalduero, J. (1970): *Vida y obra de Galdós,* Gredos, Madrid, p. 63.

[9] Pérez Galdós, B. (1877): *El terror de 1824,* Alianza Editorial, Madrid, 2012, p. 10.

[10] *Ibid.,* p. 217.

[11] Cit. en Bravo-Villasante, C. (1988): ob. cit., p. 93.

[12] Alas, L., *Clarín* (2005): *Obras completas,* V, Nobel, Oviedo, pp. 920-921.

[13] Alas, L., *Clarín* (1991): ob. cit., p. 287.

[14] Pérez Galdós, B. (1879): *Un faccioso más y algunos frailes menos,* Alianza Editorial, Madrid, 2005, p. 242.

[15] Pérez Galdós, B. (1900): *Bodas reales,* ed. cit., p. 18.

[16] Hinterhäuser, H., y Gullón, R. (1982): ob. cit., p. 552. Cfr. García Castañeda, S. (2008): «Introducción a la Tercera Serie de los Episodios Nacionales», en *Revista Isidora,* n.º 9, Isidora Ediciones, pp. 5-24.

[17] Valle-Inclán, R. (1902): *La correspondencia de España,* 6 de julio de 1902.

[18] Sánchez Pérez, F. (2006): «La imagen de la primera República en Galdós y en Sender: el mito de la revolución», en Arencibia, Y., y Bahamonde, B. (coords.) (2006): *Galdós en su tiempo,* Santa Cruz de Tenerife, Parlamento de Canarias, pp. 327 y 355.

[19] Pérez Galdós, B. (1911): *La Primera República,* Madrid, Alianza Editorial, 2010, p. 218.

[20] Pérez Galdós, B. (1906): *Amadeo I,* Alianza Editorial, Madrid, 2007, pp. 90-91.

[21] Cit. en Behiels, L. (2001): *La cuarta serie de los Episodios Nacionales de Benito Pérez Galdós. Una aproximación temática y narratológica,* Iberoamericana, Madrid, p. 309.

[22] Alonso, C. (2010): ob. cit., p. 499.

[23] *Ibid.,* p. 499.

[24] Pérez de Ayala, R. (1935): «La gloria de don Benito Pérez Galdós», en *Diario de Las Palmas,* 10 de mayo de 1935.

[25] Hinterhäuser, H. (1963): *Los Episodios Nacionales de Benito Pérez Galdós,* Gredos, Madrid, p. 266.

[26] Ferreras, J. I. (2005): *Introducción a los «Episodios Nacionales»,* Promoción y Ediciones, Madrid, pp. XXIII y ss.

VIII. Las grandes novelas galdosianas

[1] Cardona, R. (2010): «Notas sobre las bases filosóficas del realismo en la literatura y las artes plásticas», en *Revista Isidora,* n.º 12, p. 25.

[2] Jover, J. M.; Gómez-Ferrer, G., y Fusi, J. P. (2007): ob. cit., pp. 412-418.

[3] Pérez Galdós, B. (1901): presentación de la *Revista Electra,* 16 de mayo de 1901.

[4] Alonso, C. (2010): ob. cit., p. 540.

[5] Alas, L., *Clarín* (1881): «El libre examen y la literatura presente», en *Solos de Clarín,* Alfredo de Carlos Hierro, Madrid, pp. 51-63; cit. en Beser, S. (1972): *Leopoldo Alas: teoría y crítica de la literatura española,* Laia, Barcelona, p. 43.

[6] Pérez Galdós, B. (1881): *La desheredada,* ed. cit., p. 45.

[7] *Ibid.,* p. 60.

[8] Gullón, G. (2014): *La desheredada,* monografía de la *Revista Isidora,* n.º 25, Madrid, pp. 117 y ss.

[9] Pérez Galdós, B. (1881): *La desheredada,* ed. cit., p. 426.

[10] Ricard, R. (1979): «Innovaciones de *La desheredada*», en *Historia y crítica de la literatura española,* vol. 5, t. 1, ob. cit., p. 501. Cfr. Kronik, J. W. (1990): ob. cit., p. 999.

[11] Cit. en Bravo-Villasante, C. (1988): ob. cit., p. 116.

[12] «Cartas de Francisco Giner de los Ríos a Galdós» (1872), conservadas en el Archivo de la Casa-Museo Pérez Galdós, Las Palmas de Gran Canaria. Vid. Penalva, J. J. (2015): «Giner de los Ríos, crítico literario», en *Anales de Literatura Española,* n.º 27, pp. 131-138.

[13] Pérez Galdós, B. (1881): *La desheredada*, dedicatoria de la obra, Madrid, La Guirnalda, p. V.

[14] Lida, D. (1979): «Amor y pedagogía en *El amigo Manso*», en *Historia y crítica de la literatura española*, vol. 5, t. 1, ob. cit., p. 507.

[15] Pérez Galdós, B. (1882): *El amigo Manso*, ed. cit., p. 10.

[16] Alas, L., *Clarín* (1882): «El amigo Manso», en *El Día*, n.º 752, 19 de junio de 1882.

[17] Kronik, J. W. (1990): ob. cit., p. 999.

[18] Lissorgues, Y. (2002): ob. cit., p. 431.

[19] Gullón, G. (1970/1971): «La unidad del Doctor Centeno», en *Cuadernos Hispanoamericanos,* n.º 250-252, p. 580.

[20] *Ibid.,* ob. cit., p. 583.

[21] Pérez Galdós, B. (1883): *El doctor Centeno,* ed. cit., pp. 231-232.

[22] Casalduero, J. (1970): ob. cit., p. 18.

[23] Rubio, J., y Smith, A. E. (2005-2006): art. cit., p. 136.

[24] Alas, L., *Clarín* (1991): ob. cit., p. 118. Vid. Rubio, J., y Smith, A. E. (2005-2006): art. cit., pp. 111-112.

[25] Mainer, J.-C. (1982): «Prólogo», en Fuentes, V. (1982): *Galdós, demócrata y republicano: escritos y discursos, 1907-1913,* Santa Cruz de Tenerife, Cabildo Insular de Gran Canaria y Universidad de La Laguna, p. 13.

[26] Andreu, A. (1979): «El intertexto folletinesco en *Tormento*», en *Historia y crítica de la literatura española,* vol. 5, t. 1, ob. cit., pp. 315-319.

[27] Pérez Galdós, B. (1884): *Tormento,* ed. cit., pp. 338 y 339.

[28] *Ibid.,* p. 344.

[29] *Ibid.,* p. 43.

[30] Casalduero, J. (1970): ob. cit., p. 96.

[31] Comellas, M. (2016): *Entre Historias fingidas y verdaderas: (el)Tormento de Galdós,* Biblioteca Virtual Miguel de Cervantes, Alicante.

[32] Gullón, R. (1979): «El mundo de Las Bringas», en *Historia y crítica de la literatura española,* vol. 5, t. 1, ob. cit., p. 510.

[33] Pérez Galdós, B. (1884): *La de Bringas,* ed. cit., p. 23.

[34] *Ibid.,* p. 293.

[35] Pérez Galdós, B. (1885): *Lo prohibido,* Alianza Editorial, Madrid, 2018, p. 331.

[36] *Ibid.,* pp. 497-498.

[37] Montesinos, J. F. (1969): *Galdós, II,* Castalia, Madrid, p. 203.

[38] Pérez Galdós, B. (1886-1887): *Fortunata y Jacinta,* ed. cit., t. 1, p. 118.

[39] Cit. en Ribbans, G.; Montesinos, J. F., y Gilman, S. (1982): ob. cit., p. 522.

[40] Gullón, R. (1968): «Estructura y diseño en *Fortunata y Jacinta*», en *Papeles de Son Armadans,* n.º CXLIII-CXLIV, p. 1.

[41] Pérez Galdós, B. (1886-1887): *Fortunata y Jacinta,* ed. cit., t. II, p. 587.

[42] *Ibid.,* t. II, p. 590.

[43] Cook, T. (1976): *El feminismo en la novela de la condesa de Pardo de Bazán,* Diputación Provincial de La Coruña, La Coruña, 1976, p. 181.

[44] Gullón, G. (2006): «La representación del espacio público en Galdós *(Fortunata y Jacinta)*», en *Galdós en su tiempo* (2006): ob. cit., p. 254.

[45] Ribbans, G.; Montesinos, J. F., y Gilman, S. (1982): ob. cit., p. 521.

[46] Alonso, C. (2010): ob. cit., pp. 566-568.

[47] Rubio, J., y Smith, A. E. (2005-2006): ob. cit., pp. 110-112.

[48] Kronik, J. W. (1990): ob. cit., pp. 1000-1001.

[49] Arencibia, Y. (2006): «Seres inolvidables: los personajes de *Fortunata y Jacinta*», en *Galdós en su tiempo,* ob. cit., pp. 259 y 285.

[50] Pérez Galdós, B. (1888): *Miau,* ed. cit., p. 57.

[51] Casalduero, J. (1970): ob. cit., pp. 93-97.

[52] Shoemaker, W. H. (1963-1964): «Una amistad literaria: La correspondencia epistolar entre Galdós y Narcís Oller», en *Boletín de la Real Academia de Buenas Letras,* vol. XXX, Barcelona.

[53] Alas, L., *Clarín* (1888): «Miau», en *La Justicia,* 9-11 de junio de 1888, cit. en Jesús Rubio (2006): ob. cit., pp. 113-114.

[54] Shoemaker, W. H. (1979): «Miau», en *Historia y crítica de la literatura española,* vol. 5, t. 1, ob. cit., pp. 537-540.

[55] Vid. Ortiz-Armengol, P. (2000): ob. cit., pp. 283 y ss.

[56] Pérez Galdós, B. (1891): *Ángel Guerra,* Madrid, Alianza Editorial, t. I, p. 121.

[57] Valle-Inclán, R. del (1931): «Ángel Guerra», en *El Globo,* 13 de agosto de 1891. Vid. Pérez Galdós, B. (1979): *El escritor y la crítica,* Taurus, Madrid, 1979, pp. 317-319.

[58] Ortiz-Armengol, P. (2000): ob. cit., pp. 287 y ss.

[59] Blanco Aguinaga, C. (1979): «La determinación social de Torquemada», en *Historia y crítica de la literatura española,* vol. 5, t. 1, ob. cit., p. 536.

[60] Pérez Galdós, B. (1893): *Torquemada en la cruz,* en *Las novelas de Torquemada,* Alianza Editorial, Madrid, 2014, p. 492.

[61] Pérez Galdós, B. (1897): *Torquemada en el purgatorio,* en *Las novelas de Torquemada,* Alianza Editorial, Madrid, 2014, p. 282.

[62] Casalduero, J. (1970): ob. cit., pp. 143-144.

[63] Pérez Galdós, B. (1892): *Tristana,* ed. cit., p. 46.

[64] *Ibid.,* p. 48.

[65] *Ibid.,* pp. 62-63.

[66] *Ibid.,* p. 67.

[67] Zambrano, M. (1960): ob. cit., p. 162.

[68] Smith, G. (1975): «Galdós, *Tristana,* and letters from Concha-Ruth Morell», en *Anales Galdosianos,* n.º 10, pp. 91 y ss.

[69] Pérez Galdós, B. (1895): *Nazarín,* Alianza Editorial, Madrid, 2016, p. 224.

[70] Goldman, P. B. (1974): «Galdós and the Aesthetic of Ambiguity: Notes on a thematic estructura of *Nazarín*», en *Anales Galdosianos,* n.º 9, pp. 99-112.

[71] Pérez Galdós, B. (1895): *Halma,* Madrid, Sucesores de Hernando, 1913, p. 338.

[72] Pérez Galdós, B: *Misericordia,* prólogo de la edición de 1913, Thomas Nelson and Son Editores, París, pp. 1 y 2.

[73] Pérez Galdós, B. (1897): *Misericordia,* ed. cit., pp. 56-57.

[74] *Ibid.,* p. 274.

[75] Zambrano, M. (1960): ob. cit., pp. 43, 77 y 125.

[76] *Ibid.,* p. 33.

[77] Gullón, G. (1982): «Galdós en el vértice de la modernidad», en *Historia y crítica de la literatura española,* vol. 5, t. 1, ob. cit., p. 311.

[78] *Ibid.,* p. 313.

[79] Cardona, R. (2010): «Pensamiento sobre la novela hoy con referencia a la obra de Galdós», en *Revista Isidora,* n.º 12, pp. 39 y 43.

[80] Seco, M.: «Galdós: lenguaje, individuo y sociedad», prólogo a Rafael Rodríguez Marín (1996): *La lengua como elemento caracterizador en las "Novelas españolas contemporáneas" de Galdós,* Secretariado de Publicaciones e Intercambio Científico, Universidad de Valladolid, Valladolid.

[81] Cernuda, L. (1971): *Galdós. Poesía y Literatura, I y II,* Seix Barral, Barcelona, p. 67.

IX. Las obras de teatro

[1] Pérez Galdós, B. (1915-1916): *Memorias de un desmemoriado,* ed. cit., p. 12.

[2] Alas, L., *Clarín* (1889): ob. cit., p. 25.

[3] Vid. Rubio, J., y Smith, A. E. (2005-2006): ob. cit., p. 118.

[4] Vid. Cernuda, L. (1971): *Poesía y literatura, I y II,* Seix Barral, Barcelona. Asimismo, Rodríguez Padrón, J. (1971): *Galdós, el teatro y la sociedad de su época,* en *Cuadernos Hispanoamericanos,* n.º 250-252, pp. 628-629.

[5] Pérez Galdós, B. (1905): «Prólogo» a la edición de *Casandra,* República de las Letras, marzo de 1905; vid. Bravo-Villasante, C. (1988): ob. cit., p. 146.

[6] Mainer, J.-C. (1979): «Novela y teatro en Galdós», en *Historia y crítica de la literatura española,* vol. 5, t. 1, ob. cit., pp. 558-562.

[7] Gies, D. T. (2003): «El teatro en la España del siglo XIX», Akal, Madrid, pp. 472-478.

[8] Rodríguez Padrón, J. (1971): ob. cit., p. 633.

[9] Bravo-Villasante, C. (1988): ob. cit., p. 147.

[10] Pérez Galdós, B. (1915-1916): *Memorias de un desmemoriado,* ed. cit., p. 88.

[11] Carta de Galdós a *Clarín,* 17 de enero de 1990, en Rubio, J. (2006): ob. cit., p. 120.

[12] Pardo Bazán, E. (1982): *«Realidad,* drama de don Benito Pérez Galdós», en *Nuevo teatro crítico, II,* La España Editorial, Madrid, pp. 61-62.

[13] Cit. en Alas, L., *Clarín* (1892): *La correspondencia de España,* 17 de marzo de 1892.

[14] Amor del Olmo, R. (2009): «Introducción» a *Benito Pérez Galdós. Teatro completo,* Ed. Cátedra, Madrid, p. 54.

[15] Carta de Galdós a *Clarín,* 4 de enero de 1894. Vid. J. Rubio (2006): ob. cit., p. 177.

[16] Pérez Galdós, B. (1915-1916): *Memorias de un desmemoriado,* ob. cit., p. 92.

[17] Pérez Galdós, B. (1894): «Prólogo» a *Los condenados,* Imprenta José Rodríguez, p. V.

[18] *Las Novedades,* 28 de febrero de 1895, cit. en Rubio, J. (2006): ob. cit., pp. 119-120.

[19] Bravo-Villasante, C. (1988): ob. cit., p. 153.

[20] Pérez Galdós, B. (1901): *Electra,* en *Teatro completo,* Cátedra, Madrid, 2009, p. 784.

[21] *Ibid.,* pp. 785-786.

[22] Berenguer, A. (1988): *Los estrenos teatrales de Galdós en la crítica de su tiempo,* Comunidad de Madrid, Madrid, pp. 334-335.

[23] Cit. en Finkenthal, S. (1980): «Galdós en 1913», en *Actas del VI Congreso de la AIH,* Universidad de Toronto, Toronto, pp. 245-247.

[24] Martínez Ruiz, J., Azorín (1901): «Electra», en *El País,* 31 de enero de 1901.

[25] Cit. En Cardona, R. (2010): «Galdós y la generación del 98», en *Revista Isidora,* n.º 12, Madrid, p. 137.

[26] Bravo-Villasante, C. (1988): ob. cit., p. 154.

[27] Cit. En Amor del Olmo, R. (2018): *Galdós. Diálogos biográficos,* Isidora Ediciones, Madrid, p. 415.

[28] Pérez Galdós, B. (1901): *Casandra,* en *Teatro completo,* Cátedra, Madrid, 2009, p. 1336.

[29] *Ibid.,* p. 1348.

[30] Carta de 18 de diciembre de 1905, En Ortega, S. (1964): art. cit., p. 442.

[31] Pérez de Ayala, R. (1979): *Benito Pérez Galdós. El escritor y la crítica,* Taurus, Madrid, pp. 317-319. La crítica de periódicos y revistas al estreno de *Casandra* puede verse en Belenguer, Á. (1988): *Los estrenos teatrales de Galdós en la crítica de su tiempo,* Consejería de Cultura, Madrid, pp. 410-425.

[32] Amor del Olmo, R. (2009): ob. cit., pp. 312 y ss.

[33] Pérez Galdós, B. (1913): *Celia en los infiernos,* en *Teatro completo,* Cátedra, Madrid, 2009, p. 1387.

[34] *Ibid.,* p. 1438.

[35] Pérez Galdós, B. (1913): «Dedicatoria» de la obra *Celia en los infiernos,* Librería de los Sucesores de Hernando, Madrid, página introductoria de la obra.

[36] Bueno, M. (1913): «Celia en los infiernos», en *El Heraldo de Madrid,* 10 de diciembre de 1913.

[37] Pérez Galdós, B. (1918): *Santa Juana de Castilla,* en *Teatro completo,* Cátedra, Madrid, 2009, p. 1653.

[38] *Ibid.,* p. 1662.

[39] *Ibid.,* p. 1667.

[40] Finkenthal, S. (1980): ob. cit., p. 197.

[41] Cit. En Amor del Olmo, R. (2009): ob. cit., pp. 26-27.

[42] Rodríguez Padrón, J. (1971): ob. cit., pp. 629-640.

[43] Alvar, M. (1970): «Novela y teatro en Galdós», en *Prohemio.* n.º 1, pp. 157-202. Reproducido en *Estudios y ensayo de literatura contemporánea,* Madrid, Gredos, 1971.

X. Arte y literatura: dibujo, crítica y coleccionismo

[1] Pérez Galdós, B. (1923): *Arte y crítica,* II, Madrid, Ed. Renacimiento, p. 39.

[2] *Ibid.,* p. 46.

[3] *Ibid.,* p. 48.

[4] Pérez Vidal, J. (1979): ob. cit., pp. 204-211.

[5] Arencibia, Y. (2015a): art. cit., p. 245.

[6] Hernández, S. (2006): «Galdós, artista gráfico», en *Galdós en su tiempo,* ob. cit., pp. 291 y ss.

[7] Cit. en Shoemaker, W. H. (1973): art. cit., p. 10.

[8] Herrera, M. (2006): ob. cit., pp. 296-297. Madariaga, B. (2005): *Galdós en Santander,* Santander, Librería Estudio, pp. 309 y ss.

[9] Alfieri, J. J. (1968): «El arte pictórico en las novelas de Galdós», en *Anales Galdosianos,* n.º 3, p. 80.

[10] Pérez Galdós, B. (1888): *Miau,* ed. cit., p. 51.

[11] Cit. en Arencibia, Y. (2015a): art. cit., p. 250.

[12] Pérez Galdós, B. (1907): *La de los tristes destinos,* ed. cit., p. 295.

[13] Dorca, T. (2009-2010): «Manuel Godoy y el Capricho 56 de Goya en la primera serie de los Episodios Nacionales. Anatomía de una crisis», en *Anales Galdosianos,* n.º 44 y 45, pp. 27-40.

[14] Pérez Galdós, B. (1907): *La de los tristes destinos,* ed. cit., p. 164.

[15] *Ibid.,* p. 168.

[16] *Ibid.,* p. 168.

[17] Periódico *La Nación,* 10 de febrero de 1868. Vid. Shoemaker (1972): ob. cit., pp. 416-417. *Revista del Movimiento Intelectual de Europa,* II, 19 de marzo de 1867. Cfr. Guereña, J. L. (1990): «Galdós en la Exposición Universal de París de 1867», *Actas del III Congreso Galdosiano,* Casa-Museo Pérez Galdós, vol. I, Las Palmas de Gran Canaria, pp. 42-46.

[18] *La Nación,* 10 febrero de 1868, cit. en Guereña J. L. (1990): ob. cit., p. 52.

[19] *Revista del Movimiento Intelectual de Europa,* 15 de noviembre de 1867, cit. en Guereña, J. L. (1990): ob. cit., p. 41.

[20] *La Nación,* 16 de febrero de 1868.

[21] *La Nación,* 29 de marzo de 1868.

[22] *La Nación,* 16 de mayo de 1868.

[23] Behiels, L. (2007): «Los artículos de crítica artística de Galdós en La Prensa», *Actas del XVI Congreso de la Asociación Internacional de Hispanistas,* París, vol. II, pp. 290 y ss.

[24] Pérez Galdós, B. (1923): ob. cit., p. 10.

[25] *Ibid.,* pp. 22-23.

[26] Cit. en Shoemaker, W. H. (1973): ob. cit., p. 15.

[27] Bly, P. A. (2000): *Galdós y la historia,* Dovehouse Editions, Ottawa, 1988. «Galdosian Bibliographies», en *Anales Galdosianos,* XXXV, pp. 93-100.

XI. La vinculación de Galdós con Santander

[1] Vid. Pérez Galdós, B. (1876): *Cuarenta Leguas por Cantabria,* prólogo de Yolanda Arencibia, La Palmas, Cabildo de Gran Canaria, 2018. Madariaga, B. (1979): *Pérez Galdós. Biografía santanderina,* Institución Cultural de Cantabria, Santander; *Pérez Galdós en Santander,* Librería Estudio, Santander, 2005; «Paseo biográfico de Pérez Galdós por Cantabria», En *Revista Isidora,* n.º 26, 2012, pp. 62-69.

[2] Madariaga, B. (2005): ob. cit., pp. 28-29.

[3] Cit. en Shoemaker, W. H. (1973): ob. cit., p. 14.

[4] Usabel, A. Á. (2013): «Galdós, vecino de Santander», blogspot, 20 de septiembre de 2013.

[5] Shoemaker, W. (1973): ob. cit., p. 11.

[6] Fuentes, V. (1982): ob. cit., pp. 34-35. Madariaga, B. (2012): «Pérez Galdós y Pablo Iglesias. Semblanza de una época: la Conjunción Republicano-Socialista», en *Revista Isidora,* n.º 24, pp. 38-47.

[7] Discursos leídos ante la Real Academia Española, José María de Pereda y Benito Pérez Galdós, 21 de febrero de 1897, RAE, p. 31.

[8] Madariaga, B. (1984): *Menéndez Pelayo, Pereda y Galdós: ejemplo de una amistad,* Santander, pp. 15-16. Introducción a los discursos leídos en la RAE el 7 y el 21 de febrero de 1897, UIMP, Santander, pp. XI-XLIII.

[9] Cit. en Madariaga, B. (1984): ob. cit., p. 17.

[10] En *El Eco Montañés,* 9 de febrero de 1901. Vid. Madariaga, B. (1979): art. cit., p. 9.

[11] Periódico *España,* 5 de agosto de 1904. Cit. en Ortiz-Armengol, P. (2000): ob. cit., pp. 431-432.

[12] Escola, F. (1912): «Galdós en el Sardinero», en *El País,* 25 de agosto de 1912.

[13] Ortiz-Armengol, P. (2000): ob. cit., p. 477. Cfr. Mesa, T. (2018): «El premio Nobel de literatura negado a Benito Pérez Galdós», en *Revista Isidora,* n.º 34, p. 168.

[14] Carta de Galdós a Teodosia Gandarias de 16 de julio de 1907. Porter, P. A. (1991): «La correspondencia de Benito Pérez Galdós con Teodosia Gandarias», en *Anales Galdosianos,* n.º 26, 1991, pp. 57-75.

[15] Rodríguez Puértolas, J. (1993): «Notas sobre las críticas a Galdós: ultramontanos, fascistas y modernos varios», en *Actas del IV Congreso Internacional de Estudios Galdosianos,* vol. II, Cabildo de Gran Canaria, Las Palmas, pp. 216 y ss.

XII. La crisis de fin de siglo y el regeneracionismo

[1] Cánovas, F. (2015): *Historia de Orihuela,* Orihuela, Codex, p. 283.

[2] Mainer, J.-C. (2010): ob. cit., pp. 125 y ss.

[3] Baroja, P. (1982): *Desde la última vuelta del camino, Memorias, I-III,* Barcelona, Tusquets, pp. 157-170.

[4] Artículos publicados por Azorín en *ABC,* en febrero de 1913. Vid. Martínez Ruiz, J., Azorín (1961): *La generación del 98,* Salamanca, Anaya, pp. 26 y 27.

[5] Unamuno, M. de (1916): «De las tristezas españolas: nuestra egolatría de los del 98», en *El Imparcial*, 31 de enero de 1916, recogido en Unamuno, M. de (1972): *Libros y autores españoles contemporáneos*, Madrid, Espasa-Calpe, p. 133. Cfr. Pascual Martínez, P. (1998): «Galdós, los escritores y el 98», en *Actas del XIII Congreso de la Asociación Internacional de Hispanistas, II*, Madrid, pp. 344-352.

[6] Alonso, C. (2010): ob. cit., p. 612.

[7] Costa, J. (1901): *Oligarquía y caciquismo como la forma actual de gobierno de España*, Madrid, Alianza Editorial, 1969, pp. 28-30.

[8] Ortí, A. (1975-1976): *Oligarquía y caciquismo*, Madrid, Ediciones de la Revista del Trabajo, vols. I y II. Sobre este asunto, véase el volumen completo titulado *Centenario de la información de 1901 del Ateneo de Madrid sobre Oligarquía y caciquismo*, Ateneo de Madrid, Fundamentos, Madrid, 2003.

[9] Mainer, J.-C. (2010): ob. cit., p. 126.

[10] Marañón, G. (1966): *Elogio y nostalgia de Toledo*, Madrid, Espasa-Calpe, p. 152.

[11] Pérez Galdós, B. (1901): prólogo a *La Regenta* de *Clarín*, Madrid, Alianza Editorial, 1996, p. VII.

[12] Revista *Alma Española*, año I, n.º 1, 8 de noviembre de 1903, Madrid, pp. 1 y 2.

[13] Martínez Ruiz, J., Azorín (1912): «Galdós», en *Lecturas españolas, Obras Completas*, II, Madrid, Aguilar, 1947, pp. 629 y 630.

[14] Carta de 30 de noviembre de 1898, en Unamuno, M. de (1967): *Cartas de archivo de Galdós*, Madrid, Taurus, pp. 52-56.

[15] Valle-Inclán, R. del (1902): *La correspondencia de España*, 6 de julio de 1902.

[16] Vid. Cascajares, A. M. de (1894): *La organización política de los católicos españoles*, Valladolid, Establecimiento Tipográfico H. J. Pastor, pp. 33 y ss.

[17] Vid. Callahan, W. J. (2007): *La Iglesia católica en España (1875-1931)*, Barcelona, Crítica.

[18] Cit. En Ortiz-Armengol, P. (2000): ob. cit., p. 384.

[19] Cit. En Ibarra, F. (1971): «Clarín-Galdós: Una amistad», en *Revista Archivum*, Universidad de Oviedo, n.º 21, p. 72.

[20] Pérez Galdós, B. (1901): Prólogo a *La Regenta*, ed. cit., pp. VI-XIX.

[21] Mainer, J.-C., y Ara, J. C. (Ed.) (2004): *Prosa crítica. Benito Pérez Galdós*, Espasa-Calpe, Madrid, pp. 859-871.

[22] Pérez Galdós, B. (1904): *O'Donell*, Madrid, Alianza Editorial, 2008, pp. 7-8.

[23] Carta de 16 de julio de 1907. Vid. De la Nuez Caballero, S. (ed.) (1993): *El último gran amor de Galdós. Cartas a Teodosia Gandarias desde Santander (1907-1915)*, Ayuntamiento de Santander, Santander.

[24] Porter, P. A. (1991): «La correspondencia de Benito Pérez Galdós con Teodosia Gandarias», en *Anales Galdosianos*, n.º 26, pp. 57-75.

[25] Cit. En Shoemaker, W. (1973): art. cit., p. 17.

[26] Casanova, J., y Gil, C. (2009): *Historia de España en el siglo xx*, Ariel, Barcelona, p. 32.

XIII. Conversaciones con la reina Isabel II

[1] Carta cursada por Paul Milliet a Galdós el 23 de marzo de 1901. Cit. en Luis López (2013): «El estreno de Electra en París», en *Anuarios de Estudios Atlánticos,* Las Palmas de Gran Canaria, Casa de Colón, p. 405.

[2] Vid. López, L. (2013): ob. cit., pp. 405-410.

[3] Pérez Galdós, B. (1915-1916): «La reina Isabel», anexo de *Memorias de un desmemoriado,* ob. cit., p. 127.

[4] Vid. Cánovas, F. (2005): ob. cit., pp. 252 y ss.

[5] Carta reproducida por Bravo-Villasante, C. (1988): ob. cit., p. 163.

[6] Pérez Galdós, B. (1915-1916): ob. cit., p. 127.

[7] *Ibid.,* pp. 127-128.

[8] *Ibid.,* pp. 130-131.

[9] *Ibid.,* pp. 128-130.

[10] *Ibid.,* p. 128.

[11] *Ibid.,* pp. 130-131.

[12] *Ibid.,* p. 131.

[13] *Ibid.,* pp. 132-133.

[14] *Ibid.,* p. 133.

[15] *Ibid.,* pp. 133-134.

[16] *Ibid.,* p. 134.

[17] Cánovas, F. (2005): ob. cit., pp. 269-270.

[18] Pérez Galdós, B. (1915-1916): ob. cit., p. 134.

[19] *Ibid.,* p. 135.

[20] Cánovas, F. (2005): ob. cit., p. 273.

[21] Cit. en Espadas, M.(2004): «Isabel II: los años del exilio», en Pérez Garzón, J. S. (ed.) (2004): *Isabel II: los espejos de la reina,* Madrid, Marcial Pons, p. 301.

[22] Cánovas, F. (2005): ob. cit., pp. 274-276.

[23] Pérez Galdós, B. (1915-1916): ob. cit., pp. 137-138.

[24] Ferreras, J. I. (2005): ob. cit., pp. XVIII-XXVI.

[25] Pérez Galdós, B. (1907): *La de los tristes destinos,* ed. cit., pp. 32 y 228.

[26] *Ibid.,* p. 82.

[27] *Ibid.,* p. 77.

[28] *Ibid.,* p. 111. Vid. Adelantado, V. (2011): «La de los tristes destinos», en *Revista Isidora,* n.º 17, pp. 153-165.

[29] Pérez Galdós, B. (1907): *La de los tristes destinos,* ed. cit., p. 298.

[30] Pérez Galdós, B. (1907): *La de los tristes destinos,* ed. cit., p. 298.

[31] Pérez Galdós, B. (1907): *La de los tristes destinos,* ed. cit., p. 306.

XIV. El compromiso demócrata y republicano

[1] Carta remitida desde Santander el 31 de julio de 1906.
[2] Carta publicada por Bravo-Villasante, C. (1988): ob. cit., p. 179.
[3] Pérez Galdós, B. (1907): *La de los tristes destinos,* ed. cit., pp. 56-57.
[4] Pérez Galdós, B. (1909): *La España trágica,* ed. cit., pp. 241-242.
[5] *El Liberal,* 6 de abril de 1907. Vid. Víctor Fuentes (1982): ob. cit., p. 53.
[6] Cit. en Fuentes, V. (1982): ob. cit., p. 55.
[7] *Nueva España,* 1 de mayo de 1907.
[8] *La República de las Letras,* 22 de junio de 1907. Vid. Ortiz-Armengol, P. (2000): ob. cit., p. 449.
[9] Cit. en Casanova, J., y Gil, C. (2009): ob. cit., p. 45.
[10] Vid. Fuentes, V. (1982): ob. cit., p. 64.
[11] *El Imparcial,* 29 de mayo de 1908.
[12] *El País,* 2 de mayo de 1908.
[13] Cit. en Miranda, S. (1982): «Religión y clero en la gran novela española del siglo xix», Sevilla, Universidad de Sevilla, pp. 149-150.
[14] García Lorca, F. (1908): *Obras, VI, Prosa 1,* Madrid, Akal, 1994, p. 356.
[15] *El Liberal,* 17 de mayo de 1909.
[16] Casanova, J., y Gil, C. (2009): ob. cit., pp. 46-48. Un excelente tratamiento de la Semana Trágica de Barcelona puede verse en Romero-Maura, J. (1989): «La rosa de fuego. El obrerismo barcelonés de 1889 a 1909», Madrid, Alianza Editorial.
[17] Pérez Galdós, B. (1909): «Al pueblo español», Discurso publicado por *El País* y *España Nueva* el 6 de octubre de 1909.
[18] *Ibid.*
[19] *El Liberal,* 8 de noviembre de 1909.
[20] Cit. en Olmet, L. A. del, y García Caraffa, A. (1912): *Los grandes españoles. Galdós,* Madrid, Imprenta Alrededor del Mundo, pp. 105 y ss.
[21] Manifiesto del Comité Ejecutivo de la Conjunción Republicano-Socialista, *El País,* 10 de abril de 1910. Madariaga, B. (2005): «Pérez Galdós y Pablo Iglesias. Semblanzas de una época: la Conjunción Republicano-Socialista», en *Revista Isidora,* n.º 24, Madrid, pp. 39-46.
[22] *El Liberal,* 9 de diciembre de 1909.
[23] Carta a Teodosia Gandarias, 26 de agosto de 1909. Cit. en Bravo-Villasante, C. (1988): ob. cit., p. 184.
[24] Casalduero, J. (1970): ob. cit., p. 168.
[25] Vid. Romero, L. (2006): «Galdós en los experimentos narrativos de madurez», en Arencibia, Y., y Bahamonde, B. (coords.) (2006): ob. cit., pp. 185-187.
[26] Shoemaker, W. (1962): «Los prólogos de Galdós», México, Colección Studium, pp. 131-134.
[27] Vid. Cardona, R. (2010): «Galdós y la generación del 98», en *Revista Isidora,* n.º 12, pp. 134-137.
[28] Pérez Galdós, B. (1910): *Amadeo I,* Madrid, Alianza Editorial, 2007, p. 107.

[29] *El Liberal,* 29 de marzo de 1910.

[30] *El Liberal,* 15 de mayo de 1910.

[31] González Fiol, E. *(El Bachiller Corchuelo)* (1910): art. cit., Madrid, pp. 57-58.

[32] *El Liberal,* 28 de junio de 1910.

[33] Pérez Galdós, B. (1911): *La Primera República,* ed. cit., p. 134.

[34] *Ibid.,* p. 144. Cfr. Sánchez Pérez, F. (2006): ob. cit., en Arencibia, Y., y Bahamonde, B. (coords.) (2006): ob. cit., pp. 327-355.

[35] *El País,* 26 de junio de 1911.

[36] *España Nueva,* 20 de agosto de 1911.

[37] Soldevilla, F. (1912): *El año político. 1911,* Madrid, Imprenta Ricardo F. de Rojas, p. 558. Cfr. Fuentes, V. (1982): ob. cit., pp. 102-103.

[38] *El Liberal,* 1 de diciembre de 1911.

[39] Bahamonde, Á. (2006): «El compromiso político: Galdós republicano», En Arencibia, Y., y Bahamonde, B. (coords.) (2006): ob. cit., p. 279.

[40] Cit. En Blanquat, J. (1968): «Documentos Galdosianos. 1912», en *Anales Galdosianos,* n.º 3, AIG, pp. 143 y ss.

[41] Vid. Fuentes, V. (1982): ob. cit., pp. 108-109.

[42] *El Liberal,* 23 de octubre de 1913. Vid. Fuentes, V. (1982): ob. cit., pp. 112-113.

[43] Olmet, L. A. del, y García Carraffa, A. (1912): ob. cit., pp. 110 y ss.

[44] Casalduero, J. (1970): ob. cit., pp. 24 y 34.

[45] Fuentes, V. (1982): ob. cit., pp. 46-47. Estébanez, D. (1982): art. cit., en *Anales Galdosianos,* n.º 17, pp. 7 y ss.

[46] Casanova, J., y Gil, C. (2009): ob. cit., p. 52.

XV. Los últimos años

[1] Herrera, M. (2007): «Perspectivas de las cataratas de Benito Pérez Galdós», en *Revista Isidora,* n.º 4, Madrid, pp. 87-108.

[2] Pérez Galdós, B. (1912): *Cánovas,* ed. cit., pp. 121-124.

[3] Cit. En Jutglar, A.(1970-1971): «Sociedad e Historia en la obra de Galdós», en *Cuadernos Hispanoamericanos,* n.º 250-252, pp. 242 y ss.

[4] *La Época,* 25 de noviembre de 1911.

[5] Vid. Ortiz-Armengol, P. (2000): ob. cit., pp. 476 y ss. Asimismo, Espmark, K. (2008): *El Premio Nobel de Literatura. Cien años con la misión,* Madrid, Nórdica, pp. 58-59.

[6] Cfr. Madariaga, B. (2013): «Anticlericalismo y compromiso político en los textos galdosianos del siglo xx», en *Actas del VI Congreso Internacional Galdosiano,* Casa-Museo Pérez Galdós, Las Palmas de Gran Canaria, p. 424. Mesa, T. (2018): «El premio Nobel de literatura negado a Pérez Galdós», en *Revista Isidora,* n.º 34, pp. 192-196.

[7] *El País,* 25 de agosto de 1912.

[8] Pérez Galdós, B. (1912): *Cánovas,* ed. cit., p. 197.

[9] *Ibid.,* p. 226.

[10] Llorens, V. (1968): «Galdós y la burguesía», en *Anales Galdosianos,* n.º 3, p. 55.

[11] Pérez Galdós, B. (1912): *Cánovas,* ed. cit., pp. 229-230. Cfr. López-Morillas, J. (1986): «Galdós y la historia: últimos años», en *Anales Galdosianos,* n.º 21, pp. 53-62.

[12] Llamamiento de la Junta Nacional para el Homenaje a Galdós, reproducido por Botrel, J.-F. (1977): *Benito Pérez Galdós, ¿escritor nacional?,* Las Palmas de Gran Canaria, Cabildo Insular de Gran Canaria, p. 64.

[13] Pérez Galdós, B. (1914): Carta enviada a León y Castillo, el 10 de febrero de 1914. Archivo Histórico Provincial de Las Palmas. Fondo León y Castillo.

[14] Vid. Pérez Galdós, B. (2003): *En la tierra de Galdós. Antología de documentos sobre Galdós y Canarias,* Las Palmas de Gran Canaria, Cabildo Insular de Gran Canaria, p. 193.

[15] Pérez Galdós, B. (1915): *La razón de la sinrazón. Fábula teatral, absolutamente inverosímil,* O. C., VI, Madrid, Aguilar, 1968, p. 393.

[16] Mainer, J.-C. (1982): «Prólogo», en Fuentes, V. (1982): ob. cit., p. 15.

[17] Cao, A. F. (2013): «*La razón de la sinrazón:* última visión de Galdós», en *Actas del III Congreso Internacional Galdosiano, II,* Las Palmas de Gran Canaria, Casa-Museo Pérez Galdós, pp. 22-23.

[18] Cit. en Bravo-Villasante, C. (1988): ob. cit., p. 192.

[19] Cit. en Herrera, M. (2004): ob. cit., p. 50.

[20] Casalduero, J. (1970): ob. cit., p. 177.

[21] Pérez de Ayala, R. (1963): *Obras completas, III,* Madrid, Aguilar, p. 54.

[22] Arencibia, Y. (2008): «Pérez Galdós desde la perspectiva de Pérez Vidal», en *Anuario de Estudios Atlánticos,* Madrid-Las Palmas, n.º 54, II, pp. 413-429.

[23] Pérez Galdós, B. (1918): «Las campañas aliadófilas», en *Revista Los Aliados,* I, n.º 11, 21 de septiembre.

[24] Rubio, J. (2008): «Las luces del ocaso: Pérez Galdós censurado en 1918», en *Revista Isidora,* n.º 5, pp. 182-186.

[25] Carta de 21 de marzo de 2018. Vid. Bravo-Villasante, C. (1988): ob. cit., pp. 192-193.

[26] *Mundo Gráfico,* Madrid, 22 de enero de 1919. Cfr. Ortiz-Armengol, P. (2000): ob. cit., pp. 508-510.

[27] Pardo Bazán, E. (1919): «Estatua en vida», en *ABC,* 27 de enero. Vid. Sotelo, M. (2007): «Homenaje de Emilia Pardo Bazán a Benito Pérez Galdós y a Juan Valera», en *Revista Isidora,* n.º 5, pp. 110-116.

[28] Herrera, M. (2017): *Testamento de Pérez Galdós,* Biblioteca Virtual Miguel de Cervantes, Alicante.

[29] *El País,* 1 de enero de 2020.

[30] «Últimos días del gran escritor», en *ABC,* Madrid, 5 de enero de 1920.

[31] Decreto publicado en la *Gaceta de Madrid,* el 4 de enero de 1920.

[32] *El Liberal,* 5 de enero de 1920.

[33] Casalduero, J. (1970): ob. cit., p. 34.

[34] Vid. *El Globo,* 5 de enero de 1920.

[35] *Vid. El Sol,* 30 de enero de 1920.

[36] *Comunicado del Alcalde de Madrid, vid. El Sol,* 5 de enero de 1920.

[37] *El Sol,* 5 de enero de 2020.

[38] Martínez Ruiz, J., Azorín (1947), en *ABC,* 18 de marzo. Vid. Azorín, *Cervantes y Galdós,* Biblioteca Virtual Miguel de Cervantes.

[39] *El Noticiero Universal,* 4 de enero de 1920.

[40] *El País,* 4 de enero de 1920.

[41] *El Socialista,* 4 de enero de 1920. Para el tratamiento del fallecimiento de Galdós en la prensa, vid. Beltrán de Heredia, P. (1970): «España en la muerte de Galdós», en *Anales Galdosianos,* n.º 5, pp. 96 y ss.

Bibliografía

Obras de Benito Pérez Galdós citadas en el presente estudio

Pérez Galdós, B. (1870): «Don Ramón de la Cruz y su época», en *Revista de España,* vol. XVII, n.º 6, pp. 200-227.

Pérez Galdós, B. (1870): «Observaciones sobre la novela contemporánea, en *Revista de España,* vol. XV, n.º 57, pp. 162-193.

Pérez Galdós, B. (1871): *El audaz, Historia de un radical de antaño,* Madrid, Imprenta de José Noguera.

Pérez Galdós, B. (1871): *La Fontana de Oro,* Madrid, Alianza Editorial, 2014.

Pérez Galdós, B. (1873): *La Corte de Carlos IV,* Madrid, Alianza Editorial, 2016.

Pérez Galdós, B. (1873): *Trafalgar,* Madrid, Alianza Editorial, 2018.

Pérez Galdós, B. (1876): *Cuarenta Leguas por Cantabria,* prólogo de Yolanda Arencibia, Las Palmas de Gran Canaria, Cabildo de Gran Canaria, 2018.

Pérez Galdós, B. (1876): *Doña Perfecta,* Madrid, Alianza Editorial, 2017.

Pérez Galdós, B. (1877): *El terror de 1824,* Madrid, Alianza Editorial, 2005.

Pérez Galdós, B. (1878): *La familia de León Roch,* Madrid, Alianza Editorial, 2004.

Pérez Galdós, B. (1879): *Un faccioso más y algunos frailes menos,* Madrid, Alianza Editorial, 2005.

Pérez Galdós, B. (1881): *La desheredada,* dedicatoria de la obra, Madrid, Imprenta La Guirnalda, p. V.

Pérez Galdós, B. (1881): *La desheredada,* Madrid, Alianza Editorial, 2018.

Pérez Galdós, B. (1882): *El amigo Manso,* Madrid, Alianza Editorial, 2018.

Pérez Galdós, B. (1883): *El doctor Centeno,* Madrid, Alianza Editorial, 2012.

Pérez Galdós, B. (1884): *La de Bringas,* Madrid, Alianza Editorial, 2015.

Pérez Galdós, B. (1884): *Tormento,* Madrid, Alianza Editorial, 2017.

Pérez Galdós, B. (1885): *Lo prohibido,* II, Madrid, Alianza Editorial, 2018.

Pérez Galdós, B. (1886-1887): *Fortunata y Jacinta I y II,* Madrid, Alianza Editorial, 2015.

Pérez Galdós, B. (1888): *Miau,* Madrid, Alianza Editorial, 2018.

Pérez Galdós, B. (1891): *Ángel Guerra,* Madrid, Alianza Editorial, 2 tomos, 1986. [Próxima edición en 2020].

Pérez Galdós, B. (1892): *Tristana,* Madrid, Alianza Editorial, 2011.

Pérez Galdós, B. (1893): *Torquemada en la cruz,* en *Las novelas de Torquemada,* Madrid, Alianza Editorial, 2014.

Pérez Galdós, B. (1894): «Prólogo» a *Los condenados,* Imprenta José Rodríguez, p. V.

Pérez Galdós, B. (1894): *Torquemada en el purgatorio,* en *Las novelas de Torquemada,* Madrid, Alianza Editorial, 2014.

Pérez Galdós, B. (1895): *Halma,* Madrid, Sucesores de Hernando, 1913.

Pérez Galdós, B. (1895): *Nazarín,* Madrid, Alianza Editorial, 2016.

Pérez Galdós, B. (1895): *Torquemada y San Pedro,* en *Las novelas de Torquemada,* Madrid, Alianza Editorial, 2014.

Pérez Galdós, B. (1897): *Discursos leídos en la Real Academia Española,* 7 de febrero de 1897, Madrid, Viuda e Hijos de Tello.

Pérez Galdós, B. (1897): *Misericordia,* Madrid, Alianza Editorial, 2016.

Pérez Galdós, B. (1898): *Mendizabal,* Alianza Editorial, Madrid, 2010.

Pérez Galdós, B. (1900): *Bodas reales,* Madrid, Alianza Editorial, 2006.

Pérez Galdós, B. (1901): *Electra,* en *Teatro completo,* Madrid, Cátedra, 2009.

Pérez Galdós, B. (1901): presentación de la Revista *Electra,* 16 de mayo de 1901.

Pérez Galdós, B. (1901): prólogo a *La Regenta* de Clarín, Madrid, Alianza Editorial, 1996.

Pérez Galdós, B. (1904): *O'Donnell,* Madrid, Alianza Editorial, 2008.

Pérez Galdós, B. (1905): «Prólogo» a la edición de *Casandra,* República de las Letras, marzo de 1905.

Pérez Galdós, B. (1906): *Prim,* Madrid, Alianza Editorial, 2007.

Pérez Galdós, B. (1907): *La de los tristes destinos,* Madrid, Alianza Editorial, 2019.

Pérez Galdós, B. (1908): Conmemoración del cuarenta aniversario de la revolución de 1868, Santander, *El Liberal,* 29 de septiembre de 1908.

Pérez Galdós, B. (1908): *España sin rey,* Madrid, Alianza Editorial, 2009.

Pérez Galdós, B. (1909): «Al pueblo español», discurso publicado por *El País* y *España Nueva* el 6 de octubre de 1909.

Pérez Galdós, B. (1909): *La España trágica,* Madrid, Alianza Editorial, 2009.

Pérez Galdós, B. (1910): *Amadeo I,* Madrid, Alianza Editorial, 2007.

Pérez Galdós, B. (1910): *Casandra,* en *Teatro completo,* Madrid, Cátedra, 2009.

Pérez Galdós, B. (1911): *La Primera República,* Madrid, Alianza Editorial, 2010.

Pérez Galdós, B. (1912): *Cánovas,* Madrid, Alianza Editorial, 2018.

Pérez Galdós, B. (1913): *Misericordia,* prólogo de la edición de 1913, Thomas Nelson and Son Editores, París, pp. 1 y 2.

Pérez Galdós, B. (1913): *Celia en los infiernos,* en *Teatro completo,* Madrid, Cátedra, 2009.

Pérez Galdós, B. (1913): «Dedicatoria» de la obra *Celia en los infiernos,* Madrid, Librería de los Sucesores de Hernando, página introductoria de la obra.

Pérez Galdós, B. (1914): Carta enviada a León y Castillo, el 10 de febrero de 1914. Archivo Histórico Provincial de Las Palmas. Fondo León y Castillo.

Pérez Galdós, B. (1915-1916): *Memorias de un desmemoriado,* Valencia, El Nadir, 2011.

Pérez Galdós, B. (1915): Conferencia inaugural del ciclo «Guía Espiritual de España», 28 de marzo de 1915, Ateneo de Madrid, Madrid, Sucesores de Hernando.

Pérez Galdós, B. (1915): *La razón de la sinrazón. Fábula teatral, absolutamente inverosímil,* O. C., VI, Madrid, Aguilar, 1968.

Pérez Galdós, B. (1918): «Las campañas aliadófilas», en *Revista Los Aliados,* I, n.º 11, 21 de septiembre.

Pérez Galdós, B. (1918): *Santa Juana de Castilla,* en *Teatro completo,* Madrid, Cátedra, 2009.

Pérez Galdós, B. (1923): «Fisonomías sociales», en *Obras inéditas,* Madrid, Renacimiento.

Pérez Galdós, B. (1923): *Arte y crítica,* II, Madrid, Renacimiento.

Pérez Galdós, B. (1979): *El escritor y la crítica,* Madrid, Taurus, 1979.

Pérez Galdós, B. (2003): *En la tierra de Galdós. Antología de documentos sobre Galdós y Canarias,* por Rosa M. Quintana, Las Palmas de Gran Canaria, Casa-Museo Pérez Galdós.

Obras de referencia citadas en los capítulos

Adelantado, V. (2011): «La de los tristes destinos», en *Revista Isidora,* n.º 17, pp. 153-165.

Alas, L., *Clarín* (1881): «El libre examen y la literatura presente», en *Solos de Clarín,* Madrid, Alfredo de Carlos Hierro, pp. 51-63.

— (1882): «El amigo Manso», en *El Día,* n.º 752, 19 de junio de 1882.

— (1888): «Miau», en *La Justicia,* 9-11 de junio de 1888

— (1889): *Estudio crítico-biográfico de Benito Pérez Galdós,* Madrid, Establecimiento Tipográfico de Ricardo Fe.

— (1892): *La correspondencia de España,* 17 de marzo de 1892.

— (1991): *Galdós, novelista,* edición e introducción de Adolfo Sotelo Vázquez, Barcelona, PPU.

— (2005): *Obras completas,* V, Oviedo, Nobel.

Alfieri, J. J. (1968): «El arte pictórico en las novelas de Galdós», en *Anales Galdosianos,* n.º 3, pp. 79-85.

Alonso, C. (2006): «Tópicos y otros vestigios periodísticos galdosianos entre 1882 y 1901», en *Revista Isidora,* n.º 2, pp. 105-125.

— (2009): «Imágenes de Galdós en la prensa entre dos siglos», en *Actas del VIII Congreso Internacional Galdosiano,* Las Palmas de Gran Canaria, Casa-Museo Pérez Galdós, 2009, pp. 66-116.

— (2010): *Hacia una literatura nacional 1800-1900,* vol. 5 de *Historia de la literatura española,* Barcelona, Crítica.

Alvar, M. (1970): «Novela y teatro en Galdós», en *Prohemio,* n.º 1, pp. 157-202. Reproducido en *Estudios y ensayo de literatura contemporánea,* Madrid, Gredos, 1971.

Amor del Olmo, R. (2009): «Introducción general» a *Benito Pérez Galdós. Teatro completo,* Madrid, Cátedra, pp. 13-64.

— (2014): «Teatro bufo, parodia y sátira», en *Revista Isidora,* n.º 24, pp. 83-90.

— (2018): *Galdós. Diálogos biográficos,* Madrid, Isidora Ediciones.

Andreu, A. (1979): «El intertexto folletinesco en *Tormento*», en *Historia y crítica de la literatura española,* dirigida por Francisco Rico (Romanticismo y Realismo; coord. por Iris M. Zavala), Barcelona, Crítica, vol. 5, t. 2, pp. 315-320.

Arenal, C. (1884): *La mujer del porvenir,* Ricardo Fe, Madrid.

Arencibia, Y. (2005): «El Colegio que formó a Galdós o la pedagogía progresista en Gran Canaria», en *Revista Isidora,* n.º 1, pp. 91-98.

— (2006): «Seres inolvidables: los personajes de *Fortunata y Jacinta*», en *Galdós en su tiempo* (coord. con Ángel Bahamonde), Parlamento de Canarias, Santa Cruz de Tenerife, pp. 259-288.

— (2008): «Pérez Galdós desde la perspectiva de Pérez Vidal», en *Anuario de Estudios Atlánticos,* Madrid-Las Palmas, n.º 54, II, pp. 413-429.

— (2015): «Benito Pérez Galdós, o el arte de la pintura», en *Revista Isidora,* n.º 29, pp. 224-262.

— (2015b): «La tierra de Galdós», en *Revista Isidora,* n.º 29, pp. 279-292.

Armas Ayala, A. (1989): *Galdós, lectura de una vida,* Santa Cruz de Tenerife, Caja General de Ahorros de Canarias.

Ávila, J. (2001): «La ironía de la decepción histórica», en *Anales Galdosianos,* n.º 36, pp. 35-48.

Ayala, M. Á. (1989): «Galdós y Mesonero Romanos», en *Centenario de «Fortunata y Jacinta»,* Madrid, Facultad de Ciencias de la Información, Universidad Complutense, pp. 121-127.

Ayala, F. (1978): *Galdós en su tiempo,* Universidad Internacional Menéndez Pelayo, Santander.

Baroja, P. (1982): *Desde la última vuelta del camino, Memorias I-III,* Barcelona, Tusquets.

Behiels, L. (2001): *La cuarta serie de los Episodios Nacionales de Benito Pérez Galdós. Una aproximación temática y narratológica,* Madrid, Iberoamericana.

— (2007): «Los artículos de crítica artística de Galdós en La Prensa», *Actas del XVI Congreso de la Asociación Internacional de Hispanistas,* París, vol. II, p. 290.

Beltrán de Heredia, P. (1970): «España en la muerte de Galdós», en *Anales Galdosianos,* n.º 5, pp. 90-101.

Berenguer, A. (1988): *Los estrenos teatrales de Galdós en la crítica de su tiempo,* Comunidad de Madrid, Madrid.

Berkowitz, H. Ch. (1936): «Los destellos juveniles de Benito Pérez Galdós», en *El Museo Canario,* año IV, n.º 8, 1936, pp. 1-37.

— (1948): *Benito Pérez Galdós. Spanish Liberal Crusader,* Madison, Univ. of Wisconsin Press.

Bernal, A. M., y Macías, A. M. (2007): «Canarias, 1400-1936. El modelo de crecimiento en perspectiva histórica», en *Economía e Insularidad (siglos XVIV-XX)*, Santa Cruz de Tenerife, Universidad de La Laguna, pp. 11-52.

Beser, S. (1972): *Leopoldo Alas: teoría y crítica de la literatura española,* Barcelona, Laia.

Blanco Aguinaga, C. (1979): «La determinación social de Torquemada», en *Historia y crítica de la literatura española,* vol. 5, t. 1, pp. 533-536

Bly, P. A. (ed.) (1988): *Galdós y la historia,* Dovehouse Editions, Ottawa.

— (2000): «Galdosian Bibliographies», en *Anales Galdosianos,* XXXV, pp. 93-102.

Bonet, L. (ed.) (1972): *Benito Pérez Galdós. Ensayos de crítica literaria,* Barcelona, Península.

Botrel, J.-F. (1977): «Benito Pérez Galdós, ¿escritor nacional?», *Actas del I Congreso Internacional de Estudios Galdosianos,* Cabildo Insular de Gran Canaria, Las Palmas de Gran Canaria, pp. 60-79.

Bravo-Villasante, C.(1988): *Galdós,* Mondadori, Madrid.

— (2012): *28 cartas de Galdós a Pereda,* Alicante, Biblioteca Virtual Miguel de Cervantes.

Bueno, M. (1913): «Celia en los infiernos», *en El Heraldo de Madrid,* 10 de diciembre de 1913.

Cánovas, F. (1981): «Los partidos políticos en la era isabelina», en *La era isabelina y el Sexenio Democrático (1834/1874),* José María Jover (dir.): *Historia de España,* vol. XXXIV, Madrid, Espasa-Calpe, pp. 371-499.

— (1982): *El Partido Moderado,* Madrid, Centro de Estudios Constitucionales.

— (2005): *La reina del triste destino,* Madrid, Corona Borealis.

— (2015): *Historia de Orihuela,* Orihuela, Codex.

Cao, A. F. (2013): *«La razón de la sinrazón:* última visión de Galdós», en *Actas del III Congreso Internacional Galdosiano, II,* Las Palmas de Gran Canaria, Casa-Museo Pérez Galdós.

Cardona, R. (2010): «Galdós y la generación del 98», en *Revista Isidora,* n.º 12, pp. 131-144.

— (2010): «Notas sobre las bases filosóficas del realismo en la literatura y las artes plásticas», en *Revista Isidora,* n.º 12, pp. 27-36.

— (2010): «Pensamiento sobre la novela hoy con referencia a la obra de Galdós», en *Revista Isidora,* n.º 12, pp. 37-47.

Carr, R. (1970): *España, 1808-1939,* Barcelona, Ariel.

Casalduero, J. (1970): *Vida y obra de Galdós,* Madrid, Gredos.

Casanova, J., y Gil, C. (2009): *Historia de España en el siglo xx,* Barcelona, Ariel.

Cascajares, A. M. de (1894): *La organización política de los católicos españoles,* Valladolid, Establecimiento Tipográfico H. J. Pastor.

Cernuda, L. (1971): *Poesía y literatura, I y II,* Barcelona, Seix Barral.

Comellas, M. (2016): *Entre Historias fingidas y verdaderas: (el)Tormento de Galdós,* Alicante, Biblioteca Virtual Miguel de Cervantes.

Cook, T. (1976): *El feminismo en la novela de la condesa de Pardo de Bazán,* La Coruña, Diputación Provincial de La Coruña, 1976.

Correa, G. (1964): «Pérez Galdós y su concepción del novelar», *Thesaurus* del Instituto Cervantes, tomo IV, n.º 1, pp. 99-105.

Costa, J. (1901): *Oligarquía y caciquismo como la forma actual de gobierno de España,* Madrid, Alianza Editorial, 1969.

De la Nuez Caballero, S. (ed.) (1993): *El último gran amor de Galdós. Cartas a Teodosia Gandarias desde Santander (1907-1915),* Santander, Ayuntamiento de Santander.

Dorca, T. (2009-2010): «Manuel Godoy y el Capricho 56 de Goya en la primera serie de los Episodios Nacionales. Anatomía de una crisis». en *Anales Galdosianos,* n.º 44 y 45, pp. 27-40.

Earl Varey, J. (1982): «Doña Perfecta: motivos y actitudes», en *Historia y crítica de la literatura española,* vol. 5, t. 1, ob. cit., pp. 491-496.

Escola, F. (1912): «Galdós en el Sardinero», en *El País,* 25 de agosto de 1912.

Espadas, M.(2004): «Isabel II: los años del exilio», en Pérez Garzón, J. S. (ed.) (2004): *Isabel II: los espejos de la reina,* Madrid, Marcial Pons, pp. 299-318.

Espmark, K. (2008): *El Premio Nobel de Literatura. Cien años con la misión,* Madrid, Nórdica.

Estébanez, D. (1982): «Evolución política de Galdós y su repercusión en la obra literaria», en *Anales Galdosianos,* n.º 17, pp. 7-22.

Ferreras, J. I. (2005): *Introducción a los «Episodios Nacionales»,* Madrid, Promoción y Ediciones.

Finkenthal, S. (1980): «Galdós en 1913», en *Actas del VI Congreso de la AIH,* Toronto, Universidad de Toronto, pp. 245-247.

Fuentes, V. (1982): *Galdós, demócrata y republicano: escritos y discursos, 1907-1913,* Santa Cruz de Tenerife, Cabildo Insular de Gran Canaria y Universidad de La Laguna.

García Castañeda, S. (2008): «Introducción a la Tercera Serie de los Episodios Nacionales», en *Revista Isidora,* n.º 9, pp. 5-24.

García Lorca, F. (1908): *Obras, VI, Prosa 1,* Madrid, Akal, 1994.

García Pinacho, P. (2002): *La prensa como fuente y subtema de los Episodios Nacionales de Benito Pérez Galdós,* Madrid, Universidad Complutense.

Gies, D. T. (2003): *El teatro en la España del siglo XIX,* Madrid, Akal.

Giner de los Ríos, F.: «Cartas de Francisco Giner de los Ríos a Galdós» (1872), conservadas en el Archivo de la Casa-Museo Pérez Galdós, Las Palmas de Gran Canaria.

Goldman, P. B. (1974): «Galdós and the Aesthetic of Ambiguity: Notes on a thematic estructura of *Nazarín»,* en *Anales Galdosianos,* n.º 9, pp 99-112.

Gómez-Ferrer, G. (2002): *La época de la Restauración*, II (coord.), *Historia de España,* vol. XXXVI, Madrid, Espasa-Calpe.

González Fiol, E. *(El Bachiller Corchuelo)* (1910): «Nuestros grandes prestigios. Don Benito Pérez Galdós. Confesiones de su vida y de su obra», en la revista *Por Esos Mundos,* XXI, julio, 1910, pp. 27-56.

Guereña, J. L. (1990): «Galdós en la Exposición Universal de París de 1867», *Actas del III Congreso Galdosiano,* Casa-Museo Pérez Galdós, Las Palmas de Gran Canaria, vol. I, pp. 42-46.

Gullón, G. (1966): *Galdós, novelista moderno,* Madrid, Gredos.

— (1968): «Estructura y diseño en *Fortunata y Jacinta»,* en *Fortunata y Jacinta de Benito Pérez Galdós,* coord. Germán Gullón, Madrid, Taurus, pp. 175-232.

— (1970/1971): «La unidad del Doctor Centeno», en *Cuadernos Hispanoamericanos,* n.º 250-252, pp. 579-585.

— (1977): «La sombra, novela de suspense y novela fantástica», en *Actas del I Congreso Internacional de Estudios Galdosianos,* Las Palmas, Cabildo de Gran Canaria, pp. 351-356.

— (1979): «El mundo de Las Bringas», en *Historia y crítica de la literatura española,* vol. 5, t. 1, ob. cit., pp. 507-511.

— (1982): «Galdós en el vértice de la modernidad», en *Historia y crítica de la literatura española,* vol. 5, t. 2, pp. 31-314.

— (2005): «Benito Pérez Galdós: el hombre tras el escritor», en *Revista Isidora,* n.º 1, pp. 13-16.

— (2006): «La representación del espacio público en Galdós *(Fortunata y Jacinta)»,* en *Galdós en su tiempo,* pp. 233-258.

— (2009): «Galdós, novelador del mundo moderno», monografía de la *Revista Isidora,* n.º 25, pp. 5-14.

— (2010): «Galdós y el arte de la novela: *La desheredada», Revista Isidora,* n.º 14, pp. 29-31.

Hernández, A. S. (2006): «Galdós, artista gráfico», en *Galdós en su tiempo,* ob. cit., pp. 291-306.

Herrera, M. (2006): *Consideraciones sobre la ceguera de Galdós,* Real Sociedad Económica de Amigos del País de Gran Canaria, Las Palmas.

— (2009): *Amores, amoríos y rumores en la vida de Galdós,* Alicante, Biblioteca Virtual Miguel de Cervantes.

— (2017): *Testamento de Pérez Galdós,* Biblioteca Virtual Miguel de Cervantes, Alicante.

— (2007): «Perspectivas de las cataratas de Benito Pérez Galdós», en *Revista Isidora,* n.º 4, Madrid, pp. 87-108.

Hinterhäuser, Hans (1963): *Los Episodios Nacionales de Benito Pérez Galdós,* Madrid, Gredos.

— y Gullón, R. (1982): «Historia y novela de los Episodios Nacionales», en *Historia y crítica de la literatura española,* vol. 5, t. 1, ob. cit., pp. 548-557.

Ibarra, F. (1971): «Clarín-Galdós: Una amistad», en *Revista Archivum,* Universidad de Oviedo, n.º 21, pp. 65-76.

Jover, J. M. (1981): Introducción a *La era isabelina y el Sexenio Democrático (1834/1874)* (director): *Historia de España,* vol. XXXIV, Madrid, Espasa-Calpe, pp. XV- CLXII.

Jover, J. M.; Gómez-Ferrer, G., y Fusi, J. P. (2007): *España: sociedad, política y civilización. Siglos XIX y XX,* Madrid, Debate.

Jutglar, A. (1970-1971): «Sociedad e Historia en la obra de Galdós», en *Cuadernos Hispanoamericanos,* n.º 250-252, pp. 242-256.

Kronik, J. W. (1990): *Historia de la literatura española, II,* Madrid, Gredos.

Lafuente, M. (1885): *Historia General de España,* vol. XXIII, Barcelona, Ed. Montaner y Simón.

Lida, D. (1967): «Sobre el "krausismo" de Galdós», en *Anales Galdosianos,* n.º 2, pp. 1-20.

— (1979): «Amor y pedagogía en *El amigo Manso*», en *Historia y crítica de la literatura española,* vol. 5, t. 1, ob. cit., pp. 502-506.

Lissorgues, Y. (2002): «El hombre y la sociedad contemporánea como materia novelable», en *La Restauración, II,* ob. cit., Madrid, Espasa-Calpe, pp. 419-464.

Llorens, V. (1968): «Galdós y la burguesía», en *Anales Galdosianos,* n.º 3, pp. 51-59.

López, L. (2013): «El estreno de Electra en París», en *Anuarios de Estudios Atlánticos,* Las Palmas de Gran Canaria, Casa de Colón, pp. 405-410. López-Morillas, J. (1973): *Krausismo: estética y literatura. Antología,* Barcelona, Labor.

— (1986): «Galdós y la historia: últimos años», en *Anales Galdosianos,* n.º 21, pp. 53-62.

Madariaga, B. (1979):*Pérez Galdós. Biografía santanderina,* Santander, Institución Cultural de Cantabria.

— (1984): «Menéndez Pelayo, Pereda y Galdós: ejemplo de una amistad», Santander, pp. 15-16. Introducción a los discursos leídos en la RAE el 7 y el 21 de febrero de 1897, UIMP, Santander, pp. XI-XLIII.

— (2005): «Paseo biográfico de Pérez Galdós por Cantabria», En *Revista Isidora,* n.º 26, 2012, pp. 62-69.

— (2005): «Pérez Galdós y Pablo Iglesias. Semblanzas de una época: la Conjunción Republicano-Socialista», en *Revista Isidora,* n.º 24, pp. 38-47.

— (2005): *Pérez Galdós en Santander,* Santander, Librería Estudio, 2005.

— (2013): «Anticlericalismo y compromiso político en los textos galdosianos del siglo XX», en *Actas del VII Congreso Internacional Galdosiano,* Casa-Museo Pérez Galdós, Las Palmas de Gran Canaria, pp. 420-427.

Mainer, J.-C. (1979): «Novela y teatro en Galdós», en *Historia y crítica de la literatura española,* vol. 5, t. 1, ob. cit., pp. 558-562.

— (1982): «Prólogo», en Fuentes, V. (1982), ob. cit., pp. 7-16.

— (2010): *Modernidad y nacionalismo 1900-1939,* vol. 6 de la *Historia de la literatura española,* Barcelona, Crítica.

— y Ara, J. C. (ed.) (2004): *Prosa crítica. Benito Pérez Galdós,* Madrid, Espasa-Calpe, pp. 859-871.

«Manifiesto del Comité Ejecutivo de la Conjunción Republicano-Socialista», *El País,* 10 de abril de 1910.

Marañón, G. (1966): *Elogio y nostalgia de Toledo,* Madrid, Espasa-Calpe.

Martínez Ruiz, J., Azorín (1901): «Electra», en *El País,* 31 de enero de 1901.

— (1912): «Galdós», en *Lecturas españolas, Obras Completas,* II, Madrid, Aguilar, 1947, pp. 627-630.

— (1947): en *ABC,* 18 de marzo.

— (1961): *La generación del 98,* Salamanca, Anaya.

Menéndez Pelayo, M.; Pereda, J. M. y Pérez Galdós, B. (1897): *Discursos leídos ante la Real Academia Española en las recepciones públicas del 7 y el 21 de febrero de 1897,* Madrid, Tello.

Mesa, T. (2018): «El premio Nobel de literatura negado a Benito Pérez Galdós», en *Revista Isidora,* n.º 34, pp. 155-199.

Miranda, S. (1982): «Religión y clero en la gran novela española del siglo xix», Sevilla, Universidad de Sevilla, pp. 149-150.

Montesinos, J. F. (1969): *Galdós, II,* Madrid, Castalia.

Oleza, J. (2002): *Galdós y la ideología burguesa: de la identificación a la crisis,* Alicante, Biblioteca Virtual Miguel de Cervantes.

Olmet, L. A. del, y García Caraffa, A. (1912): *Los grandes españoles. Galdós,* Madrid, Imprenta Alrededor del Mundo.

Olmos, V. (2018): Ágora de la libertad. Historia del Ateneo de Madrid, t. I, Valencina de la Concepción, Ulises.

Ortega, S. (1964): *Cartas a Galdós,* Madrid, Revista de Occidente.

Ortí, A. (1975-1976): *Oligarquía y caciquismo,* Madrid, Ediciones de la Revista del Trabajo, vols. I y II.

Ortiz-Armengol, P. (2000): *Vida de Galdós,* Barcelona, Crítica.

Palomo, P. (1988): «El periodismo en Galdós», en *Madrid en Galdós, Galdós en Madrid,* Madrid, Consejería de Cultura de la Comunidad de Madrid, pp. 223-230.

Pardo Bazán, E. (1919): «Estatua en vida», en *ABC,* 27 de enero.

— (1982): «*Realidad,* drama de don Benito Pérez Galdós», en *Nuevo teatro crítico, II,* Madrid, La España Editorial.

— (2015): *Miquiño mío. Cartas a Galdós,* Isabel Parreño y Juan Manuel Hernández (eds.), Madrid, Turner.

Pascual Martínez, P. (1998): «Galdós, los escritores y el 98», en *Actas del XIII Congreso de la Asociación Internacional de Hispanistas, II,* Madrid, pp. 344-352.

Peers, A. (1973): *Historia del movimiento romántico español,* vol. II, Madrid, Gredos, p. 436.

Penalva, J. J. (2015): «Giner de los Ríos, crítico literario», en *Anales de literatura española,* n.º 27, pp. 131-138.

Pérez de Ayala, R. (1935): «La gloria de don Benito Pérez Galdós», en *Diario de Las Palmas,* 10 de mayo de 1935.

— (1966): *Obras completas, III,* Madrid, Aguilar.

— (1979): *Benito Pérez Galdós. El escritor y la crítica,* Madrid, Taurus.

Pérez Garzón, J. S. (coord. edit.) (2004): *Isabel II: los espejos de la reina,* Madrid, Marcial Pons.

Pérez Vidal, J. (1979): *Canarias en Galdós,* Las Palmas de Gran Canaria, Ediciones del Excmo. Cabildo Insular de Gran Canaria.

— (1987): *Galdós. Años de aprendizaje en Madrid. 1862-1868,* Las Palmas de Gran Canaria, Vicepresidencia del Gobierno de Canarias.

Porter, P. A. (1991): «La correspondencia de Benito Pérez Galdós con Teodosia Gandarias», en *Anales Galdosianos,* n.º 26, 1991, pp. 57-75.

Raquejo, T. (2018): «La pintura decimonónica», en *Historia del arte, IV: El mundo contemporáneo,* Juan Antonio Ramírez (dir.), Madrid, Alianza Editorial.

Ribbans, G.; Montesinos, J. F., y Gilman, S. (1982): «En torno a *Fortunata y Jacinta»,* en *Historia y crítica de la literatura española,* ob. cit., vol. 5, t. 1, pp. 512-532.

Ricard, R. (1979): «Innovaciones de *La desheredada»,* en *Historia y crítica de la literatura española,* vol. 5, t. 1, ob. cit., pp. 497-501.

Rico, F. (1982): *Historia y crítica de la literatura española* (dirección), vols. V, VI y VII, Barcelona, Crítica.

Rodgers, E. (2007-2008): «Galdós, Castelar y "la noche de San Daniel"», en *Anales Galdosianos,* n.º 42-43, pp. 87-96.

Rodríguez Marín, R. (1996): *La lengua como elemento caracterizador en las «Novelas españolas contemporáneas» de Galdós,* Secretariado de Publicaciones e Intercambio Científico, Universidad de Valladolid, Valladolid.

Rodríguez Padrón, J. (1971): «Galdós, el teatro y la sociedad de su época», en *Cuadernos Hispanoamericanos,* n.º 250-252, pp. 623-640.

Rodríguez Puértolas, J. (1993): «Notas sobre las críticas a Galdós: ultramontanos, fascistas y modernos varios», en *Actas del IV Congreso Internacional de Estudios Galdosianos, vol. II,* Cabildo de Gran Canaria, pp. 209-222.

Romero, L. (2006): «Galdós en los experimentos narrativos de madurez», en Arencibia, Y., y Bahamonde, B. (coords.) (2006): ob. cit.

Romero-Maura, J. (1989): *La rosa de fuego. El obrerismo barcelonés de 1889 a 1909,* Madrid, Alianza Editorial.

Rubio, J. (2008): «Las luces del ocaso: Pérez Galdós censurado en 1918», en *Revista Isidora,* n.º 5, pp. 182-186.

— y Smith, A. E. (2005-2006): «Sesenta y seis Cartas de Clarín a Galdós» (ed. lit.), en *Anales Galdosianos,* n.º 40-41, pp. 87-196.

Ruiz de la Serna, E., y Cruz, S. (1973): *Prehistoria y protohistoria de Benito Pérez Galdós. Contribución a una biografía,* Ediciones del Excmo. Cabildo Insular de Gran Canaria, Las Palmas.

Sainz de Robles, F. (1943): «Galdós y sus criaturas madrileñas», en *La Provincia,* 14 de enero de 1943.

Sánchez Pérez, F. (2006): «La imagen de la primera República en Galdós y en Sender: el mito de la revolución», en Arencibia, Y., y Bahamonde, B. (coord.) (2006): *Galdós en su tiempo,* ob. cit., pp. 327-362.

Seco, M (2007): «Galdós: lenguaje, individuo y sociedad», En *Isidora, revista de estudios galdosianos,* n.º 5, Madrid, pp. 5-14.

Shoemaker, W. H. (1963-1964): «Una amistad literaria: La correspondencia epistolar entre Galdós y Narcís Oller», en *Boletín de la Real Academia de Buenas Letras,* vol. XXX, pp. 247-306.

— (1962): *Los prólogos de Galdós,* México, Colección Studium.

— (1972): *Los artículos de Galdós en La Nación. 1865-1866,* Madrid, Ínsula.

— (1973): «¿Cómo era Galdós?», en *Anales Galdosianos,* n.º 8, pp. 5-17.

— (1979): «Miau», en *Historia y crítica de la literatura española,* vol. 5, t. 1, ob. cit., pp. 537-540.

Smith, G. (1975): «Galdós, *Tristana,* and letters from Concha-Ruth Morell», en *Anales Galdosianos,* n.º 10, pp. 91-117.

Sotelo, M. (2007): «Homenaje de Emilia Pardo-Bazán a Benito Pérez Galdós y a Juan Valera», en *Revista Isidora,* n.º 5, pp. 109-120.

Unamuno, M. de (1967): *Cartas de archivo de Galdós,* Taurus, Madrid.

— (1972): *Libros y autores españoles contemporáneos,* Madrid, Espasa-Calpe.

Usabel, A. Á. (2013): «Galdós, vecino de Santander», blogspot, 20 de septiembre de 2013.

Valle-Inclán, R. del (1931): «Ángel Guerra», en *El Globo*, 13 de agosto de 1891.

VV. AA. (2003): *Centenario de la información de 1901 del Ateneo de Madrid sobre Oligarquía y caciquismo,* Ateneo de Madrid, Fundamentos, Madrid.

Zambrano, M. (1960): *La España de Galdós,* Madrid, Taurus.

Bibliografía complementaria

Acosta, M. A. (2016): *La aparición de una nueva sociedad en la obra de Benito Pérez Galdós,* Barcelona, Universidad de Barcelona.

Ayala, F. (1971): *La novela: Galdós y Unamuno,* Barcelona, Seix Barral.

Blanco Aguinaga, C. (1978): *La historia y el texto literario. Tres novelas de Galdós,* Madrid, Nuestra Cultura.

Callahan, W. J. (2007): *La Iglesia católica en España. 1975-2002,* Barcelona, Crítica.

Caudet, F. (1992): *El mundo novelístico de Pérez Galdós,* Madrid, Anaya.

Finkenthal, S. (1980): *El teatro de Galdós,* Madrid, Fundamentos.

Ghiraldo, A. (1943): «Don Benito Pérez Galdós», *Atenea,* n.º 20, pp. 165-177.

Gullón, R. (1966): *Galdós, novelista moderno,* Madrid, Gredos.

Jover Zamora, J. M. (1992): «De la Literatura como fuente histórica», *Boletín de la Real Academia de la Historia,* CLXXXIX, pp. 23-41.

Madariaga, S. de (19701971): «La universalidad de Galdós», *Cuadernos Hispanoamericanos,* n.º 250-252, pp. 52-57.

Marañón, G. (1920): «Galdós íntimo», *La Lectura,* XX, pp. 71-73.

Mesa, R. de (1920): *Don Benito Pérez Galdós, en su familia, sus mocedades y su senectud,* Madrid, Imprenta de Juan Pueyo.

Palomo Vázquez, P. (1990): «La novela histórica en la narrativa actual», en *Narrativa española actual,* Madrid, Universidad de Castilla-La Mancha, pp. 75-89.

Piqueras, J. A. (2008): *Cánovas y la derecha española. Del magnicidio a los neocon,* Barcelona, Península.

Rodríguez Batllori, F. (1968): *Galdós en su tiempo. Estampas de una vida,* Las Palmas de Gran Canaria, Litografía Saavedra.

Sainz de Robles, F. C. (1970): *Pérez Galdós. Vida, obra, época,* Madrid, Ed. Vasallo de Mumbert.

Shoemaker, W. H. (1971): *La crítica literaria de de Galdós,* Madrid, Ínsula.

Vico, A. (1902): *Mis memorias. (Cuarenta años de cómico),* Madrid, Serrano.

Créditos fotográficos e información sobre las imágenes

[**pág. 9**] Benito Pérez Galdós hacia 1860. © Casa-Museo Pérez Galdós, Cabildo de Gran Canaria. [**pág. 10**] Retrato de Benito Pérez Galdós, hacia 1905. Fotografía de Pablo Audouard Deglaire (1956-1918). [**FIG. 1**] Interior de la casa familiar de la calle Cano. © Casa-Museo Pérez Galdós, Cabildo de Gran Canaria. [**FIG. 2**] Calle Mayor en el barrio de Triana hacia 1890. © Archivo de Fotografía Histórica de Canarias (FEDAC), Cabildo de Gran Canaria. [**FIG. 3**] Galdós recién llegado a Madrid (hacia 1863). © Archivo de Fotografía Histórica de Canarias (FEDAC), Cabildo de Gran Canaria. [**FIG. 4**] Imagen procedente de *Historia de la Villa y Corte de Madrid,* de Don José Amador de los Ríos *et al.*, t. 4, Madrid, 1864, pág. 436 bis. [**FIG. 5**] Imagen procedente de *Le Monde Illustré,* 22/4/1865. Grabado de E. Roevens (s. XIX) a partir de un diseño de Godefroy Durand (1832-1896). [**FIG. 6**] Fotografía de Jean Laurent (1816-1886) hacia 1860. [**FIG. 7**] Grabado a partir de un diseño de Tomás Padró (1840-1877). [**FIG. 8**] Grabado de Enrique Laporta, a partir de diseño de Vicente Urrabieta, aparecido en *El Museo Universal,* 16/10/1868. [**FIG. 9**] Manuscrito de *La Fontana de Oro.* © Casa-Museo Pérez Galdós, Cabildo de Gran Canaria. [**FIG. 10**] Ilustración aparecida en *La Ilustración Española y Americana* (15/12/1870). Grabado de Capuz a partir de un diseño de Smit. [**FIG. 11**] Dibujo de Manuel Alcázar para *La Ilustración Española y Americana,* 8/2/1884. [**FIG. 12**] Copia anónima de un cuadro de Raimundo de Madrazo publicada en *La Ilustración Española y Americana,* 8/1/1875. [**FIG. 13**] Prueba corregida de imprenta del inicio de *Fortunata y Jacinta.* © Casa-Museo Pérez Galdós, Cabildo de Gran Canaria. [**FIG. 14**] Benito Pérez Galdós leyendo su discurso de ingreso en la Real Academia Española. © Casa-Museo Pérez Galdós, Cabildo de Gran Canaria. Fotografía de Christian Franzen, 1897. [**FIG. 15**] Ilustraciones de tres *Episodios Nacionales* publicados por la editorial La Guirnalda: [en pág. 168] *Trafalgar*

(1881); [en pág. 169] *Gerona* (1881) y *Cádiz* (1881). [FIG. 16] Caricatura de Galdós realizada por Joaquín Moya Ángeles, aparecida en la primera de cubierta de la revista *Madrid Cómico,* 12/3/1898. [FIG. 17] Fotografía de la reina Isabel II y Francisco de Asís de Paula, hacia 1860. Autor desconocido. [FIG. 18] Manuscrito con correcciones de la novela *Ángel Guerra* (1890). © Casa-Museo Pérez Galdós, Cabildo de Gran Canaria. [FIG. 19] Cubiertas de *La desheredada* (1881), *Tormento* (1883), *Fortunata y Jacinta* (1887) y *Tristana* (1892) realizadas por Daniel Gil para la colección de El Libro de Bolsillo. © Alianza Editorial. [FIG. 20] Dos escenas de *Electra.* Fotografías de Christian Franzen y Nisser, aparecidas en la revista *Blanco y Negro,* 2/1901. [FIG. 21] Estreno de la obra *Santa Juana de Castilla.* © Centro de Documentación de las Artes Escénicas y de la Música (CDAEM). [FIG. 22] Dos carboncillos del cuaderno titulado *El Teatro de la Pescadería.* © Casa-Museo Pérez Galdós, Cabildo de Gran Canaria. [FIG. 23] Ilustración de un puente del llamado *Álbum arquitectónico.* © Casa-Museo Pérez Galdós, Cabildo de Gran Canaria. [FIG. 24] Litografía con vista aérea de la Exposición Universal de París de 1867 realizada por Eugène Cicéri (1813-1890) y Philippe Benoist (1813-*ca.* 1905). [FIG. 25] Imagen de la residencia *San Quintín.* © Casa-Museo Pérez Galdós, Cabildo de Gran Canaria. [FIG. 26] Reconstrucción del despacho de Benito Pérez Galdós en Santander. © Casa-Museo Pérez Galdós, Cabildo de Gran Canaria. [FIG. 27] Lema de la residencia *San Quintín* de Santander. © Casa-Museo Pérez Galdós, Cabildo de Gran Canaria. [FIG. 28] Autor desconocido. Benito Pérez Galdós, Margarita Xirgu y José Estrañi en *San Quintín,* 1914, Colección Víctor del Campo, Centro de Documentación de la Imagen de Santander (CDIS), Ayuntamiento de Santander. [FIG. 29] Cubierta del primer número de *Alma Española,* 8/11/1903. [FIG. 30] Caricatura de Manuel Tovar (1875-1935) aparecida en la revista *Don Quijote,* 2/5/1902. [FIG. 31] Imagen de Galdós en su tierra natal (hacia 1900). © Archivo de Fotografía Histórica de Canarias (FEDAC), Cabildo de Gran Canaria. [FIG. 32] Escena del estreno de *Electra* en el Théâtre de la Porte Saint-Martin, 21 de mayo de 1904. Autor desconocido, tomada de gallica.bnf.fr/ark:/12148/ btv1b84060280. [FIG. 33] Imagen publicada en *Le Petit Journal,* 24/4/1904. Autor desconocido. [FIG. 34] Galdós junto a Joaquín Dicenta y Francisco Navarro Ledesma (hacia 1895). © Archivo de Fotografía Histórica de Canarias (FEDAC), Cabildo de Gran Canaria. [FIG. 35] Fotografía de Charles Chusseau-Flaviens *(ca.* 1860-*ca.* 1920). [FIG. 36] Mitin de la Conjunción Republicano-Socialista celebrado en el Frontón Central de Madrid el 15 de mayo de 1910. Imágenes amablemente cedidas por la Fundación Pablo Iglesias, publicadas en la revista *Nuevo Mundo,* 19/5/1910 y 9/6/1910. [FIG. 37] Revista *La Esfera,* 17/1/1914, pág. 10. [FIG. 38] Benito Pérez Galdós y el escultor Victorio Macho ante el monumento a Pérez Galdós en los jardines del Retiro. © Archivo de Fotografía Histórica de Canarias (FEDAC), Cabildo de Gran Canaria. [FIG. 39] © Segundo monumento de Victorio Macho a Benito Pérez Galdós. Archivo de Fotografía Histórica de Canarias (FEDAC), Cabildo de Gran Canaria. [FIG. 40] Benito Pérez Galdós en la finca de *San Quintín*. © García Pelayo, Á. / ANAYA. [FIG. 41] Traslado de los restos mortales de Benito Pérez Galdós, a su paso por la Puerta del Sol. © Casa-Museo Pérez Galdós, Cabildo de Gran Canaria.

Agradecimientos

El autor y Alianza Editorial desean agradecer expresamente la ayuda prestada por las siguientes entidades a la hora de aportar el material gráfico que ilustra el presente estudio de la vida y la obra de Benito Pérez Galdós:

- Casa-Museo Pérez Galdós, Cabildo de Gran Canaria.
- Archivo de Fotografía Histórica de Canarias (FEDAC), Cabildo de Gran Canaria.
- Fundación Pablo Iglesias (Archivo y Biblioteca).
- Centro de Documentación de las Artes Escénicas y de la Música (CDAEM).
- Colección Víctor del Campo, Centro de Documentación de la Imagen de Santander (CDIS), Ayuntamiento de Santander.

Índice onomástico

Este libro terminó de imprimirse
en Madrid, en septiembre del año 2019,
cuando faltan apenas unos meses
para celebrar el centenario del fallecimiento
de Benito Pérez Galdós.